武藤 浩史 編
川端 康雄
遠藤 不比人
大田 信良
木下 誠

愛と戦いの イギリス文化史

1900—1950年

慶應義塾大学出版会

Photo by London Panoramic Co.

はじめに

　この本は大学生を対象とした20世紀前半のイギリス文化史の教科書です。
　歴史というと読者の皆さんは高校で使った歴史教科書を思い起こすでしょうか。もしかしたら、徳川家康が江戸幕府をつくったのは1603年などと年号をたくさん覚えさせられて、退屈だったかもしれませんね。しかし、本来、歴史というのはいままで生きてきた無数の人びとの人生の総体を研究するものですから、とびきり面白いはずのものです。また、高校の教科書に書かれているのは主として政治史ですが、歴史を上のように広く定義するならば、文化という要素がとても大切になります。なぜなら、人の活動の大半は文化的なものだからです。それは読書や娯楽や芸術活動に限定されるわけではありません。挨拶することも、食事を摂ることも、恋愛することも、動物と違って人にとっては文化的活動です。生まれれば名前が与えられるし、死ねば葬式をするから、誕生も死も含めて人間は生まれてから死ぬまで、そして朝から晩まで、文化的活動に携わっています。文化という言葉には人の生き方への総体的な問いかけが含まれています。
　本書では、文化という概念の可能性を信じて、イギリス研究者が集まり、協力し合って、イギリス文化史の教科書をつくりました。文化という言葉の意味はとても広いので、政治史などの教科書に比べると少し漠然かつ雑然とした印象を与えるかもしれません。しかし、文化という言葉を通して得られた視野の拡大によって、その欠点を補ってあまりある収穫がもたらされていると信じています。
　また、本書を単に『イギリス文化史』と呼ばないで『愛と戦いのイギリス文化史』と名づけたのは、教科書の政治史的アプローチによって指導者たちの縄張り争い（つまり、「戦い」）ばかりが歴史をつくり上げてきたような印象が与えられがちなことから、歴史のそれ以外の重要な面にも目を向けてもらいたいと思ったからです。古来、人間は、社会的連帯を通して、性的な結びつきを通して、つまり、さまざまな公的・私的絆を通して、協力し合って生きのびてきました。本書の考察対象である20世紀前半に限定すると、ルイーザ・パッセリーニという研究者が『愛のヨーロッパ、ヨーロッパの愛』という著書のなかで、両大戦間期という欧州危機の時代との関連から同時代の愛のテーマを探査して、私的とされている領域と政治的領域の架橋を試みています。

もっとも、愛は戦いの反対語だけではありません。「愛は戦い」そのものでもあります。だからこそ、ジェンダー研究、セクシュアリティ研究などが面白いのですが、本書でも「愛は戦い」といった矛盾した表現に示唆される人間の複雑な心理的・文化的・歴史的様相を考えることの面白さも紹介したいと思います。帝国など一般的に政治に繋げられることの多い問題も、ここではさまざまな文化的側面と絡めて意外な視点から複層的に論じられます。だから、少し錯綜した難しい箇所もあるかと思います。そこは、授業を担当する先生と一緒に、勉強してください。また、そのようなディープな記述を残すことにより、大学院生や研究者にも十分に刺激的な内容にしたつもりです。

　この本が皆さんの気に入っていただけたなら、これを全3巻のイギリス文化史に発展させようと思っています。時代区分は、19世紀以前、20世紀前半（本書）、20世紀後半以降、となる予定です。皆さんの率直なご意見・ご批判をお待ちしています。

　本書を執筆するに当たって、多くの方々のお世話になりました。第9章と第14章の執筆に当たり、吉野亜矢子さんから野外劇（パジェント）に関するご自身の素晴らしい博士論文（ケンブリッジ大学）と貴重な文献を見せていただきました。ここに記して、謝意を表したいと思います。また、慶應義塾大学出版会の3人の編集者、小磯勝人さん、渡邉絵里子さん、奥田詠二さんの優れた仕事ぶりには大変助けられました。心より御礼申し上げます。お世話になったその他大勢の皆さん、どうも有難うございました。

　尚、本書は、第5章の執筆者であり私たちのかけがえのない友人だった村山敏勝さんの思い出に捧げられます。村山さんは本書の出版を待たずに2006年10月11日に急逝されました。モーツァルトの生誕250周年に若い天才的な学徒が同じように生き急いでしまわれました。村山さん、私たちはあともう少しの間、こっちの世界で勉強していきますので、見守っていてくださいね。また、会いましょう。

2007年1月

武藤　浩史

目次

序章　1900年——帝国と「アングロ・ケルト」、セクシュアリティとジェンダー、労働党と自由党…………………………………… 武藤 浩史　5

第Ⅰ部　階級・くらし・教育

第1章　「ウィガン波止場」から見たイギリス——「階級」という厄介なもの
　………………………………………………………………… 川端 康雄　23

第2章　社会をつくりなおす——「再建」の社会主義……… 茂市 順子・川端 康雄　38

第3章　学校に行こう——イギリスの教育と階級…………………… 井上 美雪　53

第4章　ミュージアムの冒険——イースト・エンドと芸術教育……… 横山 千晶　71

第Ⅱ部　セクシュアリティ・女・男

第5章　友愛？ソドミー？——男性同性愛と性科学の階級的変奏 ……… 村山 敏勝　91

第6章　愛と母性と男と女——イギリス大戦間期フェミニズム ………… 山口 菜穂子　106

第7章　エロスと暴力——大戦後の精神分析と文学 ………………… 遠藤 不比人　122

第8章　空襲下の夢幻——第二次世界大戦期のロンドンと幽霊物語 …… 甘濃 夏実　140

第Ⅲ部　イギリス・帝国・ヨーロッパ

第9章　帝国の見世物——プリンス・オヴ・ウェールズの海外ツアーと大英帝国博覧会
　………………………………………………………………… 木下 誠　155

第10章　退化と再生——フィジカル・カルチャー、優生学、ファシズム ……… 中山 徹　172

第11章　アフリカ・カリブ・ヨーロッパ（そして女）——帝国周縁の風景より
　………………………………………………………………… 中井 亜佐子　188

第12章　国民文化と黄昏の帝国——英文学・イングランド性・有機体論
　　　　………………………………………………………… 河野 真太郎　203

第13章　退屈と帝国の再編 ……………………………………… 大田 信良　218

第Ⅳ部　メディア

第14章　英文学の変貌と放送の誕生——階級・メディア・2つの世界大戦
　　　　………………………………………………… 武藤 浩史・糸多 郁子　237

第15章　イギリス映画とは何か？——ナショナル・シネマの完成まで
　　　　………………………………………………………… 佐藤 元状　255

第16章　『ピクチャー・ポスト』の時代——ジャーナリズムとフォトジャーナリズム
　　　　………………………………………………………… 福西 由実子　272

第17章　メディアとプロパガンダ——戦争をめぐる大衆説得術の系譜
　　　　…………………………………………………………… 渡辺 愛子　288

終章　1950年——労働党政権と想像的なものの意味 ………… 武藤 浩史　304

Columns

「我々自身の人類学」——マス・オブザーヴェイション　37／ペンギン・ブックスとレフト・ブック・クラブ　52／20世紀前半のイギリス音楽——エルガーとプロムス、そしてブリテン　69／ラドクリフ・ホール『孤独の泉』(1928)について　105／「自然な女らしさ」の誕生——1920年代のファッション　121／「インクリングズ」の集い　138／イギリスと帝国と世界地図　171／帝国・島国・フットボール　187／2つの帝国、あるいは、グローバル化する文化　217／ミュージック・ホールの行方　253／20世紀前半の新聞史——イギリス大衆紙の隆盛　270／イギリス諜報部とスパイ小説　287／「ブリンプ大佐」というキャラ　302／オーウェルの戦時放送　303

参考文献　315
イギリス文化史年表　330
地図　342
索引　349
編者・執筆者・編集協力者紹介　364

序章

1900年

——帝国と「アングロ・ケルト」、セクシュアリティとジェンダー、労働党と自由党

（スコット）「ところでアナリーくん、君、鉄砲の弾を浴びせかけられるのは初めてだっけ？」
（アナリー）「はい」、と若手記者である彼は言った。不思議な高揚感があった。
（スコット）「愛と貧乏と戦争のどれもが、充実した人生を生きるために必要な経験なんだぜ」

アーサー・コナン・ドイル「3人の特派員」

ウェンディ「ピーター、あなた、わたしのこと、きちんと言うと、どう思ってる？」
ピーター　「お母さんが大好きな息子みたいな気持だよ、ウェンディ」
ウェンディ「そうだと思ったわ」

J・M・バリ『ピーター・パン』

はじめに

　シャーロック・ホームズを書いたアーサー・コナン・ドイル。ピーター・パンを書いたJ・M・バリ。透明人間を書いたH・G・ウェルズ。イギリス文学が産んだ有名なキャラクターとその作家たちは1900年頃、何をしていたのか。その辺から話を始めて、20世紀初頭のイギリスの姿を理解すると同時に、20世紀前半のイギリス文化史を勉強する際に大切なキーワードを勉強し

てゆこう。

1. 1900年のシャーロック・ホームズと作者アーサー・コナン・ドイル——ホームズと帝国

　1900年、シャーロック・ホームズは死んでいた。ホームズもの第1作『緋色の研究』が出版されたのは1888年だが、人気が爆発したのは『ストランド・マガジン』に「ボヘミアの醜聞」をはじめとする短編が連載された1891年からのことだ。ところが、じきに、作者コナン・ドイルはこのシャーロック・ホームズ・ブームに嫌気がさして、1893年の「最後の事件」で、ホームズを悪の権化モリアーティと直接対決させ、滝に落ちて死んだことにしてしまう。すると、ファンから抗議が殺到した。「この人でなし野郎！」で始まる手紙をもらって驚愕したと、ドイルは回想する。この後、1901年に名作『バスカヴィル家の犬』を書いてホームズを復活させるのだが、1900年の時点ではホームズは死んだことになっていた。ここで注目すべきは、多くの人が小説中の登場人物にすぎないホームズの死に動揺して大騒ぎになったという事実である。ホームズという架空の探偵は19世紀末のイギリス人にとって、とても「リアル」な存在だったのだ。「シャーロック・ホームズ様」宛のファンレターがたくさん送られた。どうしてだろうか。

　ホームズものの構成に注目してみよう。まずシャーロック・ホームズがいる。彼は長身痩躯で典型的な英国紳士、のように見えるかもしれないが、実は典型的な英国紳士の基準からはちょっと外れている。初めて会ったときに相

図1　シドニー・パジェットの描いたシャーロック・ホームズの横顔。彼が解決した事件の絵が周りを囲んでいる。

棒ワトソンをびっくりさせるのは、ホームズの知識や性行の偏りだ。化学や犯罪にはとても詳しいのに天文学や文学・哲学に関しては常識のかけらも知らない。あらゆる階級に知り合いがいたりヴァイオリンを変な弾き方で弾いたりする。当時は合法だったがコカインを常習的に注射して、ワトソンを苛立たせる。だから、ちょっと変わった英国紳士、というのが、ホームズの真の姿だ。そして、悪＝犯罪はどこからやって来るかというと、インド、アメリカ、オーストラリアなど、イギリスの新旧植民地を中心とする外国からやって来ることが多い。『４つの署名』や「まだらの紐」はインドから、「ボスコム谷の惨劇」はオーストラリアから、『緋色の研究』や『恐怖の谷』はアメリカから。後者は実在したアイルランド系アメリカ人秘密結社の非合法活動がモデルとなっている。ホームズというちょっと変わった奴が、外地から来る悪＝犯罪をやっつけることにより英国が守られる、というのが基本パターンだ。

　これが大英帝国没落の予感を感じていた19世紀末イギリス人読者の心をとらえた。世界一の強国だったイギリスの最盛期は1860年代である。その後、経済成長のスピードが落ち不況感が続くとともに独米の追い上げを受けて一人勝ちの状態が終わった。連合王国内でも民族主義運動が高揚し自治を求める声が高まった。特にアイルランド問題はテロも起きる最大の懸案事項となり、その自治問題をめぐって自由党が分裂する大混乱を招いた。インド圏でもインド国民会議が発足し、ロシアとの縄張り争いからアフガニスタン戦争が起こった。北アフリカでは、スーダンでの民族主義的反乱や、フランスとの衝突があり、ダイヤモンドや金鉱の見つかった南アフリカでは、オランダ系移民との確執から２度のボーア戦争が勃発した。国内でも、貧困が問題化し、社会主義や労働組合活動が盛んになり、財産権・結婚・参政権をめぐる女性運動も興って、イギリスは揺れていた。世界一の大英帝国は、実は没落の不安にさいなまれていたのだ。そして、これを想像のレヴェルで解消してくれるスーパーマンがホームズだったというわけ。

　その意味で、彼の名前も示唆に富む。同時代のブラム・ストーカーの小説『ドラキュラ』に出てくる吸血鬼ハンター、ヴァン・ヘルシングを見てもわかるように、名前には隠された意味のあることが多い。ヘルシング、

Helsing、H・E・L・S・I・N・G。この7文字を入れ替えるとENGLISHとなり、ヴァン・ヘルシングというオランダ系名前の下に祖国を守るイギリス人が隠れていることがわかる。そんな具合に名前を読もうとすると、シャーロック・ホームズの中の「ロック・ホームズ」という部分が気に掛かってくる。「ロック・ホームズ＝家に鍵を掛ける」。イギリスの戸締り役としてのシャーロック・ホームズだ。大英帝国の不安をシャットアウトしてくれる彼の役割はその名前にも示されている。しかしながら……

2. ボーア戦争と『大ボーア戦争』

1900年。ドイルは、ホームズものは書かなかったが、戦争に行って、戦争の本を2冊出した。ひとつは彼が実際に見に行って書いた『大ボーア戦争』。もうひとつは『緑の旗ほか戦争とスポーツの物語』という短編集。どちらを読んでも、戦争は人生に必要なものとして肯定的に描かれている。植民地相に帝国主義者ジョーゼフ・チェンバレンを擁していた当時の英国では、これが支配的な戦争イメージだった。戦争は勇気と根性を鍛え忠誠心を証する格好の場所でスポーツに似たものととらえられていた。エリート青年は、学校でチームスポーツを頑張り、植民地冒険小説をむさぼり読んで、その発想の延長で戦地におもむいた。戦場とは、英国のために正々堂々と戦って男になる場所だったのだ。だから、戦争は、章冒頭に引用された短編集『緑の旗』中の一篇「3人の特派員」の言葉が示すように、「充実した人生を生きるために必要な経験」だった。

だが、英国にとってボーア戦争は苦しい戦いだった。ボーア人とは南アのオランダ系植民者のこと。第一次ボーア戦争（1880-1）で居住地トランスヴァール地方の英領併合に抗して戦い自治権を確保した彼らだったが、1886年に金鉱が発見され同地方に殺到した英国人に対する差別的待遇をめぐって、再びイギリスとボーア人の間で戦争が始まった。50万の兵を投入した英軍は3万5千人余りのボーア人の果敢なゲリラ戦に苦しんだ。結局は英国側の勝利に終わったものの、英兵士の苦戦ぶりは大英帝国弱体化の危機感を広めた。都市化した英国人は虚弱になってしまったのではないか。1902年には

英国人男性の6割が兵役に不適格であるという英軍少将の記事が雑誌に掲載され、政府は身体退化調査委員会を設置する騒ぎとなった。

　帝国の危機感の他にも、20世紀英国史、そして世界史におけるボア戦争の意義は決して小さくない。第一に、それは、さまざまな意味で近代戦の先駆けとなった。強力大砲や機関銃が使用され、ゲリラ戦、焦土作戦、ボーア人強制収容所と、一般市民を巻き込んだ苛酷な戦いが展開された。また、英独が対立して第一次世界大戦への流れを後押しした。第二に、英国史の主役たちがここに勢ぞろいした。キッチナー、チャーチル、ガンジー、ベイデン＝パウエルなど。キッチナーはボーア戦争で参謀長、最高司令官の要職を務めた後、第一次世界大戦時の戦争相として英軍人の象徴的存在となった。第二次世界大戦時の首相チャーチルはボーア戦争では記者として従軍しながら激しい戦闘に巻き込まれ九死に一生を得た。1893年から1914年まで南アに住んでいたガンジーは、インド人救急隊を組織して英側に協力したが、南アでの人種差別が改善されないことから、非暴力的抵抗運動(サティヤーグラハ)を始めて、インド独立につながる活動を開始した。ベイデン＝パウエルは軍人としてボーア戦争で英雄となった後、弱体化した英国再建のために「少年斥候」(ボーイスカウト)運動を始めた。各々がそれぞれの立場からボーア戦争の経験を元に歴史を動かしていったことがわかる。第三には、メディアとプロパガンダの時代としての20世紀を予告する戦争だった。国民の大半が文字を読めるようになり、大衆ジャーナリズムが幕を開けたこの時期は、メディアが国民への影響力を強めていた。ロバーツ最高司令官は巧みなメディア操作により自らの評判を高め国内の空気を誘導した。ヴィジュアル系雑誌がボーア戦争報道の影響で増え、絵・写真・広告が兵士を肯定的に描いて、戦争協力のプロパガンダ役を果たした。ドイルも、1902年には『南ア戦争——原因と行動』という小冊子を対外宣伝目的で書いて、有名作家として国家に貢献した。スパイ小説がジャンルとして成立するのもこの時期だが、後に『007』の舞台となる英秘密情報機関が創設されるのもこのボーア戦争がきっかけ。もっとも反戦メディア・プロパガンダも存在する。ウィリアム・ステッドは反戦同盟（Stop the War Committee）を組織し、経済学者J・A・ホブソンはこれを契機に帝国批判を結実させ、左翼メディア・労働者メディアも反戦的傾向が強かった。

3. ドイルの帝国主義 1――ポスト・レッセフェール時代の一選択肢

　スポーツと軍隊が大好きなドイルは志願兵として参戦しようと試みるが、年齢（40歳）と太り過ぎのため検査ではねられ、知人の紹介で病院付き医師として1900年に戦地におもむいた。そして、同年帰国後、『大ボーア戦争』を著して、英国支持の立場から戦争の正当性を主張する。さらに同年、リベラル・ユニオニスト（ユニオニストとは当時イギリスに併合されていたアイルランドの自治に反対する者の意）として、国政選挙に立候補（落選）した。これはジョーゼフ・チェンバレンと同じ立場で、その点において、シャーロック・ホームズの作者は、当時の典型的なタカ派帝国主義者と言うことができる。ホームズ同様、作者ドイルも英国を守るために外国と積極的に戦った。

　ただ、重要な補足事項が２点ある。もちろん、自己中心的に領土を拡張する攻撃的な帝国主義政策には倫理的に断罪されるべき部分が多くある。しかし同時に、20世紀という時代を大局的見地でとらえて、この時代の帝国主義を見てゆくことが必要だ。19世紀末のイギリスでは経済的繁栄にもかかわらず貧富の問題が深刻化していることが明らかになり、経済をレッセフェール（自由放任主義）で運営することも問題点が明らかになっていた。そこで、国家がより積極的に介入して社会の病弊を正すことの必要性が広く認識されるようになった。ただ、介入の仕方と程度にはいろいろ差があった。国家の根本的介入による貧富差の徹底的是正を目指す国家主導型社会主義者（ステーティズム）、金持ちへの増税による福祉の充実と大英帝国内の緩やかな連帯に基づく資本主義社会を目指す自由党左派に対して、大英帝国内に特恵関税制度を作る関税改革により帝国の繁栄と固い連帯と福祉政策基金の捻出を同時に実現させようとする右派帝国主義者たちがいた。それぞれ、大きな違いを有しながら、レッセフェール後のイギリスの進路を考えるという点では、立場は共通する。違いとともに共通点もきちんと見てゆくこと。そうしないと、共産主義、ファシズム、社会民主主義、後期資本主義など、一見対照的な制度が乱立した20世紀という時代を大きくとらえることはできない。一例をあげると、左派的な帝国主義批判を鮮やかに展開したＪ・Ａ・ホブソンの金融資本主義批判の中には、ユダヤ人を生物の健康をおびやかす寄生体に喩えるナチズム的な有

機体主義や反ユダヤ主義が隠されていて、ポスト・レッセフェール時代の暗黒部分を指し示している。

4. ドイルの帝国主義 2──「アングロ・ケルト」の意味

　もう1点、重要なのは、ドイルの著作に表される大英帝国像が結構複雑で、内に矛盾を含んだ当時の大英帝国の実像とその未来を暗示するものであるという点だ。たとえば、ホームズの宿敵モリアーティ。この悪の権化の名前がアイルランド系であるのは意味深長である。モリアーティは長身痩躯というホームズと背格好が同じのスーパーマンで、二人は善と悪という対極的存在でありながら同時に分身でもあるという複雑な関係がそこにある。実は、それが、一見単純な愛国的帝国主義者に見える作者ドイルの、アイルランドに対する関係を反映しているのだ。

　ドイルという名前もまたアイルランド系で、彼の先祖はアイルランドのカトリックである。支配者側のイギリス系プロテスタントに有利な反カトリック法により曽祖父の代に土地を没収された、という悲劇的な経緯がある。つまり、1900年の時点ではアイルランド自治に反対していた帝国主義者ドイルの祖先は、母国アイルランドの土地を奪われた英帝国主義の犠牲者だった。ドイルにとって、アイルランドは、ホームズにとってのモリアーティ同様、帝国の宿敵になり得る危険な存在であると同時に自らのアイデンティティと不可分な存在でもあった。ドイルは大英帝国への忠誠心と「ケルト」系アイルランドへの所属意識を合わせ持っていたのである。

　実際、イギリスとアイルランドの関係は、19世紀後半から20世紀にかけて嵐の様相を帯びてゆく。土地闘争、自治闘争、民族主義テロ、アイルランド文芸復興、と多様な形で民族主義的運動が盛り上がり、1900年以後も、自治・独立へいたる過程で血なまぐさい闘争が繰り広げられた。

　その最中のボーア戦争でアイルランド人が果たした役割も引き裂かれている。アイルランド国内では民族主義者を中心として反英的ボーアびいきがあり、ボーア軍に加わったアイルランド人も存在したが、他方英軍に参加したアイルランド兵も数多く（最低3万人）、英軍を率いたロバーツもアイルラ

ンド系、その後を継いだキッチナーも生まれ育ちはアイルランド。ボーア戦争におけるアイルランド人全体のあり方自体がアイルランド系イギリス人ドイルの引き裂かれたあり方を反復していると言うこともできるだろう。1900年の時点ではドイルがアイルランド自治に反対していたことはすでに述べたが、その点でも彼の帰属意識の2重性に起因する揺れが見られる。というのは、彼は後に考えを変えて、アイルランド自治を支持するようになったのだ。『アイルランド自治を支持するようになったわけ』（1911）という手紙を出版してもいる。愛国主義者だった友人ロジャー・ケイスメントの影響もあったのではないか。また、国民全体を表す際にドイルがよく使う言い方に「アングロ・ケルト」というものがある。「アングロ」は大ブリテン島に住むイギリス人、「ケルト」は主としてアイルランド人を指すが、「・」で結ばれる「アングロ」と「ケルト」の関係は示唆的だ[1]。「アングロ・ケルト」の「・」は、2者が協力すれば「アングロ＋ケルト」になるし、対立すれば「アングロ対ケルト」となってイギリスを分裂させる危険因子となり得るのだから。当時の大英帝国というものが、一枚岩ではなく矛盾する要素を多く孕んだ分裂的な存在だったことがはっきりしたと思うが、衰えゆく国力の中で、このような異種混淆的政治体をどう処するかという決断が、この後大英帝国の将来を決めてゆくことになる。

5.「3人の特派員」と「緑の旗」
——弱くなった中央のイギリス人と元気な荒くれアウトサイダー

　先述した1900年出版『緑の旗ほか戦争とスポーツの物語』の中の短編「3人の特派員」は、北アフリカでイスラム民族主義者との戦いが迫る緊迫した状況下で、英国の新聞の特派員が3人、敵の襲撃を受けこれを撃退するという話。前に触れたように、戦場体験は人生に必要な試練として肯定的に描かれ、新米記者のアナリーが学生時代のスポーツ体験を思い出しながらこの戦

---

[1]「ケルト」は現在学問的には問題含みの概念となっているが、本章の議論の有効性には影響しないので、ここではドイルが用いた「アングロ・ケルト」をそのまま使用することとする。

場経験を経て男になるという、当時の典型的な好戦的な話でもある。だが、ここでさらに興味深いのは、アナリー以外の二人のベテラン記者の民族構成と描写の中に、多民族大英帝国の理想がほのめかされていることだ。

その二人とは、元気で能天気なアイルランド人スコットと鈍感だが冷静なイングランド人モーティマー。アイルランド人とイングランド人は互いに相補う存在として描かれながら、いざ戦闘が始まるとリーダーにふさわしいのは頭に血が上りやすいアイルランド人ではなく沈着冷静なイングランド人であることが明言される。そして、モーティマー率いる二人のチームワークによって首尾よく敵を撃退する、というのがあらすじの中心を成す。つまり、そこでは、アイルランドという辺境からエネルギーをもらいつつ中央に位置するイングランドが帝国を率いるという形が帝国構成の理想として提示されているのだ。元気なアウトサイダーの精力を吸収して弱りつつある大英帝国を活性化しようとこの物語の意識は、同時代の多くの物語に描かれるイギリス人の典型的願望である。同書巻頭の短編「緑の旗」でも、アイルランドの荒くれ民族主義者たちが生活のために入隊しながら、結果的には戦場で英軍を救済する。危険だが元気なアイルランドがイングランドに精気を注入して大英帝国が維持されるという構造だ。『大ボア戦争』でも、ドイルは、アイルランド兵の勇敢さとともに、諸自治領軍（豪州、カナダ）の活躍に触れ、敵ボア人の勇者ぶりにも敬意を払って、敵味方構わず元気者のエネルギーを吸収して衰退気味の大英帝国を再建しようという願望が感じられる。

だが、そのような願望を現実レベルで考えてみると、そこに大英帝国の求心力を弱めてゆく危険性が潜在することがわかるだろう。アウトサイダーから生命力をもらうことはアウトサイダーに負けたり吸収されてしまうことと紙一重だからだ。既述の通り、英国を守るアウトサイダー的紳士ホームズは、悪の権化モリアーティと通底していて、後者に変貌する恐れだってあるわけだ。ドイルの友人ケイスメントは英外交官として活躍しつつ最後は英国を裏切って祖国アイルランド独立のために命を捨てた。大英帝国への忠誠心も持ち、ボーア戦争・第一次世界大戦と英国に戦争協力をしながら、反英運動に傾いていったガンジーの例もある。英国の繁栄を考えながら、大英帝国の舵をどう取ってゆくのか、イギリス周縁部・外部の異民族をどう処してゆ

くのか。アイルランド系イギリス人だったドイル自身が揺れ、英国自体も揺れていた。アイルランド問題のみならず、第一次世界大戦後には最重要植民地インドの独立運動が本格化して、衰える国力のなかで帝国をどうしてゆくかは英国の未来を決める大きな問題になってゆく。そして、そのことは、やはり英本国主導で大英帝国を維持してゆくのか、より緩やかな英連邦に変えてゆくのかという問題のみならず、どこと連携してゆくのか、英米関係中心か、ヨーロッパ大陸諸国との関係中心かという問題につながっていて、そのような外交方針の一部として日英同盟（1902）が締結され、ドイツを包囲する英仏露の三国協商が成立していった。

6. 1900年のピーター・パンと作者J・M・バリ
　　——ボーア戦争と帝国冒険物語

　1900年にはピーター・パンが生まれかけていた。この頃、子ども好きの作家バリはロンドン・ケンジントン・ガーデンズで出会ったデイヴィズ家の小さい兄弟たちに夢中になって一緒に遊んでいたのだが、その中心になったのがピーター・パンごっこだ。この遊びがまず1902年に長編小説『小さな白い鳥』の一部に転化し、次に1904年に劇として上演されて大成功を収めた。その『ピーター・パン』にもボーア戦争が描かれている。戯曲『ピーター・パン』にはフック船長の海賊船に搭載されたロング・トムという大砲が出てくるのだが、これはボーア軍が用いた最新式クルップ砲のこと。だから、ピーター・パンとフックの戦いはイギリス軍対ボーア軍の比喩と言うこともできる。

　『ピーター・パン』全体を見てみると、これが帝国冒険物語と家庭ごっこ的性愛物語の混合体であることがわかる。帝国冒険物語とは、大英帝国の時代に広く読まれて帝国主

図2　ロンドン、ケンジントン・ガーデンズのピーター・パン像

義イデオロギーを想像力の方面から支えた冒険物語ジャンルのこと。善玉のイギリス人が、アフリカやインドなどの外国を冒険し試練に会い悪者と戦いやっつけて世界の支配者たるにふさわしいことを証する類の英雄的物語である。『ピーター・パン』の場合は、ネヴァーランドでピーター・パン率いる迷子の男の子たち(ロスト・ボーイズ)がフック船長率いる海賊たちと相争う箇所がそれに対応する。外国から来る悪からイギリスを守る防衛役のホームズや『ドラキュラ』のヴァン・ヘルシングと呼応するように、ピーター・パンと迷子の男の子たち(ロスト・ボーイズ)はネヴァーランドという異国で悪いやつらと勇敢に戦って、植民地征服に向けた帝国冒険少年の気概を示している。

7. 『ピーター・パン』、作者バリ、セクシュアリティ

　しかし、『ピーター・パン』の本当に面白い部分は、帝国の問題とも絡み合いながら展開される、家庭ごっこのセクシュアリティ問題だ。まず、名前から見てみよう。ピーター・パンの「ピーター」はデイヴィズ家の三男の名前だが、「パン」はギリシャ神話のパン神を意味している。このパン神は1900年前後のイギリス文学で流行した人気モチーフだ。彼は上半身が人間で下半身が山羊の半獣神で、ギリシャ語で「パン」が「すべて」を表すことから、せせこましい人間的制約から解き放たれた大自然を意味したり、キリスト教以前の古代文化に属するために、19世紀の禁欲的キリスト教の束縛からの異教的自由を意味したり、女の妖精を追いかけ回すその好色な性格から、解放された性愛を表すことが多かった。だから、ピーター・パンが笛を吹くのはパン神の模倣であり、緑の服を着ているのは大自然の象徴という意味がある。パン神の吹く笛は元は彼に追いかけられて葦に変身したシュリンクスという妖精なので、女としての笛に美しい音を出させるという性的な含みもある。バリ以外にも、多くの同時代の英作家や他国の芸術家が自作にパン神を登場させ、セクシュアリティという20世紀的テーマの誕生を告げている。『ピーター・パン』は無邪気な子どもの話ではない。

　だが、バリの場合、束縛から解放された性愛は、奔放な性行為につながるのではなく、解放されたセクシュアリティ観につながった。冒頭に引用した

ピーター・パンとウェンディの会話に示されるのは、表面的には、ピーターに恋人役を求めるウェンディとウェンディに母親役を求めるピーター・パンの悲劇的なすれ違いである。家庭ごっこを目指しながら、二人の思惑が食い違っている、と言うことは一応できる。しかし、ここでより生産的な読み方は、このバリの文章の中に同時代人ジークムント・フロイトの精神分析的発見につながる新しい性愛観を見ることだ。それはひと言で言うならば、性愛概念を拡大して、大人の性器中心の異性間性愛に限定することなく、人は生まれ落ちた時からエロス的存在であるという事実に目を向けること。男女差もあまり問題にしない幼児の全身的・非性器中心的・多形的エロスという出発点から、子どもと大人、同性愛と異性愛の区別も無効化されるようなセクシュアリティを考えること。つまり、バリの文脈に移して考えると、家庭ごっこをするピーター・パンの親子的セクシュアリティとウェンディの恋人的セクシュアリティから、家庭内での親子的エロスと恋人＝夫婦的エロスの２つのつながりに注目すると面白い。『性理論３篇』で異性愛と性器に限定されないエロスの多形性を説いたフロイトの同時代人として、バリをとらえることが大切である。

　1900年に出版されたバリの長編小説『トミーとグリゼル』はその種の新しいセクシュアリティ観を主題にした佳作と言うことができるだろう。ここでは、肉親愛と恋人愛が一見相対立しながら渾然と混ざりあって描かれており、大人になると親を忘れて異性と恋に落ち結婚してその人だけと性交して子どもを産んで一生添い遂げることを自然と見なす「ロマンチック恋愛イデオロギー」の特殊性が暴露されている。この小説に夢中になったＤ・Ｈ・ロレンスは、1913年には『むすこ・こいびと』を書いて、親子愛と恋人愛のつながりを活写した。また、異性愛に限定されないセクシュアリティという点では、女を恋人としては排除しながら母のように崇拝しつつ現実には男の絆を重視するピーター・パンと迷子の男の子たち(ロスト・ボーイズ)を、同様の性向を有するシャーロック・ホームズと比べてみると面白いかもしれない。ピーター・パンがもし大人になると、シャーロック・ホームズになるのかもしれない。

8. 1900年の、『透明人間』の作者H・G・ウェルズ

　1900年には、1897年に書かれた透明人間は透明であることをやめてすでに息絶えていた。貧しさゆえに金を盗んで研究を続けざるを得なかった彼は、透明になって世間に復讐する。ウェルズ同様下層中流階級出身の優秀な青年が、先述した社会の貧富の差ゆえに破滅してゆくという物語だ。レッセフェールでは解決できない豊かな社会の中の貧困をどう解決するかは、ウェルズが身をもって体験するとともに生涯考え続けた問題だった。

　1890年代にＳＦ小説の名作（『タイムマシン』、『透明人間』、『宇宙戦争』）を舞台に階級や帝国主義の問題を提起したウェルズは、1900年からは、より現実的な状況設定を選択して、バリに比べるとより伝統的な異性愛の枠組みの中で、性と社会について考えてゆくことになる。『愛とルイシャム氏』（1900）では、女の魅力に思わず屈して生き方を変える男の性本能が描かれている。意識下の反射的な欲望の動きがさっと巧みに描かれているのがウェルズの上手いところだが、1900年ごろから一般小説と性愛小説の住み分けが薄れていってこの種の「性本能（セックス・ノヴェル）」小説が多く書かれるようになり、芸術小説の中の性描写はある程度許容されるようになってくる。ウェルズの場合は、1909年の代表作『アン・ヴェロニカ』において、男女の結びつきが性的生命力の観点から賛美された。女性運動と女性の社会進出もまた女のセクシュアリティ描写の発展に寄与した。ただし、フェミニズムと女のセクシュアリティの関係はひと筋縄では行かない。女性運動には「女性の純潔性」を強調する流れがあるからだ。1905年以降戦闘的になった婦人参政権を求める運動や1918年に制限付きながら婦人参政権を獲得した後の女性運動も含めて、じっくりとその展開を見てゆく必要がある。

9. 1900年労働党の誕生と自由党ロイド＝ジョージ革命
　　――社会主義、福祉社会、管理社会の悪夢？

　労働党候補として1922年には国政選挙に立候補（落選）したことからもわかるように、ウェルズは左派知識人として、一時期は社会主義団体のフェ

ビアン協会にも属しながら、ポスト・レッセフェールの英国のあるべき未来を真剣に考えた一人だった。1905年に書かれたユートピア小説『モダン・ユートピア』では「サムライ」（！）と称するエリート専門家率いる社会主義的な理想社会を描いている。自由放任主義に取って代わり得るそのユートピアは同時に少数の専門家主導のファシズム型管理社会の悪夢にも転化し得る諸刃の刃的魅力を放って、左と右に分けられ対置されることの多い社会主義とファシズムの微妙な関係を示唆している（第2章参照）。

　1900年初頭、国をあげてのボーア戦争熱のなか、労働者の政治的影響力の強化を目指して、労働組合と社会主義団体が大同団結して労働者代表委員会が結成された。1900年の総選挙の獲得議席はわずかに2つ。しかし、1906年には30議席を得て、労働党と改名され、少しずつ国政の中心に近づいていった。19世紀にも少数の労働者の国会議員は存在したが、彼らは自由党に所属していた。20世紀になって誕生した労働党は1900-10年代に、自由党の選挙支援を受けつつ徐々に議席を伸ばしてゆくと同時に、労働組合の成長・労働運動の活発化を受けて、一人立ちの実力を蓄えてゆく。1910年の議席数は42。第一次世界大戦中の挙国一致内閣にも参加し、1918年には生産手段の共有を謳った社会主義的な綱領をつくって、資本主義政党の自由党からも、ソヴィエト型体制を目指す共産党（1920年結党）からも自らを差別化して、戦後初の総選挙では240万票近く（1910年秋は37万票）を獲得し、ウェルズが立候補した1922年には424万票、142議席を得て、1924年の少数与党政権へ向けて歩みを進めた。

　だが、それは戦後の話。世界戦争が始まる1914年以前に、ポスト・レッセフェール時代に必要な福祉社会に向けて大改革を実現させたのは、まだ議席数の少なかった労働党ではなく、1906年に地すべり的勝利を収め、蔵相ロイド＝ジョージに先導された自由党政府（1905-15）である。ウェールズ出身で、ウェールズ民族主義ともつながりがあり、ドイルもその「ケルト」的魅力を指摘する、シャーロック・ホームズ同様ちょっと変わったアウトサイダー型政治家のロイド＝ジョージは、福祉改革に加えてドイツとの軍拡競争のために必要となった資金を、富裕層に厳しい所得累進課税と土地関連税の導入や相続税増額などによってまかなうという大改革を断行した。さまざまな

福祉政策でもっとも重要なのは、老齢年金法（1908）と国民保険法（健康保険＋失業保険、1911）の成立である。「人民予算」の名で知られる彼の1909年予算案に大きな抵抗を示した貴族院は、1911年の国会法で権限を大きく削られることになった。ロイド＝ジョージの活躍と政策は、政治権力の貴族から一般人への移行を象徴する。国会議員に報酬が与えられるようになり、金持ち以外でも国政に携われるようになったのもこの時期である。

しかし、自由党の活躍は戦前で終わり、戦後は躍進した労働党が保守党と政権を争うようになる。1920年代の労働党少数与党政権と初めて議席過半数をとった45年の労働党単独政権。それらが、平等な社会を求める人たちの夢と希望をどのように実現しどのように裏切ったのか。大きな国家を必然的に要請するポスト・レッセフェールの時代に平等な社会を目指す試みが、その内部にも外部にもつねにある管理社会やファシズムの危険にどう対処していった──あるいは、いけなかった──のか。1900年に誕生した労働党が、1950年、2000年という節目の年につねに政権を担っていたことの意味を考えながら、20世紀イギリス文化を見てゆくと、この国はどのような姿を見せるのだろうか。

結語

1900年のイギリスを見てゆくと、帝国、民族、ポスト・レッセフェール、メディア、セクシュアリティ、ジェンダーとフェミニズム、階級、福祉、社会主義など、キーとなるさまざまな要素が絡み合いつつ動いてゆく姿がはっきり見て取れることがわかる。これが20世紀前半の50年の間に、どう変化・発展してゆくのか、これからじっくりと見てゆこう。

（武藤 浩史）

推薦図書

岡倉登志『ボーア戦争』山川出版、2003年。
富山太佳夫『シャーロック・ホームズの世紀末』青土社、1993年。
Paul Adelman, *The Rise of the Labour Party 1880-1945*. 3rd ed. London: Longman, 1996.
David Powell, *The Edwardian Crisis: Britain, 1901-1914*. Basingstoke: Palgrave, 1996.

第Ⅰ部

階級・くらし・教育

＊

　19世紀後半以来の初等教育の改革によって、イギリス国民の読み書き能力は飛躍的に向上し、その成果として、20世紀に至って読書習慣が労働者階級にまで普及した。こうした読書の大衆化の問題を社会学的方法で考察したQ・D・リーヴィスは、読者層の増大を歓迎せず、むしろ読書趣味の低俗化の要因として憂慮している（『小説と読者層』1932年）。当今のベストセラー小説は大衆の悪趣味に迎合し、ジャーナリズムの受け売りにすぎない紋切り型の言葉をまき散らしていて有害である、これは現代文明の衰退を示すものにほかならない、そう彼女は言う。

　確かに、特権的な教育を受けた「少数派(マイノリティ)」の知識層の物差しで測るならば、「現代文明の衰退」は明白で、大衆小説への人びとの耽溺は、政治的無関心を助長し、より洗練された社会を創出する妨げになったと見ることができる。

　その反面で、人びとが読み書き能力を獲得することによって得られた自由の感覚については、上記の視点では十分に把握できない。かつては文字の世界から閉ざされていた「下層」の人びとが、両大戦期間期には、貸本屋や公共図書館を利用して小説作品を愛読するようになっていた。大量に消費されるそうした小説は、リーヴィスにいわせれば「悪書」にほかならないが、それが人びとに与える影響力は並大抵のものではない。むしろ「ハイブラウ」むきとされる「良書」の方が、大半の読者に無縁であったという点で、彼らへの影響力はなきに等しかった。そして「悪書」がもたらす効果は、その名の通りに「悪影響」のみであったと言い切ることは、果たして本当にできるのだろうか。

　そうした「悪書」（通俗本）の中で、「滑稽だが下品でない」ユーモア感覚、常識、正義感、道徳心といった徳目によって、人びとに比較的良質の影響力をおよぼす書物があって、それをオーウェルは「よい悪書（good bad books）」と名づけた。上述の『小説と読者層』をそのような「よい悪書」の系譜にそって書き直すなら、どのようなプロットになるだろうか。さらに、19世紀までは上層階級に限られた美術鑑賞が、20世紀に入って、労働者階級の教育カリキュラムの一環として普及した。上層から見ればやはり芸術の卑俗化とみなされ得るこうした芸術教育の展開にしても、これまで十分に光が当てられてきたとは言えない。

　本書の第一部は、そうした問題意識をかかえつつ、20世紀前半のイギリスの人びとのくらしを見てゆく。第1章では「階級」という厄介な概念を問題にする。第2章ではこの時代のイギリスの社会主義運動の諸相を概観する。そこでは、フェビアン協会に代表される「現実路線」と、ギルド社会主義やオーウェルの「正統」左翼批判に見られる「想像された社会主義のヴィジョン」を対比的に検討する。第3章「学校に行こう」は中等教育の普及とその成果を労働者階級の視点から見てゆく。そこでは、学校に「行けない」人と、「行きたくない」人、それに「行かせたい」人たちの思惑が微妙なかたちで交錯しているのが見て取れるだろう。第4章「ミュージアムの冒険」は、イースト・エンドすなわちロンドンの労働者階級の居住区における博物館・美術館の芸術教育活動に焦点を当てる。それがウェスト・エンドの美術館とはまた別の、独特な役割を担ってきた経緯をたどってみよう。

（川端 康雄）

第1章

「ウィガン波止場」から見たイギリス
――「階級」という厄介なもの

1. 黒くてもてはやされたもの

　イギリスの伝承童謡（マザー・グース）にはなぞなぞ唄に分類されるものがいくつかある。中学の英語教科書にも出てくる「ハンプティ・ダンプティ（Humpty Dumpty）」の唄などもそのひとつだ。座っていた塀の上から転げ落ちてしまって、「王様の家来と馬をみんなあわせても」もと通りにもどせなかった「ハンプティ」とは何か、というなぞなぞで、その答が「卵」だというのはよく知られていることだろう。では次のなぞなぞはどうだろうか。

　私は黒くて、大いにもてはやされている。　　Black I am and much admired,
　みんなくたくたになるまで私を探す。　　　　Men seek for me until they're tired;
　見つけると、私の頭をくだき、　　　　　　　When they find me, break my head,
　ねどこからひきずりだしてしまう。　　　　　And take me from my resting bed.

　答は「石炭（coal）」である。この童謡が初めて文献に載ったのは1815年頃で、オーピー夫妻編のオクスフォード版『伝承童謡集』その他に収録されているが、いまでも子どもたちに口ずさまれているかどうかは疑問である。なにしろ日々のくらしの中で石炭（すなわち、植物が地殻中に埋没・堆積して長い年月をへて変質してできた可燃性の岩石）にふれる機会はほぼ消えてしま

っているのだから。本章の筆者は1955（昭和30）年生まれなので石炭についての実体験がまだある。小学校の教室で使っていたダルマストーブは石炭焚きで、冬であれば常時教室内に石炭が置かれ、それを手にすることもよくあった。石炭をくべて走る蒸気機関車も日常的に目にする光景だった。20世紀半ば以降、石炭から石油へのエネルギー転換が急速に進み、石炭産業は衰退、その結果、もはやこの燃える石はかつてのようにありきたりの物質ではなくなった。「黒ダイヤ」といってもいまの若い世代にはぴんとこないだろう。

けれどもいま引いたなぞなぞ伝承唄には石炭が人のくらしに密接に関わっていた時代の記憶がある。「大いにもてはやされている」黒い物質を「くたくたになるまで探す」人びととは石炭の採掘作業に従事する坑夫のことで、彼らが地中深くでツルハシをふるって岩盤をくだき、石炭の固まりを地上にもたらした。原文の最後の bed は石炭の埋まる「地層」の意味がかけられている。その「頭をくだき、ねどこからひきすりだす」仕事、それは19世紀以来、イギリスの伝統的な基幹産業のひとつとなっていた炭鉱業を文字通り基底から支えるものだった。

その炭鉱業が両大戦間期に危機的状況に陥った。それは造船業、綿工業、毛織物工業、銑鉄業といった伝統的基幹産業全体に当てはまることだったが、とりわけ1929年の大恐慌以後、1930年代は長期失業者を大量に生み出した。その要因としては、世界貿易の不振の影響をまともに受けて、貿易依存度が高いそれら基幹産業が慢性的な不振におちいったことがあった。1920年から1938年の間に五大基幹産業は100万人以上の人員削減を行ったとされる。ミッチェルの『イギリス歴史統計抄』に依れば、失業率はこの期間を通して常時10％を越え、その6割方が基幹産業だったと推定される。炭鉱業の被保険者の失業率は1924年に5.8％だったのが1932年には34.5％と5倍以上にはねあがっている。

2. オーウェル、北へむかう

そうした慢性的な不況がつづく1936年1月末に、一人の作家がイングランド北部の炭鉱町にむかった。名前はジョージ・オーウェル（1903-50）。後

に『動物農場』(1945)と『一九八四年』(1949)で世界的に注目を浴びることになる作家である。このとき、オーウェルが出かけたのは、レフト・ブック・クラブ(52頁のコラム参照)を主宰するヴィクター・ゴランツから依頼を受け、北部の失業者を調査することが目的だった。2ヶ月の間、ウィガン、リヴァプール、シェフィールド、バーンズリーといった町に滞在し、その地の労働者階級のくらしの実態をつぶさに調べた。それをもとにまとめたのが『ウィガン波止場への道』(1937)というルポルタージュの名作である。

炭鉱のドキュメンタリー

　この当時、ジョン・グリアソンを中心とするイギリス・ドキュメンタリー映画運動が社会問題を扱った映画を盛んに制作していた。炭鉱を主題にしたドキュメンタリーも『採炭切羽(コールフェイス)』(1936)をはじめ中央郵便局(GPO)を中心的なスポンサーとして制作されていた(第15章を参照)。おそらくオーウェルはこれらの影響を受け、ドキュメンタリーの手法を用いて1930年代半ばの北部炭鉱町の生活実態を鮮やかに切り取って見せた。この『ウィガン波止場への道』の中で彼は、石炭というモノそれ自体にも読者の注意を引いている。この時代の文明は石炭に依存するところが大きい。だからその物質がどのように掘り出されるのか、その具体的な過程をしっかりと見る必要がある——そう断って彼は炭坑夫が地中深くで行う採炭のありさまを詳細に記述し、さらにこう続ける。

　　炭坑夫が作業しているのを見ると、ほかの人たちはなんとちがう世界に住んでいるのかすぐに実感される。石炭が掘られている地中深くは、一種の別世界であり、ふつうの人はそれについてなにも耳にすることなくやりすごすことができるのだ。……北部イングランドで車を走らせていて、自分が進んでいる道路の数百メートル下で坑夫が石炭を掘りくずしていることにまったく考えがおよばない、ということはざらにある。だがある意味でその車を前進させているのは坑夫たちなのである。ランプに照らされた彼らの地下世界は、日の照った地上世界に欠かせぬものなのだ。花に根が欠かせぬように。(第2章)

　このルポルタージュはレフト・ブック・クラブの叢書として、全国の会員に頒布されたのだが、上記のくだりを見ると、炭鉱夫ではない「ほかの人た

ち」としてオーウェルが念頭に置いているのは、社会主義に賛同しながらも、こうした過酷な状況を経験しない人びと、とりわけロンドンを中心としたイングランド南部の中流階級の読者層であったように思われる。ここで場所と階級の問題が浮かび上がる。

3. 階級区分とその実相

　「階級（class）」という語は、イギリスの社会を考えるうえでたいへん重要な語だとはいえ、意味の幅が広くて、正確に規定するのが難しく、その点でかなり厄介な言葉だといえる。とりあえず、「生産手段や生産から得る利益などに関して対立する関係にある社会集団」（三省堂『大辞林』）という定義で考えてみよう。封建制度下の領主と農奴、資本主義社会での資本家階級と労働者階級といった区別がこれに入る。特定の社会の不平等な状態を示すのに、「支配層」と「非支配層」、「富者」と「貧者」といった目じるしでもってその社会の人びとを区分するのには便利な概念だ。

　このモデルの典型が、マルクスとエンゲルスが『共産党宣言』（1848）などで示した「ブルジョワジー」と「プロレタリアート」の二大階級である。それによれば、産業革命以後の西欧社会は、大企業の経営者としての前者と、そこで雇われた労働者としての後者に二分される。その中間に位置する農民、小商人といった階級は、資本主義の進展によって一部は上昇してブルジョワジーに参入し、その他は没落してプロレタリアートに組み込まれる。そのような二極分解にともなってブルジョワジーの権力集中が進むものの、最終的には組織化されたプロレタリアートが階級闘争に勝利する、というのが彼らの示した見取り図である。これとは別個に、19世紀半ばに、イギリス保守党の政治家ベンジャミン・ディズレイリが書いた小説『シビル』（1845）の中で、「2つの国民（Two Nations）」というフレーズでイギリス国民の「富者」と「貧者」の二極分解を問題化していたことも言い添えておこう。

三区分

　その一方で、イギリスではもうひとつの典型的な階級区分がある。すなわ

ち上流階級（貴族層）、中流階級、労働者階級（あるいは下層階級）という三区分だ。英語でいえば、the upper class(es), the middle class(es), the working [lower] class(es) ということになる。

　産業革命期以降に産業経営者として成功し、社会的地位を高めていったのは中流階級の出身者であり、彼らが19世紀の間に新興の富裕層として勢力を増していった。前述の古典的マルクス主義の一元的な指標による社会階級論にしたがえば、ブルジョワジーの中核を担ったこの層は上流階級とともに打破されるべき支配層に組み込まれることになるが、生活様式や職種といった観点からすれば、中流階級は、肉体労働に従事する労働者階級と異なるだけでなく、広大な地所を世襲する貴族層とも区別される。

　のみならず、中流階級は上（中）下、すわなちアッパー・ミドル／（ミドル・ミドル）／ロウワー・ミドルに区分され、それをさらに下位区分することもできた。実際、オーウェルは自分の出身を「ロウワー・アッパー・ミドル（lower-upper-middle）」だと説明している。「上層中流階級の下のほう」という意味だ。労働者階級の場合でも、比較的余裕のある層から日々のくらしに事欠く層まで多様だった。それぞれの階級の境界線は絶対的なものではなかったが、職業、言葉づかい、服装、住居、生活習慣などの標識によって、人びとが日常生活において区別するには十分な差異というものがあった。上記のように、それぞれの階級でclassを複数形にして使う場合が多いのは、そうした同一階級内での差異を示唆するものと見ることができよう。

　第一次世界大戦が勃発した1914年の時点で、イギリスの全資産のほぼ9割を所有していたのが全人口の4％ほどの上流階級であったとされる。この上流階級の中で、大土地所有に基づく伝統的な支配階級（世襲貴族）は依然として社会的な威信を保っていたが、そこに新興の大富豪（チェンバレン家、ロスチャイルド家など）も加わった。

アッパー・ミドル

　アッパー・ミドル（上層中流階級）は一般的には企業の経営者と専門職（弁護士、医師など）に大別される。高位聖職者、高級官僚、軍人もこれに含まれる。ただし、オーウェルの微妙な区分でいうなら、「商売（trade）」に

手を染めた層は、どれほど高収入であろうと、アッパー・ミドルの資格に欠けると見られるので、産業経営者などは除外されて、「ミドル・ミドル」の範疇に入ることになる（爵位を授けられた実業家も少なくないという事実と重ね合わせると、この区分には矛盾があることに気づかされるのだが）。アッパー・ミドルの核をなす専門職は、ヴィクトリア朝とエドワード朝に徐々に増大し、1911年には80万人近くにのぼった。この階層に属する者でも収入に差があった。上の方で見ると、法廷弁護士から司法長官となったR・D・アイザックスは年収2万8千ポンドを得ていた。もっとも彼は自由党の閣僚も務め、1916年にはレディング子爵に叙任されている。高等裁判所判事という役職で年収5千ポンドが得られた。これでも高収入の方で、年収1000ポンドあればアッパー・ミドルとして標準的な生活が送れた。法廷弁護士（barrister）の平均年収を示すと、1922年で1024ポンド、1935年で1090ポンドである。

アッパー・ミドルの下層

　その一方で、年収が300〜400ポンド程度に落ち込んで、なおかつアッパー・ミドルのくらしを維持しなければならない者もいた。オーウェルの家はこれに近かった。『ウィガン波止場の道』は二部構成になっていて、第一部がイングランド北部のルポルタージュにあたり、第二部が同時代のイギリスの階級問題および社会主義をめぐる議論になっている。この第二部（第8〜13章）はオーウェル自身の自伝的な記述が混じっていて、その初めの方で自分の出自が語られている。

> 私はロウワー・アッパー・ミドルとでも呼び得るような階級に生まれた。アッパー・ミドルが絶頂にあったのは1880年代と90年代で、キプリングがこの階級の桂冠詩人ともいうべき存在だったのだが、ヴィクトリア朝の繁栄の潮が引くと、一種の残骸の山のように置いてきぼりをくってしまった。あるいは、比喩を言いかえて、山でなくて層と称した方がいいかもしれない——年収2000ポンドから300ポンドの間に位置する社会層である。私自身の家はその最低辺からさほど離れていなかった。金銭面でこの階層を定義していることに読者はお気づきだろうが、そうしたのは、理解してもらうのにはいつでもそれがいちばん手っ取り早いやり方だからだ。それにもかかわらず、イギリスの階

級制度の肝心なところは、金銭によっては完全に説明しきれないという点なのである。……この階級の人々は土地を所有していないが、神の目から見れば地主も同然だと感じ、商売に手を染めるよりもむしろ専門職や軍人の職に就くことによって貴族もどきの態度をとりつづけた。……年収が400ポンドでアッパー・ミドルに属するというのは奇妙なことだ。その人の紳士の身分（gentility）がほとんど純粋に理論上のものとなっているからだ。いわばその人は同時に2つのレベルでくらしていた。理論上は、召使いについて一通り知っていて、チップのやり方もわかっているものの、現実には住み込みの召使いは一人か、せいぜい二人しかもてない。理論上は、服の着こなしやディナーの注文の仕方を知っているが、現実にはまともな仕立屋やまともなレストランに行く余裕は決してない。理論上は、射撃や乗馬を知っているが、現実には乗るべき馬をもたず、狩猟をする土地も一インチだってない。（第8章）

オーウェルのトラウマ

　オーウェルの父親はインドに勤務するイギリス政府の役人で、1912年に定年退職して帰国してからは年金生活者となった。年金額は500ポンドほどだった。ロウワー・ミドルであれば5人家族でくらすのに十分な額だったが、少年オーウェルの英才教育のための高額の学費を含め、「紳士の身分」の維持に苦労した。子どもへの精神的な悪影響も甚大で、プレパラトリー・スクール（私立小学校）のセント・シプリアン校（特待生）からパブリック・スクールの名門イートン校（奨学生）へというコースをたどった彼は、他の生徒がみな自分より裕福な学校環境に置かれて、生涯に残るトラウマを受ける。

　そこまで体裁を取り繕う必要があったのかどうか、不思議に思われるかもしれないが、オーウェルによれば、これがイギリス独特の「カースト制」の度し難い側面なのだった。これより所得が低くて地位の維持に困難をきわめたアッパー・ミドルの家もあった。専門職で恵まれない層の例をあげると、1909年にあるパブリック・スクールの通いの教師は4年勤務してせいぜい年収が200ポンド、10年たっても300ポンド程度だったという。専門職という格式がなければ、「ロウワー・ミドル」に入れてもおかしくなかった。

　いま引用したくだりについて、召使いの言及があることに注目したい。ヴィクトリア朝において、召使い、すなわち家事使用人を持たぬことは、そも

そもその家の主婦が「レイディ」の地位に上れぬことを意味した。それゆえ中流階級家庭で使用人は必須だったのだが、その状況は20世紀に入ってもしばらくは変わらなかった。住み込みのメイドが年額10〜12ポンドでまかなえた第一次世界大戦以前であれば、低収入の牧師補や学校教師であっても、家事使用人を雇う余裕がまだ十分にあった。雇われる側にすれば、大所帯の上流階級のお屋敷に勤めるほうを望んだようだが、実際には大多数が中流階級の家庭で雇用されていた。第一次世界大戦以後、労働者階級の女性にとっても職業選択の幅が広がることになり、その結果メイドのなり手が減少して、いわゆる「使用人問題」が深刻になってゆくが、戦間期においても、家事使用人を何人有するかというのが、その家の裕福さと階級の高さを示す指標であり続けた。

ロウワー・ミドル

　19世紀後半、肉体労働の従事者（労働者階級）ではないが、既成のミドル・クラスの範疇に収めにくい職業層が次第に増えてきて、20世紀に入ってその増加傾向がさらに強まる。職種でいえば、店員、事務職員、小店主、自営の職人といった層で、これが「ロウワー・ミドル（下層中流階級）」と呼ばれる人たちである。これらの職業の従事者の多くは、熟練労働者よりも収入が低かった。1909年の調査によると、会社事務員や銀行事務員で二人に一人は週給30シリング（1.5ポンド）を少し上回る額で、炭鉱労働者とそう変わらない収入だった。しかも、労働者階級よりも出費がかさんだ。

　もっとも、収入だけが階級の決め手にはならないというオーウェルのさきほどの言葉がここでも当てはまる。この場合でも生活様式、服装、習慣の要素が作用する。工場や炭鉱に務める「ブルーカラー」よりも店や会社に勤める「ホワイトカラー」のほうが、「まっとう」で、「清潔」で、「将来性」があるとみなされたのである。そのようにして、労働者階級との線引きを図ったわけであるが、他方でアッパー・ミドル層からは、労働者階級と大差ない「下層」とみなされた。その差異がもたらす心理的抑圧を具現した人物として、E・M・フォースターの小説『ハワーズ・エンド』（1910）に登場するレナード・バストの名をあげておいていいだろう。

　こうした低収入の事務員や店員を中流階級の最下層に含めるならば、20世紀

表1　イギリスの事務職員の平均年収（1911/13-1935年、単位ポンド）

	1911/13年	1924年	1935年
公務員	116	284	260
鉄道事務員	76	221	224
銀行事務員	142	280	368
速記タイピスト（役所勤務）	79	179	162

出典：John Stevenson, *British Society 1914-45*, Penguin, 1990, p. 122.

初頭のイギリスでは、以上が全人口の4分の1を占めた。表1は第一次世界大戦直前から戦間期の「ホワイトカラー」層の平均収入を示したものである。

労働者階級

　人口の残りの4分の3は肉体労働の従事者およびその被扶養者、すなわち、資産を持たず、他者に労働を供給することでくらす労働者階級が占めていた。これをさらに下位区分するなら、1911年の国勢調査では、就業人口の28.7％は熟練労働者、34.3％が半熟練労働者、9.6％が非熟練労働者、1.8％が自営の職人だった。すでに言及した家事使用人も当然ながらこの階級に属した。

　定職に就いていた熟練労働者は見苦しくない（リスペクタブルな）住環境を得て、衣食に事欠かず、多少の貯金もできた。19世紀と同様に、共済組合や生協運動といった典型的な労働者階級の組織の屋台骨となっていたのが熟練労働者だった。半熟練・非熟練労働者の多くも「リスペクタブル」なくらしを望んだが、週給1ポンド強では、独身もしくは新婚夫婦ならなんとかやっていけたものの、4～5人の家族では難しかった。とりわけ、半熟練・非熟練労働者は、産児制限の流れに乗るのがもっとも遅れた層であって、一般に他の階級より大所帯だった。1913年には、週給25シリング（年収65ポンド）以下でくらす男性が200万人、被扶養者をあわせると800万人いた。表2は、エドワード朝から戦間期にかけての労働者の職種別平均収入の推移を示したものである。

「ガラスの間仕切り」

　戦間期に階級の障壁は崩れたといえるのだろうか。同時代の人びとの多くにとって、そうは感じられなかったようである。富の分配が未だ不平等であるがゆえに、イギリスは高度に階層化された社会のままでいる、いや、むし

表2　イギリスの労働者の平均年収（1906-35年、単位ポンド）

	1906年	1924年	1935年
炭鉱夫	112	180	149
整備工	90	157	212
機関士	119	276	258
植字工	91	209	218
製陶工場労働者	77	171	173
バス、市電運転士（ロンドン）	107	190	218
農業労働者	48	82	89

出典：John Stevenson, *British Society 1914-45*, Penguin, 1990, p. 121.

ろ、格差がさらに広がったというむきもあった。1936年になされた調査によると、ある小都市（オクスフォード州バンベリー）では、市民の約5割が自身を「労働者階級」とみなし、5割弱が「中流階級」とみなした。自身を「上流階級」と規定したのは2％だった。コール夫妻は、『イギリスの状況』の中で、イギリスがいまだに「2つの国民」である、もしくは、増大する中間層を考慮に入れれば、依然として厳格に区別された「3つの国民」である、と結論付けている。

　オーウェルの観察でも、階級格差は超えがたい「ガラスの間仕切り」のように続いていた。パリとロンドンでの「最底辺のくらし」（『パリ・ロンドン放浪記』参照）および不況にあえぐイングランド北部地域の調査をへたオーウェルは、第二次世界大戦が始まっていた1941年に、パンフレット『ライオンと一角獣』の中で、「イングランドはこの世でもっとも階級に取り憑かれた国である」と断言した。ロウワー・ミドル層の増加に見られるように、一定の社会的流動性はあったものの、上層階級が代々特権的な地位を継承してゆく傾向は戦間期も確実につづいていた。

エリート養成機関

　その利権を保持する重要な回路がパブリック・スクールとオクスブリッジという教育機関だった。実際、この時期の政界、官界、宗教界、専門職、実業界の上層（つまり高級官僚などのエリート層）のもっとも顕著な特徴といえるのが、学歴の共通性である。R・H・トーニーが『平等』（1931）で示した数字によると、彼の調査した教会、官公庁、産業界の「高位」の人間691名のうち、

76％にあたる524名がパブリック・スクール出身者だった。11年後、1942年の労働者教育協会（WEA）の調査でもその比率はほぼ同一（77％）で、そのうち５大校（イートン、ウィンチェスター、ラグビー、ハロー、モールバラ）出身者が４割を占めていた。エリート層の育成というパブリック・スクールの機能を如実に示す数字であるが、これについては第３章であらためて取り上げる。

　ちなみに、イートン校を出たオーウェルは、文官試験を受けて合格し、1922年に植民地インド帝国警察に就職してビルマ（現在のミャンマー）に赴任している。アッパー・ミドルとしてのひとつの典型的な進路であったが、1927年に退職し、パリとロンドンで放浪生活を送ることになる。わずか５年間で辞職したのは、本人によれば、その間にイギリスの帝国主義政策の実態をつぶさに見て、それに荷担する役割に耐えられなくなったこと、また作家の道に進むことを決意したためだった。彼の植民地での経験とその省察は、「象を撃つ」や「絞首刑」といった作品に書き込まれている。それにしても、親の身にすれば、この進路変更はさぞや残念であったことは想像に難くない。特待生、奨学生とはいえ、長年にわたって家計の少なからぬ部分を息子のジェントルマン教育に費やしたあげくに、当の本人がドロップ・アウトしてしまって、ロウワー・ミドル、あるいは労働者階級へと「落ちぶれ」てゆく徴候を示したのである。徒労感におそわれた親の顔が目に浮かぶ。本人にもさらなる負い目となったことだろう。

4．「オーウェル風」の見方

　『ウィガン波止場への道』に話をもどそう。これは、執筆を依頼したレフト・ブック・クラブの幹部にとって頭を抱えるような問題作となった。三人の選者、すなわち、ヴィクター・ゴランツ、ジョン・ストレイチー、ハロルド・ラスキはいずれも親ソヴィエト派であったが、オーウェルの書いたルポルタージュは、彼らが属する当時の左翼の主流派に対して歯に衣着せぬ痛烈な批判を頻繁に述べていることに加え、中流階級の左翼知識人が内心で思っていても決して口にしない見解をあえて公表したのだった。たとえば、「下層階級は臭い」という見方がそうだ。

下層階級は臭い——これこそが我々の教えこまれたことだった。そしてここにおいて、明らかに、乗り越えがたい障壁がある。好き嫌いについては、身体に根ざす感覚にもまして根元的なものはないからである。人種間の憎悪や宗教間の憎悪、教育や気質や知性の相違、あるいは道徳律の相違であっても、乗り越えることは可能だ。ところが身体に根ざす嫌悪感はそうはいかない。……私の子ども時代には、彼らが汚い連中であると、じっさいに教え込まれていたのだ。（第8章、強調は原文）

本音から始める

　これはアッパー・ミドル出身のオーウェル自身が身につけていた、そしてそこから脱却しようと苦闘していた偏見だった。それを包み隠さず明かすことによって、階級的不平等の問題を論じる出発点とするというのが彼のとった手だてだったのだが、ソヴィエト批判、および正統左翼のイデオロギー批判とあわせて、オーウェルの論法はレフト・ブック・クラブの選者たちにとっては刺激が強すぎたようである。実際、ゴランツはこの著作にわざわざ「序文」を付して、オーウェルの議論に先立って反論するという異例の措置を取っている。選者たちに限らず、また共産党員のみならず労働党に属する知識人であっても、両大戦間期のイギリスの不況という暗い現実と、ソヴィエトの計画経済の躍進という外見には輝かしいイメージとの落差から、ソヴィエトを未来社会のモデルとして称揚する人が多く見られた。そうしたなかで、オーウェルは自身が信じる民主的社会主義の立場から「正統」左翼の硬直したイデオロギーを叩いているのであり、その出発点として、幼児期から周囲の環境の中で刷り込まれていわば身体感覚と化した「下層階級は臭い」の類の偏見を明らかにしたのだった。残念なことに、序文を書いたゴランツは、その意義が理解できず、硬直性を再生産してしまっている。

　このあたりの事情については、20世紀前半の社会主義運動を概観した次章で立ち返るが、「下層階級は臭い」といったスキャンダラスな言明でオーウェルが強調したかったのは、この国では階級間の融和などというものが容易に達成できるはずはなく、階級の相違とそれに伴う生活態度の溝を自覚することがより公平な社会への道のりの一歩になるという現実的な見方なのだった。さらにオーウェルは当時の典型的な左翼知識人についてこう書いている。

イギリス共産党員で『幼児のためのマルクス主義』の著者である同志X氏について見てみよう。同志X氏はたまたまイートン校出身者である。……彼はプロレタリアートを理想化しているが、彼の習慣が彼らとあまりにもかけ離れていて、驚くほどだ。……ナイフの刃先にチーズを突きさして口に運んだり、帽子をかぶったまま室内に腰掛けたり、また紅茶を受皿で飲むことでさえも、彼の体が受け付けず、まずできないだろう。テーブル・マナーは、人の言動が本物か偽物かを見分けるための、悪くはない試金石なのではあるまいか。私は多くのブルジョア社会主義者と知り合い、彼ら自身の階級を攻撃する長広舌を何時間も聞いたが、それでも決して、一度たりとも、プロレタリアのテーブル・マナーを身につけた人に出会ったことがない。（第8章）

ここもいかにもオーウェルらしい論法である。つまり、抽象的なイデオロギーを用いるのでなくて、テーブル・マナーや服装といった日常生活のみぶりを準拠枠として、社会主義運動と階級の問題に取り組もうとしているのである。上記の引用文中で「紅茶を受皿で飲む」習慣に言及しているが、この労働者階級の「マナー」については小野二郎のエッセイ「紅茶を受皿で」（『民衆文化のイコノロジー』所収）で扱っているので、詳しくはそれに当たってもらいたい。

「ディーセント」なくらしを求めて

『ウィガン波止場への道』の第一部でのオーウェルの調査対象は必然的に失業者が多く、困難なくらしぶりが印象に残るが、比較的ゆとりのある家庭であれば、アッパー・ミドルの家庭では味わうことができないような「暖かくて、まっとう（decent）で、人情味あふれた空気」がただよっている、とオーウェルは述べている。そう言って彼は、健全で整った、労働者階級の家庭の団欒の幸福なイメージを思い描いてみせる。

最善の労働者家庭に見られる独特の気の置けない、充実した気分、いわば完璧な調和というものによく私は胸を打たれた。とりわけ、冬の晩、お茶がすんで、暖炉の火が赤々と燃え、炎がゆらめき、鋼鉄の炉格子に照らされている。父親はシャツ姿でくつろぎ、炉のかたわらでロッキング・チェアに座り、競馬の結果を新聞で読んでいて、母親はその反対側で針仕事をしている。子供たちは1ペニーのハッカ・キャンディーを口にして幸福で、犬

はラグの上でごろごろとぬくもっている——こんな場所にいられたらいい、ただその中にいるというだけでなく、自然にその一員として受け入れられていたらの話だが。(第7章)

「キッパーズ〔燻製ニシン〕を食べ、濃い紅茶を飲んだあと、石炭が燃える暖炉のまわりに集う」一家団欒のイメージ。これはオーウェルの他のエッセイや小説(たとえば『空気をもとめて』[1939]の主人公ジョージ・ボウリングの少年時代の追憶)に繰り返しあらわれる幸福なくらしの理想像である。このように、『ウィガン波止場への道』において、階級の障壁を超克する困難を指摘する現実的な議論と、「庶民」のディーセントなくらしへの夢想が共存している。いずれも「オーウェル節」と呼んでいいような特徴である。

『動物農場』と『一九八四年』の二作によってもっともよく知られるオーウェルは、「少年週刊誌」(1940)や「ドナルド・マッギルの芸術」(1941)など、民衆文化(popular culture)を題材にしたエッセイを数多く発表してもいる。文学批評の階層秩序に抗って「低俗」な文化事象を扱ったオーウェルのこの方面の仕事は、20世紀後半にレイモンド・ウィリアムズやリチャード・ホガートらが発展させた文化研究の先駆的仕事となっている。オーウェルが市井の人びとの衣食住の細部に注目したのは、そこに貫かれている形式の中に、全体主義への傾向への歯止めとなり得る契機が潜んでいると期待していたからであり、この期待がオーウェルの「文化論への転回」を促したのだと筆者には思われる。

以上、『ウィガン波止場への道』を主なテクストとして、両大戦間期のイギリス社会を階級問題を中心に略述した。「文化論への転回」の先人としての貴重な貢献を果たしたオーウェルは、本章に限らず、本書全体を通してひとつの重要な導きの糸となるだろう。

(川端 康雄)

推薦図書

ジョージ・オーウェル『一杯のおいしい紅茶』小野寺健編訳、朔北社、1995年。
小野二郎『民衆文化のイコノロジー——小野二郎セレクション』平凡社、2002年。
川端康雄『オーウェルのマザー・グース——歌の力、語りの力』平凡社、1998年。

Column
「我々自身の人類学」──マス・オブザーヴェイション

　マス・オブザーヴェイション（Mass-Observation、以下 M-O）は、1937年にイギリスで開始された大衆世論調査で、人類学者トム・ハリソン、詩人でジャーナリストのチャールズ・マッジ、映画監督のハンフリー・ジェニングズの3人が中心となった。彼らは、全国から5千人以上の「マス・オブザーヴァー」（Mass-Observer）を募り、主として労働者階級の生活様式に関するさまざまな調査を実施。彼らの日常生活を立体的に把握し、客観的なデータを蓄積しようとした。M-O発足時の宣言文の中で、3人はその動機を述べている──「我々は隣人の慣習について、また、自身について、いかに無知であることか。……我々自身の人類学は未だ夢にすぎない。……そのための科学を確立することが人類にとって急務なのだ」。

　リーダーのハリソンは上層中流階級出身で、ケンブリッジ大学中退後、人類学者となる。ニューヘブリディーズ（現ヴァヌアツ）を拠点に活動したのち（この調査は後に『野蛮な文明』としてまとめられ、レフト・ブック・クラブの選書となった）、イギリス人に対しても人類学的調査を始めようと考えた──「ニューヘブリディーズで人食い人種と生活をともにした経験からいえば、……野生的な外見、縮れた髪、黒い肌をもち、悪臭漂う彼らと、我々自身がイギリス国内に抱える人びと（労働者）との間には、多くの共通点がある。したがって探検から戻ったとき、私は同じ方法論をここブリテン島でも適用することに決めた」。

　当初オブザーヴァーは少数の上層中流階級の知識人と芸術家に限られたが、次第にその規模を拡大し、全国のあらゆる社会階層から集められるようになった。労働者階級のオブザーヴァーは日記をつけ、さまざまなテーマに対し報告書を書き、アンケートに答えるよう依頼された。一方中流階級のオブザーヴァーは、労働者階級の行動を（盗み）見、（盗み）聞き、記録するチームとして募集された。しかしこの方法は、当時の新聞や雑誌に「スパイ」「立ち聞き犯」「覗き魔」と揶揄されることも少なくなかった。ハリソンの指令──人びとが指輪をいくつはめているか、パブでビールを1パイント飲むのに平均で何分かかるか、ティーカップに触れる際、社会的に上位であることを誇示するために小指を立てるか否かを調査せよ──を受け町へ飛び出す。関連したメモや写真を持ち帰ると、今度は虫眼鏡を片手に、ハリソンが細部にわたってそれらを調べ上げる。そうして集められた「事実」は「不当に判断を下したり、選別することなく」ファイルされ、その一部は出版もされた。

　M-Oの問題点として、アプローチが観察偏重で素朴すぎること、対象が労働者階級に偏っていること、オブザーヴァーが人びとの私生活の内面に踏み込むには限界があること、さらには自国の労働者階級を「人食い原住民」になぞらえるハリソンの視点などがあげられるが、その膨大に蓄積された史料は、1937年以降のイギリスの社会状況をつぶさに伝えるものとしていまなお意義があるといえよう。第二次世界大戦で一時中断したものの、戦後も政府の社会調査の側面と市場調査・分析の両面を担い、現在もなお続けられている。

（福西 由実子）

第2章
社会をつくりなおす
──「再建」の社会主義

1.『辺境』のゼネスト

　レイモンド・ウィリアムズは『文化と社会』(1958) や『長い革命』(1961) をはじめ、イギリス文学・文化研究から政治的省察など多方面で重要な仕事を果たした批評家であるが、小説家としてもユニークな作品をいくつか残している。その第一作『辺境』(1960) は、彼とその父親が生きた時代(1920年代から30年代を中心)にウェールズの辺境(ボーダー)(イングランドとの国ざかい)の僻村に住む人びとのくらしを、ウィリアムズの分身と思しき主人公マシュー・プライスの視点を通じて細やかに描いた佳品である。フィクションとはいえ、この小説は両大戦間期のイギリス史のひとつの貴重な証言と見ることができる。そこにはイギリス史あるいは世界史の大きな流れでは通常語られることのない、しかし普通の人びとにとっては一番身近な歴史が語られている。

　『辺境』の第1部第4章は1926年のゼネラル・ストライキをプロットの中心に据えている。マシューの父親ハリー・プライスをはじめとして、この村の駅員たちもこれに参加する。「今年は五月一日のメーデーとともに、いつもとは違う歴史が威力をふるい、それが鉄道のおかげでこんな谷間にまで押し寄せたのだった。数年におよびストライキとロックアウト、これまでなら村にはわずかな影響しかなかったその混乱が今年は危機の頂点にたっして、人里はなれた山の麓のこの谷間にまでおよんだのである」(小野寺健訳)。

1926年のゼネスト

「ゼネラル・ストライキ（general strike）」、またそれを約めた和製語「ゼネスト」は、前章で見た「石炭」と同様に、いまの若い世代には疎遠になってしまった語であろう。これは多数の産業分野にわたる労働者が労働条件改善などの要求を獲得するために一致団結して業務を停止する行動をいう（「総罷業」あるいは「総同盟罷業」とも訳される）。1893年にベルギーで男子普通選挙権を要求してなされたのが世界初とされる。そして労働運動史の中で特筆されるもののひとつが1926年のイギリスのゼネストだった。

基幹産業の例に漏れず、石炭業も輸出不振に陥っていたことはすでに見た。1925年に経営者側が賃金削減を求め、労使対立が激化したが、政府による補助金交付によってひとまず事態の収拾を見た。しかし1926年、政府の賃金切り下げの決定があり、ＴＵＣ（労働組合会議）の総評議会とボールドウィン内閣双方による調停の努力にもかかわらず、5月3日の深夜にゼネストに突入する。炭鉱労働者に続いて、鉄道員、運輸労働者がストに入り、追って他の産業も加わる。当初から総評議会に勝算の見込みはなく、ゼネストは5月12日に中止、組合側の敗北に終わる。炭鉱労働者のみ単独のストを続けたものの、それも結局半年後に全面降伏する。このゼネスト以後、イギリスの労働運動は直接行動を極力避け、労資協調路線を取るようになる。

このゼネストにはおよそ280万人の労働者が参加した。その連帯の堅さは驚くべきものだったが、ゼネストに対する上層階級の反撥の念は強かった。わずか9日間とはいえ、「問題がきわめて切迫していた工業地帯では、ストライキが続いている間、それは本当の対立であった」とピーター・クラークは書いている（『イギリス現代史 1900-2000』第4章）。

労働者の連帯は堅固だったとはいうものの、個別に見ればそこには温度差があったことは想像に難くない。小説形式の強みは、時代のニュアンスをその微妙な空気とともに伝え得ることであり、ウィリアムズの『辺境』はゼネストの史実をふまえつつ、通常の歴史書ではなし得ないそうしたディテールを描き出している。たとえば、ハリーの同僚の信号手たち、ジャック・メレディスとモーガン・ロッサーを見てみよう。ハリーは淡々とストに参加し、終結後には経営者側から懲罰を受けてしばらく仕事を干されてしまう。ジャ

ック・メレディスはストの大義に共感せず、平常通り業務に就こうとしてみなに制止される。しかし後日彼なりの無愛想な仕方で同志的友情を示してハリーの職場復帰を助ける。他方、モーガンは、鉄道員の中でひときわラディカルな革命派であり、ハリーにむかって、今回のゼネストが政府との対決であることを力説し、「おれたちが国家だ、おれたちこそ権力だ、おれたち労働者がボスどもの政府を倒しておれたちの社会組織をつくるんだよ」と「社会主義の社会」のヴィジョンを熱っぽく語る。ところがゼネストの敗北によって思想的挫折を経験したモーガンは、程なくして信号手の仕事を辞めて、実入りのよい商人に転身する。目先の利く彼は裕福になり、地元の名士となり、盟友のハリーに再三にわたって鉄道員を辞めて共同経営者になるように誘うが、ハリーは決してそれに応じない。近代化の流れに逆らい、自分の仕事とくらしの流儀を頑固なまでに守り続けるハリーと、巧みに時流に乗って物質的に豊かになっていくモーガンの人生が、対照的に描き出される。ゼネストの短い期間にイギリスの資本主義は体制的な危機に直面したのであったが、ストに参加した多くの労働者にとっても、その後の人生を左右する大きな転機となり得たことがこれら登場人物たちを通して伝えられる。

2. 第一次世界大戦後の「再建」

　「社会主義の社会」を夢見るモーガンのような、ゼネストに参加した労働者の中の先鋭な立場を端的にいえば、「社会主義」のそれということになる。「生産手段の社会的所有を土台とする社会体制、およびその実現を目指す思想・運動」（広辞苑）と定義される「社会主義（socialism）」は、近年すっかりはやらなくなった語である。1917年の十月革命によって世界初の「社会主義政権」を樹立した旧ソヴィエトが、1930年代の「大粛清」などの罪過を重ねたあげくに1991年に解体し、同時期に東欧の社会主義圏も崩壊し、グローバルな市場経済システムが拡大した1990年代そして21世紀に入って、社会主義という語は、幻滅が高じて、ほとんど否定的な意味合いでしか用いられなくなった。とはいえ、ソヴィエト体制と社会主義を等価とみなすのは短絡した見方であり、歴史的に見れば社会主義はさまざまな見解・構想・実践を含

む多義的な（厄介ではあるが可能性を秘めた）語であることがわかる。かつて多くの人びとを引きつけた旗印であったこの語は、両大戦間期イギリスをふりかえる際の重要なキー・ワードのひとつであることは確かであろう。

労働党の躍進

　産業革命によって先駆的な資本主義の発展を遂げたイギリスでは、労働組合（つまり生活条件の維持と改善のための賃金労働者の団体）の組織化も他国に先駆けて19世紀中に進み、それと部分的に共闘する形で1880年代の社会民主連盟をはじめとする社会主義諸団体の結成があった。デザイナーで詩人のウィリアム・モリスも当時の社会主義運動を担った一人であり、カール・マルクスの娘のエリノア・マルクスらと1884年に社会主義同盟を結成した。1890年にはその機関紙『コモンウィール』に『ユートピアだより』を連載してもいる。さらに、ケア・ハーディらが1893年に独立労働党を結成して労働組合との提携を図った。1900年には、このハーディが中心となり、独立労働党を含む社会主義諸団体と労働組合との連合体として労働者代表委員会を結成する。1906年、総選挙で29人の議員を当選させた際に、この委員会は労働党と改称する。

　戦間期の長引く不況と労働者の要求に対する動きが強まるなかで、19世紀以来、保守党に対抗する一大勢力として政界をリードしてきた自由党は第一次世界大戦を境に衰退し、それと入れ替わるような形で、社会主義の理念を携えて労働者の声を反映させた政策を掲げた労働党が躍進する（表1を参照）。1918年には党の最初の社会主義綱領を作成した。その第4条は「生産手段の公有」を謳った（これは1928年には「生産、分配および交易の諸手段の公有」となる）。同時に政策綱領『労働党と新社会秩序』も採択。最低労働賃金の保障、産業の公有化、財政改革、教育機会の平等化を公約に掲げた。1924年1月の総選挙では保守党が下院の議席の過半数を割り、労働党は自由党の協力を得て、ラムジー・マクドナルドを首班とする第一次労働党政府が誕生する。いまふれた社会主義綱領を含め、労働党の政策に大きく寄与したのがフェビアン協会だった。

フェビアン協会

　中流階級の若い知識人たちによって1884年に結成されたフェビアン協会は、

表1　総選挙の結果　1900-35年（獲得票率、単位：％）

年	労働党	自由党	保守党	その他
1900	1.3	45.0	50.3	3.4
1906	4.8	49.4	43.4	2.4
1910（1月）	7.0	43.5	46.8	2.7
1910（12月）	6.4	44.2	46.6	2.8
1918	20.8	13.0	32.5	33.7
1922	29.7	18.9	38.5	12.9
1923	30.7	29.7	38.0	1.6
1924	33.3	17.8	46.8	2.1
1929	37.1	23.5	38.1	1.3
1931	31.1	6.4	55.0	7.5
1935	38.0	6.7	47.8	7.5

出典：Chris Wrigley, ed. *A Companion to Early Twentieth-Century Britain*, Oxford: Blackwell, 2003, p. 39.

「土地および産業資本を個人並びに階級の所有より解放し、これらを一般的利益のために社会に委任することによって、『社会』を再組織すること」を目標に掲げた（名古、第1章）。主要メンバーには、劇作家のジョージ・バーナード・ショー、ＳＦ小説で読者を魅了したＨ・Ｇ・ウェルズ（1908年に脱退）、そして社会科学者のシドニー・ウェッブとその妻ビアトリス・ウェッブなどが含まれる。

　そもそも「フェビアン」の名前は第二次ポエニ戦争で慎重に持久戦を行って勝利した古代ローマの将軍ファビウスに由来する。過激な革命路線ではなく、資本主義社会・議会制民主主義の枠内で議会活動や労働運動を進め、社会的弊害や矛盾の部分的な改良、労働条件の漸進的な改善によって、慎重に社会改革を進めるという「改良主義的」な社会主義路線をこの名称は示している。

　実際、彼らが中核としたのは、階級闘争よりも「社会再建の精神」であり、合法的で平和的な運動を志向した。大衆の政治参加の機会の増大をふまえて、フェビアンたちは既存の社会体制と対決するのではなく、むしろ権力の中枢に積極的に参入することを説いていった。彼らにとって、自由放任主義（レッセフェール）の資本主義経済は、一方で富と浪費を、他方では貧困を発展させる、非合理なシステムであった。だが、そのシステムがすでに稼動している現状を根本から覆すことよりも、その進路が間違った方向へ進まないようにアドバイスすることが先決であり、そのためには、自由党であれ、保守党であれ、とにかく

国家運営に携っている政党に接近する必要がある——そうフェビアンたちは考えたのである。

　フェビアンたちにとって、社会再建の主体は彼ら知識人自身であって、労働者階級はむしろ救済され統合される客体とみなしていた。労働者階級を社会体制にうまく取り込んでゆくための優れた行政と管理運営を一部のエリート集団によってまかなうというのが、フェビアン流社会主義だったのである。これへの反論については後述するが、こうした方針が第一次世界大戦期のフェビアンによる労働党への接近につながる。労働党書記長のアーサー・ヘンダーソンに協力して、シドニー・ウェッブは1918年に前述の新綱領を作成した。1919年にはフェビアン協会は正式に労働党の附属団体となり、その政策形成を担ってゆく。ウェッブは1922年に下院議員となり、第一次労働党内閣（1924）では商務相に就く。1929年には上院に移り、マクドナルドの第二次労働党内閣（1929-31）では植民地相を務めた。

戦争の傷跡

> 非現実の都市、／冬の夜明けの茶色い霧の下、／人の群れがロンドン橋の上を流れていった、おびただしい数、／これほどの数を死が滅ぼしたとは、私は思ってもいなかった。／時折短いため息を吐き、／めいめいが自分の足下に眼を据えていた。[1]

　これはT・S・エリオットが1922年に発表した長編詩『荒地』第1部「死者の埋葬」の一節である。第一次世界大戦後の社会の荒廃した不毛な気分を断片的な詩句とさまざまな引用句によって表現し得た名作として名高い。詩作品として多様な解釈が可能であるにしても、この「おびただしい数」の亡霊が冬の朝まだきにラッシュアワーの通勤者さながらに「流れ」てゆくイメージは、少なくとも発表当時の読者にとって、4年間にわたる戦禍の犠牲者を想起させずにはおかなかっただろう。

　イギリスは大戦に勝利したものの、本国だけでも戦死者はおよそ75万人を

---

1) Unreal City, / Under the brown fog of a winter dawn, / A crowd flowed over London Bridge, so many, / I had not thought death had undone so many. / Sighs, short and infrequent, were exhaled, / And each man fixed his eyes before his feet.

数え（従軍した600万人の8人に1人にあたる）、150万人を超える傷病兵が残った。戦後の10年間、約250万人（従軍兵の40％近く）が何らかの障害のため年金を受けていた。ヴァージニア・ウルフの『ダロウェイ夫人』に出てくるセプティマス・ウォーレン・スミスのように、「シェル・ショック（戦争神経症）」を病む患者が6万5千人いたと記録される。戦後10年をへた1928年においてさえ、義肢が新たに6千本以上つくられた。おびただしい数の傷病兵の存在は、戦間期において戦争の犠牲の甚大さを想起し続けるものであったといえる。ちなみに、日本でも、昭和40年ぐらいまでは、盛り場で痛々しい姿をした傷病兵がアコーディオンで軍歌などを演奏して無心する光景がよく見られた。思えばあれも戦後の平時の世界で過去の災厄を想起するための仕掛けだったといえよう。

幻滅から再建へ

　とはいえ、イギリス国内では自省ムードばかりが流れていたわけではない。すでに第一次世界大戦中に、哲学者のバートランド・ラッセルは『社会再建の諸原則』の中で、国民全体に不思議な高揚感と連帯感が高まっている模様を伝えている。イギリス史上初めて「総力戦」と呼ばれた大戦は、多くの因襲を断ち切り、社会改革の大きな前進を可能にしたと受け止められた。実際、「再建」という言葉が人びとの心をとらえていた。政府刊行のパンフレットや雑誌に「再建」の文字が頻出し、高級紙から大衆向けタブロイド紙にいたるまで、知識人のみならず市井の人びとまでもが投書欄などで「再建」への夢と希望を語っていたのである。

　戦後の再建を見越して、1916年3月に再建委員会が組織されたが、労働争議（1916年の「赤いクライドサイド」争議など）が増大するなか、それは1917年7月に再建省となった。そこを基盤に自由党ロイド＝ジョージ（1863-1945）の連立内閣派が再建計画を策定してゆく。彼はアスキス政府のもとで軍需相として辣腕をふるい、アスキス批判を強めて1916年12月にアスキスに代わって首相の座についていた。戦後最初の1918年12月の総選挙は、同年6月の選挙法改正によって、初めて女性（このときは30歳以上）が選挙権を得るなど、前回（1910）の総選挙での有権者770万人から2140万人へと

一挙に増大したのであったが、ロイド=ジョージ派の再建計画、特に「英雄にふさわしい家（homes fit for heroes）」の建設という公約が有権者にアピールし、連立内閣派が圧勝した。このときに生まれる社会福祉政策は「ボルシェヴィズム」（ソヴィエト体制に同調する過激主義）の脅威に反応したものだという点で、社会主義の影響を反映していたと見ることができる。

　1919年から34年にかけて国内では400万戸の住宅が新築された。初の労働党政府となった1924年には、保健相のジョン・ウィートリーが住宅法を整備し、地方自治体の公営住宅建設に際して政府の補助金を支出することができるようになった。さらに第二次労働党政権（1929-31）では全国規模の都市構想が練られ、保健相のアーサー・グリーンウッドを責任者として1930年に住宅法を制定、積年の問題であったスラム街の改善策として、代替の住宅建設に公的資金を導入する。引き続いて住環境問題改善のための法整備が図られたが、大恐慌の影響もあり、1931年に挙国一致内閣が発足して以後、住宅政策については見込んだほどの実績は残せず、スラム問題などは第二次世界大戦後に課題として残された。

福祉国家への橋渡し

　再建への努力は、社会保障制度の面でもなされた。この点では、両大戦間期は、ヴィクトリア朝の救貧政策から、第二次世界大戦後の画期的な福祉政策への橋渡しの時期とみなすことができる。第二次世界大戦の最中、1942年にW・H・ベヴァリッジが著した『社会保険と関連サーヴィス』は、政府の報告書であったにもかかわらず、60万部を超えるベストセラーとなる。この報告書、通称「ベヴァリッジ報告書」は、大量失業の再発防止、社会保険計画による貧困の根絶、国民保健サーヴィスの創設など、いわゆる「ゆりかごから墓場まで（from the cradle to the grave）」の国民の生活を保障した社会保障計画の骨子が記されており、第二次世界大戦後の福祉国家イギリスの青写真となる。それでは、この報告書が生まれるまで、「橋渡し」の期間に何がなされたのだろうか。

　1911年、ロイド=ジョージが中心となり、国民の健康の増進と失業者救済を二本柱とする国民保険法を成立させた。次いで1914年には国民救済基金が

制定され、1919年にはソーシャル・サーヴィス全国協議会が設立された。貧困と失業の問題は、ヴィクトリア朝の自由放任主義の方針では「怠惰」や「無能」といった個人的理由に帰せられ、主として慈善団体がそれに救済の手をさしのべていたのであったが、それがようやく社会自体に原因があると認識されるようになり、国政レヴェルで取り扱われることになったのである。ロイド＝ジョージの政策は、レッセフェール型の古い自由主義から、社会改良に積極的に取り組む新自由主義を画するものであったが、勢力を増した労働党はその政策を発展的に推進してゆくことになる。

　マクドナルドを党首とする第一次労働党内閣は1924年の1月から11月までの短期の少数与党政権だったが、さまざまな行政改革——市営・公共住宅への資金補助、教育の改善（保育園・幼稚園制度の改善、義務教育の対象年齢の引き上げ、大学教育の普及など）、交通、ソーシャル・サーヴィス、年金や失業保険制度の改善——に取り組んだ。

1930年代の労働党

　1929年6月の総選挙で労働党は初めて第一党となり、第二次マクドナルド内閣が成立する。国外では帝国植民地、軍縮問題などにどう対処するか注目された。折しも1929年10月にはニューヨークの株式市場で大暴落が起き（「暗黒の木曜日」）、世界大恐慌が始まる。イギリスの失業者数は、1930年1月に150万人だったのが、年末には250万人に達した。1920年代に10％前後であった失業率は、この大恐慌の時期に倍増する。北部イングランドを主要基盤とする基幹産業において失業問題はとりわけ深刻で、たとえば造船業は1932年におよそ60％に達している（表2参照）。

　1931年にはポンド危機に陥った。メイ委員会で次年度の12億ポンドに上る財政赤字が予測され、国際金融支援の代償として、9600万ポンドの歳出削減を提案。それは失業手当予算の20％の削減案も含み、それが労働党内で論争の火種となって、1931年8月、内閣は分裂する。ところがマクドナルドは国王の要請を受けて挙国一致内閣（National Government）を組織する。労働党4、保守党4、自由党2からなる連立内閣だった。

　労働党下院議員の大半は連立政府への参加を拒否し、マクドナルドとそ

表2　基幹産業の失業率と全産業の失業率の比較（単位：％）

	1929年	1932年	1936年	1938年
石炭業	18.2	41.2	25.0	22.0
木綿業	14.5	31.1	15.1	27.7
造船業	23.2	59.5	30.6	21.4
鉄鋼業	19.9	48.5	29.5	24.8
全産業平均	9.9	22.9	12.5	13.3

出典：John Stevenson, *British Society 1914–45*, Penguin, 1990, p. 270.

の追随者——J・H・トマス、フィリップ・スノードンなど——を除名処分にする。同年10月の総選挙では、労働党は前回より得票率を6％落として31％にとどまり、逆に保守党は55％と、1900年以来の過半数を獲得する。労働党はマクドナルドを裏切り者と呼び、スノードンは労働党を「狂ったボルシェヴィズム」と非難したが、政策面で両者に大差はなかったのであり、この分裂は労働党を弱体化させるものでしかなかった。この危機に際して労働党は、TUCへの依存度を高め、スタフォード・クリップスのような党内左派の改革案を拒み続ける。労働党は1935年の総選挙で38％と盛り返し、党首クレメント・アトリーのもとで建て直しを図るが、ふたたび政権の座に着くのは1945年、第二次世界大戦終結時まで待たなければならない。

3. 社会主義のとらえ直し

　ここまで、労働党の政策とそれに関与したフェビアン社会主義を中心に見てきたが、最初に述べたように、戦間期イギリスの社会主義運動がこれですべてカヴァーできるものではない。実際、フェビアン流の社会主義は、貧困問題などで効率的な社会改良政策を作成するめざましい功績があったとはいえ、その官僚主義的・集産主義的な性格や、知識人を運動主体として、労働者を救済されるべき受動的存在とみなす見方への強い批判もあった。そうした批判から出てきた運動のひとつがギルド社会主義だった。

ギルド社会主義

　ギルド社会主義（Guild Socialism）は第一次世界大戦中とその前後に影

響力を持った運動である。その端緒となったのは建築家A・J・ペンティの1906年の著作『ギルド組織の復興』だった。そこでペンティは、従来のフェビアン主導の労働運動が賃金闘争を主眼とする反面、労働が本来有するべき創造的側面に不注意であったと批判し、工場生産でなく前近代的なギルド組織による職人（アーティザン）的生産形態に回帰することを説いた。『新時代』はA・R・オラージュが1907年から1922年まで編集長を務めた文芸週刊誌であり、S・G・ホブソンが賃金制批判とギルド組織提唱の論文を寄稿するなど、ギルド社会主義を唱道する媒体となる。

　ギルド社会主義の理論を発展・普及させた中心人物はG・D・H・コールだった。彼は1915年に全国ギルド連盟を結成し、『ギルド社会主義再論』（1920）などの著作で、産業の労働者管理権を漸進的方法（「蚕食的管理（encroaching control）」の政策）によって獲得することを提案し、生産者ギルドや消費者（受益者）ギルドを国家権力と同等にする「多元的国家」を提唱した。この運動はフェビアン社会主義に不満を持つ急進的な労働組合の間にも広がり、建築工労働組合は1920年に全国建築ギルドを結成。だがこれは実践面で足並みが整わず、1923年に解体する。全国ギルド連盟も1925年に解散し、労働者による産業の直接管理の理想は、その青写真が検討されたものの、実現を見ることはなかった。

　20世紀初頭になぜ「ギルド」なる語が持ちだされたのか。これは元来はヨーロッパ中世における手工業者などの同業組合を指す語だったが、19世紀後半のイギリスで、「中世主義」（Medievalism）と呼ばれる、中世の諸芸術や社会制度への顕著な傾倒と関連して、ギルドを名に含む組織名が多く現れた。その端緒が、ジョン・ラスキンが1870年代に始めたユートピア的な農村共同体「セント・ジョージのギルド」での実験だった。1880年代には、ウィリアム・モリスの影響を受けた若手デザイナーたちが、アート・ワーカーズ・ギルドや手工芸ギルドといった団体を組織し、アーツ・アンド・クラフツ運動と総称される工芸運動を押し進めていった。こうした先駆的試みがギルド社会主義という政治運動につながっている。実際、ペンティにしろ、コールにしろ、労働の質をめぐる議論をはじめ、ラスキン、モリスの資本主義批判の影響が顕著に見られる（コールがモリス再評価において先駆的な仕事を果たしていることも注目に値する）。

オーウェルの社会主義

　モリスらの方向性を引き継いでいると思われるもう一人の人物として、ここでふたたびジョージ・オーウェルを登場させたい。1880年代、90年代にモリスがシドニー・ウェッブに代表されるフェビアン流の官僚的社会主義を強く批判し、それを社会主義の名に値しないと断じたように、1930年代のオーウェルも当時の左翼知識人のエリート主義、科学偏重を批判している。前章でも取り上げた『ウィガン波止場への道』の第二部がそうだが、生身の労働者のくらしの実相を捨象して「上」からの改革を進める中流階級知識層の社会主義観、とりわけソヴィエト共産主義に同調する者たちに対してオーウェルは容赦のない批判を浴びせた。1931年にソヴィエトを訪問してその体制を理想的な新文明と称賛するにいたったウェッブ夫妻も当然その批判の標的に含まれた。「社会主義‐進歩‐機械‐ロシア‐トラクター‐衛生‐機械‐進歩」という連想のせいで、普通の労働者は「社会主義」の語に反射的に拒否反応を起こしてしまう。だが、むしろ体系的な教義を教え込まれていない労働者の方がまっとうなのだとオーウェルは指摘する。

> 私の見るところ、しばしば労働者は正統的なマルクス主義者よりもよほど本物の社会主義者だ。なぜなら、社会主義というものが、正義と人間らしさ（common decency）を意味するのだということを、後者が忘れがちであるのに、労働者はしっかりと覚えているのだから。（『ウィガン波止場への道』第11章）

　『ウィガン波止場への道』を書いた後、1936年暮れに内戦下のスペインにおもむいたオーウェルは、翌1937年、共和派の民兵部隊に参加して戦い、敵兵の狙撃を受けて負傷する。そこでソヴィエト共産主義の全体主義的性格を直に目撃し、同時に人間の根元的平等の理念に立つ民主的社会主義への確信を強めて帰国したことは、ドキュメンタリー文学の傑作『カタロニア讃歌』（1938）に詳しく記されている。
　社会主義への内在的批判を行いつつ、「人間らしさ」の思想に基づいて、あるべき社会主義の理念を模索し続けたオーウェルの仕事は、四半世紀後の1960年代にレイモンド・ウィリアムズやE・P・トムソンらが行ったニュ

ー・レフト運動につながってゆく。ウィリアムズもトムソンもオーウェルへの言及は概ね辛口であったが、いまふりかえって見ると、いずれもモリス、ギルド社会主義、オーウェルの系譜を批判的に継承していることに気づかされる。たとえば、1960年に書いた評論「退廃の地点にたって」でトムソンは、「社会主義者の目的」とはつねに、「利潤追求型の枠内での機会均等」を作ることでなく、「平等者の社会、すなわち協力に基づく共同社会そのものを作り出すこと」であったと述べて、さらにこう続ける。「このための前提条件は、利潤のための生産を使用のための生産に置きかえることである。社会主義社会ができるか否かは、社会発展度の高低や社会生活の貧困とは関係がない。社会主義社会と資本主義社会との差異は、原理上、生産力の水準にではなく、生産関係のあり方に、価値の社会的序列の作り方に、そして全生活様式の営み方において確認できるのだ」(『新しい左翼』)。

花を植える

『辺境』のエピソードにもどろう。1926年5月4日、ゼネストに突入した早朝、赤帽のウィル・アディスが村の駅のプラットフォームにある花壇に持参のキンギョソウの苗を植えようとして、仲間の労働者とちょっとした論争になる。もっとも先鋭な革命派の信号手モーガン・ロッサーが「全国の労働者が生死を掛けた闘争だってのに、ウィルは花を植えたいんだってよ」となじると、ハリー・プライスは「何が悪いんだい」と言い返す。駅の敷地内に草木を植えるのは「勤務」にあたるから許されないのだとモーガンは主張する。だがそんな杓子定規の「スト破り」説に与する者はおらず、モーガンは結局持論を引っ込める。ウィルは苗の束を取り分け、仲間たちもそれを手伝う。

> 「水を持ってきてくれ、モーガン」工夫長が後ろを向いてからかった。
> 　モーガンは躊躇していたが、消火用のバケツに水をいれて、みんなが作業をしているところまで運んでくると仲間に加わった。
> 　「だが、どうだろうな」モーガンは言った「朝植えるもんじゃないぜ、日が照ってる時に」
> 　「大丈夫だよ」ウィル・アディスが言った。「おれが育ててみせる」

大勢でかかったので作業はすぐに終わった。男たちはのんびり家に向かって歩きだした。途中でまたしばらく立ちどまったまま、彼らはしんとして人気のない駅をふり返った。それから散り散りになって家へ帰った。ストライキは始まっていた。

(第1部第4章。小野寺健訳)

　50年後にゼネストを回想した一文でウィリアムズは、このときに何よりも意義深かったのは、短期間のストでありながら、参加した労働者たちの「意識」（階級意識、連帯意識）が「高まり、拡張したこと」であったと述べている。「ゼネストの間、また炭鉱夫たちが持ちこたえていたその後の何ヶ月もの間、私たちの村では、物理的・共同体的につながっていること、それも抽象的ではないかたちでつながっているというのが肝心なことだった。たしかに距離はあったが、隣人という感覚、ひとつの地区にいるという感覚——あるいはひとつの国の中にいるという感覚——を消すことはできなかった」(Williams, "The Social Significance of 1926")。

　イギリス史の見取り図の中では、1926年のゼネストの敗北は労働運動の質的変換を促す転機であったと総括されるが、これに直面した個々の人びとは立場の違いによってさまざまな反応を引き起こした。階級差はもとより、北部（あるいはウェールズ）と南部イングランドといった地域差も大きい。ゼネストを労働者が引き起こした「人災」とみなすロンドンの新興中流階級の見解については、第14章で検討する。本章は、ウェールズの辺境の村でスト開始の朝に職場の花壇にみなで花の苗を植えながら、共闘して「社会をつくりなおす」夢をつむいでいた労働者たちのタブローを思い描きつつ、筆を擱くことにしよう。

(茂市 順子・川端 康雄)

推薦図書

エドマンド・ウィルスン『フィンランド駅まで』全2巻、岡本正昭訳、みすず書房、1999年。

ジョージ・オーウェル『カタロニア讃歌』都築忠七訳、岩波書店、1992年。

見市雅俊「二つのイギリス——三〇年代イギリス社会経済史の再検討」河野健二編『ヨーロッパ——一九三〇年代』岩波書店、1980年。

Column

ペンギン・ブックスとレフト・ブック・クラブ

ペンギン・ブックスの
トレード・マーク

　1935年、アレン・レイン率いるペンギン・ブックス（Penguin Books）が登場する。ペンギン・ブックスはペーパーバック——大量生産・大量配布された安価の紙表紙の本——の元祖的存在だ。レインは、上着ポケットにちょうど入る版型（日本の新書判に近い）を採用、一律わずか6ペンス（当時のたばこ10本分の値段）で売り出し、大成功を収めた。彼はこのシリーズが安いだけでなく、「安く提供することが大衆への蔑視を表していると思われないよう、できるかぎり魅力的に、風格があってしかも心楽しい、人目を引く体裁にしたい」という独自の方針を立てて、明るい色彩を用いた簡素な装丁、鮮明で気取らない活字にすべきだと考えた。そして、印刷が容易な白黒で、一目でわかる楽しいトレード・マークとして、かの有名なペンギンのイラストを選んだ（ロンドン動物園で写生されたものらしい）。

　当時の大衆のペンギン・ブックスへの熱い反応の理由として、大恐慌や、成人教育運動の発展、労働者階級の識字率の向上などがあげられるが、ペンギンが「それまで自分で本を持とうなどと夢見たこともない何千もの人びと」に、蔵書がもはや貴族や中流階級の富裕層だけの特権ではないことを悟らせた。さらに第二次世界大戦中兵士たちが戦地へ持って行くのに最適だったことがアメリカでのペーパーバック革命にもつながっていった。

　一方、優れた作品を広めるという使命感もなく、大衆の関心と社の利潤を合致させるために改革や工夫を行ったとして、レインに批判を加えた人物がいる。レフト・ブック・クラブを主宰したヴィクター・ゴランツだ。彼は1936年、ファシズムの脅威に対抗し、人民戦線を支持する啓蒙活動を行う目的で、このクラブを組織。会員になれば月1冊の選書を（通常の単行本の3分の1ほどの値段である）2シリング6ペンスで受け取れるというシステムを採用し、成功を収めた。また、討論会、読書会の組織はもちろん、地方によっては一種の文化センターとしても機能した。この組織がイギリス人民戦線の機能代行をしたとみる評価すらある。形式としては、親ソヴィエトのゴランツ、ジョン・ストレイチー、ハロルド・ラスキの3人が選者となり、ファシズム、戦争、貧困を扱う選書を毎月配布し、機関紙『レフト・ニューズ』を発行、最盛期には5万7千の会員と1500の討論集団を擁した。オーウェルの『ウィガン波止場への道』をはじめ、アーサー・ケストラーの『スペインの遺書』、トム・ハリソン『野蛮な文明』、エドガー・スノー『中国の赤い星』などもここから世に出た。独ソ不可侵条約後は共産党との関係で指導部が分裂した。1948年に解散。

（福西 由実子）

第3章

学校に行こう
──イギリスの教育と階級

1. パブリック・スクール

　年は1910年──いや、1940年、まあどちらでも変わりはない。君はグレイフライアーズ校の生徒で、バラ色の頬をした14歳の少年だ。テイラーメイドのしゃれた服を着ている。先ほどのフットボールの試合は、終了30秒前に決勝ゴールが決まって勝利、すごいゲームだった。それが終わって、中間学年専用の学習室が並ぶ階の自分の部屋でお茶をいただいている。部屋の中は暖炉の火がたかれて心地よく、外は風が吹きすさんでいる。古いグレイの石壁には蔦がびっしりとからまっている。（オーウェル「少年週刊誌」）

　このグレイフライアーズ校は全38巻の「ビリー・バンター」シリーズの舞台となる架空の学校の名前である。この学校は、パブリック・スクール（public school）というイギリス独特の伝統的なタイプの学校を模している。上に引用した箇所は、そうしたパブリック・スクールの優雅な学校生活をよく伝えている。
　では、このパブリック・スクールとは、どのような学校なのだろうか。名称はパブリックといっても公立ではなく、授業料の高い伝統ある私立の男子校を指す（後に女子校も出てきた）。有名なパブリック・スクールとしては、現皇太子チャールズの息子たちが学んだイートン校があるが、このイートン校の設立は1440年だから、「伝統」といってもその長さは日本の有名私立学

図1 イートン校の校長と生徒たち 1929年（Brooke/Topical Press Agency/Getty Images）

校とは比べ物にならないことがわかるだろう。

　パブリック・スクールの特徴としては、建物が立派で、素晴らしい運動施設があり、燕尾服にホワイト・タイが制服で（イートン校の場合）、各校独自の儀式や行事があり、これらが合わさるととても「絵」になることだ。教育内容は、ジェントルマンにふさわしい教養科目や古典語（ギリシャ語、ラテン語）といった科目が提供されていたが、勉強だけでなく、運動競技で心身を鍛えることも重視されていた。そしてパブリック・スクールを魅力的にしていた最たる要素は、生徒たちが将来のエリートだったことだ。卒業生は、首相や政治家、学者、軍人、高位の聖職者など、社会の支配階層を形成していた（32-33頁参照）。

　団体精神が重んじられていたのも大きな特徴だった。連帯責任の名のもと、一人の失敗は皆の責任として全員に罰が与えられるのもパブリック・スクールで発生した慣習だ。また、パブリック・スクールには寄宿制をとる学校が多く、生徒たちは「ハウス」と呼ばれる寮に住んでいた。そこではハウス内のメンバーの一致団結が至上命令だった。なぜ生徒たちは団体精神を尊重してまとまらなければならないのだろう？　パブリック・スクール経験者の作家、E・M・フォースターがこの問いに答えてくれている。

「寮を通して」とペンブルック先生は言った、「生徒は愛校心を学ぶのです、ちょうど学校を通して愛国心を学ぶように。」『ロンゲスト・ジャーニー』

　生徒一人一人を一致団結させて結束を誇る集団をつくり、ひいては帝国を担う精神を養うこと。こうした愛国心の育成がパブリック・スクールの教育目標のひとつだった。パブリック・スクール教育の影に帝国あり、というわけだ。

だが、国民の誰もがパブリック・スクールに通って帝国を支えていたわけではなかった。パブリック・スクールはきわめて階級的な制度で、20世紀初頭の時点では、生徒たちの大半は社会の支配層（アッパーおよびアッパー・ミドル・クラス）の子弟だった。この支配層にとっては、社会の発展や安定した帝国運営は、高貴な者が携わる高貴な義務（ノブリス・オブリジェ）であっただけでなく、自分たちの利害に直接的な影響を与え得る至上命題でもあった。だからこそ、イギリス社会における支配層の再生産機能を担うパブリック・スクールでは、帝国教育が行われていたのである。

では他の階級の人たちは、どのような学校でどのような教育を受けていたのだろうか？

2. 階級別進学コース

まずは20世紀になったばかりの1901年のイギリスにおける階級別進学コースをまとめてみよう。支配層（アッパーおよびアッパー・ミドル）の子弟は、自宅で家庭教師による教育を受けるか私立のプレパラトリー・スクール（小学校に相当）を卒業した後、パブリック・スクールに入るのが一般的だった。その後大学に進学する者も多かったが、軍人、ビジネスマン、官僚として実社会に入る者も相当数いた。

次に、ミドル・クラスのための中等教育（中学校・高校レヴェルの教育を指す）機関としてはグラマー・スクールがあった。文字通り訳すと文法学校だが、これは設立当初に古典語の文法を教える学校だったことに由来する。区分としては、補助金を得ているので公立学校だが、それなりの授業料を徴収していたので、現在の日本の感覚でいえば私立にあたるだろう（日本の私立学校・大学も政府からの助成金が出ている）。この時期のグラマー・スクールは、パブリック・スクールの強い影響下にあり、それに準じた教科・道徳観・行事に基づいて教育を行っていた。「学校は、僕たちに脳の使い方を教える以外にも訓練を課すのが自らの役割だと考えて、パブリック・スクール的価値観を薄めたものを教え込んだ。つまり、『健全な精神を健全な肉体に』とか、コミュニティへの責任などを」(Hoggart, *A Local Habitation*)。

さてロウワー・クラスの子弟は、1870年に基礎教育法が成立して公費による小学校教育が確立していたため、ほぼ全員が小学校に通っていた。しかし1901年の時点では、中等教育を公費で受けるための法律が未整備だったため、小学校卒業後は進学せずに働くものが多く、中等教育を受ける者はごくわずかで例外的だった。

以上のことから、この時期の中等教育は階級のバイアスがかかっていたことがわかるだろう。どの階級に生まれ落ちたかにより、進学先が自動的に決定されていた。こうした状況が長い間続いていたため、支配層の中には、中等教育は自分たちが長年にわたって独占してきた特権であって、労働者階級に開放されるべきものではないと考える人が多くいた。労働者のための中等教育を確立するのが困難だったのは、彼らの抵抗があったからだ。だが20世紀前半を通じて、イングランドとウェールズでの中等教育機関におけるロウワー・クラス出身の生徒数は急増する。1905年に約9万5千人だったのが、中等学校規則・付則（1907）成立後の1909年には約15万1千人、1918年教育法成立後の1920年には約30万1千人、第二次世界大戦前の1938年には約47万人、1948年教育法成立後の1950年には約169万5千人となった。20世紀前半は、ロウワー・クラスに中等教育が普及していった時代だったのである。

ではこれから、ロウワー・クラスに中等教育を普及させる原動力となったのは何か、またどのような形で中等教育が普及していったのか、そしてなぜそのような形をとるに至ったのかを見ていこう。

3. 中等教育を推進せよ

政治家たちは世紀転換期になって急に中等教育に目を向けるようになったが、教育がこれほど政治家の注目を引いたのはイギリスの歴史上初めてのことだった。そもそも19世紀半ばまでは国家による学校教育というものは存在しなかった。その理由はイギリスの経済と教育の関係にある。イギリス経済が「世界の工場」として繁栄した19世紀半ばまでは、レッセフェールが尊重され、国家による経済への介入が行われなかった。同様に、教育にもレッセフェールの概念が当てはめられ、国家が教育の整備を行うこともなかった。

現実的な見方をすると、教育による国力強化を目指さずとも十分に経済が繁栄したため、教育整備をする必要に迫られなかったともいえる。国が教育に関与するのは、ようやく1870年に小学校教育が立法化されたときのことだ。

　経済的優位ゆえの中等教育の未整備が重大な欠陥として立ち表れてくるのは、ちょうど世紀転換期のことである。19世紀から20世紀にかけて、経済大国イギリスに追いつこうと必死だった諸外国は、経済発展の手段のひとつを教育に求めた。たとえばドイツは実学を重んじ、産業基盤となる科学技術の教育や研究に力を入れた。さらに科学技術の研究成果をすばやく産業に採り入れる専門的管理職の養成にも力を注いだ。この結果、1901～02年の工業科学系の学生数は、イギリスの3370人に対し、ドイツ１万740人、アメリカ１万3265人となった。イギリス経済がドイツ・アメリカに追い越された大きな理由のひとつが教育だったということになる。

　こうしてイギリスの支配層は、経済停滞を打ち破る最良の解決策のひとつは教育であることを焦燥感とともに実感するようになり、外国における教育の調査・報告・研究が行われるようになった。そこで明らかになったのが、この時期のイギリスの中等教育は先進国の中でもっとも立ち遅れているという厳しい現実だった。1902年の中等教育の就学率は14歳で約９％、そして17歳では２％しかなかった。こうして、支配層の間で中等教育改革を精力的に推し進めるというコンセンサスが形成されていった。また、外国との競争に打ち勝つためには、この改革が迅速に行われなければならないのは明らかだった。こうした状況にあったため、1902年教育法が整備されたのは、支配層寄りの政策を掲げる保守党政権の時期だった。さらに、国家の危機にいち早く対処すべく、利害が対立することの多い保守党と社会主義者グループがともにこの法律の制定を推進したのだった。

　そもそも、学問分野が「制度」として確立される際には、さまざまな人の思惑や当時の社会情勢の影響を大いに受けるものだ（第12章参照）。その視点から見れば、イギリスにおける中等教育は国力衰退をうけて与野党が一致して最優先課題として緊急に確立した制度、ということになる。目的は、当然ながら国力回復。そのために、イギリスはなりふりかまわぬ効率優先の教育制度を確立していった。

4. ロウワー・クラスの生活と教育

　だが支配層の熱意に反して、当のロウワー・クラスの人びとは概して教育にはさほど熱心ではなかった。一面的な言い方は避けるべきだが、支配層は少なくともそう受け止めて、政府の報告書にも、ロウワー・クラスの親は学校教育を「飲みたくない薬」と否定的にとらえていると書いた。イギリスの中等教育改革はその他の福祉改革同様、当初は当事者である労働者階級不在のまま、政治家や福祉活動家の主導によって行われていったのである。

　なぜロウワー・クラスは、学校教育に熱心に取り組まなかったのだろうか？　第1章に登場したような炭坑夫の家庭を見てみよう。この家の少年（1901年生）の言葉にその答えがある。「〔父親が炭坑事故で働けなくなったため〕おふくろは、家族を養うために奴隷みたいに働かなくてはいけなかったんだ。……学校から家に帰って寝るまでのあいだに、おふくろを見かけることはなかった。朝起きてから学校に行くまでだって、見かけなかった。……それほど一生懸命に働いていたんだ。……どうしても金を稼いでおふくろを楽にしてやりたかった」（Humphries）。こうして彼は学校を退学して働き始めたのである。

　貧困に苦しんだロウワー・クラスの子どもたちは、たとえ向学心に燃えていても家庭の事情を考えて勉強するよりは働くことを選んだし、また親も子どもが学校に行く代わりに働いて賃金を得るのを期待することが多かった。ロウワー・クラスは教育に不熱心だという言い方を彼らの文脈に置き換えれば、教育を受ければ得られる遠い未来の高給や雲の上の話のように思われる国力回復といった課題よりも、日々の糧をつなぐための目の前の薄給を必要としていたということになるだろう。

5. 貧困と探偵と教育

　それにしても、当時の貧しいロウワー・クラスのくらしぶりは悲惨だった。「それは痛ましい惨状で、不潔でむさ苦しい部屋に次々と入っていくうちに、私たちが踏み込んだこのねぐらに住む飢えた不幸な男に対する哀れみの気持

ちに圧倒され、彼が犯した罪の忌まわしさを忘れそうになった。ありとあらゆる方向から、貧困が——徹底したすさまじい貧困が——むき出しになって私たちをじっと見ていた。……床がむきだしになったこの悲惨な居間では、貧困が目をうつろにして私たちを見ていた。……この部屋には、健康なネズミ一匹に食事を与えるのに十分なだけの食料すらなかった。」(オースティン・フリーマン「放蕩者のロマンス」1912年)

　これは「シャーロック・ホームズのライバルたち」と呼ばれた探偵の一人、ソーンダイク博士がある事件の犯人を突き止め、「労働者のための賃貸ビル」の中の犯人の部屋に忍び込んだときの光景だ。ソーンダイク博士が世に登場するのは1907年。19世紀末のホームズが「外地からの悪」と戦ったのとは対照的に(序章参照)、ソーンダイク博士は貧困問題が明らかになった20世紀初頭の探偵の運命として、貧困に苦しむスラム街のロウワー・クラスの犯罪者たちに遭遇することが多かった。この当時、悪は国内の貧困層にもあると考えられていたのである。[1]

　だが当時の支配層の考えでは、教育が普及すればソーンダイク博士のような犯罪の事後処理をする探偵は必要なくなるはずだった。なぜなら教育の目的のひとつは、放置しておけば犯罪や無気力に陥るだろうスラム街の子どもたちを、学校教育を通じて悪から救い、社会に役立つ人間へと変えていく事でもあったのだから。

　こうしてみると教育改革は、ボーイスカウト運動(序章参照)やエクササイザー(第10章参照)とならんで、ロウワー・クラスの貧困に起因した問題の解決策として期待されていたことがわかる。違いといえば、前者の解決策に共通していたのが、知識人および一般大衆による貧困との戦いだったのに対し、この章が主に紹介する教育制度改革は、先ほども述べたように政治努力であり上からの改革だったということである。

---

1)　都市のスラム街が退化の概念と重なっていたことを紹介する第10章を読む際に、貧困による犯罪と戦ったソーンダイク博士は、作者によって「背の高い、強靭な、活動的で、はつらつとした容姿」を持つ人物として意図的に設定されたことを覚えておいてほしい。作者のフリーマンは、「素晴らしい知性は優れた肉体に宿ることが多い」と考えて、ソーンダイク博士を「鋭い知性と健全な判断力を持つ男」に仕立て上げた。こうした考えを持つフリーマンが、『社会的衰退と再生』という本を書き、ハヴェロック・エリスがこの本のイントロダクションを記していることも、併せて記憶にとどめておきたい。

だが当時の教育改革は、本当にこうした目的を果たし得たのだろうか？ いままで見てきたような貧困に苦しむロウワー・クラスを一人も見捨てることなく、すべての人を救う方向で改革が進んだのだろうか？　答えは否だった。

6. 選抜制からスタート（まずは奨学金）

　実際にロウワー・クラスのための中等教育を確立する際にさらに大きな障害だったのは、こうした国家の危機に直面してすら中等教育は支配層のものだという保守的な考えから抜け出せない人が多かったことだ。彼らは、ロウワー・クラス全員に教育を与えるという自分たちの特権を脅かすようなことは好まず、優秀な子どもだけを少数選抜して教育を受けさせる選抜制を支持した。こうして中等教育改革は部分的な開放から始まることになった。1907年中等学校規則・付則では、ロウワー・クラスの子どもの中から成績優秀者を選抜し、奨学金を与えて中等教育を受けさせることが決定された。その教育内容はグラマー・スクールでのミドル・クラスの子弟のための教育だったため、奨学金はロウワー・クラスの優秀な子どもたちをミドル・クラス化させることになったと言われている。こうした批判にもかかわらず、奨学金制度に代表されるような選抜制は支配層にとって安全な策だったため、結局この後も推進されていった。

　支配層に都合のよい奨学金制度も、この時期に支配的だった「効率」という価値観によって正当化された。国家の危機に際して迅速な改革が求められたこともあり、貧困にあえぐロウワー・クラスの全員を救うという地道な作業にはなかなか理解が得られなかったのである。むしろ効率的に国家の役に立つ人材をロウワー・クラスから拾い上げて、その才能を有効活用するのが正しいとされていた。「効率」はこの時代の精神をよく体現している言葉だ。前章で述べたように、フェビアン社会主義系のミドル・クラスの知識人が、足かせとなっているロウワー・クラスを少しでも国家に役立てようという、国家の効率性のために運動を行っていたことも思い出しておきたい（第2章参照）。

　一方、奨学金少年たちにとっては、このシステムは悲劇的だった。というのも、彼らはイギリス的な「スノビズム（snobbism）」の犠牲となったから

である。ここで、イギリス文化を語るに欠かせないスノビズムについて説明しておこう。日本語では「俗物根性」と訳されることが多いが、イギリスでのスノビズムは階級と深く関連している。スノビズムとは、自分より上の階級にあこがれてその言葉づかいや習慣やライフスタイルを真似して同化しようとする態度や、自分が目指す階級より劣る人を軽蔑したりおとしめたりする態度を指す。イートン校に入った新興の富裕層を揶揄するのに使われたのが最初の使用例だとする俗説があるが、学校と関連してその言葉をイメージする人が多いのは興味深い。実際、グラマー・スクールやパブリック・スクールに入った奨学金少年たちは、その低い出身階級ゆえに学校でスノブな仲間から軽蔑されいじめを受けることが多かった。と同時に、自分の出身階級の仲間たちからは上昇を目指すスノブだと思われて軽蔑されもした。奨学金少年たちは、出身階級ゆえに支配層には入れず、また受けた教育ゆえに労働者階級社会には戻れず、板挟みで苦しむことが多かった。

7. 文学作品における奨学金少年たち

　ヴァージニア・ウルフの作品は、こうした奨学金少年の揺れる立場をよく描きだしている。『灯台へ』に出てくるタンズリーや、『ダロウェイ夫人』の脇役のウィリアム・ブラッドショー卿は、それぞれ貧しい薬剤師（国家資格を持つ薬剤師ではなく、雑貨屋兼業のような薬屋）と小売商の息子で、ロウワー・クラス出身者である。それが「一生懸命勉強し働き、ひたすら努力していまの地位を獲得」し、それぞれ大学講師と医者になる。興味深いのは、状況からして明らかに奨学金少年に違いない二人が、奨学金を得たと言っていないことだ。この事態をどう解釈したらよいのだろうか？
　ここで奨学金制度の持つ階級的イデオロギーを確認しておこう。小学校卒業時で成績のよい者に奨学金が与えられたわけだが、小学校の教育内容は支配層が決定していたため、学校は彼らが重んじる価値観を詰め込む場となっていた。つまり、中流階級的なイデオロギー教育を受けて優秀な成績を取った者（＝中流階級的な価値観を身につけた者）が奨学金を得ていたのである。さらに奨学金を得て受けるグラマー・スクールの教育内容は、先にも述べた

ようにミドル・クラスのための教育だったから、奨学金少年たちはここでも中流階級的価値観を押しつけられていた。つまり、奨学金制度はロウワー・クラス出身者に中流階級的価値観を学ばせる過程そのものだったのだ。

とすると、彼らは奨学金を得たと言わないことで、そうした中流階級的イデオロギーに反抗を試みていたと言えないだろうか。反抗とはつねに声高に反対を叫ぶことばかりではない。当然あるべき発話を沈黙で置き換えること、これも反抗の一形態と見てよい。ここで浮かび上がるのは、教育という支配層の作り出した果実は得ておきながら（奨学金で教育を受ける）、その中流階級的価値観に抵抗を示し（中流階級的イデオロギーにまみれた奨学金という言葉を発しない）、自分の出自に誇りを持つ（ロウワー・クラスの出自に幾度も言及しそのくらしぶりを強調する）という、ロウワー・クラスのしたたかな強さと反抗ぶりである。

だがここで、彼らが奨学金を得たと言うかわりに「一生懸命勉強した」と幾度も主張していることに注目しよう。一生懸命勉強したおかげで奨学金を得たわけだから、この主張は奨学金という単語の言い直しとなっているわけだが、実はこの言い直しこそがその話者の中で自己矛盾を引き起こしている。なぜならば一生懸命勉強するという自助努力こそ、初等教育で強調された中流階級的価値観のひとつだったからだ。困ったときにはお互い様という相互扶助がロウワー・クラス的価値観であるのに対して（だからこそロウワー・クラスは自分の属す階級への忠誠心が求められる）、自助努力による自己実現というストーリーは19世紀半ばから熱烈にミドル・クラスに支持されたひとつのパターンだった。つまり、奨学金という階級の絡む問題を個人の努力の問題とすり替えて否定する際、その言い直しの瞬間に否定したはずの中流階級的価値観を賞賛することになってしまう。中流階級的価値観がそれだけ深く奨学金少年のうちに根付いたことが示されている箇所だといえる。このように奨学金少年たちは、ロウワー・クラスとしての自己と、中流階級的価値観に染まった自己と、2つの相対する側面を抱えて生きていかなくてはいけなかった。

8. パブリック・スクール出身者の欠点

視点を変えてこの問題を見直すと、パブリック・スクール教育の悪影響を

見出すことも可能である。パブリック・スクール出身の支配者層が、出身校を模したグラマー・スクールをロウワー・クラスの中等教育機関として想定したことは、他を思いやる想像力の欠如を示しているともいえるし、ある階級が他の階級の実情を理解していないという階級間の分断を示しているともいえる。事実、当時パブリック・スクール出身者に対する批判が叫ばれ、彼らは「人生に無知で、自分の階級の囲いの外のことを軽蔑する」（Norwood & Hope）といわれていた。冒頭で示したパブリック・スクールの贅沢な環境の裏で、支配層が他の階級を排除した環境で育ったためにイギリスが失ったものは大きいことを忘れてはいけないだろう。

　さらにいえば、ロウワー・クラスは概して学校に不信感を抱いていたが、それも支配層側の都合による成立過程が原因と見ることもできる。ジャック・コモンは次のように述べている。「学校というのは……もちろん、その成立事情からしてワーキング・クラスの生活とはかけ離れていた。学校は、ワーキング・クラスの生活から出てきたものではない。……政府がおれたちに学校を押しつけたんだ。…学校は上から与えられた制度にすぎない。だから、ワーキング・クラス出身の人は人生を通じて豊富な知識やスキルといったものをうさん臭く思うようになるんだが、教育は自分の生来の権利だと思う人にとっては、これが理解できないんだ」。たしかに、日々のくらしが生存との戦いであるときに、学校で学ぶのがアッパーやアッパー・ミドルのための教養教育をモデルにしたカリキュラムだったり、国が自分たちの貧困を助けてくれるとは思えないのに愛国心の育成を求められたら、学校教育に価値を見出しにくいのも当然だろう。パブリック・スクールでの教育をそのままロウワー・クラスの教育に当てはめようとした支配層の考えがそもそもの間違いだったといえる。

9. 選抜制への支持

　奨学金制度に代表されるような選抜制による中等教育が押し進められていったなかで、1918年教育法は選抜制ではなく幅広い層への教育普及を打ち出した点で例外的だった。これには福祉改革の影響が色濃い。ちょうど第一次

世界大戦前は教育改革だけでなく福祉改革が始まった時期で、法律だけを取ってみても、1908年の子供の権利法、同じく1908年の老齢年金法、1911年の国民保険法などが成立していた。このように大戦前は、労働者の権利を認め、彼らの貧困と困難を排除する方向へと社会が動いていった時期だった。

　1918年教育法の成立には第一次世界大戦の影響も大きかった。20世紀前半に成立した教育法はほかにも1944年教育法があるが、これも第二次世界大戦の影響で成立した。戦時にロウワー・クラスも国家のために戦い犠牲を払ったが、その代償として教育改革を行う必要が生じたのである。教育院総裁のハーバート・フィッシャーは、1918年教育法が成立したのは、大戦により「社会的連帯感」が増したからだと述べている。つまり、貧しい者たちが流した血と金銭的負担を考えれば、彼らに市民としての権利を認めるのが当然であり、参政権を与えるだけでなく教育を拡張するのが公平だ、という雰囲気が戦後に広まったというのである（Maclure）。だが実際には1918年教育法は、直後の1920年代の不況と国家財政の圧迫のため実施されることはなく、その後むしろ選抜式の色合いが強まることとなった。

　ここでこの法律の成立をめぐって噴出した反対論を詳しく見ていこう。この法律の草案に対して、安価な若年労働者を学校に取られれば競争力が落ちると考えた産業界からは猛烈な反対があった。たとえば綿工業では18歳以下の雇用が50％を占めており、年少労働が制限されれば深刻な事態となり得た。産業界からの反対意見は「イギリス産業連盟による覚書」にまとめられたが、これを読むと労働者の教育を優生思想（第10章参照）で語るとどのようなものになるかがよくわかる。

　産業連盟が提案した代替案は、「我々は小学校教育の改善を集中的に行い、生まれつきもっとも適した子どもたちが、国家の費用による全日の中等教育というリベラルなシステムから本当の利益を得るべきだ」（強調筆者）というものだった。そして産業連盟は能力別進学コースを提案し、小学校卒業時に試験で優秀な成績を収めた者は4〜5年課程の中学校か3年課程のテクニカル・スクールへ行かせ、残りの者は小学校で14歳まで基礎教育を施すべきだと主張した。この覚書に見られるロウワー・クラスへの偏見と切り捨てに対して、「すべての者に中等教育を」というスローガンを立ち上げた教育運

動のリーダーであるR・H・トーニーは『デイリー・ニュース』紙上で、ロウワー・クラスの子どもたちを「まるで10以上数えることができない退化した人種」として扱っていると反論した。いかに産業連盟が弱者切り捨てを容赦なく断行しようとしたかがわかるだろう。

　教育といっても、必ずしもロウワー・クラスのすべてを救おうとする「底上げ」が想定されていたわけではなかった。20世紀前半は、「不適格」な子どもたちを切り捨て、優秀な子どもだけを選んでエリート教育をしようという優生学的な主張が厳然と存在した時代だった。そしてこの後、産業界の意見を反映したような選抜による中等教育政策が採られていくことになる。

　選抜制を決定付けた1926年の政府の報告書であるハドー・レポートは、多様な才能があるのだから教育も多様でなければならず、教育の平等は同一を意味するものではないとして、生徒たちは11歳で初等教育を終えた際に、3種類の進学先へと「選別」されるべきだとした。まず、上位約20％の成績優秀者がグラマー・スクールでアカデミックな教育を受ける（その後の進路はホワイトカラー職や専門職への就職もしくは大学進学）。次に、特に理工学系に向いている少数の子はセカンダリー・テクニカル・スクールに進学する。最後に残りの者は、セカンダリー・モダン・スクール（選抜制・無選抜制の別あり。さらに成績が劣る子は、小学校内に設置の上級クラスへ進学）に進んで、グラマー・スクールのカリキュラムより簡単で狭い範囲の教科や手仕事を学び、4年コースのうち最後の2年間で実用的な教科を学ぶ。これがいわゆる「3分岐制」の始まりである。

　選抜による3分岐型の教育制度は、1938年のスペンス・レポート、1943年のノーウッド・レポートを経て1944年教育法へ引き継がれた。1944年教育法では、15歳までの義務教育とその無料化、および18歳までの継続教育の保証が決定されたが、小学校卒業年齢の11〜12歳時に受ける中等教育コース選別試験（「イレヴン・プラス」）の結果等によって進学先をグラマー・スクール、テクニカル・スクール、モダン・スクールに振り分ける選別主義は温存された。（パブリック・スクールはこうした教育改革の論議の域外で、つねに変わらぬ人気を支配層の間で保っていた。）

10. 問題点と改善点

　選抜入学制度の問題点のひとつは、公平な競争で進路が決まるかのようで、実は出身階級と選抜結果がつながっていたことだ。たとえば選抜式の学校に入学した専門職・準専門職の子弟に対するロウワー・クラスの子弟の割合は、1910年代生まれで44％、1920年代生まれで56％、1930年代生まれで58％、1940年代生まれで57％となっており、つねに約半数と割合が低くなっている。結局はグラマー・スクールへの階級による選別入学制度が保たれ、グラマー・スクールは依然として中等教育における特権的な地位を維持していた。

　だが、外国との競争力強化のために教育改革を進めた政府はこれを問題とはみなさなかった。労働党の教育大臣ウィルキンソンですら「選抜された者を入学させる学校［グラマー・スクール］こそが、最高の教育水準に達し、それを維持する傾向にある」と述べて、グラマー・スクールへの選抜入学は国の教育水準を保つために必要な策だということを認めた。結局労働党は1945年に政権を握った際、試験に受かれば誰でも進学できるという点でグラマー・スクールへの進学が開放されたと解釈し、異議を挟むことはしなかった。

　選抜進学でさらに問題だったのは、モダン・スクールに進学すると大学進学は難しく、そのため将来的に専門職や管理職には就けず、各種の資格取得も困難で、下級技能者や非熟練労働者として働く結果になったことだ。11歳でモダン・スクールに振り分けられると、そこでロウワー・クラスとしての将来が決定されてしまったのだが、ここに進学する子どもたちは大半がロウワー・クラス（特に非熟練労働者）出身だった。選抜入学制度は、階級による教育の分断を解消するのではなく、固定する方向に働いたといえる。

　だがハドー・レポートが、モダン・スクールの目的は「実際的な仕事を学ぶ機会が豊富にあり、生活に基づいた興味に密接に関連したカリキュラム」を提供することだと定めたのは、20世紀初頭の中等教育がロウワー・クラスの実生活に密着していなかった反省に基づいてのことだった。たとえば先ほど紹介した炭坑夫の息子は退学後どうしたのだろうか？　彼は「教育は大事にしていた。だから、その冬には夜学に通い始めた」と述べている。ここから明らかなのは、ロウワー・クラスには彼らなりの教育に対する要望があっ

たということである。

　結果としてモダン・スクールは欠点の多い制度だと批判されるようになったのだが、ここで視点を変えてモダン・スクールの設立当初に了解された存在意義について見てみよう。すると、そこには一定の合理性があったことに気づかされる。そもそも20世紀初頭の学校教育は、愛国心、宗教、ホワイト・カラー職の尊重、時間厳守、といったミドル・クラス的価値観を重視して、ロウワー・クラスの実生活に密着していなかった点が問題であった。そのためにロウワー・クラスの子どもたちは、全日制の学校教育を受けるよりも、むしろ定時制で技術指導を受けるなど、自分たちの実情にあった教育を受ける方がより現実的な選択だと考えるようになっていた。こうして、法的には「正規」の学校とはみなされなかったものの、ジュニア・テクニカル・スクール、セントラル・スクール、実業学校、夜間学校、工芸技術学校などが世紀転換期に生まれ、多くのロウワー・クラス出身者を受け入れたのである。こうした事情を考慮に入れると、モダン・スクールの教育内容を「職業的ではないが実際的な一般教育」と定めたのは、それまでの反省をふまえてのことだったといえよう。

　階級差を保持する結果となった3分岐制も、問題点を抱えていたモダン・スクールも、ロウワー・クラスの教育に対する要望をふまえていた面があったからこそ、中等教育を推進していた社会主義者たちも選別入学制度に反対しなかったのである。たとえば前述のR・H・トーニーもタイプ別の中学校を支持し、「もちろん、すべての子供が、同一のカリキュラムや教育方法に均一に反応するものではないということは正しい。教育機会の平等ということは、与えられる教育が均一であるということではない。中学校に、可能なかぎり多様なタイプを作るということが重要である」と述べている。

おわりに

　以上の流れをまとめると、20世紀前半は教育へのアクセス拡充を図った陰で、階級差による教育の分断が放置されていた時期だったといえる。だが両大戦間期にはその点の改善を求める声も上がり始めていた。特に学校運営に

直接携わる教師や地方当局の学校行政担当者たちは3分岐制が内包する矛盾や弊害をよく認識し、階級差に関係なく学区のすべての子供たちがひとつの校舎で共通の教育を受ける必要性を痛感していた。こうした流れを受けて第二次世界大戦後、1950年代から総合制中等学校（コンプリヘンシヴ・スクール）が労働党主導で設立され始め、1965年以降は全国的に総合制への再編成が進められた。その後、総合制に通う生徒の割合は、1980年代には80％を超え、90年代には90％近くにまで上がったのである。出身階級や親の経済力に関係なく就学できる教育の機会均等が、これによってかなりの実現を見たといえる。

だが、総合制の「欠点」は3分岐制の「長所」の裏返しでもあった。つまり3分岐制であればこそ維持できたグラマー・スクールでの「高度」な教育が、このような総合制中等学校推進運動によって「犠牲」にされてしまい、「学力低下」を招くという批判が上がったのである。1970年、E・ヒース首班の保守党政権下で教育・科学相に就任したマーガレット・サッチャーはまさにこの観点から総合制（およびそれを推進した労働党寄りの市議会や地方教育委員会）を叩いた。そして彼女が首相の座にあった1988年に、全国統一（ナショナル）カリキュラムを目玉とした教育法を制定。技能の開発よりも伝統的な科目での学力増強を図る方針を打ち出した。その英才教育志向（機会均等よりも教育の質・水準の向上）を反映して、各学校が特定の教科を強化する専門化を行ったり、学区の中等学校ではなく学校ランキングに基づいて親が子どもの進学先を選ぶシステムを実施するなど、様々な試みがなされてきた。この辺りの教育改革の推移とその功罪を詳述するのは本章の任ではないが、近年の教育理念をめぐる種々の立場からの論議を理解するうえで、本章がこれまで見てきたような、20世紀前半の中等教育普及の経緯とそこで生じた問題点を把握しておくことが肝要であると、最後に言い添えておく。

（井上 美雪）

推薦図書

大石俊一『奨学金少年の文学』英潮社新社、1987年。
スティーブン・ハンフリーズ『大英帝国の子どもたち』山田潤ほか訳、柘植書房、1990年。
津高正文『イギリスの中等教育改革』広島修道大学総合研究所、1989年。

Column
20世紀前半のイギリス音楽――エルガーとプロムス、そしてブリテン

　希望と栄光の国よ、自由の民の母よ、(中略)汝の領土が、さらに、広く、広く、定められんことを。(エルガー作曲『希望と栄光の国』より)

　ロンドンの夏の風物詩に「プロムス」と呼ばれる大音楽祭がある。2006年は7月から9月にかけて73回の演奏会が開かれ、6千人収容の会場ロイヤル・アルバート・ホールに計26万2千人の聴衆が集まった。特に最終日の「ラストナイト」は国民的な行事となっていて、大会場が一杯になるばかりか、そのすぐ外のハイド・パークをはじめ全国各地に何万人という群衆が集まって、愛国的な音楽を演奏家と一緒に歌い騒ぐさまを、スポンサーであるBBCが放映して、それを多くの国民(2006年は450万人)が注視する。

多くの観客が集まるプロムス

「プロムス」とは元々はプロムナード・コンサーツの略で、安い値段で気楽に聞ける立見席が多い大衆向け演奏会を指すが、1895年に指揮者ヘンリー・ウッドがロンドンで始めたものが人気を呼び、毎年恒例の行事として「プロムス」と呼ばれるようになり、固有名詞化した。1927年には音楽出版社からBBCにスポンサーが変わったことで放送の時代とともにさらなる大発展を遂げ、国民的お祭りとなった。左翼系出版者ヴィクター・ゴランツは「プロムス」が大好きで、そこに人びとの真の共同体の実現を見た。と同時に、聴衆は白人中心で、保守的な要素もないとは言えず、第14章で見た「人びと」の政治的両義性を例証してもいる。

　ラストナイトで必ず大聴衆と一緒に歌われるのが、第二の国歌と言われる勇壮かつロマンあふれる名曲『希望と栄光の国』だ。「希望と栄光の国」とは母国イギリスのこと。1902年のエドワード7世戴冠記念演奏会で初演された大作曲家エルガーの代表曲である。だが、冒頭にあげた歌詞の一部(作詞A・C・ベンソン)からもわかるように、自由と希望の国イギリスという名のもとに版図(はんと)拡大を求める帝国主義的欲望が垣間見える両義的な内容だ。イングランド西部(ウスター近郊)の楽器商の家に生まれ、カトリックとして育てられたエルガーの生育環境は帝国主義とは縁の薄いものだったが、帝国主義文化が頂点をきわめた1900年前後がエルガーの躍進期に当たったことと、結婚した上流階級の女性の家系が軍隊と縁が深かったことから、結果的に当時の愛国主義に同調することとなり、英国初の国民的作曲家となった。

エドワード・エルガー(1857-1934)

エルガーは多面的で謎めいた部分を潜ませた作曲家で、愛らしいヴァイオリン曲『愛の挨拶』があるかと思うと、人妻への忍ぶ恋を情熱的に表現した『ヴァイオリン協奏曲』や、題名通り謎を秘めた出世作『『謎(エニグマ)』変奏曲』もある。彼の作品は、ピーター・パンやシャーロック・ホームズ同様、作り手の複雑な個性を乱反射させながらも、ときの帝国主義的空気を反映させた、この時代を代表する魅力的で危険な産物と言うことができるだろう。

　そして、エルガーの作曲家としての生涯をたどると、彼が幸か不幸か「時代と寝てしまった」ことがわかる。19世紀半ばに生まれ、1900年前後の帝国主義の時代を体現するかのように国民的作曲家となった彼は、第一次世界大戦の惨劇後の1919年に発表された『チェロ協奏曲』では、戦死者を悼むような高貴な悲哀をチェロに奏でさせた。そして、大英帝国主義イデオロギーの盛衰を体現するかのように、この曲とともに彼の霊感は衰えた。

　20世紀前半の英国音楽史において、1900年代初頭に全盛期を迎えたエルガーと並び称されるもう一人の天才がベンジャミン・ブリテンだ。彼はオペラ作曲家として有名だが、その代表作『ピーター・グライムズ』が初演されたのは1945年のことだから、こちらはエルガーとは対照的に、20世紀前半の終わりぎりぎりに傑作を発表したことになる。その他にも、政治的に左翼的で、オールドバラというイングランド東部の田舎町に音楽祭を創設したブリテンは、政治的に保守的で、ロンドンの大音楽祭の顔になったエルガーとは対照的な部分がある。

ベンジャミン・ブリテン(1913-76)

　エルガーの代表作『希望と栄光の国』が帝国主義の時代に歌の共同体をつくったとすると、ブリテンの代表作は、広義の全体主義の時代に、共同体からの孤立と孤独を描いた傑作である。そのあらすじは、英東海岸の漁村を舞台に、ピーター・グライムズという名の漁師が頑固な性格ゆえに周囲から孤立し手伝いの少年を続けざまに事故で殺してしまい最後は自ら命を絶つというものだが、はげしく表出される悲劇的感情の背後には、平和主義という政治的信条と同性愛というセクシュアリティゆえに、ブリテンが戦時中から社会の中で抱いていた孤立感がある。

　また、管理・監視社会・全体主義的要素が20世紀の特徴であり、終章で触れるように、その一端を戦時中の総動員社会や第二次世界大戦後の社会主義政権が担っていたとすれば、そのような風潮の中で、ブリテンは芸術創作を通して自らの信条や欲望を同時代批判のレベルにまで高めたと言うこともできよう。そして、20世紀最大の作曲家ドミトリ・ショスタコーヴィッチが、ソヴィエト連邦というポスト・レッセフェール時代のもっとも悲惨な全体主義社会の中で絶望に近い鬱屈した感情を芸術に高めたとすれば、もっとも民主的に見えながらも全体主義をそのうちに秘めた西欧先進国において、同様の思いを音楽化した天才がイギリスのブリテンだったと言うことができる。名ロックバンド、レディオヘッドの前身がここにある。

(武藤　浩史)

第4章

ミュージアムの冒険

――イースト・エンドと芸術教育

1. はじめに――地下鉄に乗って

　読者の皆さんがロンドンを訪れて真っ先に向かう場所はどこだろう。美術館、博物館、と答える人も多いことだろう。ならばどの美術館、どの博物館がお目当てですか。大英博物館だろうか。ナショナル・ギャラリー、それとも2000年に新しくできたテイト・モダンだろうか。ありがたいことに、イギリスの公営の美術館や博物館は何度も検討課題にされているとはいえ、いまだ入場料を取らないところが多い。これから皆さんをお連れしたい2つの美術館も入るのにお金はいらない。まだ時間があるから、早速地下鉄に乗ることにしよう。目指すのはまずオールドゲイト・イーストの駅だ。サークル・ラインかディストリクト・ラインのイースト・バウンド（東行き）に乗ろう。電車を降りると、プラットフォームの壁にトインビー・ホールとホワイトチャペル・アート・ギャラリーに向かう出口の指示が出ている。

　ホワイトチャペルと聞いて何か思い出す人はいるだろうか。そう、ここは1880年代後半に、かの「切り裂きジャック」が血染めにして一躍有名にしたあの町だ。アート・ギャラリーに向かう東側の出口を通って地上に出てみると、確かに皆さんが後にしたロンドンの西側（ウェスト・エンド）とは幾分感じが違う町並みに遭遇する。そんななか、西側で皆さんが十分に楽しんだ壮大な美術館の建物とは対照的な小ぶりの、とはいえやはりホワイトチャペ

図1　ホワイトチャペル・アート・ギャラリー

図2　ジェフリー・ミュージアム

ルの町にそぐわないモダンな建物が見えたら、それがホワイトチャペル・アート・ギャラリー（図1）だ。なかに入ると一面の白い壁に囲まれて、異次元の世界に入ったかのような気持ちになる。

　もうひとつ、皆さんをお連れしたいのは、ジェフリー・ミュージアム（図2）だ。こちらはホワイトチャペルからもう少し北へ上ったオールド・ストリート駅の近くにある。美術館に向かって歩いていく道は閑散としており、先ほどまでいたピカデリーの喧騒が嘘のようだ。こんなところに美術館があるんだろうか、と心配しながら10分ほど歩いていると、あった。ジェフリー・ミュージアムだ。中庭を通り抜けて、入ってみる。皆さんが出会うのは小学生の一団だ。エリザベス1世時代の部屋のインテリアを再現した小さな展示部屋で、いすに腰掛けて、熱心に説明者の話に耳を傾けている。一緒になって解説を聞くのもいい。そして、思い出してみよう。皆さんも小学生や中学生だったときに、クラスで美術館や博物館を訪れたことはありませんでしたか？

　2つの美術館を楽しむ前にもう一度考えてみたい。私たちはどうして美術館に行くのだろう。いや、そもそも美術館とはいったい何なのだろうか。自分の知らない美と表現の世界を知るための場所だろうか。それとも自分の知らない過去から現在にいたる知の世界を、視覚と体験から教えてくれる教育の場所だろうか。もちろんそのどちらも正しい。それはいつでも私たちの生

活の一部でありながら、生活から切り離された知と未知の場所である。そこを通りすぎることによって、私たちは人生をより豊かなものとして生きていくことができる、と考えている。そしてそもそも美術館や博物館がそのような目的を果たすようになった源を、20世紀前半のイギリスのくらしの中に見出すことが本章の目的でもある。

　そのための道がホワイトチャペルとオールド・ストリートなのだ。

2. ホワイトチャペルと労働者の芸術教育——イースト・エンド発の芸術

労働の意味——働くことと休むこと

　余暇を使って美術館に行く。この何気ない行動は誰にでも許されたものではない。19世紀のイギリスが、産業体制の変革に伴って、社会を変え、人びとを分断したことは他の章でも述べられている通りである。ただし持つ者と持たざる者の構造は、いつでもはっきりと分かれていたわけではない。分かたれたかぎり、この2つの間にはつながろう、つながらなければならないとする意思が生まれる。その意思が社会主義思想を生み、芸術は表現としてその媒介となった。ジョン・ラスキンは芸術の中に社会の縮図を見る。美しいものを生み出し共有できる社会に理想を見出したラスキンの社会思想は、ウィリアム・モリスの工芸復興論と労働論へとつながっていく。つまり「喜びの表現としての芸術」、ひいては「喜びとしての労働」という考えだ。

　これは、「作る者と使う者の喜びとして、人びとにより人びとのために生み出される芸術」というモリスの有名な芸術思想に代表される労働の質だけを指しているのではない。十分な休息と、疲れた心と身体を回復できる美に満ちた憩いの場の提供が、必ず労働には伴わなくてはならない。働くことと休むこと。つまり人びとの生きる環境そのものが、ラスキンとモリスの社会思想の礎だ。彼らは労働のあり方はもちろんのこと、住宅環境の整備から歴史的建築物の保護、緑地や公園などのアメニティの保全問題など、幅広い運動と議論を展開し、その影響は21世紀の私たちの生活にも広く深く滲みこんでいる。彼らの活動についてはさまざまな文献が出ているので、ここでは詳しくは述べない。いま一度、問題にしたいのは、彼らの唱えた芸術の意味だ。

環境として美しいものを人びとの周りに配置する。いまの視点からすればあまりにもっともな考え方ではあるが、ではどうすれば人びとに「美」とは何かを教えることができるのか。またそのような環境をどのようにして作り出せばよいのか。ラスキンはここで「美術館」の意義を提唱した。壁一面、目の届くかぎりびっしりと絵画で埋め尽くすようなステイタス・シンボルとしての個人コレクションに対し、国の「宝」として保存されつつも、国民だけでなく世界に向けて開放され、かつ鑑賞される対象として絵画を配置する。つまり絵画が人びとに語りかける場所としての「美術館」である。

同じく美術館とは、時代を体現する新たな美と才能を見出し、人びとに紹介する場とならなくてはいけない。そのためにこの国の、この時代の身近な作品こそを、人びとへの語り手とする美術館を提唱したのもラスキンだった。そしてそれらの「美」を説明し、語り伝え、同じような美を生み出すように人びとを促す仕事は、モリスと彼の後に続いたアーツ・アンド・クラフツ運動に託される。その一環として芸術教育の扉は開かれたのだ。

セツルメント運動と労働者教育

ここで一人の人物を紹介しよう。チャールズ・ロバート・アシュビー。アーツ・アンド・クラフツ運動の推進者であり、工芸ギルドの創始者として知られている。残念ながらギルドそのものはなくなったが、いまでも彼が築いた手工芸の伝統は、風光明媚で知られるイギリスのコッツウォルズに息づいている。彼がギルドを最初につくった場所、それがホワイトチャペルだった。もう一度オールドゲイト・イーストの駅に戻ってみよう。今度はギャラリーではなく、西側の出口からコマーシャル・ストリートに出て、歩こう。気を付けて見ていると右側にトインビー・ホールが見えてくる。アシュビーがデザインしたホールのエンブレムが見えるからすぐにわかるはずだ。そう、すべてはここから始まった。

1884年に社会改良家のアーノルド・トインビーを記念してサミュエル・A・バーネットが建てたこのトインビー・ホールは、その後全世界に広がっていくセツルメント運動の発祥の地だ。もともとセツルメント運動の始祖は1850年代に活躍したミッション・ハウスだった。しかし牧師のバーネットが

目指したのは、特定の宗教や宗派を広めることではない。19世紀のロンドン、しかも労働者の集まるイースト・エンドは人種と価値観の坩堝だった。特に多かったのはユダヤ人移民である。バーネットとセツルメント運動にかかわった人びとは、住民の文化的背景や宗教的な価値観を丸ごと受け入れたうえで、彼らにいま、ここで生きていく手助けをしようとしたのである。

　このような基盤に立ち、現在でも14名の大学生のレジデント（2006年1月現在）が住むトインビー・ホールは、オクスフォードとケンブリッジの学生たちがもっとも貧しいワーキング・クラスの人びとが住むこのイースト・エンド、ホワイトチャペルのただなかに労働者とともに住み、自分たちが学んだことを彼らに伝え、ともに問題を解決していく拠点となった。ホールの第1年次報告書には、ホールの設立趣意が載せられている。筆頭にあげられるのは以下の項目である。

> ロンドンとその他大都市の貧しい居住地に住む人々に、教育と余暇、および娯楽を提供すること。また貧困層の状況を調査し、彼らの福祉を促進するための組織化された計画を考え推し進めること。

　トインビー・ホールは、教育が人びとに生きる意味を伝えられるかどうかの試金石だったのだ。

　もちろん労働者の教育については、歴史はさらにさかのぼる。1854年に設立された労働者学校では、キリスト教社会主義者のF・D・モーリスをはじめとし、ラスキンやモリスら、一流の講師陣が教鞭を執った。のちに開講された大学公開講座も労働者たちを視野に入れたものである。1868年にはロンドンのラスキン宅で、セツルメントについての最初の話し合いが持たれている。

　そして実際にアイディアを実行に移したのが、ホワイトチャペル、セント・ジュードの教区で牧師を務めるバーネットだった。バーネットとともにこの危険かつ貧しい教区に身を置いて、セツルメント運動の先鋒になったのが、彼の妻、ヘンリエッタである。彼女にとって、セツルメント運動の目指すところはなじみのものだった。というのもヘンリエッタをバーネットに紹

介したのは、ワーキング・クラスの住宅事情の改善に粉骨砕身して取り組んだオクタヴィア・ヒルだったからだ。ヒルの活動の根幹は、労働者を教育し、信頼することにあった。

トインビー・ホールの授業はレジデントの学生とその友人たちによって組み立てられ、教えられた。第3年次報告書を読むと、開講当時の科目とその内容が詳しくわかる。知識の伝播の第一目標とされたのは、教えられる側と教える側の間に緊密な信頼関係を築くことである。

> これらのクラスでの積極的な知識の交流に関しては、「信頼の教育法」が最大限に明確化されている。指導が与えられ、受け入れられる際に目標となるのは、教える者と教えられる者の間の友情と信頼である。(第3年次報告書より)

C・R・アシュビーと手工芸ギルド

設立当初からレジデントだったのが当時ケンブリッジ大学、キングズ・コレッジの学生だったアシュビーだ。当初のコースは5つのグループに分けられており、グループA、Bが言語、文学、倫理、グループCは科学、Dが音楽(歌唱のクラスとバイオリンの実技指導)、美術(素描と抽象画の実技指導)、グループEは技術指導となっている。つまり座学と実技をバランスよく盛り込んだカリキュラムを目指していたといえる。アシュビーが教えた科目はこのグループAとBにあたる。このグループで、アシュビーはラスキンの『時と潮』と『フォルス・クラヴィゲラ』を講読している。どちらもラスキンの社会思想を考察する試みであるが、同時に彼は「素描と装飾」の講義も受け持っていたようだ。

のちにアシュビーはレジデントとしてはトインビー・ホールを去るが、1888年6月、ホールのすぐ近くに「芸術を産業に応用すること」を目的として工芸学校・ギルド(以下「工芸ギルド」と記す)を開き、本格的にイースト・エンド発のインテリア・デザインの創出を目指した。しかし、ホワイトチャペルを中心に展開したこの教育と自立の試みは、やがてイースト・エンドで才能を育てることからイースト・エンドで才能を見つけることへと重心を移していく。そのためアシュビーは、工芸ギルドをより才覚ある職人を見

出しやすいマイルズ・エンドに移し、やがてはギルドそのものをロンドンの北西に位置するコッツウォルズに移転させた。

イースト・エンドから生まれたこの手工芸教育の試みが、イースト・エンドに根付き、イースト・エンドを変えることはなかった。それでもなお、アシュビーの試みは、トインビー・ホールが目指す教育のあり方のひとつの典型だといえる。

トインビー・ホールでの芸術教育

つまり、アシュビー同様、ウィリアム・モリスと親交のあったバーネットにとって、芸術が教育に占める位置は大きかったということである。美しいものに簡単に触れられる環境を作り出すことで人びとの感性を磨こうと、早くも1885年3月28日には、セント・ジュード・スクールハウスで絵画展が開催されている。その後も続いて行われたホワイトチャペルの美術展の特徴は、展示の教育的意義に賛同してくれる個人の所蔵品を借りることで成り立っていたことだ。芸術家に頼んで展覧会用に絵を描いてもらうのではない。それでは芸術家の選択が入ってしまう。そうではなく、あくまで借りたいと思う絵の貸し出しを依頼する。つまり一流の作品の選択権を借りる側が持つのである。

また、1891年の第7年次報告書では、すでに労働者教育を主眼に置いた美術館論が展開されている。当時労働者が訪れることができるように、夕方も大英博物館を開館してみたものの、この試みがあまり成功していないと報告者は語る。的確な作品解説だけではない。効果的な広報活動を行えば、多くの人びとが興味を持って美術館や博物館を訪れることだろう。鑑賞者への積極的な働きかけも、美術館や博物館の果たすべき義務なのだ。

同時に展示品が自らと縁遠いものであってはいけない。つまり見る者が進んで自分の好みを展示に反映させることができなければ、これもまた芸術教育とはいえない。そのためにトインビー・ホールでは絵画展を行うと同時に人気投票が開催されている。

他の美術館や作品所有者との協力体制はトインビー・ホールの強みだった。1895年の第11年次報告書によると、地元の初等教育校や生徒を対象にして、1894年に2つの展示会が開かれている。ひとつは学校手工芸作品展、そ

して絵画展である。後者に協力したのは、マンチェスター美術館とフィッツロイ・ピクチャー・ソサエティをはじめとした団体や、作品所有者たちだ。

　翌年4月のホワイトチャペル年次絵画展で展示された絵画は、レイトン、アルバート・ムーア、アルマ=タデマ、G・F・ワッツなどそうそうたる顔ぶれによるものであった。こちらでは学校の団体入場が奨励されている。

　このように、トインビー・ホールを中心に芸術を核とした教育が整いつつあった。同時に地元の学校教育の一環としてこれらの絵画鑑賞を位置付けるために、団体入場のあり方と教員による引率の体制なども整えられていった。

　美術教育のいまひとつの柱は、芸術活動の実践である。トインビー・ホール設立当初の教育カリキュラムに美術の実技が入っていたことは先に見た通りだが、ホールでは、積極的に労働者の課外活動を支援していた。トインビー美術学生クラブ（Toynbee Art Students' Club）もそのひとつである。設立したのは1895年9月のこと。もともとはトインビー・スケッチ・クラブとして始まり、月一度のフィールドワークと会合を持っていた。会員の作品は幹事のもとに集められ、美術批評家にコメントをもらうことがその活動の主たるものであった。

ホワイトチャペル・アート・ギャラリーの誕生

　1901年2月にホワイトチャペル・アート・ギャラリーが開設した裏には、以上の2本の柱があったといえよう。つまりイースト・エンドに住む人びとのための芸術教育を、常設作品ではなく一流の作品を随時借り入れることで推進していくということ。そして同時にイースト・エンドに住む人びとによる芸術活動そのものを支援することである。この新しいギャラリーはトインビー・ホール直属の機関ではないものの、いままでの絵画展と芸術活動支援を、ひとつ屋根の下に統合する「ハウス・ビューティフル」として建てられたものだった。

　ギャラリーは小ぶりながらもウェスト・エンドの美術館や博物館を一方で意識しつつ、それらとは明確に一線を画す試みでもあった。建築デザイナーは、アーツ・アンド・クラフツ様式の建築で知られるチャールズ・ハリソン・タウンゼンド。アーツ・アンド・クラフツ運動の芸術家の一人であった

ウォルター・クレインも装飾デザイン案を提供していた（残念ながらそのモザイク装飾は予算の不足から実現にはいたらなかった）。

　そしてなんといってもこの美術館創設の立役者となったのは、初代館長のチャールズ・エイトケンである。エイトケンはこのギャラリーのユニークな役割を十分に理解したうえで、イースト・エンドにおける「美」の意味を確立していった。常時並行して開催される複数の展覧会は、グループ分けがなされていた。つまり一流の芸術作品の紹介とイースト・エンドの住民の芸術活動支援のみならず、住民のバックグランドを意識して、さまざまな国際的な芸術作品を紹介する展覧会も同時に開催されたのである。そこには芸術教育のみならず、多彩な異文化への関心喚起も意図されていた。エイトケンにとって、芸術とは社会状況を理解するための入り口でもあった。

　第1回目の展覧会には25万人が訪れた。展示された作品は、カンスタブル、フォード・マドックス・ブラウン、バーン＝ジョーンズ、ダンテ・ゲイブリエル・ロセッティ、G・F・ワッツ、ジョン・エヴァレット・ミレイ、エドワード・ポインターなどほぼ同時代のイギリスを代表する画家たちの作品以外に、ルーベンス、ヴァン・ダイク、カナレット、ゲインズバラなどの作品である。新聞の中には芸術を通してロンドンの荒くれものたちを変えようとする試みをあざけるものも少なくなかった。それでも1901年4月発行の『トインビー・レコード』の中で紹介されている鑑賞者（rough fellow と記載されている）の言葉には、純粋な絵画鑑賞の感動がにじみ出ている。W・Y・マクレガーの『蟹採りの人々』を見ていた彼は、他の鑑賞者にこのようにアドバイスしていたのだ。「あまり近くによらないほうがいい。近くで見るとかえってぼやけてしまうよ。この柱のところに立って見れば、本当に海に入っているかのようだよ」。同誌が報告するように、この楽しみはいままで彼らが娯楽としていたものから感じる喜びとは、まったく違ったものであったろう。

　展示には解説者もついた。解説に求められるのは、絵画の技術的な側面の知識ではない。絵画を通して何が読み取れるか、鑑賞者に負けない豊富な想像力と一般的な知性だった。当時の解説者のエッセイを読むとこれがまた面白い。相手にしているのは乙に澄ました中流階級の人びとではない。さまざまな横槍、他の観客との場所の取り合い、子どもたちからの予想外の質問な

ど、対応への苦労が手に取るようにわかる。このときのギャラリーは静けさよりもむしろ喧騒こそがふさわしかったのだ。

　先にあげたトインビー美術学生クラブも、その成果をこのホワイトチャペル・アート・ギャラリーで披露した。第1回目の展覧会は1909年に開催されている。それまでにはこのクラブも、単なるスケッチ愛好会から芸術一般に造詣を深めることを目的とした、かなり活発なクラブへと生まれ変わっていた。1896年にはトインビー・アート・クラブと改称し、1903年には会長に王立美術院のメンバーで、水彩風景画で名高いアルフレッド・ウィリアム・パーソンズを迎え、ウェスト・エンドとのつながりも深めていく。パーソンズは年に一度、会員の作品をじかに品評するだけでなく、積極的にクラブを親交のある芸術家たちに紹介し、彼らの教えを受ける機会を設け、会員の腕と向上心を高めていった。

　このようなつながりから、スケッチのための課外活動に加え、テイトやナショナル・ギャラリーを訪れるのみならず、サミュエル・H・ハンコックなど、クラブ立ち上げにかかわった実力ある会員の作品が王立美術院の壁を飾る道すらも開かれたのである。第4回目の展覧会（1913）では鉄道の駅に広告が貼られ、ウェスト・エンドからの集客を促した。指導に携わる王立美術院のメンバー自身の作品も年次展覧会に花を添えることになり、鑑賞者の動員に一役買った。

　もちろんマスメディアによる宣伝も大いに功を奏した。この第4回目の展覧会を取り上げたいくつかの新聞記事を見てみよう。「イースト・エンドの労働者、芸術家となる──著名な画家たち、友情の手をさしのべる」、「ホワイトチャペルの芸術家たち──事務員、店員、郵便配達人の描く絵画」などのタイトルが示すように、強調されるのはこれらの絵を描いた本人たちが芸術という言葉とは普段縁のない人びとであるという点と、彼らを教育する芸術家の存在である。

イースト・エンドに押し寄せる新しい波

　しかしながらウェスト・エンドとイースト・エンドのこのようなつながりは、ウェスト・エンドの求めていた新たな芸術の突破口を開くきっかけとも

なったと思われる。アート・ギャラリー初代館長のエイトケンは1911年にテイト・ギャラリーの館長に抜擢され、ホワイトチャペルを後にしたものの、1936年に死亡するまで、ギャラリーの活動に多大な影響を与え続けた。1913年にバーネットが死亡した翌年、第一次世界大戦が始まる1914年は、ギャラリーの方向性を定める転換期でもあった。ロンドン市議会のもとで教育機関としての役割を担い、トインビー・アート・クラブに代表される地元の芸術活動を支援する一方で、ホワイトチャペル・アート・ギャラリーは独自の路線で新たな芸術の確立に乗り出していく。世界が変わりつつあるこのときに、イースト・エンドでも何かが変わりつつあった。

　エイトケンの後を継いでホワイトチャペル・アート・ギャラリーの館長に就任したギルバート・A・ラムジーが、エイトケンの意見を入れつつ1914年に開催したのが、「20世紀の芸術――モダン・ムーヴメント回顧展 (Twentieth Century Art: A Review of Modern Movements)」である。第一次世界大戦で戦死したラムジーにとってこれは最後の展覧会であり、ホワイトチャペル・アート・ギャラリーにとって、戦争勃発直前の展覧会になる。

　この展覧会は確かに瞠目に値するものだった。1914年5月19日付けの『イヴニング・スタンダード』は、これらの作品はすでにウェスト・エンドで展示される機会があったとしながらも、イースト・エンドでのこの催しは「2、3言の紹介なしに無視することはできない」と述べる。

> なぜならば、ひとつにはこの展覧会が20世紀の芸術としていままで公にされてきたものの中ではもっとも広い範囲のものを取り扱っているからであり、もうひとつには考えられ得るなかでももっとも鑑識眼のない（unsophisticated）といってよい観客に向けて披露されているからである。

　展覧会では1886年に王立美術院に反発してニュー・イングリッシュ・アート・クラブを立ち上げたウォルター・シッカートの作品をはじめ、いままでの保守的な因習を打破する渦巻派の牽引力となったウィンダム・ルイス、ウィリアム・ロバーツ、ジェイコブ・エプスタインの作品、そしてダンカン・グラントやロジャー・フライをはじめとするオメガ工房の作品などが紹介さ

れた。外国人の作品として紹介されたものは、フランスの渦巻派の彫刻家アンリ・ゴディエ＝ブジェスカ、同じくフランス人のルシアン・ピサロ、イタリア人のモディリアーニなどの作品である。

　この展覧会が非難の的となるか、果敢な挑戦と取られるか、受け止め方は二分されることは明らかだ。5月12日付けの『デイリー・テレグラフ』紙は展示品の秀逸さを評価しながらも、「イースト・ロンドンにおける芸術的な素養を持った若者や観衆に向けて、用意周到な準備と警告なしにこのような展覧会に門戸を開いたこと」の重大な責任を問うた。イースト・エンドで展示されるべき芸術作品としてこれらの展示品はふさわしくないからだという。そもそもこの展覧会は労働者階級の人びとにむけて組織されたものであり、モダン・アートに慣れ親しんでいる上層階級が相手ではない。あの地区の貧しい人々には、過酷な日々のくらしで疲弊した心を癒してくれる「偉大な芸術」作品をこそ提供すべきなのであって、あのような現代美術作品を見せるべきではない――そのように述べてこの展覧会を批判したのだった。

　同時に5月17日付けの『オブザーヴァー』は、王立美術院の壁を飾るような作品がここではひとつも展示されていないことを指摘し、5月8日付けの『タイムズ』はこの展覧会を「ホワイトチャペルからピカデリーへの挑戦」と呼ぶ。ご存知のように、ピカデリーは王立美術院がある場所である。つまりこの展覧会はホワイトチャペルが「20世紀の芸術」、あるいは「現代芸術」を何ととらえるのか、という意思表示になる。批評家によっては現代のイギリス芸術の核をなす偉業は、この展覧会で展示されている作品群が代表する動きの外側、つまり「王立美術院の内部とは言わずとも、その近隣に見出せるはず」（『ウェストミンスター・ガゼット』、1914年5月21日）だからだ。

　しかしこの展覧会の企画に影響を与えたエイトケンは、まさにこれら王立美術院の人びとと協力して、トインビー・ホールの芸術教育を牽引してきたのだった。同時にエイトケンが当時館長を務めていたテイト・ギャラリーは、ナショナル・ギャラリーの分館として、同時代のイギリスの作品を展示する目的で1897年に開館されたという事実を忘れてはならない。さまざまな人種がこのロンドンに流れ込むと同時に、戦争を通じて「イングリッシュネス」の意味が問われ、技術革新に労働者たちが組み込まれていくさなか、教

育的な意義とは、まさにこの時代の「芸術」とは何か、しかも「イギリスの芸術」とは何かを探ることにある。

　エイトケンたちは「現代芸術」の動きを社会の縮図として提示した。それは生活の癒しなのではなく、ブルームズベリー・グループが体現したような、オルタナティヴな生き方の提示でもない。あくまで現象の新しい表現方法なのだ。同時に、階級としても人種としてもメインストリームに立たない人びとにとって、これらの表現法は非常に身近なものとなる可能性を秘めていた。

> いまや現代の画家は3次元の空間で起っていることを、主観の入らない2次元の模倣物として提示することには興味を示していない。それは写真技術による「動く映像（moving pictures）」の方が首尾よくできるからである。（展覧会のカタログより）

　ホワイトチャペルの芸術教育が変化していったことは間違いない。おそらく「ピカデリーへの挑戦」という意識は、実際にこの環境からブルームズベリー・グループのメンバーとなるマーク・ガートラーのような画家が生まれ出たことに端を発するだろう。ポーランド系ユダヤ人移民の息子、ガートラーの有名な『メリー・ゴー・ラウンド』（*Merry-Go-Round*, 1916）（図3）に強い反戦のメッセージが込められているように、時代はイースト・エンドの人びとに表現の場としての芸術を提供したからである。なるほ

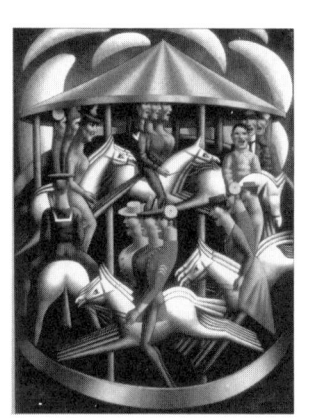

図3　マーク・ガートラー『メリー・ゴー・ラウンド』、1916年

ど、1939年にイギリスで初めてピカソの『ゲルニカ』（1937）を紹介したのがこのホワイトチャペルだったことも納得がいく。その結果ホワイトチャペルは、単なる現代芸術を超えた「先鋭芸術」の中心となることで、ウェスト・エンドの対極をなすとともに、「イースト・エンド」として既存のイースト・ロンドンから浮き上がることになる。

3. 学校外教育とミュージアム——ジェフリー・ミュージアムの冒険

救貧院から博物館へ

　ホワイトチャペルがイースト・エンドとウェスト・エンドの精神的な差異（あえてそう呼ぼう。なぜなら狭いロンドン中心部で距離的にこの２つは決して離れてはいないからだ）を意識し、つながりながらも補完し合う対極をなすことで教育のひとつの流れをつくり、新たな芸術の磁場を生み出すようになったのだとすれば、場所としてイースト・エンドに密着し、そこを中心にイギリスを見つめ直そうとした芸術／工芸教育の場が、ジェフリー・ミュージアムである。

　ジェフリー・ミュージアムを語る際に忘れてはならないのは、このミュージアムが空間であり、教育の場であるという前提だ。

　第一次世界大戦勃発の直前、1914年４月２日にオープンしたこの美術館は、もともと1686年にロンドン市長を務めたサー・ロバート・ジェフリーが遺した私設救貧院だった。しかし産業革命後の都市化の波にあおられ、この救貧院を売却し、取り壊して新たな住宅地にする計画が持ち上がり、さっそくオクタヴィア・ヒルのかかわったナショナル・トラストやウィリアム・モリスが創設した古建築物保護協会が阻止に乗り出した。救貧院があるショーディッチはロンドンの中でももっとも貧しい地区のひとつであり、幼児死亡率がもっとも高い人口過密地域だった。近隣住民のためのオープン・スペースや憩いの場所として、広々とした庭を持つこの救貧院の意義は大きかった。訴えに応えて寄付金が集まり、ロンドン市議会は庭付きで救貧院を買い取ると、1912年にまず庭が一般市民に開放された。

　続いて検討されたのは建物の使用法である。ホワイトチャペル・アート・ギャラリーに装飾デザイン案を提供したウォルター・クレインをはじめとし、建築家のリチャード・ノーマン・ショー、画家のウィリアム・リッチモンド、文芸・美術評論家のシドニー・コルヴィンらが名前を連ねた請願書が提出され、建物を土地にふさわしい教育施設とする案が示された。

　救貧院は家具製造業の盛んな地域に位置していた。こうしてこの建物が、ジェフリー・ミュージアムという家具博物館に生まれ変わったのである。展

示品は所蔵品のほかヴィクトリア・アンド・アルバート博物館からかなりのコレクションを借りる以外にも、個人の所蔵品を借り受けることで構成された。展示スペースは、個々の家具のスタイルを時代別に紹介するとともに、部屋ごとに各時代のインテリアの全容がわかるようにした。いまでも来館者が個人の家を訪れているような居心地のよさを感じることができるのは、この小規模な展示スペースのおかげである。

学校教育との協力

　戦争の幕開けとともに開いたこの博物館は、ホワイトチャペル・アート・ギャラリーとは異なり、新たな表現や新たなアイデンティティを人びとに自覚させるのではなく、まさに時代の、そして国家の一員としての自覚を促す役割を担った。同じイースト・エンドで2つのベクトルが動いていたのである。家具製造業を生業とする人びとがくらすショーディッチで、この家具博物館が開いた意味もここにある。まず自分たちがつくっている個々の家具が、インテリアの中でどのように生かされるのかを確認し、続いて現在自分たちがつくっている家具もまた時代の産物であり、それを製品として見るのみならず、英国デザイン史の観点から見直すということだ。これはイースト・エンドの人びとを国家の枠組みの中に組み込む作業でもあった（のちに紹介するジェフリー・ミュージアムの館長、モリー・ハリソンは、これを「市民の一員（citizenship）にふさわしい人間とすること」と定義付けた）。ホワイトチャペルでは1914年という年が、既成概念を打ち破るきっかけとなった一方で、ショーディッチでは1914年はイースト・エンドを広くイングランドに組み入れるきっかけとなったのである。

　1935年にロンドン市議会はジェフリー・ミュージアムの運営責任を議会内の教育委員会に委ねる。それを受けて教育委員会は、美術館や博物館がロンドンの教育、特に学校教育に果たす役割について検討し、美術館や博物館をより緊密に学校に連結させていく方針を打ち立てた。1936年に館長に任命されたマージョリー・クウィネルはこれらの方針に従って、2つの仕事に乗り出す。まず一般の訪問者のみならず学校の生徒たちが鑑賞しやすいように展示方法を整えること。そして北ロンドンに位置する美術館・博物館とそのコ

レクションの運営を、学校と美術館・博物館の提携を推進する教員組織、ロンドン・ミュージアム・ソサエティと協力して進めるということだ。こうしてジェフリー・ミュージアムの運営は、地元やロンドンの諸学校との協力のもとで進められていくようになった。

写真や展示品の解説ラベルのみならず、インテリアの展示の中に当時の衣服を着た実物大の人形を配置することで、実生活との関係性を構築できるような展示方法を工夫し、美術館や博物館を使って学校独自の教育プログラムをともに考えることもこの協力体制の役割だった。

モリー・ハリソンとミュージアムの冒険

現在の美術館・博物館教育の原型を形作ったという意味で、1939年にジェフリー・ミュージアムの教育員となり、のちクウィネルの後任として館長に就任したモリー・ハリソン（館長在任期間は1946-69）の功績を最後にあげることでこの章を締めくくろう。

モリー・ハリソンは「ミュージアムと視覚教育」（1950）というエッセイの中で次のように断言する。「ミュージアムの役割は教育することである。展示品の保護と保存はより広い目的をはらむが、ミュージアムの本質的な意義は、訪れる人々を啓発し、知的に刺激することだ」。

美術館・博物館の役割は、2つの大戦を通して変わってしまった社会に対応することであり、ヴィクトリア朝後期から2つの大戦を通して浮上してきた「国」の特質を支える基部となることであったことは、もはや繰り返す必要もない。教育の場では当然のことながら「国の歴史」の意義を説きつつも、生活のレヴェルからどのようにその意義を浸透させるかが問題となった。同時にここには多くを犠牲にせざるを得なかった労働者に対して、保証しなければならない「くらしと憩い」の問題も絡んでくる。「美しいもの」は視覚的に堪能されるだけではない。オープン・スペースの意義がそうであるように、美術館という異空間に身を置いた者は「美しいもの」を体験するのだ。これらを念頭に置きつつ、教育機関としての美術館・博物館の存在意義を理論化し、実行に移したのがハリソンである。その試行錯誤の場がジェフリー・ミュージアムだった。

学校の教員たちと密な協力体制を取りつつ、ハリソンはジェフリー・ミュージアムを単なる展示の場のみならず生活の一部とする努力を惜しまなかった。第二次世界大戦中にハリソンは、ジェフリー・ミュージアムの中で楽しめるさまざまなゲームを、フレーベルやモンテッソーリの教育法の観点から発案し、実行していった。これは、博物館自身がひとつの遊びと探索の場所であり、冒険の場所である、というハリソン独自の発想につながる。つまり展示スペースを展示品の配置で区切る、あるいはデザインすることで、その中を子どもたちが自由に自分のペースで行きつ戻りつしながら、展示品を自分自身と関係付け、その体験から学び取っていくという新しい空間教育の開発である。

　ジェフリー・ミュージアムが国内・国外に与えた影響はまだまだ調査の余地がある。ハリソンの展開した議論は、ヨーロッパやアメリカの美術館・博物館教育の構築に影響を与えたし、アメリカ、カナダ、スウェーデン、オランダなど、彼女が訪れ、講演を行った国は数知れない。明確なことは、現在ミュージアムの果たす役割とその活動において、世界的にごく普通のことと思われていることがらのパイオニアとして、1940年代、50年代のジェフリー・ミュージアムが位置していた、ということである。

4. 最後に――地下鉄の駅に向かって

　ジェフリー・ミュージアムのコーヒーショップを出て、ゲームに興じる子どもたちの声を後にする。まだまだ外は明るい。それでもミュージアムの外に出ると、まばらな人影に一瞬ふたたびたじろぐ。オールド・ストリートの地下鉄の駅まで少々遠いけれど、歩いて帰ろう。

　高架下の壁にミュージアムの広告ポスターが貼ってある。イースト・エンドに新しく開いたホワイト・キューブというギャラリーの広告だ。いま開催されているのは、前衛芸術家でありパフォーマーである、ギルバート＆ジョージの展覧会だ。なにしろ、うんちや体液、男の人のモノがそのままステンド・グラスを飾る彼らの作品は、ある意味で冒瀆以外の何物でもない。しかし難解な現代美術ではなく、誰もがわかる「万人のための芸術」が、因習的

な芸術表現に抗う彼らのモットーだ。1986年にはその心意気で現代美術に与えられる最高賞、テイト・ギャラリーの「ターナー賞」を取ってしまったこの二人組。その過激な作風とは裏腹につねに紳士然としたスーツ姿である理由を聞かれ、ジョージは次のように答えている。「スーツはもっとも民主的な衣服。これを着ると誰もが同じになる」。イギリス、プリマス出身のジョージとイタリア、ドロミテ出身のギルバートは居住地もイースト・エンドと決め、いまや西から東へと現代芸術の中心は確実に移りつつある。

　アシュビーが新たな工芸文化を求めてイースト・エンドを後にせざるを得なかった時代と異なり、いまやもっともモダンな芸術を求めて西から、いや世界から人びとが押し寄せる。しかし、これを西と東の融合と取るべきか、東の中の分断と取るべきか。いずれにせよイースト・エンドがロンドンの新しい顔となったことに間違いはない。

（横山 千晶）

推薦図書

アサ・ブリッグス&アン・マカトニー『トインビー・ホールの100年』岸川洋治ほか訳、全国社会福祉協議会、1987年。

Alan Crawford, *C. R. Ashbee: Architect, Designer & Romantic Socialist*. New Haven and London: Yale UP, 1985.

Molly Harrison, *Museum Adventure: The Story of the Geffrye Museum*. London: U of London P, 1950.

第Ⅱ部

セクシュアリティ・女・男

＊

　文化史の花形分野「ジェンダー／セクシュアリティ」研究。その出発点は、フランスの歴史家ミシェル・フーコーの仕事であった。男とは何か、女とは何か？　という性別の観念（ジェンダー）や、人の性のありかた（セクシュアリティ）については、生まれながらの生物学的な性質がほとんどすべてを決定するという考えが支配的だった。しかし、フーコー以後の文化研究においては、考え方がまったく変わり、ジェンダーやセクシュアリティが生物学的な決定事項であるどころか、いかに時代のさまざまな要素によって影響を受けた文化的／歴史的／政治的な構築物であるのか——この点が明らかにされている。20世紀初頭の男性同性愛がいかに階級と「性」をめぐる科学によって影響を受けていたのか？　第一次世界大戦直後、「破壊」の反意語たる「エロス＝愛」が実は暴力の別名であると説く精神分析が流行し、いかに同時代の文学とテーマを共有するのか？　第二次世界大戦下、ロンドン空襲という非常事態にあって、一種カーニヴァル的な時空間が広がり、そこで織り成される自由な恋愛＝セクシュアリティを同時代の作家がいかに描くのか？　第一次世界大戦を契機に大きく変化をしたフェミニズム運動とこの時代のベストセラーの結び付きを分析すると、そこにどのようなジェンダー意識を読むことができるのか？「新しい女」とは？　2つの戦争を経験し激動の時代であった20世紀前半のイギリスにおいて、ジェンダー／セクシュアリティがどのように文化的に構築されていったのか？　そのダイナミックな歴史を、同性愛、精神分析、フェミニズム、ロンドン空襲、といった多彩な視点から見てみよう。

（遠藤 不比人）

第 5 章

友愛？ ソドミー？
——男性同性愛と性科学の階級的変奏

1. ケンブリッジのソドミー者たち

　一通の手紙から始めよう。20世紀を代表する経済学者ジョン・メイナード・ケインズの青年時代の性の対象は、男性だった。しかし当時の彼は、同性愛を指す「ソドミー」ということばを、自分以外に向けることがあった。ソドミーを熱く語るのは誰か、それは若き社会主義者たちだ。1908年7月27日、ケインズは、恋人だった画家のダンカン・グラントに、ケンブリッジからこんな手紙を書いている。

> 昨日の講演は、ひどくばかげた、もってまわった代物だった。部屋は女性でいっぱいなのに、話のほとんどはソドミー、「同士のあいだの情熱的な愛」についてだった。あのフェビアン主義者たちといったら、それしか語らないのだよ。……ケンブリッジでは、ぼく以外のほとんど全員が、オープンな自称ソドミー者なのだ。（Skidelsky）

　社会主義団体であるフェビアン協会の会員が、「同士のあいだの情熱的な愛」を語るのは不思議ではない。しかしケインズの書きぶりからすると、この日の講演はもっと情緒的なものだったのだろう。講演者はまだ19歳の若者、アーサー・シュロス——後に彼は母方の姓を名のるようになる。アーサー・ウェイリー、『源氏物語』や唐詩の翻訳者としていまも多くの読者を持

つ、偉大な東洋学者だ。この後政治に深くかかわることのなかったウェイリーだが、彼のような審美的な傾向の学生をも引き付けるほど、当時のケンブリッジでフェビアン主義の力は強かったのである。

しかしこの手紙には奇妙な感じがある。「ソドミー」は、旧約聖書で神の怒りの雷を受けた町の名に基づく、印象の悪いことばだ。現に同性愛者であったケインズが、そのことばを皮肉な調子で社会主義者に向けて投げ付ける。いったい、彼自身とグラントの関係と、社会主義者たちの語る同士愛は、どう違っていたのだろう。若き日のウェイリーが語る友愛は、ロマンティックな、階級差を越えて拡がる「人類愛」のようなものだったのではないだろうか。そしてケインズは、そんなものは非現実的だと思ったのではないだろうか。彼は、ロンドンやチュニスで労働者階級の若い男と遊んだり、インド人留学生と短期間付き合ったりしたこともあるらしい。しかし結局長く続いたのは、同じ階級の友人で、芸術や文化について語りあえたグラントとの関係だった。二人が属していた若き知的エリートの集団には、やはり同性愛者だった批評家・伝記作者のリットン・ストレイチーやヴァージニア・ウルフらがおり、彼らは後にまとめて「ブルームズベリー・グループ」と呼ばれて、この時期のイギリス文化の華とみなされることになる。ケインズの生活の中心は、同階級の友人／恋人たちとの、親密で閉じられた場所にあったのだ。

経済学者としてのケインズは後に、国家と中央銀行による財政・金融政策によって有効需要を作り出す重要性を説いて、いくらか「左翼的」なマクロ経済学を作り上げた。市場は万能ではなく、上からの介入によってある程度コントロールされねばならないという彼の理論から導かれるのは、国による公共事業のような、社会民主主義的な政策だからだ。第二次世界大戦後のイギリス労働党政権でも、日本の自由民主党政権でも、ケインズの理論から生まれた政策は、労働者の雇用を維持することに役立った。しかし彼自身は、労働者階級と親しく交わろうとする人ではなかったし、その点では彼の友人たちも同じである（34-35頁も参照）。

ケインズのこの日の手紙に浮かび上がっているのは、イギリスの男性同性愛文化の、異なる２つの大きな方向性だ。社会主義と結びつく「友愛」のことばと、もっと閉じた世界で進行する、上層階級同士の関係。実はウェイリ

ーもブルームズベリー・グループの周辺にいた人で、後に結婚もし、妻以外の女性と長く付き合いもしたが、同性愛志向も持っていたと言われている。しかし若き日のウェイリーが語ったのは（おそらく後に捨てたのは）、もっと理想に満ちたもの、彼自身の属するアッパー・ミドル・クラスとワーキング・クラスの垣根を跳び越えた、高邁な精神と政治的な希望に満ちたものだったと推測してよい。

　もうひとつ言っておかなければならないのは、ケインズの手紙にも、「友愛」の思想にも、抑圧された同性愛の暗い影などというものが、まるで感じられないことだ。20世紀の初頭といえば、性科学（sexology）という学問が生まれ、同性愛をはじめとして、サディズム・マゾヒズム、フェティシズムといったさまざまな「性的倒錯」が、学問の対象として考察され始めた時代でもある。後で触れるが、イギリスにおける性科学のパイオニアであるハヴェロック・エリスの『性的倒錯』には、さまざまな性的嗜好が、しばしば「どうすることもできない病」についての本人たちの深い苦悩のことばとともに収められている。しかしケンブリッジの二種類の「ソドミー者」に、淫靡な、あるいは病的な「変態」の雰囲気はない。親しい内輪の人間のあいだでは、同性愛はなんら恥ずべきことではない。自分たちが世間から排除されるべき不適格者ではないかといった悩みは、彼ら知的・社会的なエリートには無縁だったように見える。いったい彼らの住む世界と性科学の世界は、どのようにずれ、あるいは重なっていたのだろう。この章では、20世紀前半のイギリスで、性が、ことに男性同性愛が、いかに語られ経験されたかを追っていこう。そのためには、少し時代を遡る必要がある。

2. 世紀末——犯罪として、解放の思想として

　同性愛は当時、犯罪だった。1885年に少女の強制売春などを防止する目的で刑法が改正され、性行為の同意年齢が14歳から16歳に引き上げられた際、同時にあらゆる男性同性愛行為が禁止されるのである（女性同性愛は存在自体を無視された）。いわゆるソドミー法は1967年にようやく廃止されるが、現在でも、インドのような旧英領植民地で存続している。犯罪といっても、同

性愛行為に被害者などいないので、実際に裁かれることは少ないのだが、それでも1889年にはロンドンのクリーヴランド街で男娼が摘発され、政界を巻き込んだスキャンダルになっている。決定的な事件は、1895年の作家オスカー・ワイルドの名高い裁判だった。彼の場合、恋人の父親が有力者であるクインーズベリー侯爵であったために裁判沙汰になり、2年の重労働の有罪宣告をうけることになった。もともとはワイルドのほうが、自分をソドミー者と呼んだクイーンズベリー侯爵を名誉毀損で訴えたのだが、そのために彼のセクシュアリティは暴かれてしまった。ワイルドは裁判で自分の同性愛を隠し通せると思っていたのか、それとも何か自殺的な衝動に駆られたのか、とにかくこれ以降、男性同性愛の経験者は、自分が訴えられる、あるいは恐喝の対象になる可能性をつねに頭におかざるを得なくなる。ワイルドの作品の耽美的・退廃的な雰囲気、いわゆるデカダンスが、都市の同性愛文化を体現するものだというイメージも、同時に流布していくことになる。

　一方で、男同士の愛を美化する、しかも社会主義の文脈で美化する思想も同時期に姿を現している。批評家ジョン・アディントン・シモンズは、『ギリシア倫理学の一問題』(1883、私家版で100部印刷) などで、古代ギリシアの同性愛を精神的な崇高さを讃えたものとして論じた。ただし彼は、古代ギリシアの奴隷制、エリート主義から同性愛を解き放ちたいとも考えた。「男性同士の愛において社会の階層が交じり合うところ、階級差別はなくなり、白内障のごとく混濁した目は開かれて、階級の無益さを知るだろう。男同士の愛は、眼科医のナイフのごとく、偏見と教育のかすみを取り去る。正しい〈社会主義〉の到来に、これが大きな役目を果たすだろう」と、彼は書簡で書いている。彼はときにロンドンの街中で兵士や労働者階級の男と関係を持ったが、そうした自分の欲望に不安と嫌悪感を覚えてもいたようだ。ヴィクトリア朝風の道徳に縛られていたシモンズは、男同士の愛に、ただの性欲にとどまらない高潔な意味を与えたかったのである。

3. 導師エドワード・カーペンター

　シモンズの思想をさらに展開させたのは、先ほどの手紙の受け取り手、社

会主義者のエドワード・カーペンターだった。カーペンターは、サセックスの豊かな中流階級の家に生まれ、最初イギリス国教会の牧師になる。しかしすぐに急進的社会主義に接近して教会を離れ、1874年には北部の鉄鋼都市シェフィールドに移って、労働者の教師となる。イギリスの労働運動が新たに盛り上がった時代のことだ。彼は地元に若い社会主義者のグループを組織して、長大な散文詩『民主主義に向けて』(1881-82) などで、高らかに社会の変革を呼びかけた。彼に誰より影響を与えたのは、アメリカの偉大な民主主義者で同性愛者でもあった詩人、ウォルト・ホイットマンだった。おそらくホイットマンにとってもそうだっただろうが、労働者階級の男性とくらし続けたカーペンターにとって、性愛と同胞愛とは区別されるものではなく、どちらも人間の「もっとも高貴な本能」なのだった。性を汚れたものとして覆い隠す態度と、階級差別を堅持しようとする態度は、同じ悪の両面なのだ。『恋愛論』(1896) と『中間の性』(1908) は、男女両方の性の解放を説いて、同性愛運動にも女性運動にも、絶大な影響を与えることになる。冒頭にあげたケインズの手紙で揶揄されていたのは、まさにカーペンター的な理想主義的な語り方だったはずだ。

　ひとつ注意しておかなければならないが、性の解放の導師として名声を誇った時期には、カーペンターは社会主義運動の現場からは少し離れている。1889年、地元シェフィールドでの労働争議の際に、彼が先頭に立つことはなかった。暴力を好まなかった彼は、思想のうえではアナーキストだったが、政府の転覆を狙う革命家と付き合っていたわけではない。一方、この時期に暴力ではなく、議会や教育といった既存の手段を通じて力を伸ばそうとした社会主義者、つまりフェビアン協会や労働党ともカーペンターは遠かった。代表作『文明――その原因と治療法』(1889) を見れば、それにも納得がいく。文明は「病」ではないか、未開社会のほうが近代文明よりもはるかに幸せで健康ではないか、という問題提起を行ったこの書物は、20世紀後半のニューエイジ系思想にもつながるものだ。「文明人は、なにを持っていようと、もっと欲しがる。どこにいようと、どこか他のところに行きたがる。こうした落ち着きのなさ、病んだ感覚が、現代人の深いところ、道徳的な性質までも侵している」。こんな現代批判は、誰もがどこかで聞いたことがあるだろう。

しかし「科学的な」社会改良を目指すフェビアン主義者たちにとって、カーペンターの文明否定は正気の沙汰とは思えなかった。フェビアン主義のスポークスマン、ジョージ・バーナード・ショーは、「この書物は狂っている」と断言した。彼にとって、カーペンターの理想はあまりに空想的で、非建設的で、現実を変える役にたつようには見えなかったのだ。

つまりカーペンターの「愛の社会主義」は、現実の社会主義の運動とは遠かった。彼は『中間の性』出版当時はすでに高齢だったし、ロンドンに出てくることはめったになく、シェフィールド近郊の農村で、労働者階級の恋人ジョージ・メリルと静かな農夫暮らしを営んでいた。こうして世間離れした生活をしていたからこそ、彼は大胆に性について書くことができたし、そのユートピア的・解放的な語り口によって、広い読者を獲得できたともいえる。この時代、同性愛は犯罪だったし、性をあけすけに語ることは、社会主義と同様の反体制的なふるまいだった。オスカー・ワイルドが、彼流の一風変わったあり方ではあれ、カーペンターに近い社会主義者であったことも忘れてはいけないだろう。もしカーペンターが現実のアナーキズム活動に深く携わっていれば、同性愛を理由に裁かれていた可能性は大きい。同性愛はしばしば、反政府的な活動をとりしまる名目として使われてきたのだから。

4. ハヴェロック・エリス、性科学の解放性と抑圧性

同性愛に限らず、性を語ることそのものはしばしば取り締まりの対象になった。この時期、バース・コントロール運動家が、猥褻文書出版の罪に問われたことは多い。避妊法を教えるパンフレット類が、公序良俗に反するものとみなされたわけだ。もちろん、産婦人科の医学書がすべてこうして問題視されたわけではない。猥褻とみなされるかどうかの決定的なポイントは、ある文書が「専門家向け」であるかどうかだった。いいかえれば、教育のある上層中流以上の階級の、限られた読者層にだけ流通するものであれば、社会問題にはならない。しかしバース・コントロール運動は、もちろん一般読者、しかも女性を教え導こうとする運動だった。性を語ることばを医者に専有させるのではなく、一般の人びとに開こうとした点で、彼らは「ラディカル」

だった。『結婚愛』(1918) などを発表して、イギリスでもっとも積極的に運動を進めたマリー・ストープスをはじめ、バース・コントロール運動にかかわった女性の多くは、現在から見ると、結婚観といい、社会主義や植民地に対する態度といい、保守的を通り越して右翼的・国家主義的に思える。しかし、性の知識を上層階級の一部の男性のみが独占するのに抗ったという点では、彼らは確かに進歩的だったし、だからときに猥褻と非難された。同じ内容でも、労働者階級や女性の目に触れるところに現れるものであれば、俗情をいたずらに煽るものとみなされたわけだ。

　性科学もまた、猥褻とみなされることを避けられなかった。イギリスにおける性科学の最初の権威、ハヴェロック・エリスも、猥褻文書出版の罪で裁かれそうになったことがある。大著『性心理学研究』全6巻のうち、最初に出た第2巻、『性的倒錯』は、実質的にエリスとシモンズの共著というべきもので、シモンズの同性愛体験が資料として多く使われている。同性愛の実態について、英語で出版された最初の書物だ。私生児の法的権利を求めて活動していた団体「合法化協会」(the Legitimation League) は、自由恋愛や避妊法にも強い関心があり、『性的倒錯』を歓迎して、ロンドンの事務所で販売した。協会をアナーキストの巣とみなしていた警察は、「淫らで邪悪でけしからぬ猥褻文書」つまりエリスの著書を販売した罪で、会の事務局長ジョージ・ベドバラ (George Bedborough) を逮捕した。カーペンターやショー、H・M・ハインドマンといった左翼陣営は、すぐに言論の自由を求める協議会をつくったが、ベドバラ自身があっさり容疑を認めたために、裁判で闘う機会すら与えられず、警察は、アナーキストたちを牽制するという当初の目的をやすやすと達成した。実際、合法化協会の周辺では、性生活の「ラディカルさ」と政治的な「ラディカルさ」は重なっていたようだ。ベドバラと彼の妻は、それぞれべつの寝室を使い、二人とも愛人を持ち、それでうまくやっていたと後にエリスに語っている。こうしたライフスタイル自体が、警察に目をつけられやすく、不埒で取り締まられるべきものだった。いずれにせよ、エリスは『性心理学研究』をイギリスで出版することを諦め、以後の版はアメリカでしか出ていない。

　ハヴェロック・エリスという人には、どうも位置付けづらいところがあ

第5章　友愛？ソドミー？　97

る。性を正面から語ったという意味ではラディカルでも、社会主義的な政治運動にはあまり関心がなかったように見える。同性愛に対する態度も、曖昧といえば曖昧だ。彼自身は異性愛者だったが、妻イーディス・エリスはレズビアンで、『性的倒錯』の女性同性愛についての部分は、大部分イーディスと彼女の恋人たちの証言をもとにしている。しかし彼は、同性愛はあくまで「異常」であるという立場は貫いた。エリスは自伝『わが人生』で、亡き妻のすばらしさをおおげさに讃えているが、実際には彼女の恋人たちとの関係に、心おだやかではなかったようだ。彼は若い頃から、真の夫婦は互いに自由であるべし、という自由結婚論を信奉していたが、結婚そのものの価値はみじんも疑わなかったようだし、自分自身はふつうの意味での性的な愛人をあまり持たなかった。女性の排尿を見て興奮するという彼の嗜好は、『わが人生』で赤裸々に語られて悪評を呼んだが、どちらかといえば彼の志向は、女性との性行為ではなく、女性との友情に向いていたように見える。いまでいえば「友だち夫婦」的なものを理想として、そこに精神的高みを見出そうとしていたようなのである。冷静な科学者としての部分とロマンティックな部分、ラディカルな改革者としての部分と、ごく保守的な生活者としての部分が複雑に絡みあって、この性科学のパイオニアを作り上げているのだ。

　急進性と保守性の共存は、初期の性科学につきまとっていたものでもある。エリスの最大の功績は、それまで宗教的な「罪」とみなされていた同性愛や自慰行為を、自然に存在する「生まれつきの」セクシュアリティであると認めたことだろう。ただし初期の性科学者の多くは、「サディズム」「マゾヒズム」という語の発明者として名高いオーストリアのリヒャルト・フォン・クラフト＝エビングのように、同性愛その他の倒錯を基本的に「病」ないし「精神異常」とみなしたし、エリスもこれにならった。現代のゲイ解放運動は、当時の性科学に批判的な目を向けることが多い。同性愛は「罪」ではなくなったかもしれないが、はっきりと「病」と名指されるようになり、「同性愛者」が「異性愛者」とべつな「種族」であるかのような印象を与えることで、差別を強めた面もあるからだ。また、ありとあらゆる種類の倒錯をカタログにして並べたエリスの仕事は、現在の目から見ると、科学というより好事家の逸話収集に見えかねない。ことに、同性愛者も健全な市民たり得る、

と主張するタイプの運動家からすれば、同性愛がサディズムや窃視、糞尿愛好といった「変態性欲」と同列に並べられるのは、勘弁してほしいところだろう。

　「科学」であろうとした性科学は、解放的であると同時に抑圧的だった。しかも優生学思想の全盛時代のことである。「不適格者」は子どもをつくってはならないと当たり前に語られていた時代であり、エリスやストープスらも基本的にその思想を支持していた。イーディス・エリスはときに夫から独立して文章を書き、バース・コントロール運動などに関わっていたが、1911年、優生学教育協会での講演、「優生学と精神的子育て」などでは、「倒錯者」は子孫を残すべきではないと断言している。もちろんレズビアンである彼女自身が「倒錯者」なのだから、筆致は悲痛な調子を帯びる。不適格者は肉体的には親になってはならないが、芸術・文化を担うことはできるから、養子をとったり教育に従事して「精神的な子育て」を行い、未来の人類に貢献すべきだ、と彼女は主張する。倒錯は生まれつきのものなのだから、むりやり「正常化」すべきではない、と言いつつ、しかし優生学という科学の視点から、自己のあり方を否定し続けるのである。イーディスが重い神経症に悩まされていたのも、無理もないと言わざるを得ない。彼女からは、カーペンターが説いたような晴れやかな「愛の新世界」は、まったく感じられない。もちろんそれはまず、レズビアン女性が、ゲイ男性に比べて、はるかに不利な立場に置かれていたからである。しかしイーディスの親しい友人であったカーペンターならおそらく、なんとか「科学的」であろうとする彼女の姿勢が、不安を生んだのだと主張しただろう。

5. 語ることと行うこと、『モーリス』の理想世界

　話をケインズに戻そう。イギリスのパブリック・スクールや大学では、実際に男性同士の性関係は多かったし、それらは上流階級のエリート文化の、自然な一部とすらいってよい。ケンブリッジでは、「使徒」と呼ばれるエリートの集団が1850年代からつくられて、閉じた濃密な社会をつくっており、20世紀の初頭にはその中心にケインズとストレイチーがいた。ケインズの恋

人だったダンカン・グラントは、それ以前にはストレイチーとも付き合っている。最初に言ったように、彼らは自分のセクシュアリティについて、後ろめたさのようなものは一切書き記していない。ケインズは1918年にロシア人バレリーナ、リディア・ロポコヴァと結婚し、子どもこそつくらなかったが、多くの人の証言によれば、きわめて幸福な結婚生活を送った。実に軽やかな女性への宗旨替えである。ブルームズベリー・グループの人びとは、先行するヴィクトリア朝の体面重視の文化に反旗を翻したとよく言われる。実際彼らの性生活は、同性間にせよ、異性間にせよ、前の時代の常識からいえば乱脈といってよい。ヴァージニア・ウルフの姉で画家のヴァネッサ・ベルの娘アンジェリカは、ダンカン・グラントとの不倫の結果生まれたと言われている。そしてアンジェリカが結婚したのは、十数歳年上の作家デイヴィッド・ガーネットだったが、ガーネットは若い頃にグラントと短期間付き合っており、ヴァネッサが娘の結婚に反対したのはそれが理由だとも憶測されている。

しかしここで強調したいのは、ブルームズベリー・グループの性的な自由さよりは、その閉鎖的なあり方のほうだ。世間に知られたらスキャンダルになったはずの性生活は、彼らの生前は一切外に漏れず、知られることがなかった。それだけ彼らの人間関係は、仲間内だけで成立しており、彼らは性について公に語ることをしなかった。逆にいえば、こうして閉じた世界に住まい、信頼のおける同階級の友人をおもなセックスの相手にしていたからこそ、彼らは自分たちの性について悩まなかったのだとも言える。互いに互いを認め合うことで、性的志向は自然に受け入れられる。ブルームズベリー・グループの人びとは、経済的・社会階層的には必ずしも「上流階級」ではなく、アッパー・ミドル・クラスに属しているが、知的・文化的には自他ともに認めるトップ・エリートだった。その閉じた世界でのみ、彼らの奔放さは成立していたのだ。

こうして、20世紀初頭のイギリスの上流男性同性愛文化には、「実践」と「言説」の、ラディカルな性行為を行うことと、それについて語ることとのずれがある。禁じられた性行為を楽しむには、それについて公に語るわけにはいかない。性を正面から語ろうとすれば、性科学の「病」の言説に向かい合わざるを得なかったし、もちろん社会から抹殺される怖れもあった。カー

ペンターという突出した存在を除けば、この当時の女性運動家や性科学者の多くが、実生活では保守的であり、結婚制度や男女間のロマンティックな一対一恋愛にしたがっていたことは、偶然でないだろう。実生活で後ろ指を指される心配がないからこそ、彼らは性を語ることができたのだ。そして公的な言説で語られる「ソドミー」や「中間の性」は、ケインズやストレイチーの耳には、自分の生活とは遠いものに響いただろう。ブルームズベリー・グループの傍流にいた作家E・M・フォースターによれば、ストレイチーは「カーペンターの名前を聞くといつもきいきい声を出した」のだという。性科学においては、同性愛は、鞭打ちだの尿愛好だのといったおぞましい趣味と同列に並べられて、「異常」の箱に分類される。「愛の社会主義」においては、同性愛は友人同士の親密な関係から外に飛び出して、労働者階級との連帯に重ねられる。どちらも、ブルームズベリーの雰囲気からはほど遠いものだった。

　フォースターは、『モーリス』で、エリート同性愛文化と「愛の社会主義」とをみごとに対比させている。この作品は1914年に、カーペンターを訪れた際に霊感を受けて書かれたが、出版されたのは作者の死後、ソドミー法が撤廃されてからだった。主人公モーリスは、ケンブリッジで、「ギリシア的同性愛」を信奉するクライヴと愛し合うようになる。知的で冷静で美しいクライヴ（1987年のジェームズ・アイヴォリー監督の映画版では、ヒュー・グラントによって演じられた）は、絵に描いたようなゲイ・エリートだ。しかし彼は——ここにフォースターのひねりがある——同性間の性欲はプラトニックに抑えるべきと考えており、モーリスとの関係も最後までいかないままずるずると続けたあげく、女性と結婚してしまう。失意のモーリスを救うのが、田舎で出会う猟場番の青年、アレックだ。二人は肉体的にも結ばれ、この後も一緒にくらし続ける。のびやかで抑圧されないアレックは、フォースターの生み出した理想の恋人であり、現実味がないという批判もしばしばうけてきた。実際、上流階級の男と付き合った労働者階級の男の多くは、自分を「同性愛者」としては認識せず、後に女性と結婚することが多く、カーペンターとメリルのような安定したパートナー関係はあくまで例外だった。しかしフォースターは、彼の周囲のエリートたちの奔放だが閉じた関係にでは

なく、より広い社会主義的な友愛の理想に肉体的な解放を結びつけるという逆転によって、詩的に美しい小説を書き上げたのだ。

6. 両大戦間期——社会主義と友愛の時代

　あまり紙数は残されていないが、この章の残るページでは、第一次世界大戦後の状況の変化について簡単に触れることにしよう。何より大きな変化は、1920年代から30年代にかけて、社会主義が若い世代にいっそう広まるにつれ、冒頭で対比させた2つのもの、ブルームズベリー的な閉鎖性と社会主義思想とが、分離されなくなってくることだ。ケンブリッジやオクスフォードでは、ますます多くのエリートが社会主義を奉ずるようになり、その中には同性愛者も多くいた。両大戦間の「政治の時代」においては、この章で論じてきた対立軸がひとつに交じり合うのである。

　もっとも有名でスキャンダラスな例が、第二次世界大戦後、スパイ活動が発覚してソ連に亡命する、ガイ・バージェスらのグループだろう。1930年にケンブリッジに入学したバージェスは、ケインズらと同じ使徒会(アポスルズ)のメンバーとして、後に美術史家として大成するアンソニー・ブラントやドナルド・マクリーンらと知り合い、左翼思想にロマンティックな共感を持つようになる。当時の使徒会では、理想的社会主義が、同性愛のエリート・サークルの親密さと一致したということになるだろう。バージェスはその後BBCのキャスターなどを経て外務省に入り、1951年にモスクワに亡命するまで、ソ連に機密情報を流し続けた。ブラントらも、外務省や軍情報部（MI5）で得た情報を、密かにソ連に送っていた。秘密の友情とセックスの輪が、スパイ活動というもうひとつの秘密のサークルに重なったわけで、なんとも象徴的な感じがする。映画『アナザー・カントリー』は、大学入学以前、イートン校時代のバージェスをモデルに、共産主義と同性愛とがパブリック・スクールの閉じた空間で絡み合うさまを、やや耽美趣味の青春映画に仕立ててみせた。バージェスの美貌は名高く、映画では当時24歳のルパート・エヴェレットが伝説に負けない美形ぶりを見せつけている。

　当時の性の解放運動が、ソ連に大きな期待を寄せていたことも言っておく

べきだろう。建国当時のソ連の公式見解では、性生活／私生活は、共産主義国家が問題にする領域ではなく、個人の自由に委ねられているはずだった。実際には差別も弾圧も存在していたとはいえ、西側にその情報が広まるのは、1934年にソ連が公式に同性愛を非合法化してからである。1920年代には、多くの性的マイノリティが共産主義国家を希望の地とみなしていた。バージェスらが最初共産主義に惹かれた理由のひとつは、そこにあったのかもしれない。

　1930年代世代を代表する詩人、W・H・オーデンも、この時期社会主義に接近している。彼は小説家クリストファー・イシャウッドらアッパー・ミドル・クラスの友人たちと、若い頃から性的にも文学的にも濃密なグループを形成していた。彼の初期の詩に見られる見慣れない隠喩やほのめかしは、友人同士でしか通じない符丁から発展してきたように見える。しかしこうして親密で閉じた関係を足場としていた詩人は、1930年代後半には、明確に左翼的な、カーペンターに通ずる声で歌っている。

　　世に「国家」というようなものはないし
　　だれもただ一人でいるものもない。
　　飢餓は、市民と警官とを
　　わけへだてせずに訪れる。
　　ぼくらは互いに愛しあわねばならぬ、でないと死だ。
　　　（中略）
　　彼らとおなじくエロスと灰から成っているぼく、
　　おなじ否定と絶望に
　　悩まされているこのぼくにできることなら、
　　見せてあげたいものだ、
　　ある肯定の炎を。

　　　　　　　　　　　　　　（「一九三九年九月一日」中桐雅夫訳）

　詩人と「彼ら」は、市民と警官は、みなエロスと灰から成り、同じ絶望に向かい合っている。同士への愛、同じものへの愛の夢はこうして、反フ

ァシズム戦線の時期に新たな声を与えられた。1930年代の政治的風土は、オーデンを閉じたサークルから引きずり出し、解放の声をあげさせたのだ。しかしこの時期は長くは続かなかった。オーデンは1945年に編詩集を出版する際、引用の前半部を削り、1966年の全詩集ではこの詩そのものを削除してしまっている。戦後アメリカに移住し、共産主義から離れた詩人の目には、こうした同士愛の賛美はあまりに青臭く、生硬に映ったのかもしれない。しかしオーデンのこの時期の詩が、友人でも恋人でもあった仲間たちとの関係の中で育まれた華麗な文学テクニックを、集合的な人類愛へと開くものであったことは事実だ。本人の意図に反して、この詩はいまでもオーデンのもっとも人気の高い詩のひとつである。閉じた世界と、どこまでも延長される友愛と、同性愛の2つの型が、ここでは政治的緊張の中でひとつに溶けあっているからだ。

(村山 敏勝)

推薦図書

海野弘『ホモセクシャルの世界史』文藝春秋社、2005年。
村山敏勝『(見えない)欲望へ向けて——クィア批評との対話』人文書院、2005年。
Jeffrey Weeks, *Sex, Politics and Society: The Regulation of Sex since 1800*. 2nd ed. London: Longman, 1989.

Column
ラドクリフ・ホール『孤独の泉』(1928) について

　『孤独の泉』は、イギリスの女性作家であるラドクリフ・ホールが、1928年にロンドンで出版したレズビアン小説であるが、出版と同時に当時の猥褻文書禁止法に触れ即座に発禁処分となった。その猥褻裁判においては作者のホールばかりでなく、編集者、イラストレーターらも連座した。この小説はイギリスにおいてはじめて女性同性愛者が同性愛についてはっきりと考察をした文学作品であるが、そのために、法律的に問題となったばかりではなく、文壇や論壇からも激しい批判が向けられた。ある批評家などは、「この上なく恐ろしく、不自然で、身の毛もよだつほど猥褻である」と言い、またある有力な雑誌の編集長などは「この小説を健全な少年少女に読ませるくらいなら、彼らに青酸カリを与えた方がましだ」と眉をひそめた。

ラドクリフ・ホール (1883-1943)

　この小説が文化史的に興味深いのは、主人公のスティーヴン・ゴードン──男性的な女性同性愛者──が、自らのアイデンティティをめぐり思索をするときに、当時の性医学の理論にしばしば準拠することである。同じく興味深いのは、この『孤独の泉』を激しく批判する陣営が引用するのが、1920年当時において支配的であった優生学思想であるという点でもある。さらに付け加えると、作者のホールは、同性愛者の社会的認知、結婚の権利を主張する点で体制批判者であるが、一方で、1930年代以降イギリスにおいても政治的な「魅力」を発揮したファシズムに賛同した点では、反動的な政治思想を持った作家でもあった。ちなみに最近のイギリスのファシズム研究においては、中流階級の女性における男性性とこの政治思想との関連が注目されてもいる。

　また『孤独の泉』と同年にヴァージニア・ウルフは『オーランドー』(1928) という作品で、性転換を一種の歴史絵巻というオブラートに包んで描いた。彼女はこの猥褻裁判に際し表向きはホールを弁護したが、日記ではホールの性描写の露骨さに閉口したと悪口を連ね、それを階級的な(悪)趣味の問題に帰してもいる。ちなみに、『オーランドー』の主人公のモデルでありウルフの愛人でもあったヴィタ・サックヴィル＝ウェストは典型的な貴族階級に属しており、ウルフの同性愛的欲望が階級意識と無縁でないことを示唆している（階級とセクシュアリティについては第5章を参照）。

　セクシュアリティ（とそれをめぐるイデオロギー）が、いかに、歴史的・文化的・政治的な言説のせめぎあいの中で重層的に構築されていくのか──この点に関して、この小説（とそれをめぐるテクスト群）は興味深い例を示していないだろうか。

（遠藤 不比人）

第6章

愛と母性と男と女
——イギリス大戦間期フェミニズム

　私は男たちの家。男たちの欲望と敗北と死を受け入れる家なの。

——『グリーン・ハット』

　冒頭のセリフを述べるのはアイリス・マーシュ、1924年の大ベストセラーであるマイケル・アーレンによるロマンス小説『グリーン・ハット』の主人公である。彼女は第一次世界大戦後出現した解放的な女、つまりタバコを吸い、男と自由に恋愛し、髪を短くカットし、少年のような身体にタイトな服を纏わせた、いわゆる「フラッパー」だ。アイリスのモデルとなったのは、当時イギリスでファッション・リーダーでありかつセレブ的存在で有名だった、ナンシー・キュナードである。小説の語り手はナンシーを彷彿させるがごとく、アイリスを「どこにも当てはまらず、どの階級にも、またどの国籍にも属さない」と評している。しかし、自由を謳歌し、女たちの憧れの的であるはずのアイリスのセリフに、「家」という「自由な女」のイメージとは離齬をきたすような言葉が出てくるのは何か不思議な感じがしないだろうか。さら

ナンシー・キュナード (1896-1965)

に「敗北」、「死」など不気味な影がちらついているのも見逃せない。事実、この小説には第一次世界大戦の影響が色濃く反映されている。また、「家」という言葉が暗示するように、自由な女のロマンスという形をとりつつも、性と生殖をめぐる言説、特に「母性」をめぐる言説と無関係ではない。この関係については当時のフェミニズム運動の焦点となっていた家庭、結婚、性、母性の言説と照らし合わせてみると明らかになる。これについては後ほど見ていこう。

　ところで『グリーン・ハット』をフェミニスト小説として読むことは可能なのだろうか？　少なくともこの小説はヴァージニア・ウルフのようなモダニズム文学の正典ではないし、当時は大ベストセラーになったものの（舞台でも上演され映画化もされた）、いまではすっかり批評家にも相手にされず読まれることもないものだ。このような小説をフェミニズム批評の観点からあらためて論じる意味について少し考えてみよう。フェミニズム批評とは、何かの現象や言説がフェミニスト的に正しいとか、間違っているとかいうことを言い募ることではない。それは、過去のうちに現在の問題を打破する可能性を見出し、未来を指向する批評行為である。したがって、フェミニズム批評を実践する者はその際、自らが現在抱いているフェミニスト的欲望から逃れられないという点を肝に銘じておく必要がある。ただし、筆者はこの欲望を肯定しつつも、この打ち捨てられた小説に現代的なフェミニズムの可能性を早急に見出す前に、まずは冷静に当時のフェミニズム言説を歴史化しながらテクストを読んでいきたい。過去のフェミニズム言説を歴史化しながら読む行為は、現在のフェミニスト的欲望を単に正当化することではなく、それを相対化する契機となるからだ。

　しかし、このようにして『グリーン・ハット』というテクストに未来への可能性を見出すためには、克服すべき障害がまだひとつ残っている。というのも、大戦間期のフェミニズム歴史研究者スーザン・キングスリー・ケントが指摘するには、第一次世界大戦前の英国フェミニストが「ジェンダーやセクシュアリティをめぐる医学的・科学的言説や（男女の）区分された領域を激しく攻撃していた」のに対し、大戦後の保守化したフェミニストは、精神分析や性科学の言説に見られる男らしさ（masculinity）、女らし

さ（femininity）をめぐるイデオロギーに反対するどころかむしろ受け入れてしまった、ということらしいのである。解放的な女が描かれているはずの『グリーン・ハット』もそのような保守的な文脈上にあるのだろうか？　おそらくそうだろう。しかし、文学批評の醍醐味は、単に社会的・歴史的・文化的言説が文学作品に反映していることを指摘することだけでなく、文学作品がそれらの言説を裏切ってしまう瞬間を見定める点にある。とするならば、おそらく『グリーン・ハット』を当時のフェミニズムの言説と照らし合わせながら読む行為は、フェミニズム批評によるラディカルな未来への可能性を見出すうえで有益だと思われる。

　本章は、第一次世界大戦を挟んだフェミニズム言説、特に「母性」をめぐる言説の変容について考察していくが、その際、いくつかのベストセラー小説、それもロマンス小説を取り扱う。たとえ批評家には無視されているとしても、広く読者を獲得した小説には時代のイデオロギーが強く刻印されていると思われるからだ。まずは、エリノア・グリンの『三週間』（1907）を取り上げながら大戦前のフェミニズム言説を見てみよう。大戦前はラディカルだったと思われるフェミニズム運動も、決して一枚岩ではなかったことが明らかになるだろう。次に大戦終了直後に一世を風靡したE・M・ハルの『シーク』（1919）。フェミニズム言説の変容の瞬間を垣間見ることができるに違いない。そして最後に『グリーン・ハット』を保守化していく大戦間期のフェミニズム言説の文脈と照らし合わせつつ、フェミニスト批評の可能性を探ってみよう。

1.「結婚？　ああそんなもの嫌だわ！」
「でもロマンスは必要ないの？」——第一次世界大戦前夜

　「結婚したくない男女が増えている」という言い回しは、21世紀初頭の日本においてしばしば耳にされる。現代の日本で主に少子化と結びつけられて論じられている結婚問題（たとえば「負け犬」現象）は、イギリスにおいて19世紀末から始まり、それは特に「女」の問題として頻繁に取り上げられていた（「余った女」現象）。19世紀末「ニュー・ウーマン小説」と呼ばれるジャ

ンルが台頭し、それらの小説の女主人公たちはこれまで自明のものと思われていた結婚制度（男が外で働き女は家にいるというミドル・クラス的結婚観）に疑問を突き付けたのであるが、実際はその背景にはさまざまな要因があった。ボーア戦争で明らかになってしまったイギリス帝国軍の弱体化（軍人である男たちが身体的に貧弱だったこと）や人口問題（少子化）に対する危機感によって、女は「産めよ殖やせよ」しかも「身体的に優秀な子どもを」とばかりに、国を支える「良き母」となるよう要請されていた（遺伝的に優秀な子どもを作ることを目指す「優生学」については第10章を参照のこと）。20世紀初頭イギリス（男性）の理想の女とは「良き母」だったわけだ。同時に、そのような政治的背景とは齟齬をきたすような女の生き様が模索され始めてもいた。女子教育が普及し始め、女の専門労働職への参入が希求され、女が経済的に自立する道が探究され始めていたのである（ニュー・ウーマン小説はそのはしりである）。

　このような状況のもと、19世紀末から活発化していたフェミニズム運動は、20世紀に入ってさらに女性参政権の獲得を激しく主張していた。その中でも1903年にパンクハースト母娘を中心として結成された「女性社会政治同盟」（WSPU）は、デモのみならず打ちこわしなどの暴力的な手段に訴えていた。彼女たちの運動はあまりにも戦闘的だったため、「女らしさ」とは「従順に夫の言うことを聞くこと」であった従来の女のジェンダー観をぶち壊し、物議を醸し出していた。当時のフェミニズム運動は政治に介入する権利のほかにも、女が家の外で労働する権利や、家庭内の女（主に母親）を夫から守る権利などを主張していた。主流のフェミニズム運動が結婚制度そのものについて批判を向けることはあまりなかったものの、当時のロマンス小説においてはこのようなフェミニズム運動の高まりを背景としつつ、結婚の意味付けを新しいものに作り変える試みがなされていた。「家庭」というものに「恋愛」＝「ロマンス」が持ち込まれ、その際に女の性的欲望が重要視されるにいたったのである（それまでのロマンス小説には女の性的欲望が描き出されることは希であった）。

　エリノア・グリンの『三週間』は1907年に出版されるや否や、大ベストセラーになると同時に保守的な人びとには忌み嫌われた小説である。あらすじ

はいたってシンプル。イートン校とオクスフォード大学を卒業した若くて美しいイギリス人青年ポールが、休暇中にスイスでミステリアスな年上の人妻「レイディ」（実はバルカン半島のどこかの国の女王）と出会って恋に落ち、筆おろしされた上に、性と教養のレッスンを受けてめきめきと政治家として優秀な男となる。レイディはポールの子を宿すものの、子どもを産んだ後夫に殺される。青年は嘆き悲しむが、自分の子どもがレイディの国の王子となったのを見て満足する、といういわば姦通小説の一種である。この小説が批判にさらされたのは、言うまでもなく女主人公レイディが姦通したから、すなわち結婚制度の外に足を踏み外したからという理由だけではない。やがては母になる彼女が若い男への性的欲望を露にした上に、そのような女の性的欲望が完全に好ましいものとして描き出されているからであった。さらに、レイディが優秀なイギリス人男性の子どもの母親となること、つまり単なる外国人の淫らな女という位置にはいないことも、レイディの性的魅力が肯定的に描かれていることを示している。

　当時の性の倫理観は男が牛耳っていたと言ってもよく、男は家庭の妻には貞淑さ、つまり性的でないことを求め、性的欲望の充足は家庭の外で娼婦に求めていた。つまり性の二重規範がまかり通っていたのであり、女が性的かそうでないかは、女が家の内と外のどちらに位置するかによって分類されていたのである（帝国主義期においては、この家（庭）という領域は「家の中」と「国内」の二重の意味を持つ。したがって、イギリス国内の女は性的欲望を持たないものと考えられ、植民地や敵国などの国外の女は性的な存在として意味付けられていた。レイディがイギリス人女性ではなく外国人であるからこそ、その限りにおいて、彼女の性的魅力は読者に受け入れられたとも言える）。そのような二重規範が幅を利かせていた時代に、娼婦ではない女のあからさまな性的欲望を魅力的に描き出すことがしばしば問題になったからである。

　当時のフェミニズム運動の代表的人物であり、WSPUを率いていたクリスタベル・パンクハーストは、このような性の二重規範を攻撃し、男を倫理的に劣ったものとして弾劾していた。彼女のレトリックは、性的に純潔である女は性的に堕落した男よりも倫理的に優れているので、選挙権を持つ権利があるというものであった。その意味で、『三週間』の中で、イギリス青年ポ

ールよりも優れた人物として描写されているレイディも、当時のフェミニストのレトリックと無縁ではない。それどころか、ポールは「僕に教えて！」とレイディを師と仰ぎ、まるでフェミニズム運動の賛同者であるかのように女の教えに洗脳されていくのである。『三週間』はその肯定的なトーンによって、当時のフェミニズム言説、すなわち「女は男よりも優れている」という主張を、フェミニズム運動とはまったく関係無さそうにしていながら暗に描き出していると言える。

　しかしながら上で述べた通り、『三週間』は女の性的欲望の取り扱いにおいて、必ずしも当時の主流のフェミニストの主張と同一だったわけではない。パンクハーストに代表されるフェミニストは、女の性的欲望を肯定するよりはむしろ、身体的な男女の性交渉そのものを批判し、性交渉を控えることを主張していたからである。つまり、倫理的な高潔さ、身の潔白の証明として「セックスしないこと」に重きを置いていたのだ（実際はこの主張の背景には当時売春による梅毒の蔓延によって家庭／国家が脅かされていた事実があるのだが）。この点については『三週間』と同じ1907年に出版された『アン・ヴェロニカ』に出てくる女性参政権運動家、ミス・ミニヴァーを参照するとより明らかになる。

　H・G・ウェルズによるフェミニスト・ロマンス小説『アン・ヴェロニカ』は、『三週間』同様議論を巻き起こした小説である。主人公の女子大生アンは自由と自立を求めて家を出て、ロンドンへおもむき一人暮らしを始め、ミス・ミニヴァーに誘われて女性参政権運動に関わる。結婚を嫌悪するが、好きな男に対して「あなたが欲しい」と率直に自分の性的欲望を認め、その欲望の成就を目指し、最終的には結婚し子どもが出来たところで「これが私の求めていたものだったのかしら」と泣く、そんな娘さんである。この小説に出てくるミス・ミニヴァーは、男を愛するなら「プラトニック」に愛すると述べており、男を「下品なけだものなのよ」と性を嫌悪するフェミニストとして描かれている点で、パンクハーストの姿と重なって見える。そのようなミニヴァーの意見に賛同できないアンは、『三週間』のレイディと同じく、女の性的欲望を否定していた当時のフェミニストたちとは違い、自由恋愛や女の性の自己決定権について論じていた雑誌『フリー・ウーマン』の思想

に近い（その編集長ドラ・マースデンは女性参政権運動を大文字の女の主張だと批判し、当時の主流のフェミニズム運動を毛嫌いしていた少数派のアナーキスト・フェミニスト）。

　それでは、『三週間』のレイディや『アン・ヴェロニカ』のアンが自由に性を謳歌し続ける女であるのかというと、そうではない。最終的に二人とも子どもを産むという点にどうか注目して欲しい。実は、「母性」という点から考えると、この二人の女主人公たちの性的欲望は、単に彼女たちを従来の結婚／家制度から自由にするだけでなく、子どもの父親を自分で選ぶためのものでもあるということが明らかになる。先に、大戦前のイギリスの理想の女像は「良き母」であったこと、またそれがイギリスの帝国主義的政策に裏打ちされていたということを述べた。『三週間』も『アン・ヴェロニカの冒険』も従来の結婚制度から逸脱している点で、どちらもあからさまには「良き母」の物語ではない。しかしここにおいてはむしろ、教養があり勉学に励む女が、性的な相手を「自分の判断で選び」かつ「子どもを産む」ことでその性関係の成就を果たす点において、従来の「良き母」像の否定が行われると同時に、女自身によって新たに「母性」を意味付けなおす試み、すなわちフェミニスト的な「母親像」の再構築が目論まれているのだ。当時、母性主義を掲げるフェミニストの中には、「勉強や仕事をする女は優秀だからこそ母にふさわしい」と主張し、そのような優秀な女が子どもを産むことで、イギリス帝国主義に貢献できると考えるものもいたのである（フェビアン協会のビアトリス・ウェッブや『女性と労働』（1911）のオリーヴ・シュライナーが代表的）。

　とりわけ『三週間』における母性と帝国主義の結びつきは顕著である。国を負って立つことを期待される優秀なイギリス青年が、教養ある性的な他国の女と子どもをもうけ、そのイギリスの血が混じった子どもを他国（しかもバルカン半島の国）の王子にしてしまうのだから。1907年ドイツの３Ｂ政策による東への拡張を食い止めるべく英露協商が結ばれ、イギリス－フランス－ロシアの三国協商が成立していた当時の国際政治状況を思い浮かべれば、同年に出版された『三週間』における、バルカンの王子にイギリスの血を混ぜてしまうことでその土地を（ある意味）得るというファンタジーは、第

一次世界大戦前のイギリス帝国主義の拡張主義的な欲望を露にするとともに、当時のフェミニズム言説が、特に母性という点において、帝国主義的言説と共犯関係にあったことを暗に示しているのだと言えよう。

2. 女の「本能」は「母」になること？──終戦直後

　第一次世界大戦はイギリス女性を解放するのに絶好の機会だった。女はますます家を出て働き、ある者は看護婦（師）になり、ある者は軍需工場で働き、遂には1918年に30歳以上の女性に参政権が与えられることになった。これでようやく女が社会に出て経済的に自立するようになりました、と言いたいところだが、ことはそう単純ではなく事態はむしろ反対方向へと動いた。女は仕事を続けるどころか、結婚していわゆる「主婦」になることが奨励されたのである。「パパがしっかりお仕事して稼いで来て、素敵なママがケーキを焼いてくれる、なんて幸せな僕」という日本で言うところの（21世紀ではもはや無効かもしれないが）核家族化の圧力がより一層強くなったと言えばわかりやすいだろうか。戦前までのミドル・クラス以上の家庭においては、これまで子育てしていたのが乳母であり家事を行うのが召使であったことを考えると、妻がこぞって母親役や主婦役をやり始めることは、実はかなりの変化だったのである。「素敵な奥様」を演出する技術や商品を特集した主婦向けの雑誌が多く売れ（代表的なものが『グッド・ハウスキーピング』）、家事労働や母親業は「プロ」の仕事として喧伝され、科学的な言説に彩られ、家事を簡易にするための家電製品や道具が莫大に消費され始めたのである。しかしながら、単に技術革新や家庭生活を充実させる消費への誘惑が女をこぞって主婦に仕立て上げたのではない。戦後、フェミニズム運動は限定的ではあるものの長年の目的であった女性参政権を獲得することで下火になっていったが、参政権獲得の結果だけでそうなったわけではない。戦闘的なフェミニストが男女の争いや戦いを彷彿させてしまうことこそが嫌われる原因となったのである。つまり第一次世界大戦で疲弊しきったイギリスでは、闘争や争いをなるべく避け、できれば男女仲良くしたいという平和志向の空気が支配的であったのだ。

このような空気を先取りしたかのように、1918年に出版されその後大ベストセラーになった著作がある。マリー・ストープスの『結婚愛』である。マリー・ストープスは避妊がミドル・クラス以上の人間や医療関係者にしか普及しておらず、庶民の間では大変危険な方法が取られていた当時（鉛を飲んだりしていた！）、安全な避妊の方法を広く知らしめ、1921年にクリニックを開いてその普及に努めた人である。ストープスが何のためにこの本を書いたのか、ちょっと序文の冒頭を見てみよう。

> 今ほど幸せな家庭が求められている時代はありません。この本によって国家の人員が増え、そのことで国家の役に立つかもしれないと願っています。この本の目的は結婚生活における楽しみを増やすこと、そしてどれだけの悲しみが避けられるのかを示すことです。

　これに続けてストープスは結婚における絆を「自由」よりも大切だと主張するのだが、ストープスの主張が戦前のフェミニストによる女の経済的自立や自由への希求をいましめ、女を家庭に連れ戻すことを目指していることがわかるだろう。しかしながら、彼女は単に保守的な揺り戻しの意味で「男と女は結婚すべし」と言っているのではない。幸せな家庭を築くためには、家族計画（バース・コントロール）を用いながら性的に夫婦どちらもが満たされることが必要なのであり、ひいてはそのことがイギリスという国家の繁栄を導くと主張することで、戦後の時代の空気を先取りしているのだ。
　1920年代の性と結婚にまつわる言説が大戦前と大きく違うのは、男だけでなく女も結婚生活において性的欲望を充足することが良しとされた点、すなわち、よりセクシュアルで快楽的で技術に支えられた異性愛の性交渉を行うこと（ストープスの言う「愛」）に基づく結婚が奨励されていた点である。このストープスが奨励するような結婚（性に快楽を求める夫婦生活）は、避妊を用いないかぎり成り立たない（避妊せずにやりまくればどうなるかは皆わかるはず。わからない人はすぐに図書館へ行って勉強すること。これは命令）。当時はストープスの著作に代表されるような避妊によるバース・コントロールの知識や技術だけでなく、性行為に関するマニュアル本も大流行していた。その

ような性にまつわる科学的知識や技術によって、大戦前は家庭内ではありえなかった、「母」であることと女自身の性的欲望を満たすことの両立が可能になっただけでなく、この両立が新たな異性愛主義の規範として作り出されていったのである。

　主流派のフェミニストも戦後はこの動きに同調することになった。すなわち、「母親」としての権利の追求である。たとえば、この主張を推し進めた代表的な人物として、1920年にNUSEC（全国市民平等団体連盟）の代表となったエリナ・ラスボーンがあげられる。当時「新しいフェミニズム」運動の旗手と呼ばれたラスボーンは、これまで男女の機会平等を求めていたフェミニスト（レイ・ストレイチーやロンダ夫人などの平等主義フェミニスト）とは決別し、女性性と男性性を生物学的な特性によって明確に区別しながら、母であることを女の本質として掲げたうえで、男からの独立の道を探ろうとした。国が母親にお金を支援すること（「家族基金キャンペーン」）で、女は男への経済的隷属から解放される、というのが彼女の主張であった。

　このラスボーンの主張は、当時の性科学や精神分析に多くを負っていると同時に、これらの言説を間接的に強化する役目も果たした。母親とは家庭においてどのようなものであるべきか、母性こそが女らしさの証であるという科学的言説が要請され、入り乱れ、洗練されていく過程をフェミニスト自身が批判的に見るどころか、それをますます補強していったのだ。つまり、この時代に紡ぎだされて以降、現代まで揺らぐことのない異性愛体制と強固に結びついた生物学的本質主義の色濃い性差言説の創出に、フェミニスト自身が加担していたのである。このように「主婦」や「母親」の価値が暴騰していた時代に、フロイト的精神分析のエディプス・コンプレックスが流行したのもむべなるかなである（大戦間期の精神分析のイギリスでの受容については第7章を参照のこと）。つまり、性科学の言説（第5章を参照）だけでなく精神分析の理論的基盤は、まさにこの時代の女の「家庭」への揺り戻しと「母親業」の専門化によって強化されていたのだと言える。

　さて、このような背景を考慮しながら1919年の大ベストセラー『シーク』を見てみることにしよう。この小説は1921年にハリウッドにおいてルドルフ・ヴァレンティノ主演で映画化され、大ヒットしたので（当時の日本でも

大ヒット)、映画の方が有名かもしれない。この小説の筋を簡単に説明すると以下のようになる。ダイアナ・メイヨは若くて美しいイギリスの貴族出身の女。男同様に育てられた彼女は、怖いもの知らずのいわゆる「おてんば」であり、結婚を毛嫌いし冒険が大好きで、アフリカの砂漠（アルジェリア辺り）に旅に出る。ところがダイアナは砂漠の族長シークにさらわれてしまう。彼女はシークに貞操を奪われ絶望するものの、次第に彼に惹かれていき、彼を愛するようになる。物語の最後でシークが実はイギリス人であることが判明、ダイアナは彼とともに砂漠に残ることを決意して話は終わる。この話のポイントは、当初男みたいな女子だったダイアナが、恋に落ちることで急激に女らしくなり、最終的には相手の男の愛を勝ち取るために子どもまで欲しがる点にある。男に従属するような結婚なんて絶対に嫌だと思っていたダイアナが、シークに惹かれて自分が女であることを自覚する描写は、まさにフェミニストの転向の瞬間としか言い様がない。

> 彼女がこれまで軽蔑し抵抗していた女の弱さが、思いもかけず彼女を打ち負かした。それはまったく屈辱を伴うものではなかった。性は彼女のすべての先入観を予想もしない形で打ち破ってしまった。シークの活き活きとした男らしさと称賛せずにはいられないような人間性に触れることで、オーブリー［ダイアナの兄］に［男として］訓練されていたときは抑えられ未開のままだった女の本能が、驚くほど完璧に沸き上がってきたのだ。（傍点筆者）

「女の本能」。この表現は、当時の性科学や精神分析理論において「母性」が論じられる際に、「本能」という語彙が頻繁に使用されていた事実、そしてその結果、「女らしさ」のイメージが生物学的な意味での「母」へと固定化されていった経緯を彷彿とさせる（つまり、「母になることは女の本能である」などという言いまわしはたかだか100年の歴史しかない。安易に「本能」などという言葉を使う者はその点注意せよ）。そのような「女の本能」を開花させるのは、身体的にも強くセクシーで、なおかつ一人で砂漠をサバイバルできるほどにたくましい「男らしさ」を持つシークである。このシークの身体的な強さやセクシーさと、逆境を生き抜く教養や能力は、実は、家庭を保持

するのにもっともふさわしいものとして女が望む男らしい要素、つまり夫としての、また子どもの父親になるための資格としての「仕事のできる男らしさ」の要件なのである。一見すると単なる現実逃避のファンタジーとしての、砂漠のロマンティック・ヒーローにしか見えないシークは、新たな「イギリス人」の理想の夫なのだ。

　ところで、シークはイギリス人であるものの、イギリスにしがみついているわけではない。貴族の血筋と豊かな教養を持っており、大戦前に称揚されていたような、軍人としてふさわしい「男らしい男」であることも確かではあるが、実はこのようなタイプの男らしい男は、大戦後イギリスからはいなくなってしまっていたのである。このような男らしさは、あくまでも理想でしかなかった。ここでこの章の冒頭の引用へと戻ることになる。『グリーン・ハット』のアイリスが「家」として迎えようとする大戦後のイギリスの男たちは、現実には「敗北」と「死」にまみれていたのだった。

3.「子どもさえ生むことができれば、あの人に愛してもらえるのに」
　　──保守化する1920年代

　『グリーン・ハット』のアイリスは『シーク』のダイアナ（転向前）と同じく、フェミニンというよりもマニッシュなモードに身を包んでいるが、これは大戦後そのようなファッションが流行していたことと関係している。1920年代イギリスのファッション誌を飾っていたのは、ボーイッシュな女たちとフェミニンな男たちであり、彼らは若さや快楽主義を標榜しながら戦後の世代を体現していた。ところで、1910年代までは女らしく柔らかだった女服のモードを、20年代に入って劇的に変えることに成功した女性デザイナーにココ・シャネルがいる。シャネルは、女が戸外で動いたり車を運転したりする際に動きやすいスポーティーでシックな服をデザインし、1920年代のマニッシュな上流階級のファッションを牽引していたのであるが、シャネルのそもそもの始まりは、1910年パリにオープンした小さな帽子店だった。このように「帽子」は20年代のモードの象徴なのであって、『グリーン・ハット』という小説のタイトルは、当時の女たちのファッションや化粧品への消

費熱が爆発的に高まったことの徴なのである。事実、『グリーン・ハット』のアイリスは、緑の帽子をかぶりスポーティーな服を着て車（当時の超高級車である「イスパノ・スイザ」）を自ら運転するような、時代の最先端を行く女として描かれている。

　では『グリーン・ハット』の男たちはと言うと、シークのような「男らしい」男は見当たらない。年上の紳士たちは出てくるが、若者は皆どことなく病んでいて絶望している。語り手は自らの世代を称して次のように語る。「僕は嘘や下品さやよごれた野蛮さにまみれたイギリスを生き抜く種族の一員だった」。ここでは、大戦を経たのち、国家としてのイギリスに対するアンビヴァレントな感情が、イギリス男性自らの男としてのアイデンティティに影を落としていることが示されている。大戦前や大戦中にはその攻撃的な「男らしさ」が帝国の担い手であることと同義であったイギリスの男たちは、実際に戦場へおもむいた結果「シェル・ショック」（戦争神経症）に苛まれ、ヨーロッパを荒廃させてしまった自らの攻撃的な男性性を嫌悪するにいたっていた。実は、このような大戦後の男たちの間に見られる男らしさの減退こそが、イギリス男性を『シーク』の箇所で述べたような平和な家庭や結婚生活へと向かわせる要因となっていた（ただし、『グリーン・ハット』の男たちの絶望が示唆するように、このような「男らしくない男」はシークが体現するような理想化された「男らしさ」のプレッシャーに、女同様悩むことになる）。1920年代に入り、イギリスの拡張的な帝国主義政策が転換期を迎えて新たなコモンウェルス体制へと変容していくと同時に、個人の性的欲望も、大戦前に顕著だった他者に対して攻撃的で自己拡張的な欲望から、内向きなものへと転換していく経緯をたどっていた。1930年代のイギリスでは、国内／家庭内のドメスティックな領域つまり「ホーム」がよりいっそう重要視されていくが、その萌芽がここにある。

　自由な女——消費を楽しみ、家庭の主婦や母としての保守的な女の役割など無縁のように見える女——であるはずのアイリスは、このような傷ついた男たちを受け入れる「家」だと自分のことを呼ぶ。ただし、この期に及んで言うのも後出しで申し訳ないが、アイリスの言う「家」とは、実は「家庭」（home）ではなくただの「家」（house）なのである。アイリスは男たち

を「家」として受け入れるものの、ストープスが提唱するような幸せな異性愛結婚に基づいた「家庭」を築こうとしているわけではない。というか、築けない。アイリスは母性あふれる女である（と筆者個人は思う）にもかかわらず、子どもを産めないということがテクスト中に暗示されているからだ。しかもそれは二重の意味で。ひとつは貴族の妻（跡継ぎを産む母）としては「遺伝的に」ふさわしくないという理由で引き裂かれた初恋のエピソードの中に見られる（優生学のイデオロギー）。もうひとつは彼女が実際に子宮を手術してしまったために、子どもがもはや産めないというエピソードに見出せる。アイリスは初恋の相手を忘れようとさまざまな男遍歴を重ねていたものの、我慢できなくなり初恋の相手ネイピアに再び接触してしまう。その際彼女は「ヴェニス［ネイピアの妻］が子どもを産んでさえいれば、彼をあきらめられたのに」と述べる。あたかも、愛する男に他の女の子どもができれば、その男への欲望をいともたやすく断念できるかのように。このセリフは、異性愛の成就に次世代再生産（子どもを産むこと）が必須であるという、母性に裏打ちされた当時の強力な強制的異性愛規範にアイリスがからめ取られてしまっていることを示唆している。彼女は当時の母性イデオロギーから自由であるどころか、むしろそれを強力に内面化しているのだ。同時に、ネイピアの妻ヴェニスもアイリスと同じようなセリフを吐く。「私が子どもを産めないと知ったらネイピアは私を愛してはくれないわ」と。つまり、結婚し家庭を築いて幸せなはずのヴェニスも、子どもを産んでいないために男からの愛を感じることができないという点で、アイリスと同様なのだ。

　このように、切ない女たちの物語である『グリーン・ハット』は、『シーク』が描き出していた、大戦後幅を利かせていった性愛、生殖、結婚の三位一体の異性愛中心主義的イデオロギーがどれほど強力だったのか、またその規範から外れてしまう女をどれだけ苦しめるのか、極端に言うと「生きることができない」状態へと追いやってしまうのか（最終的にアイリスは自動車で自殺してしまう）、鮮やかに描き出している。しかしこのテクストから読み取られるのはそれだけではない。アイリスの絶望的な身振り、すなわち「家庭」ではなく「家」たらんとした試みは、ひとつのフェミニスト読解の可能性を提示していると言えよう。アイリスは当時の強力な家庭礼賛言説を濫用

して、つまり「家」の意味をズラし、自ら新たにパフォーマティヴに意味付け直すことで、生殖も伴わずモノガミー（一夫一婦制）でもない、「家庭」とはまったく別の親密な場所として「家」を築こうとしていたと読むことができるのだ。異性愛中心主義的規範を内面化しつつも、まさにアイリス同様その規範から外れてしまうような、つまりシークのようには男らしくない男「たち」に開かれた家として。最終的にアイリスの試みは時代のイデオロギーの前に失敗に終ったものの、その試みをテクストからすくい上げることが、私たちの前に未来への可能性を開いていく。そして、このような絶望的な試みを丁寧に検証していくことこそが、テクストをフェミニズム批評で読み解く意義なのである。

（山口 菜穂子）

推薦図書

荻野美穂『生殖の政治学——フェミニズムとバース・コントロール』山川出版社、1994年。

Susan Kingsley Kent, *Gender and Power in Britain, 1640-1990*. London: Routledge, 1999.

Sheila Rowbotham, *A Century of Women: The History of Women in Britain and the United States in the Twentieth Century*. London: Penguin, 1997.

Column
「自然な女らしさ」の誕生――1920年代のファッション

　唐突だがまずはクイズ。女性の身体のうち、大きいことが一般的に好まれがちで、詰め物（パッド）やワイヤーで補強されることの多い部位はどこでしょう？　正解は「胸」と言いたいところだが、20世紀初頭のイギリスでは、その答えは「髪」だった。古くは新約聖書の中で、女は長髪が自然であると述べられるように、1920年代に入るまで西欧世界で女性が短髪にすることは、ほとんど無かった。とりわけその直前、1900年代の女性の髪は、過剰なまでに大きく結い上げられ、その頭上にはけばけばしく装飾された大きな帽子が載せられていた。それが女らしさの象徴だったからである。1910年代に入ると、大きなヘアスタイルは「不自然」とみなされ、詰め物やワイヤーに替わって「自然に見える」つけ毛が売り出されるが、服装においてもこの頃から徐々に、「自然に」女らしく見えること、すなわち装飾ではなく女の身体そのものに焦点が当てられていくようになる。

　1920年代を象徴する女性の短髪（シングルやイートン・クロップ）は、アメリカ人ダンサーのアイリーン・キャッスルが流行の祖と言われている。第一次世界大戦中そして戦後、家の外で働く女たちが機能的なヘアスタイルを求めた、というのが短髪大流行の理由のひとつではあるものの、女たちがこぞって髪を短くしたのは、それが「若さ」の徴であり、同時にそのシンプルさによって女性の「自然」な美しさが引き出される、と考えられていたためである。同様に当時流行した服装は、身体の「細さ」や「しなやかさ」、つまり若さ（未成熟）を強調するような簡素なものであり、「女学生」や「少年」の体型が理想とされていた。そのような身体的魅力は従来のコルセットや過剰な装飾でごまかせないため、エクササイズやダイエット、美容整形が普及し始めることになった。その結果、これまで豊満な胸と細い腰を強調していたコルセットは廃れ、ブラジャーが登場するが、その目的は胸を押さえつけて平坦に見せることだった（胸を大きく見せる機能は30年代から）。

　このような20年代のファッションを振り返って、50年代のファッション評論家は「二度と見たくない」とか「自然が女性に与えた美しさを損なっている」などと苦言を呈している。1947年のクリスチャン・ディオールの「ニュー・ルック」以降、〈若く〉〈女らしい〉ファッションが席巻していた状況での「自然」な女らしさとは、「豊満な胸、くびれた腰、大きなおしり」のことだが、それが「自然」とされる時代から見ると、20年代のファッションは「不自然」極まりないわけだ。だが20年代においても、従来の装飾過多のファッションは「不自然」と考えられていたわけで、要するに、20年代の〈女らしさ〉のイメージにおける「自然さ」も、50年代のそれも、決して「ありのまま」ではなく、〈若さ〉に裏打ちされ理想化された身体イメージに基づく「人工的な自然さ」を意味していると言える。20年代のファッションは、そのような身体イメージと「自然」という概念が相互に意味づけ合いながら〈女らしさ〉のイメージを創出し始めたことを告げているのである。

（山口　菜穂子）

第7章

エロスと暴力
——大戦後の精神分析と文学

1. 強すぎる愛としての憎しみ？

　第一次世界大戦はヨーロッパの人間にとって大きなショックであった。人間がこのような途方もない暴力性を持っていたのか！　というショックである。この暴力性について、もっとも深い思想を展開したのが、精神分析であった。特に、イギリスでは、大戦後、精神分析が熱心に受容された。この暴力をめぐる思想は、人間の愛すらが、根源的な暴力と無縁ではないという恐るべき結論に達していたのである。

　精神分析に、次のような症例がある。ある少女が、寝ても覚めても、父親のことが心配でしかたがなく、勉強も身につかない有様である。パパが事故で死ぬのではないか、パパが病気になるのではないか、一日中こういった不安が頭から離れない……そこで、精神分析を受けに来た結果、どういうことがわかったか？　この少女は、母親を早くに亡くしていた。ちょうどその時期に父親は他に愛人を持っていた。ごく幼いころだったけれど、母親の苦しみを感じ、それゆえに、母親の死の原因を父親のせいだと感じるようになっていった。彼女は母親がとても大好きだった。そのため、父親への攻撃心は強く募っていった……けれど、その大きな憎しみは幼い子どもの心には負担が大きすぎた。それで、その憎しみは心の底に深く抑圧された。

　では、あの父への過剰な愛は？　それは、心の不思議な働きのためである

と精神分析は語る。あまりに強い父への憎しみ（無意識的には「殺してやりたい」という欲望が募っていた）が、絶対に心の表面に出てこないように、その抑圧を完全なものにするために、逆のベクトルの感情が生まれたのである。この少女の過剰な愛は、同じくらいに過剰な憎しみが表面に出ないために、彼女の心が生み出した感情であった。表面の過剰な愛は、実は、心の底の過剰な憎しみのアリバイ、つまりは、証拠（症候）であった。ただ、この少女は自分の無意識を知る由もなく（人は自分の無意識を絶対に知ることはできない）、あまりに強い愛情にただわけもわからず翻弄され、苦しめられていたのである。

　人間という存在の根源にある暴力性の強さ、それを人間の愛は完全に抑えることができるのだろうか。こういった問題を考え抜いた思想＝医学が、戦後、急速に市民権を得ていったのは当然であった。そして、精神分析が探究した人間の攻撃性、そして、愛、といったことへの関心はさまざまなジャンルを横断して、第一次世界大戦後のイギリス文化に広がっていった。この章は、戦後のイギリス文化の特質を考えるために、精神分析と同時代の文学作品の結びつきについて、その言葉を細かく吟味しながら見ていきたい。

2. テクストの縦糸と横糸

　1927年に出版されたヴァージニア・ウルフの小説『灯台へ』は、20世紀英文学の傑作のひとつに数えられる。ところで、この小説には次に引用するような文章がある。一見ふつうの文学的な風景描写にしか見えないこの文章は、本当にただ単に「文学的」なものにすぎないのだろうか？

> すみれが咲いた。水仙も。しかし、昼の静寂と明るさは、夜の混沌と混乱とおなじく不気味であった。

> この豊饒、自然の残酷さを、どのような力が止めることができるだろうか？

　この文章は両方とも、自然の生命力のようなものを主題にしている。2番

目の文章が、生命力の過剰について語っているらしいことはわかる。それなら、1番目の文章の、「昼＝静寂＝明るさ」と「夜＝混沌＝混乱」の対比は、何を問題にしているのだろう？　「明」と「暗」というコントラストから推測すれば、「明＝生」と「暗＝死」といった対比が語られているのか？　そもそも、文脈も説明せずに引用してきた文章なのだから、解釈には限界がある。この2つの文章を引用してきた章のタイトルは「時はすぎゆく」で、このタイトルが示すように「冬＝夜＝暗」→「夏＝昼＝明」といった季節的／時間的な経過が大きなテーマになっているようだから、上の解釈はそう間違ったものではないらしい。

　さらに、文学的な知識という補助線を引いてみたら、この2つの文章の解釈はどの程度進むだろうか？　まずは、作者のヴァージニア・ウルフについて。この人は、小説の形式について大胆な美的実験を行った「モダニズム」と呼ばれる芸術様式を代表する有名なイギリスの女性作家である……インターネットの検索結果により、その程度の知識は得られる。ここで「モダニズム」といった点についてもう少し知識があれば、「自然の豊穣な力の過剰」というテーマで思い出すことがある。そうだ、T・S・エリオットの『荒地』の冒頭だ！　この（超）有名な詩は「4月はもっとも残酷な季節である……」で始まり、春が象徴する自然の繁殖力の残酷＝過剰を暗示していた。もう少し調べてみると、この詩は、古典からの引用で成り立っており、冒頭はチョーサーというイギリスの中世の有名な詩人の引用をふまえているらしい。なるほど、それなら、先ほどの文章は、文学的な「伝統」に属するテーマなのか。自然の豊饒の力が春に再生する……死＝冬から春＝豊饒の再生……さっきの引用とつながるな。

　さらに『荒地』と『灯台へ』の出版年も解釈のヒントになる。『荒地』は1922年、『灯台へ』は1927年、両方とも第一次世界大戦のあとだ。『荒地』というタイトルは、戦争で荒廃したヨーロッパのイメージであり、「死と再生」がテーマであるそうだ。『灯台へ』の岩波文庫の解説を見たら、この小説も戦争が重要なテーマであると書いてある。なるほど、それなら、ウルフもエリオットも「死と再生」というテーマを書いているのか。戦争からの再生というテーマ。それなら、さっきの2つの文章は、このテーマを文学的

に象徴したものだ。「夜＝冬＝死＝戦争」から「昼＝夏（春）＝生命力＝再生」へ。あるいは、憎しみから愛へ、というテーマ!!　間違いない。

　一昔前までの文学研究であれば、これで十分合格である。しかし、最近は「文学」を「文学」としてだけではなく、もっと広い視野、つまり「文化」全体の中で「文学」を解釈しようという方向が盛んである。そうなると、先ほどの「文学」という枠組みだけでの解釈では不十分になってくる。残念。

　文学研究から文化研究へ。そのせいもあって、「テクスト」という用語が最近多く使われる。「テクスト」には「織物」というニュアンスがある。だから、この用語が文学とか文化の研究で解釈の対象を意味する場合、そこには「言葉の織物」といった感じがある。

　では、なぜこの用語を最近の文化研究は好むのだろうか？　ここで「テクスト＝織物」を組織している「縦糸」と「横糸」という比喩に頼ってみる。この場合の「縦糸」は、先ほどのケースでいえば、「文学的な伝統」である。最初に引用した短い文章でも、作者の独創だけで書かれているのではなく、文学の歴史をまさに「縦に」つらぬく「糸＝伝統」と結びついている。では「横糸」は？　これは歴史的に「横に」つながる糸、つまり同時代の他のジャンルのテクストとの結びつきを意味する。小説という「テクスト」は、文学的な伝統＝縦糸だけでなく、この横糸とも結びついている。だから、ある文学「テクスト」は、文学以外のジャンルと無関係であるどころか、この「横の」結びつきを考慮に入れなければならない。ある時代のある小説は、この縦糸と横糸が複雑に絡み合ってできた産物＝織物、つまりは「テクスト」として読まなければならない。だから、「文学伝統」という縦糸だけじゃだめで、「テクスト」を構成している「横糸」を手繰っていかなければならない。

　いや、もっと言えば、ある時代の「文化」全体がひとつの巨大なテクスト（それも実に無数の「縦糸」と「横糸」で紡がれた）であり、どのジャンルの「テクスト」であっても、この「巨大なテクスト」の一部を構成している。この「巨大なテクスト＝文化」の中には、当然、ありとあらゆるジャンルのテクストがひしめきあっている。「文学」はその一部分にすぎない。繰り返せば、あるひとつの小説のあるひとつの文章であっても、同時代の「文化」

という「巨大なテクスト」と「横糸」でつながっている。あるひとつのテクストを構成する「横糸」をたどっていくと、そのテクストが属するある時代全体が垣間見える。これこそが、最近の「文化研究」の醍醐味である。なにげない小説の一節から本格的な文化研究へ。そのために「縦糸」だけでなく、「横糸」をたどっていくこと。一昔前の文学研究にはない知的興奮がここにある。

さて、そうなら、先ほどの解釈も「文学」から「文化」へと視野を拡大しなければならない。あの文章に結びつく「縦糸」については多少の合点がいった。では、「横糸」は？ その横糸をたどっていくと、他のどのようなジャンルとつながりが見えてくるのか？

3. 文学と精神分析をむすぶ「横糸」

リンジー・ストーンブリッジという人の『破壊的要素——イギリスの精神分析とモダニズム』という本がある。この本は、第一次世界大戦後のイギリスの文化を研究するために、この時代のモダニズム文学と精神分析を結びつける「横糸」を重視する。従来、文学と精神分析は別のジャンルとして扱われてきた。かたや言語芸術の典型。かたや臨床的な精神医学。場合によっては、精神分析の理論をつかった文学研究の方法もあったが、文学と精神分析を同等の「テクスト」として扱い、ある時代の「文化」を研究するという姿勢はあまりなかった。この本は、大戦後のイギリスの文化において、文学と精神分析が、ジャンルを超えて、同じテーマ＝「横糸」によって組織された「テクスト」であると主張する。

精神分析は、ウィーンのジークムント・フロイトが19世紀と20世紀の変わり目に創始した精神医学であるが、特に第一次世界大戦後、人間の持つ攻撃性についての研究で注目を浴びるようになった。戦争という人間の攻撃性が集合的に発揮される出来事に遭遇して、フロイトはこの問題を根源的に思考することを強いられたのである。その攻撃性について、フロイトの思想をさらにラディカルに突き詰めた人にメラニー・クラインがいる。この女性もウィーン在住であったが、戦後すぐにロンドンにやってきた。クラインは、大

戦直後のロンドンの精神分析に決定的な影響を与え、イギリスの精神分析はいまだに「クライン派」が中心である。

　ストーンブリッジは、フロイトとクラインと同時代の「モダニズム」文学が、同一のテーマをめぐって言葉を紡ぎだす点に注目する。先ほどの比喩でいえば、文学と精神分析が非常に類似した「言葉＝横糸」で織り成されている「テクスト」であるから、その間をつなぐ「横糸」を手繰っていく作業を一生懸命にする、ということになる。

　では、その共通する「言葉＝横糸」は何か？　それは、人間という存在が持つ計り知れない破壊的衝動＝「暴力」を、人間的な創造の力＝「芸術」によって克服しよう！　というヴィジョンである。簡単に言うと、何かとてつもない強大な暴力＝戦争に直面して、当時のヨーロッパの人たちは心底ショックを受けた。このショック＝トラウマから立ち直るために、破壊を欲望する人間の「野蛮な」暴力的傾向を、「文化」的な力、あるいは「芸術」的な創造力に変えていこう、というテーマである。

　けれども、精神分析とモダニズム文学は、この可能性を求めながら、その原理的な「不可能性」を同時に証明してしまう。この点をストーンブリッジは強調する。人間という存在の「暴力」を、文化＝芸術的な創造力に変換するのは不可能である。それどころか、この芸術的な創造力それ自体が「暴力」を体現してしまう。このような本当に暗い認識を大戦直後の文学と精神分析が共有してしまった。では、先ほど引用した文章、たんなる文学的な風景描写にしかみえないあの２つの文章には、こんな大きなテーマが隠れているというのか⁉

4. 生の欲動と死の欲動

　第一次世界大戦直後の1920年にフロイトは『快感原則の彼岸』というテクストにおいて、生の欲動と死の欲動という二元論について語った。まずは、死の欲動とは何か？　フロイトがいう「死の欲動」とは、人間が自分の意思とは無関係に自己を破壊しようとする心的傾向をさす。この自己破壊＝「死の欲動」に対立するのが「生の欲動」で、これは破壊に対して「建設」、

「死」に対して「生」を志向する心的な傾向だ。この「生の欲動」を「エロス」という。この「エロス」という語は、もともとギリシャ語で、「愛」「愛の神」を意味した。フロイトは、第一次世界大戦という「死の欲動」の露呈に遭遇し、その途方もない暴力性を克服するために、ギリシャ語で「愛」を意味する語を用いて「生と建設」を求める人間の傾向を思考したのである。

　フロイトにおいて「死の欲動」は人間が自己を破壊しようとする「マゾヒズム」を示唆する場合が多いが、クラインはむしろこの欲動の「サディズム」を強調した。つまり、クラインのいう「死の欲動」は、自己ではなく対象を破壊しつくそうとする心的傾向を意味する。ここで注意すべきは、人間の攻撃性を語るために「マゾヒズム」と「サディズム」という性的な「倒錯」を意味する言葉が使用されている点である。この用語が示唆するのは、精神分析の根本的なメッセージ——人間の攻撃欲動は性的欲望と結合しているという認識である。あるいは、人間の攻撃性はそれ自体が性的な「享楽」と同一である（戦争＝享楽という恐るべき等式）……この洞察は、不幸なことに、その後の歴史において否定されるどころか、証明されていないだろうか？

　ここで精神分析独特の問題設定に触れなくてはならない。精神分析は、人間の攻撃欲動の起源を生まれて間もない乳児に求める。言語を獲得する以前の乳児は、自らの「死の欲動」をまったく制御できない無力で暴力的な存在である。無力で暴力的な存在⁉　ここで不条理にひたすら泣きじゃくる赤ん坊を思い出してみれば、この精神分析的なパラドクスを理解できるだろう（クライン的にいえば、欲動のおもむくまま母親の乳房にむしゃぶりつく乳児の原初的なサディズムを想起してもよい）。このように考えると、非常に不思議なのは、戦争が、精神分析に「育児室の戦争（war in the nursery）」を思考することを強いたという点だ。この「育児室の戦争」という言葉は、第一次世界大戦直後に精神分析が明らかにした乳児の根源的な攻撃性の比喩である。しかし、ここで言っておくべきは、言語と（それとほとんど同義である）社会性の獲得にしたがって、乳幼児は自らの「死の欲動」を、徐々に「生の欲動＝エロス」に回収、変換していく——これが精神分析的な発達理論の基本であるといってよい。

たとえば、精神分析に「昇華」という概念がある。これは、本来は性的な欲望であったものが、その方向性を変えて社会的に意味がある対象に向かうことを意味する。これを別の言葉でいえば、性的欲望の過剰なエネルギー＝暴力（死の欲動）が「建設的な」目的（生の欲動＝エロス）へ転化されるということになる。たとえば、中世ヨーロッパの大聖堂の類は、この時代の人間の「死の欲動」が宗教的に「昇華」されたという風に理解される。この意味でいえば、母の乳房にむしゃぶりつく赤ちゃんの過剰な性的／暴力的欲動（死の欲動）は、その成長にしたがって、人間的な「生の欲動＝エロス」に回収＝昇華される、これが精神分析の論じる楽観的な人間観であるといってよい。しかし、実のところ、話はそれではすまない……。

5. エロスの「不気味な」不可能性

　精神分析の恐ろしいところは、こういった発達物語を提示しながら、同時にその「不可能性」をも語ってしまうところにある。フロイト、クラインに共通するのは、「死の欲動」を「生の欲動＝エロス」にすべてを回収することはできない、つねに、昇華＝回収し切れない「過剰な残余」がある、という認識である。これは、いったい、どういうことか？
　先ほど触れたストーンブリッジは、この「エロス」の不可能性という主題を大戦後の精神分析だけではなく、同時代の文学や芸術（理論）が共有する点に着目する。たとえば、ロジャー・フライ、Ｉ・Ａ・リチャーズ、ウィリアム・エンプソン、そしてヴァージニア・ウルフといったこの時代を代表する知性がこの主題に取り組んだ。戦争という巨大な暴力に直面したこの時代の最高の知性が、その「非人間的＝野蛮な」欲動を、「人間的＝文化的な」価値の中に回収しようと必死に思考した。彼らの共有する主題は、「昇華」であった。戦争に露出する人間の「非人間的な」要素――「死の欲動」――を「生の欲動＝エロス」に昇華した末に創造されるものが「芸術＝文化」であるという確信、この可能性に賭けて多くの芸術論や美術批評が書かれた。
　しかし、ストーンブリッジは彼らの多くがこの芸術論に失敗していると語る。彼らが強調する「エロス」にはしばしば「死の欲動」の影がつきまとう。

たとえば、エンプソンは、このテーマを追求するために、あるイギリス詩人が描くキリスト像に注目する。キリストの Passion（情熱＝受苦）は、全人類の罪を贖った＝昇華した（人間の攻撃性を愛に変換した）ものであるはずだが、エンプソンは、そこに否定し難く残存する人間イエスの「神＝父」にたいする復讐心と攻撃性を見逃すことができない。エンプソンが語るイエス像、あるいは、人間の原罪をキリスト的情熱＝受難に昇華することの不可能性は、明らかに、人間の攻撃性のすべてを昇華し切ることはできないと論じた精神分析と「横糸」で結びついている。ならば、これをさらに発展させて、キリストの Passion それ自体に人間の根源的なマゾヒズム（情熱＝受苦）を読むことだってできそうだ……なるほど、少しは話が見えてきたぞ。

　同時代のクラインはどうか？　クラインの強調する「エロス」からも「死の欲動」の影を払拭し切ることができない。『灯台へ』の出版年である1927年にクラインはロンドンで連続講義をしている。それを活字にした論文でクラインはこう論じている。

　リビドー〔＝生の欲動〕が破壊的な衝動との闘争を始め、徐々にその地位を確かなものにする。

　生の欲動と死の欲動との分極といった点と平行して、両者の相互作用というものを心の力動的プロセスの根本的な要素として考えてよいのかもしれない。

　この論文のテーマは、乳児において支配的であった「死の欲動」が「生の欲動」と「闘争＝相互作用」を開始し、「徐々に」ではあるが、「生の欲動＝エロス」が「死の欲動」を抑圧していく「力動的なプロセス」である。「死の欲動」は「生の欲動＝エロス」に最終的には回収＝昇華＝抑圧されていく……はずだが。

　この発達論は、クラインの芸術論と平行している。誕生直後の乳児には、母親の身体──乳房──を破壊しつくそうとする「死の欲動」が支配的であるが、その破壊しつくした対象をまさに「徐々に」ではあるが「修復」しようとする欲望が芽生えてくる。これが、乳児の示す「生の欲動＝エロス」で

ある。クラインの芸術論はこの発達論に準拠している。人間の芸術的欲望の根幹には、乳児の欲動的世界の反復がある。つまりは、芸術的な「創造」に対する欲望とは、いったん破壊しつくした対象（母の乳房）を修復しようとする乳児の「生の欲動＝エロス」の反復である。つまり、芸術とは、「死の欲動」を昇華＝抑圧した結果、「生の欲動＝エロス」が創造するものであるという認識である。破壊＝憎しみから修復＝再生＝愛へという物語。

　クラインの発達理論＝芸術論において人間の創造的行為＝エロスは、このように、破壊し憎悪した対象の修復＝愛といった点が中心になるが、このプロセスで重視されるのは、対象の「理想化（idealization）」という概念である。つまり、クラインにおいて、芸術＝エロスとは、憎悪し破壊した対象をふたたび修復＝建設＝愛しつつ、それを「理想化」するということになる。しかし、このような理論を展開するクラインは、ふと不気味な発言をする。先ほど触れたテクストでクラインは、このエロス＝理想化がつねに「過剰な」強度を帯びることを、多くの臨床的な観察から問題にする。精神分析の用語で言えば、「反動形成（reaction-formation）」という視点がここに導入されている。ここで『精神分析用語辞典』で「反動形成」を調べてみよう。

> 抑圧された欲望に対する反動として形成された、それとは逆の心的態度または習性（たとえば露出症的傾向を押さえる過度の羞恥心）……臨床的には、反動形成は……ぎこちなく、わざとらしく、強迫的であるという点で、症状とみなし得る、たとえば、過度の正義は過度の不正。

　この「反動形成」という点から見たとき、クラインの「エロス＝理想化」には、あるパラドクスが判明する。この「エロス＝理想化」が強くなればなるほど、この「エロス＝理想化」が抑圧しているはずの「死の欲動」の存在が「症状」として不気味に感じられてしまうというパラドクスが。ここで先ほどの症例を思い出してみよう。父親のことが心配で夜も寝られずに、神経症になった若い女性の症例を。これは典型的な「反動形成」の例である。父親に対する愛情の過剰……その過剰さこそが逆説的に（抑圧／昇華されたはずの）父への憎悪を「症状」として物語ってしまう。これは、フロイトの有

名なテーゼ「抑圧されたものの回帰」のひとつの例である。先ほどのエンプソンのキリスト像でも同じパラドクスを読める。あまりにも激しいキリストのPassionが、昇華＝贖いきれない人間イエスの暴力性を逆説的に物語ってしまう欲望の逆説。エロスの過剰こそが、根源的な攻撃性の強度を逆に証明してしまう。

　大戦直後のテクストがジャンル横断的に共有した主題。人間の根源的な暴力性（死の欲動）を「生の欲動＝エロス＝芸術」に抑圧、回収、昇華すること、その可能性の追求。しかし、このテーマには、「不気味な」かたちで不可能性がつきまとう。これまで「不気味な」という言葉を使ってきたのには訳がある。フロイトの定義で言えば、もっとも「疎遠なもの（the strange）」が、実のところ、もっとも「親密なもの（the familiar）」であり得るということ、この逆説的な事態をひとは「不気味なもの」と感じる（だから、死は、死者は、私たちにとって不気味なのだ）。その意味で、大戦後のイギリス文化のテクストがこぞって表現した「エロス」にはどこか「不気味な」影があることになる。「エロス＝生の欲動」の過剰には、その過剰が逆説的に暗示してしまう「もっとも疎遠なもの」、つまり「死の欲動」の不気味な影がつねに寄り添っているのだ。「エロス」のただなかには、「死の欲動」が、昇華＝抑圧し切れない残余として「不気味に」感じられてしまう（ちなみに、フロイトの「不気味なもの」というエッセイが出版されたのは大戦直後の1919年である）。

6.『灯台へ』の「不気味な横糸」

　このような「文化」＝「横糸」の中で、ヴァージニア・ウルフの『灯台へ』の2つの文章をどのように読むことができるだろうか？　その点で言い忘れたことがある。このテクスト全体の構成である。その構成は、これまで語ってきたテーマ——「エロス＝生の欲動」による「死の欲動」の克服、回収、昇華——をとてもよく反映している。

　第1部「窓」では、ある家族が海辺で避暑をしている。精神分析的なテーマで言えば、父にたいする息子の憎悪という主題が、かなりのウェイトを占

める。この第1部「窓」が、時代設定としては大戦の前を象徴し、また1日の時間として「薄暮」から「宵」として描かれる。第2部「時はすぎゆく」は第1部が終わるところ、深夜から始まり、その後、漆黒の闇と荒れ狂う怒涛の海、そして嵐を、散文詩風の文章が描いていく。この激しい自然の猛威は、第一次世界大戦の暴力を暗示する。この第2部で中心人物たちの少なからずが命を失う。個人的なレヴェルで言えば、ある家庭の崩壊、集合的なレヴェルで言えば、イギリスの大戦前の社会的「調和」が、戦争という「暴力」によって破壊されたことを象徴する。第3部は、戦後の世界。戦争の時代を生き残った家族のメンバーが「一族再会」を果たす。もちろん、この箇所は「戦後」の秩序の回復を暗示する。個人的なレヴェルでは、父と子の和解、あるいは、父に対する息子の憎悪は、愛情へと回収される。ここにも暗示される「暴力」から「愛」というテーマ。

このように簡単にテクストの構成を説明してみたが、それをふまえると、最初に引用した2つの文章の重要性が見えてこないだろうか？ 第2部は、繰り返せば、漆黒の闇の中での荒れ狂う海が、戦争＝暴力を象徴するが、その嵐の破壊力の激しさは、「闇」→「明」という時の経過の中で解消されていく。もっと具体的に言えば、戦争による暴力が解消されていくプロセスを、1日の時の流れでは、「夜」→「朝」、季節の循環では、「冬」→「春／夏」という時間の移行によって象徴している。つまり、「暗黒の暴力から文化の明かり」というべき物語が、「冬＝死から、春／夏＝生命力の再生へ」という物語に重なっている。

しかし、『灯台へ』というテクストを織り上げる「横糸」に注目したとき、ことはそう簡単ではないことがわかる。もう一度、引用してみよう。

> すみれが咲いた。水仙も。しかし、昼の静寂と明るさは、夜の混沌と混乱とおなじく不気味であった。

この豊饒、自然の残酷さを、どのような力が止めることができるだろうか？

第2部全体の構成——戦争という暴力の克服＝昇華、そのプロセスを暗示

する「夜＝冬」→「昼＝春／夏」という時の経過——から読むとき、この２つの文章はどこか「不気味」ではないか？　冒頭でも触れたように、この２つの文章が表現する自然の豊穣＝繁殖力は、「夜＝冬の闇」を克服した「昼＝春／夏の明るさ」として暗示されている。ここで、テクストの「横糸」を思い出してみれば、この文章は、同時代の精神分析が問題にしていた「エロス＝生の欲動」、それも「死の欲動」を昇華した結果の「エロス」の文学的表現であると読める。「死の欲動」→「生の欲動＝エロス」という方向性が、「冬＝夜」→「夏＝明」という時の経過と重なっているからだ。

　そうであるなら、この２つの文章の「不気味さ」とは何か？　ここに同時に読めてしまうのは、自然の繁殖力の過剰＝「残酷さ」、つまり、「エロス」の過剰（どこか「むせかえるような」といった表現が似合いそうな自然の過剰な生命力）という主題である。確かに、戦争の暴力性を暗示する「闇」は「明るさ」の中に回収、昇華された。しかし、その「明るさ」の過剰＝「残酷さ」は「夜」の「暗さ」と同様に「不気味」であると、この２つの箇所は語る。『灯台へ』というテクスト全体はこう語る——戦争という「暴力＝闇」は、「昼＝春／夏」のまばゆい「明るさ」の中に解消されたのだ、と。しかし、テクストの細部はこの主題と矛盾することを同時に暗示してしまう。「エロス＝昼の明るさ」が「不気味な」過剰さを帯びてしまう……しかも、その「明るさ」それ自体が、「夜の混沌」と同様に「不気味」である、と。同時代の精神分析の症例のように、過剰なエロスが、逆説的に意味してしまう、抑圧された暴力の強度……つまりは、（過剰な）「エロス」の中に「不気味に」読めてしまう昇華＝解消し切れない残余としての暴力——この２つの文章はそう物語っていないだろうか。

　「春／夏＝エロス」が昇華し切れない過剰な残余としての暴力性——この点をテクストが暗示する非常に印象的な箇所がある。この第２部は、基本的には散文詩風の文体で、「深夜の嵐＝死の欲動＝暴力」→「昼の静寂＝エロス＝生の欲動」という主題を展開していたわけだが、まさに後者（エロス）の描写の中に戦争による主要登場人物の死が報告される。嵐が過ぎ去り「バラが鮮やかに咲き」乱れる風景を描写する文章のただなかに、突如、なんの脈絡もなく挿入されるのは次に引用する箇所だ。

《砲弾が炸裂した。フランスで、一度に二十人から三十人の若者が吹き飛ばされた。アンドリュー・ラムジーもその一人で、せめてもの救いは即死だったことだ。》

「エロス」のただなかに穿たれた暴力——ここには、「エロス＝生の欲動」に昇華し切れない残余としての「死の欲動」が視覚的に示されている。このテクスト全体は、「死の欲動」が「エロス」へと回収＝昇華されていくことを主題化しながらも、その昇華の不可能性を、細部において暗示している。「エロス」のただなかには「不気味な」残余としての「死＝暴力」がある……「生」のただなかには「死」が「不気味な」存在感を示してしまう。ウルフの美的な言語は、同時代の精神分析と「横糸」で結ばれながら、エロスの根源的な不可能性を語っているのだ。過剰なエロスを表象しながら。

7. ふたたび、テクストの縦糸と横糸

　「死から再生へ」というテーマを「冬から春へ」といった季節的な循環で象徴する文学的な伝統をテクストの「縦糸」と表現したが、この比喩についてもうすこし複雑なことを言わなければならない。『灯台へ』の場合で言えば、一見したところ、この縦糸に忠実であるかのように読めるが、実は違っていた。むしろこの縦糸＝伝統を引用しながらも、それが象徴するテーマの不可能性を『灯台へ』は語っていた。「テクスト」に関して「引用の織物」という言い方がされるが、その比喩で注意しなければならない点がここだ。作者は自らの独創だけで書くのではなく、意識的、無意識的に「伝統＝先行テクスト」を「縦糸」として引用するが、その作者が直面する歴史的な状況に応じて、その「縦糸」を微妙に変形することがありえる。私たちが読んできたあの２つの文章はまさにこの例だ。テクストは「伝統＝縦糸」を引用するが、その縦糸は変形され、ある時代の「文化」を組織する「横糸」にもなる……この力学を強調したい（実は『荒地』の冒頭にもそれがいえる）。

　「死から再生」という「縦糸」は、また別の「縦糸」ともつながっている。レオ・ベルサーニの『贖いの文化』という書物はこの点を論じるのに便利だ。ベルサーニは、「昇華」という言葉で私たちが語ってきた芸術観を批判する。

「人生」における「死」あるいは「暴力」といったネガティヴなものは、「芸術」においてはすべて浄化、解消される……あるいは、芸術的な美とはその浄化＝昇華の産物にほかならない……こういった芸術論は、ヨーロッパの文化をつらぬく根強い伝統＝縦糸である。ベルサーニは、精神分析（フロイトとクライン）、モダニズム（たとえばプルースト）が、この縦糸を引用しテクストを紡ぎながらも、そのテーマをラディカルに変形し、そういった伝統的な価値観の不可能性をこそ主題化している点を論じる。

8. 最後に、もうひとつ別の横糸——階級闘争

『灯台へ』というテクストには、もうひとつ別の横糸が無視できなく存在している。それは同時代の階級闘争にまつわるものである。大戦後再燃したイギリスの労働運動の頂点は1926年のゼネスト（ロシア革命のたった9年後）だが、そのただなかで書かれたこのテクストには激しい階級闘争が意外な形で刻印されてもいる。残されたスペースで簡単に触れてみよう。

陸地に襲いかかる怒涛の海、激しく吹き荒れる深夜の嵐、これらのイメージには、戦争の暴力性だけではなく、労働者にたいする当時の中流階級の恐怖が反映している（襲いかかるプロレタリアート！）。中心人物たちが避暑をした家屋を無慈悲に破壊していく嵐の場面にそれは露骨だ。しかし、季節と時間の経過にしたがって、この暴力（＝夜、冬）は、理想化された春と夏の美しい風景に回収される。暴力的な自然（＝労働者）の力が「昇華」された結果の春と夏のエロス的な美しさ。しばしば中流階級が、階級的な恐怖を抑圧＝解消するために、労働者階級を豊穣な大地に根ざした生命力あふれたエロス的なイメージに表象することがある。『灯台へ』は、この点にも敏感だ。テクストは、同時代の精神分析と連動しながら、暴力とエロスというテーマを、階級的恐怖に脅えた中流階級の政治意識としても物語っている。『灯台へ』において過剰に理想化されたエロス的風景は労働者階級のイメージとしても機能し（生命力がみなぎった労働者の女性的身体といったイメージもそれに含まれる）、そこには、階級闘争に直面した当時のブルジョワジーの恐怖が逆説的に読み取れる。階級的な恐怖と憎悪を抑圧するために生産された、過

剰に理想化された労働者のイメージとしてのエロス的な生命力。繰り返せば、ここに逆説的に読めるのは、ゼネスト渦中の中流階級の恐怖と憎悪である。憎悪の対象たる「母」を過剰に理想化するクライン的な乳児を、あるいは、父への憎悪を過剰な愛に変換したあの少女を、ここで思い出そう。過剰に理想化された労働者のエロス的表象は、逆説的に、ブルジョワジーの階級的な不安を暗示している。

　このように、ある小説のたった2つの文章であっても、その「縦糸」と「横糸」をたどっていくことで、ある時代の特質を重層的に垣間見ることができる。過剰なエロス的な風景を表象する『灯台へ』の細部は、戦争、階級闘争、といった政治的な暴力がトラウマとなった大戦後のイギリスの文化と複雑な形で結びついているのだ。こういった「テクスト」の読解にこそ、最近の文化研究の醍醐味がある、ということを最後に繰り返し強調しておきたい。

（遠藤　不比人）

推薦図書

丹治愛編『知の教科書――批評理論』講談社、2003年（メラニー・クラインの理論について特に第6章を参照）。

ジークムント・フロイト『エロス論集』中山元訳、筑摩書房、1997年。

ジークムント・フロイト『自我論集』中山元訳、筑摩書房、1996年。

Lyndsey Stonebridge, *The Destructive Element: British Psychoanalysis and Modernism*. London: Macmillan, 1998.

Column
「インクリングズ」の集い

　以下はC・S・ルイスが1939年11月11日に兄に宛てて書いた手紙の抜粋——
　「木曜日にインクリングズの集いを持ちました——あいにく兄さんとコグヒルは欠席でしたが。……〔朗読されたのは〕トールキンの新しいホビット本の一節、ウィリアムズの降誕劇（彼の作品としては珍しく分かりやすく、みんなから称讃されました）、それに私の本『痛みの問題』の一章でした。……その３つの発表はほぼ論理的につながっていて、まさに極上の夕べの語りでした。……兄さんも出られたらよかったのに……」
　これはオクスフォードの非公式の文芸サークル「インクリングズ（The Inklings）」のある会合に言及したもの。中心メンバーの名もここに出ている。すなわち、ルイス自身、ルイスの兄で退役軍人の「ウォーニー」ことウォーレン・ルイス、チョーサー学者のネヴィル・コグヒル、『指輪物語』の著者で言語学者のトールキン、それに詩人のチャールズ・ウィリアムズである。ほかにもオーウェン・バーフィールドやヒューゴー・ダイソンといったルイスの友人や同僚がいた。
　「インクリングズ」の名前はいまではイギリス・ファンタジー文学史の中に特筆すべきものとして刻まれている。それはなによりも、ルイスとトールキンという二人のオクスフォード大学の教員が新作の原稿をその場で朗読し、批評し合ったことにある。上記の手紙で「トールキンの新しいホビット本」とあるのは、書き出していた『指輪物語』を指す。刊行の15年前のことだ。前作の『ホビットの冒険』も刊行前にこの会で読まれていた。ルイスのＳＦ三部作も、「ナルニア国ものがたり」シリーズ（1950-56）も、なによりもこの会での議論に刺激されて書かれ、また推敲されていったのである。
　この会の前身は、ルイスが指導していたオクスフォード大学の学部学生が1931年頃に結成した文芸クラブで、「インクリングズ」の名称は「ほのめかし（inkling）」の意味に、「インクっ子たち（ink-lings）」の意味を引っかけた語呂合わせと見られる（命名者は不明）。ルイスとトールキン（二人は1926年以来北欧神話の読書会などで親しくしていた）も求められて参加していた。結成した学生たちが1933年に卒業すると、学生クラブとしては消滅するが、ルイスが中心となって、トールキンやほかの仲間に呼びかけて、この名称のもとに少人数で集うことになる。会合は毎週木曜日の夜にモードリン学寮のルイスの部屋で開き、出席者が新作原稿を発表し（ルイスの「さて、誰か読

Ｃ・Ｓ・ルイス
（1898-1963）

Ｊ・Ｒ・Ｒ・トールキン
（1892-1973）

んでくれるものはあるかね」が合図だった）、それを批評し合い、さらに他の文学談義を交わすのが慣例だった。参加したのは全員男性である。キリスト教徒であること、また反近代的な文学趣味を有している点で彼らは共通していた。キリスト教神学の著作も多いルイスなので、上記の『痛みの問題』や、『悪魔の手紙』なども朗読され、信仰や倫理の問題が文学に加えて会の重要なトピックになっていた。逆にルイスは政治・経済の時事問題を話題にするのは嫌いで、極力避けた。火曜日の午前中にも会合を持ったが、こちらはパブでビールを飲みながらの談話会だった。主に使ったパブはセント・ジャイルズの大通りに面した「鷲と幼子（The Eagle and Child）」亭で、これはいまも看板を出している（室内にはこの会の記念プラークが掛かっている）。

　メンバーの発表を聞いて忌憚のない意見を言い、互いの思想と文章を鍛えあう男同士の会は、しかしながら、その中身を細かく見ると複雑で、そこには反感や妬みの要素も垣間見える。たとえばルイスは難解な作風のチャールズ・ウィリアムズに惚れ込んで1939年に会に引き入れたが、トールキンはウィリアムズの作品を評価できず、ルイスの熱中ぶりに違和感と嫉妬心を覚えている。また、ルイスはトールキンを叱咤激励して『指輪物語』を完成へと導いたが、トールキンは必ずしもルイスの批評を的確とは思わず、その助言を煩わしく感じていた節もある。とはいえ、友愛の情に加えて、そうしたわだかまりの感情も含めつつ、「インクリングズ」の集いを長年持続したことが、彼らの創作の質をより高めていったことは確かだろう。

　トールキンもルイスも第一次世界大戦に青年将校として西部戦線に従軍した世代である。トールキンは1916年夏のソンムの戦いを経験している。塹壕で死と隣り合わせの日々を過ごし、多くの仲間を失い、同年11月に熱病に倒れて帰国。ルイスも1917年9月に北仏前線に派遣されて塹壕戦に耐え、1918年4月には榴散弾（りゅうさん）を浴びて負傷。終戦後オクスフォードに戻ると、死んだ戦友との約束を守って、その母親と妹を引き取って厄介な同居生活を始めた。トールキンが『指輪物語』につながる最初の物語のひとつを書いたのは病床にあった1917年。妖精エルフの最後の砦を邪悪なモルゴスが攻撃する「ゴンドリンの陥落」という話で、オーク鬼を腹に一杯詰め込んだ最終兵器は、ソンムで史上初めて使用されたタンクを想起させる。時空を超越した別世界の物語という結構を持ってはいるが、トールキンの「愛と戦い」のファンタジーを読み直すとき、彼自身の戦争体験の重さを考え合わさずにはいられない。空襲を逃れて疎開してきた兄弟姉妹が衣装箪笥のむこうの世界で別の戦いに巻き込まれるルイスの物語についても、彼の生きた時代との関連は無視できないだろう。

　「インクリングズ」の集いは、1963年のルイスの死をもって幕を閉じた。

(川端　康雄)

第8章

空襲下の夢幻
——第二次世界大戦期のロンドンと幽霊物語

ロンドンの闇

> 満月の光が街を濡らし、偵察していた。身を隠す窪み一つ残さなかった。無常なほどの光量であり、ロンドンの街は月の都に変じたように薄っぺらで、火口だらけで、死に絶えていた。時刻は遅かったが、まだ真夜中には間があった。バスの運行は終わり、辺り一帯の道路という道路は月光に磨き上げられ、ここ何分間の間、うっすらと輝く亡霊のように浮かび上がっていた。空に向かってそびえたつ新しい高層アパート群も、地表にじっとうずくまっている古い商店や家屋も、この月の下ではどちらも同じ紙細工のように見え、月の方を向いた窓という窓に満月が映って輝いていた。灯火管制の無駄をあざ笑っているようだった。
>
> エリザベス・ボウエン 「幻のコー」（太田良子訳）

エリザベス・ボウエンが空襲下のロンドンで書き上げた短編「幻のコー」(1944) のオープニングシーンは、灯火管制で闇に沈むロンドンを照らす暴力的なまでの月光が強調される。まるで別世界のような幻想的な美しさに満ちたロンドンと、死に絶えた無人都市のような寂寥感あふれるロンドンとの二面性が描き出される。1940年9月7日土曜日から、昼夜連続57日間、ロンドンはドイツ軍の猛爆撃（the Blitz）にさらされた。まず被害を受けたのは労働者の住むイースト・エンド一帯だった。ドイツがロンドンに落とした爆

図1　爆撃後のロンドン市内（1940）

弾は総計1万8千トンにのぼる。死傷者は9万人で、うち死者が2万人。第一夜の空襲だけで300人が死亡している。イギリスの空襲に関する小説や写真の多くには、灯火管制（ブラックアウト）による暗闇と、瓦礫と化した廃墟と、空中に舞うほこりがたちこめる人影の消えた不気味なロンドンが浮かび上がる。（しかし、スティーヴン・インウッドは『ロンドンの歴史』で、爆撃による火事の影響もまた甚大だった、と述べている。）

　リンジー・ストーンブリッジは、「危機的状況における不安」という論文の中で、第二次世界大戦中の人びとの不安・恐怖という心理状態を精神分析の手法を用いて解析している。彼はボウエンやヘンリー・グリーンの小説中のヒロインの死への不安に対する心理的防御が、ドイツ爆撃に対するイギリスの空中防衛戦と交錯し、彼らの爆撃に対する私的な不安は、戦争の公的な国としてのパニックとないまぜになり不安定な関係を作り上げていると仮定している。第一次世界大戦のトラウマ、スペイン内戦中の一般市民爆撃の記憶など、ロンドン空襲時、イギリス国民の恐怖をあおる理由は山とあった。しかしフロイト的にいえば人間は事実からだけでなく、無意識や幻想からも不安を育てる生き物である。ストーンブリッジは論文中で、精神分析学者エドワード・グローバーによる第二次世界大戦初期のＢＢＣラジオでの発言

図2 地下鉄駅に避難所を求める人びと。エレファント・アンド・カースル駅で（1940）

を引用している。「戦争は、人間の本能的で理不尽な不安をよびさますものだ。ガスマスクは、私たちを奇妙な動物に変身させ、地下の防空壕、うわさ、疑惑、頭上にいて見えない敵、鳴り響くサイレンの音、空襲の爆音、夜中の爆撃、すべてが、私たちの原始的不安を呼び覚ます。私たちはリアルな危険が迫った時、子どものように醜態をさらすことにならないよう怯えている。私たちは怯えることに怯えているのだ」。ストーンブリッジが示唆するように、空襲時、多くの建築物・家屋の「壁が壊され」た。それと同時に、保守してきた人びとの日常、道徳心、習慣の壁も壊れた。闇の中で人びとは原始的・動物的本能を呼び覚まされ、そのこと自体に怯え、恐怖した。その不安は人びとの意識の底に眠っていた心の闇を露わにし、さまざまなレヴェルでの倒錯性を開花させたのではないだろうか。この章では大戦時のロンドンの享楽と絶望という合わせ鏡のような二面性を念頭におきながら、空襲時の人びとの性意識と女性の生活、また空襲時の文学作品にみられる幽霊物語について考えていきたい。まずロンドン空襲時における一側面である性的解放感に着目し、人びとの性に対する考え方の変化について見ていきたい。

1. 空襲時の性的解放感

　私たちはサイレンに何の注意も払わなかった。どうでもよかった。二人ともあのまま死んでも怖くなかった。でも空襲はいつまでも続いた。いつもの空襲とはちがっていた。新聞に出すことは禁じられているが、誰でも知っている。これは前から警告を受けて

いた新しい武器なのだ。……彼が行ってから二分とたたないうちに、表のほうに爆発が起こった。……私は階段を下りた。階段はがらくたや壊れた欄干で足の踏み場もなかったし、ホールは無残なありさまだった。はじめは私にはモーリスがみつからなかったが、やがてドアの下から彼の腕が出ているのをみつけた。私はその手に触った。それが死人の腕だったことを、私は誓うことができる。

グレアム・グリーン『情事の終わり』（田中西二郎訳）

　グレアム・グリーンの『情事の終わり』（1951）の核となるシーンの一節である。1944年の夏再開された猛攻撃で、ヒトラーは、新兵器V‐1号、V‐2号ロケット弾をロンドンに発射し、以後爆撃は戦争終了時まで続いた。その損害はブリッツ時に比べれば少なかったが、攻撃は無差別で、V型兵器は9200人を殺し、2万2千人を負傷させた。そのV‐1号で吹き飛ばされたアパートの中で、人妻セアラは自分が愛人モーリスとの情事をあきらめるかわりに、モーリスの命を助けてくれるように神に祈る。空襲下で自棄的に刹那的に互いを求める男女の姿が印象的に描かれているこの小説は、メロドラマ風恋愛（不倫）小説の傑作であり、またモーリスがセアラの秘密を追う探偵小説・ミステリーでもあり、またカトリック小説でもあり、また鮮烈に空襲時のロンドンの空気——配給の「八百屋と肉屋の行列の合間」にする逢引きなど——を感じさせる戦争小説でもある。

　「壁が壊れた」影響による空襲下での性的解放感は確実にあったようで、非嫡出子の数は急増した。戦時中、イギリスを通過したアメリカ兵とカナダ兵は175万人に達した。活気にあふれた大柄なアメリカ兵は、同じ階級のイギリス兵に比べて約5倍の給料をもらっていた。戦争が始まってから1945年の終戦までに、イギリス国内でアメリカ兵が生ませた子どもの数は7万人、アメリカ兵の正式な妻となった女性は2万人を数えた。また戦時中、30歳から45歳の独身女性が産んだ非嫡出子は従来の2倍に達した。混乱のただなかで、いくつかの壁が取り払われ、一部の抑制も消えてしまったのである。BBCで放映されたドキュメンタリーシリーズを単行本化した『人形の家を出た女たち』の中で、戦時中43歳で独身だったアイリーン・エインジェルは当時の様子をこう語っている。「何もかもすっかり変わってしまいました。誰

もが生きていて良かったと思い、何も考えなくなっていたのです。それにこの先どうなるかも分かりませんでしたし。そう、モラルなんて吹き飛んでしまいました。みんな一緒に避難所に寝ていましたし、慰めを求めて私のところに来る人もいました。つまり第二次世界大戦中は、みんな普通の生活の原則などとは無縁になってしまっていたのです。もちろん私はすでにかなりの年でした。ずっと年上で、十分に自立していました。家族はみんな疎開していて、私だけがアパートに残っていたんです。避難所ではみんな寄り添って生きていました。その意味はおわかりでしょう」。空襲という緊急事態により既存の価値観や道徳心が揺さぶられ、自分自身が思いもかけない方向に進んでしまうことを許容する空気があったことは確かだった。

　また非常に興味深いのは、大戦中のロンドンで、ゲイの人びとは、ヘテロセクシュアル以上に、性的パラダイスを享受していた、という事実だ。クウェンティン・クリスプ（ヴァージニア・ウルフ原作の映画『オルランド』で女装してエリザベス女王を演じている）の『裸の公僕』の中では、灯火管制下の暗い道端や公園でのアメリカ兵との性交渉、脱走兵や水兵たちとの交流が生き生きと描かれている。クリスプは、戦争が終わると、「平和が勃発してしまった…（Peace "broke out"…）」と嘆き、「いつ死んでもおかしくない」非日常の情熱的なロンドンの空気が失われ、自分たちの運命の不公平をまた感じなければならないことに恐怖を感じている。危機感の共有は、明白な階級区分も不鮮明にした。防空壕に大勢でつめこまれたときにお高くとまる者はいなかった。（アイル・オヴ・ドッグズの避難所には８千人が集まっているのに、目の粗い布で囲んだだけのトイレが男性用に６つ、女性用に６つあるだけだった。）配給のための行列待ちは不平等感を減らし、戦争のニュースは人びとの共通の話題になった。しかし、もちろん、明白な階級区分は幾分曖昧になっただけで、完全になくなったわけではもちろんなく、「ふわふわした綺麗な掛け布団とドレッシングガウンの吊るされたハリファックス卿専用」の防空壕の一角もあったことが記録に残されている（Crisp）。

2. 1930-40年代の女性の生活

　ここで少し時を遡り、大戦間の女性の生活に関して（主に『人形の家を出た女たち』を参考にして）簡単にまとめてみたい。第一次世界大戦が勃発すると家庭に閉じこもっていた女性は、軍需工場での労働などにかりだされ、なかには救急看護奉仕隊（ＶＡＤ）の未登録看護婦に志願する者もいた。しかし戦争が終わると、女性は戦地から戻った男性に仕事を明け渡して家庭に戻ることを強いられた。1930年代の女性に期待されたのは、家庭で満足することだった。1930年代に建設された新築住宅のほとんどはバスルームや屋内トイレがあり、温水シャワーが完備されていたが、郊外にたちならぶ真新しい住宅内で妻たちは孤独な思いにとらわれることも少なくなかったようだ。1938年に医学雑誌『ランセット』は、いわゆる郊外ノイローゼと呼ばれた新しい型の女性の神経症を取り上げている。大戦間、既婚女性の立場は依然として夫に依存していた。それは20年代から30年代の女性のファッションの激変にも暗示されている。30年代の女性のファッションは、20年代のフラッパー風のボーイッシュなラインのものから一転して、フェミニンなもの、「ロマンチック調」のものに移行していった。ウエストをしぼり、スカートの丈も長めのものが主流となった。体にそった女らしい型のブラウスやワンピースや、ヒダのあるゆったりしたドレープ・スカートに人気が集まり、つばのない斜めにかけてかぶる流線型のベレー帽などが上流階級の女性の定番アイテムだった。

　それでも、フェミニストたちが求めていた法律の改正によって、1937年には離婚法がさらに拡大され、夫による虐待や意図的に妻を捨てた場合には、それを理由にして初めて離婚が認められるようになった。それまでは、妻は夫の不貞を立証しなければならなかった。治るみこみのない精神病も初めて離婚理由のひとつになった。この法案の可決で離婚が急増、その数は既婚カップルの1.6％に達した。そんな既婚女性にとって大きな転機となったのが、第二次世界大戦だった。戦争のために女性の労働力が必要になると、かつてないほど大量の女性が労働にかりだされた。人手の足りない軍隊の仕事につき、火の番や救急車の運転など市民としての義務を果たした。国防婦人会へ

は100万人が登録した。お年寄りの食事の世話や移動炊き出しを行ったりした。軍隊や火災監視活動に加わり、傷病兵の輸送にあたる女性もいた。1941年、政府は、19歳以上40歳以下（後に50歳まで引き上げられた）の女性に戦時下の勤労動員登録を義務付けることに決定した。免除されたのは高齢者や、幼児や夫が家にいる人に限られた。戦時中に家庭と仕事を両立させることを学んだ女性は200万人に達した。大戦中は、服地も配給制になり、商務省は「実用本位の服」の規制を発表した。着るものは機能的な軍人ルックにかわり、肩パッドやタイトスカートが主となって、デザインもできるだけ少ない布地ですむものが取り入れられた。第一次世界大戦ではカーディガンが一躍人気を集めたが、第二次世界大戦では、モンゴメリー陸軍元帥のダッフルコートが流行した。

　しかしもちろん戦時中の自立や解放感を誰もが謳歌したというわけではなく、前線に夫を送り出し、子どもを疎開させ、空襲で家を焼かれたり、家族が離散するなかで銃後の妻たちの多くは貧窮と孤独に苦しみ、平時に戻ることを願っていた。爆撃による火事の影響で、家屋が予想以上に破壊され、多くのホームレスが街にあふれ、家と家具の不足は深刻だった。数人でひとつの家をシェアすることが頻繁になり、姑と一緒に住まねばならない主婦も少なくなかった。しかしこのような状況にあっても、大戦は女性に強い自信ももたらした。ヴァージニア・ウルフは、エッセイ「空襲下で平和に思いを寄せる」（1940）の中で、大戦時に女性ができることに関してこう述べている。「武器をもたずして、どれだけ自由のために彼女は戦えるのでしょう？　武器や衣服や食料を生産することによってです。けれども、武器なくして自由のために戦うには別の方法があります。知性によって戦えるのです。上空で敵を打ち負かそうと戦っているイギリス人青年の助けとなるであろう思想を生み出せるのです」。戦時中からの社会改良派フェミニストによる粘り強い闘いによって、1942年に提出されたすべての者が無料で治療を受けられる国家医療制度ベヴァリッジ・プランに、家族手当（1946年に直接女性に支払われるようになる）や女性のための国家医療の問題も組み込まれた。1945年に戦争が終わると、女性はまた元の領分——家庭——に戻ることを奨励される。基本的に戦後数年間は、家庭の再建を第一にしたいと思う女性が大半で、

1940年代は女性運動そのものは沈滞したままだった。

3. 家と幽霊

　ここでまた空襲下のロンドンに話を戻したい。シャロン・マーカスは、著書『アパートメント・ストーリーズ』の中で、19世紀ロンドンの一軒屋と対比させ、パリのアパートメントは、「私的空間と共同空間の境界線がぼかされている」と述べている。ロンドン空襲下の廃墟になった建物や、数人でシェアされたアパートメントや、防空壕は、プライベートとパブリックの間の壁が壊され、パリのアパートメントと同様に、両者の空間が交錯し曖昧にされた。そこは、「奇妙なもの」が生まれる格好の場所となり、また空襲下のロンドンの雰囲気がそれに拍車をかけた。創作上では、そこは幽霊話、恐怖話にはうってつけの異界化した舞台となった。しかし同時にそこは絶望的なまでのリアルな世界だった。ボウエン、ヘンリー・グリーン、ウルフなど当時の作家はこの矛盾を抱えた空襲下のロンドンという舞台装置を利用してそれぞれ独自の幽霊話やファンタジー要素のある作品を創作した。ボウエンは、当時の人びとの様子について語っている。

> 人々は恐怖によって恐怖を、ストレスによってストレスを打ち消すのです。麻酔をかけられ方向を失った現在に、過去が感情の荷を降ろすのです。探し求められているのは「私」なのです。少なからぬ苦痛の代価を支払っても取り戻されるべきなのは。……幽霊たちはどんな役割を果たすのでしょうか？　彼らは確かな実体なのです。……敵意があろうとなかろうと、不確かな「私」を回復させ、その空白を満たしてくれるのです。（山根木加名子訳）

　戦争という過酷な現実の下では、「幻想は無意識で本能的な救済手段」であった、とボウエンは述べる。過酷な現実に目をつぶり、幽霊の存在に心をゆだねることは、無意識のうちに力弱い少女や女性たちが行った現実逃避であり、本能的な自己防衛だった。

　自身がアイルランドのビッグハウスと呼ばれる屋敷の最後の継承者であったボウエンは、作品中でも自己の心の拠り所としての「家」の重要性をつね

に意識し描いている。次に述べるボウエンの短編も家にとらわれた主人公の悲劇的末路を暗示している。

> 蔦が階段をとらえ、吸い付いて上まで這い上がり、一見すると荒野が滝になって流れ落ちているような錯覚があった。蔦は階段上のところで絡み合い、ポーチの上にも下にもびっしりと生い茂っていた。さらに蔦は、二重式の玄関を持つ高い屋敷の半分全体を占め、地下室から切り妻屋根の先端までを覆いつくし、蔦が屋根を食い尽くしていると感じる人もいるだろう。(エリザベス・ボウエン「蔦がとらえた階段」)

常緑樹でありながら死を象徴する蔦は、家を覆いつくし外界からそれを守るように見えながら、同時に家に寄生し、その命を吸い取るモンスターのように描かれる。このパラドキシカルな家と蔦のイメージをとらえた「蔦がとらえた階段」のオープニングシーンは、戦争のトラウマから過去に生き、また過去によって半死状態で苦しみ続けねばならない主人公の心の葛藤を見事に象徴している。

家は、実際に生きているものであり、外界から私的領域を守り、隠してくれるものである。その一方で、同時に家は公的空間と私的空間を遮断し、ときには住む者を息苦しくさせる牢獄としての役割も果たす。ここでイギリス小説における「家」と「幽霊」の歴史を簡単にさらっておきたい。イギリスの恐怖小説の元祖は、18世紀にホレス・ウォルポールにより書かれた『オトラント城』(1765)という中世の城を舞台にしたゴシック小説であるというのが今日の定説になっている。以後、この本を模倣した、またそれに刺激されたゴシック小説が次々と慣行された。アン・ラドクリフ夫人の『ユドルフォの怪』(1794)、マシュー・グレゴリー・ルイスの『マンク』(1795)、マチュリンの『放浪者メルモス』(1820)などが、その中で突出した作家として記憶されている。このようにして半世紀ばかりの間に起きたゴシック小説の大センセーションがおさまると、イギリスはヴィクトリア朝に入り、ディケンズ、ブルワー・リットン、ギャスケル、レ・ファニューなどが描くロンドンの一軒家を舞台にした幽霊話が1850-1870年の間に少なくとも100話は出版され、大人気となる。近代科学の台頭と、その裏では中世以来の暗い迷信を科

学が完全には払拭しきれない過渡期であったという時代的要因も大きかった。マーカスは、「ゴシック小説は、時代や場所が実際のものと距離をとって設定され、しばしば中世貴族の屋敷、もしくはその廃墟が舞台となる。その屋敷内の迷路、一族の秘密などに焦点が当てられ、幽霊が現れるまえにすでに不吉な過去や謎の暗示が打ち出される事が多い。それに対し、ヴィクトリア朝の幽霊話は、同時代の中流階級のロンドンの家が舞台で、その退屈で平凡な日常が幽霊によって壊されるという設定が多い」と、ゴシック小説とヴィクトリア朝の幽霊短編の違いを簡潔に指摘している。

　ボウエンは、廃墟と過去への呪縛というゴシック的伝統と、ロンドンの中流階級に現れる幽霊というヴィクトリア朝的テーマの両方を受け継ぎながら、実際に大戦間を生きたものとしての実感をこめ、「目に見えない幽霊」に怯える人びとを描いた。代表作「悪魔の恋人」（1944）は、過去からの、自分の心の闇からの、自責の念からの復讐というテーマである。8月末、空襲下のロンドンで、疎開先から閉め切っていた自宅を久々に訪れた44歳のドローヴァー夫人は、「死んだような空気に迎えられて」薄暗い室内に入った。そこで、ホールのテーブルの上に置かれた切手のない手紙に目を留める。それは、25年前の夏、「待っていてくれ」とだけ言い残して第一次世界大戦の戦場へ去り、行方不明、おそらくは戦死したものとされていた彼女の昔の恋人からの手紙だった。死んだ恋人は幽霊になって帰還し、ずっと彼女を監視しているのではないか、と夫人は怯える（冒頭でも、ラストシーンでも、「見る／見られる」ことが多く示唆される）。すべてが神経症による夫人の妄想劇なのか（第一次世界大戦のトラウマ的経験を第二次世界大戦の8月の同じ時期に何らかの拍子に思い出し、精神異常にいたったか）、それとも夫人の性的抑圧から生じた性的願望のあらわれなのか（彼女の疲労しきった様子や外見から現在の無味乾燥な性生活が推測される）、または、生死を曖昧にされた恋人が実は生きていて報復するために25年の時を隔て実際に舞い戻ってきたのか——このように、この作品はさまざまな解釈が可能である。混乱し、疲れ切ったドローヴァー夫人は、「無表情にうずくまり」、「すでに準備して、彼女を待っていたような」街角のタクシーに乗り込み、ほっとする。

仕切りをはさんで運転手と乗客は、6インチに満たぬ近さで、目と目を永遠に見交わしていた。ドロヴァー夫人は、数秒間、口をあんぐり開けたまま、それからやっと最初の悲鳴が上がった。そのあとは見境なしに叫びつづけ、手袋の手でタクシーの窓という窓を叩いて回ったが、タクシーは非情にもアクセルを踏み、彼女を乗せたまま、人通りの絶えた道路のそのまた奥地に入っていった。

「道路のそのまた奥地」が「幽霊」の導く死の世界なのか、ドローヴァー夫人の狂気の世界なのか、または「悪魔」の恋人の待つ「異界」のような現実のロンドンの街角なのか、謎は謎のまま読者に放り出される。しかし不気味に鬱屈した戦時下のロンドンの一側面が、狭い閉め切った家屋と2度の大戦を経験した、現実生活で行き場を失った一夫人の心理の中で、さまざまに展開されるのを見ることができる。

「幻のコー」では、うってかわって18歳のヒロイン、ペピータは、月光に照らされ輝く夜のロンドンを、次の日戦場に戻ってしまう恋人アーサーと一緒に歩いている。月光下のロンドンは魔力的な美しい別世界へと変身している一方で、視界がよくなり爆撃には最適な、非常に危険な状態でもある。ペピータは生還することのないかもしれないアーサーと一緒にいられる時間の貴重さに感謝し、ゴースト・シティ「幻のコー」にいますぐ行きたい、と願う。「コー」はライダー・ハガードのベストセラー小説『洞窟の女王』(1877)に出てくる月の砂漠を思わせる架空の都市の名から取られている。「コー」は、ペピータの想像上の街であり、彼女の寂しい心の逃げ場所であり、彼女に必要なファンタジーである。そこは、ずっとアーサーと二人でいられる、と信じることができる場所なのだ。ペピータは友人コーリーと、狭いアパートメントをシェアしているため、家では恋人同士二人きりにはなれない。孤独なコーリーは、会ったこともない友人の恋人アーサーに妄想の中で恋心を抱き、アーサーが自分を好きになってくれることを望んでいる。コーリーは中々帰ってこない二人の帰りを楽しみに独りきりで待っている。二人が帰ってきた後、狭いベッドで別々の妄想を繰り広げるペピータとコーリー、ソファで眠るアーサー3人の姿は、切なく孤独だ。またこの淋しいラブストーリーは、ボウエン特有のブラック・コメディの味も含まれてい

る。アーサーは「戦争が戦争だけじゃすまないことをみんな忘れてるよ。それは人の日々の生活から奪われた年月なんだ、過去にも、これからも、もう絶対に経験できない年月のことなのに」とコーリーに語りかける。戦争によって奪われた平穏な日常はもう再び元の形で戻ってくることはない。ボウエンが「レジスタンス・ファンタジー」と自ら呼んだこの短編集の目的のひとつ、戦争批判が、戦場に再び駆り出されるアーサーの言葉に鮮明に表されている。

4. まとめ——最初の死ののちに

壁と建物は貝殻のように口を閉ざしている。
その貝殻を耳にあてれば…
遠くの星にこの都市が身を装ううちにも幾たびかの夜が明け、
日が暮れる。

J・F・ヘンドリー「空襲を前にしたロンドン」

　この章は、1940年から45年のロンドンが舞台である。混沌とした、非常に特異な状況のロンドンに焦点を合わせた。壊れた壁の中で、人びとは本能的・動物的恐怖を感じ、絶望にうちひしがれ、無意識のうちに逃げ場所を求め、苦しんだ。しかし同時にその恐怖心の裏返しか、またはその反動か、非日常のロンドンでは、一部の人びとの性意識は大きく解放された。また多くの女性は戦争のために家から出て働くことを余儀なくされ、女性の社会参加の意識が強まった。空襲により人びとの私的・公的不安は入りまじり、また物理的にも家が壊され、私的空間と共同空間もごちゃまぜにならざるを得なかった。その混沌とした状況すべてを背景にしながら、当時の作家たちは廃墟を舞台装置として利用し、幽霊話を創作した。幽霊譚に限らず、ジョージ・オーウェルやハロルド・ニコルソンは詳細な空襲下のロンドンに関する日記を残している。また写真家ビル・ブラントの写真や彫刻家ヘンリー・ムーアのデッサン・シリーズにより、爆撃されたロンドンの様子がうかがえる。同時に、ディラン・トマス、イーディス・シットウェルなど多くの詩人によ

って、詩の中でもロンドン爆撃は描かれている。次にあげるのは、ディラン・トマスの焼死したロンドン娘に捧げる詩の最終連である。

　ふかく、最初の死者たちとともに横たわる、ロンドンの娘。
　長い友に、時を超えた穀粒に、
　母の暗い静脈に、つつまれ、
　流れゆくテムズ河の
　悼まぬ水のほとりで、ひそか。
　最初の死ののちに、死はもはやない。
　　　　「火によって命を落としたロンドンの娘の追悼をこばむ」(1946、武藤浩史訳)

　ドイツ空軍によるロンドン爆撃では、老人や赤ん坊、子どもたちの多くが犠牲者となった。ディラン・トマスの詩は、いたいけな少女の焼死という言語を絶した出来事に直面して、ありきたりな追悼行為を拒否しながらも、より深いレヴェルで、テムズ川の不変の流れのほとりに彼女をひそかに横たえることで、少女の運命を嘆き悲しむ。単なる弔いの言葉や涙ではなく、大地に抱かれた永遠の命をぎりぎりの状態で想像することによってその死を悼んでいるのだ。爆撃で破壊され瓦礫の焼け跡と化したロンドンを背景に、怒りや苦しみを写実的に描くだけにとどまらない幻想的な瞑想詩。悲惨な戦争の現実を見すえつつ、そこから生まれる悲惨さを超えた夢幻の中で、戦時下のロンドンが描かれ記される。現実と夢、絶望と享楽、闇と光、さまざまな二重性を内に含んだ空襲下のロンドン。第二次世界大戦時の英国社会の諸相には、今につながる興味深いテーマがたくさん秘められている。

　　　　　　　　　　　　　　　　　　　　　　　　　（甘濃　夏実）

推薦図書

Elizabeth Bowen, *The Collected Stories of Elizabeth Bowen*. London: Penguin, 1983.
Stephen Inwood, *A History of London*. London: Macmillan, 1998.
Lyndsey Stonebridge, "Anxiety at a Time of Crisis," *History Workshop* 45 (1998): 171-182.

第Ⅲ部

イギリス・帝国・ヨーロッパ

＊

　20世紀前半のイギリスの帝国史は、まず、緩やかな連邦へと新たに編成される「帝国＝コモンウェルス体制」によって特徴付けられる。と同時に、この大英帝国は、どこと特別な関係や親密な絆を結ぶのか――ヨーロッパ大陸諸国か、または、アメリカその他の世界か――といった問題をもかかえていた。ヨーロッパ中心の国際関係を超えてよりグローバルな空間に開かれていったイギリスの帝国は、重層的に矛盾あるいは分裂する存在だった。
　このようなイギリスの存在が、従来のように、ひとつの統一体としての国民国家としてはとらえられないものだとするなら、これまでの歴史観や時代区分を支えてきた、文化／政治、社会主義／ファシズム、宗主国／植民地、さらには、事実／表象、作品／研究といった単純な二項対立が、再吟味されることになろう。まず、ロンドン郊外で開催された大英帝国博覧会とプリンス・オヴ・ウェールズのインドを超えた帝国ツアーの２つを、同じ帝国の見世物としてとらえる第９章では、国民国家の境界をさまざまに横断する大英帝国のグローバリズムの一端が、概観できるだろう。次章では、イギリスのファシズムが、ヨーロッパその他の世界とどのような政治的・文化的な交渉を持っていたか、その答えを、人種の退化と戦う優生学のみならず、ボディビルダーの筋肉美と健康を培養する文化に探ろう。ここでは、大英帝国の社会主義的再建というより人種的再生が問題となる。第11章は、植民地の問題を、新たにジェンダーと言語といったポストコロニアル批評の問題から考え直す。具体的に取り上げるのは、パリで美術を学ぶあるデンマーク人女性が大英帝国の移民政策にのってアフリカへ移住する話、そして、西インドすなわちカリブ海の植民地出身の女流作家が描くパリで泣く女の話。続く第12章では、「英文学」を再考してみよう。ただし、取り上げる対象は、作家・作品ではなく、その研究・制度のほうになる。「イングランド性」といった国内の文化伝統の創造と植民地政策の共犯関係、および、イギリスとアメリカ２つの帝国の衝突が、論じられる。最終章は、「英文学」の「偉大な伝統」を代表するＤ・Ｈ・ロレンスのテクストを、あるスパイ小説を補助線（サブテクスト）として使いながら、重層的異種混交的な帝国という観点から読解してみる。人種退化、アナーキズム、ユダヤ人陰謀説といったヨーロッパの帝国主義に関わる言説が、メトロポリスの退屈や麻薬の文化と、また、太平洋世界の自治領(ドミニオン)やアジア系移民の表象と、密かにつながっているいくつかのポイントに目印をつけてみよう。

（大田　信良）

第9章

帝国の見世物

―― プリンス・オヴ・ウェールズの海外ツアーと
　　大英帝国博覧会

　ジョーゼフ・コンラッドの小説『闇の奥』(1902) で、マーロウというイギリス人が、さまざまな色の塗られたアフリカ大陸の地図を眺めている――「目立って広いのは赤だ。いつ見ても気持ちがいい。本当の仕事がそこで行われていることを示しているから」(第1部)。この地図は、19世紀末にヨーロッパ列強がアフリカの土地を奪い合った「アフリカ争奪 (Scramble for Africa)」の様子を映し出している。赤い印はイギリス領である。植民地の拡大を示す地図と、それを満足げに眺めるイギリス人の姿は、帝国主義という言葉を聞いたときの一般的なイメージに近いかもしれない。だが、20世紀前半のイギリス文化を学ぶためには、支配／服従の上下関係とは少し違った大英帝国のあり方も視野に入れる必要がある。

　そこで1枚の広告を見ていただきたい (図1)。これは、1924年にロンドン郊外のウェンブリーで開催された大英帝国博覧会の、1925年版の公式ガイドブックに掲載されたものである。この「ナショナル・ベンゾール・ミクスチャー」という商品名の自動車燃料にはベンゾールつまりベンゼンが50％含まれる、と謳われている。ベンゼンとは石炭を乾留してコークス (発熱量が高く蒸気機関車や鉄鋼業で使用) にしたときの副産物で、ガソリンの燃焼性能を高める基剤であった (現在は環境に配慮して使用を規制)。そして上の方には、「南アフリカで王子に同行」という言葉と、イギリス海軍の帽子をかぶったプリンス・オヴ・ウェールズ (のちのエドワード8世) の顔写真。彼は

海軍兵学校で学んだ後、第一次世界大戦時にイギリス海外派遣軍の一員として戦地へ向かった。写真の下には、プリンス・オヴ・ウェールズの南アフリカ訪問の際にこのガソリンが「独占的」に使われると記されている。では、ここに確認される王室、南アフリカ、イギリス製品、そして大英帝国博覧会のつながりから、いったいどのような帝国のあり方が見えてくるだろうか。本章では1925年のこの広告を起点とし、帝国内をツアーするプリンス・オヴ・ウェールズに注目しながら、さまざまな問題に直面して変容する大英帝国の姿を追ってみたい。

図1　広告に見られる大英帝国

1. イギリス国内事情と消費文化

(1) 叙位式とロイド＝ジョージ、ウェールズとアイルランド

　1894年、のちのジョージ5世の長男、王子エドワードが誕生する。彼が第一位王位継承者としてプリンス・オヴ・ウェールズの叙位式に臨んだのは、父が王位に就いた1910年の翌年7月のことである。実はこの式典は過去300年以上執り行われていなかった。それを復活させた中心人物が、ウェールズ出身の政治家ロイド＝ジョージである。彼は「ウェールズ人たちの国民的プライドを満たし、政治的サポートを勝ち取るチャンス」と見て、ウェールズ北西部のカーナーヴォン城にて叙位式の準備をした。さらに彼はエドワードにウェールズ語で述べる答辞も教えたという（Ziegler）。

　ウェールズ人たちの前でウェールズ大公──プリンス・オヴ・ウェールズの「プリンス」は君主という意味──となったエドワードだが、この式典の由来は13世紀末のウェールズ征服まで遡る。ウェールズ大公国をイングランド王国の直轄領としたエドワード1世は、1301年に反乱を抑える目的で、エドワード2世となるウェールズ生まれの王子をウェールズ大公とする。その

約600年後、300年以上途切れていた叙位式が、教育と宗教をめぐりウェールズが自治権拡大を求めるなか、当地出身の政治家の手を通して「正しく」（再）創造される。儀式の執り行われたカーナーヴォン城は、エドワード2世生誕の地であった。

　政治家として歩み始めた頃のロイド゠ジョージはウェールズの自治権拡大を目指す運動の先頭に立っていたが、要職に就き出してからは、ウェールズ問題とのかかわりが薄くなっていたとされる。だがそのかわりに、彼が重要な役割を担ったのは、20世紀最初の20年間のイギリス（グレイト・ブリテンおよびアイルランド連合王国）における懸念事項のひとつ、アイルランド問題であった。独立を目指すシン・フェイン党が活動を活発化させる一方で、アルスター（北アイルランド）地方のプロテスタントは武力による対抗を開始する。この内乱の危機の中で、ロイド゠ジョージはアルスター地方をアイルランド自治法の適用範囲から一時的に外す妥協案を提示し、それは第一次世界大戦勃発後の1914年9月に議会を通過する。だが、1916年4月24日のイースター蜂起に対するイギリス側の厳しい弾圧を契機に民族主義運動はさらに加速。1918年にシン・フェイン党はイギリス下院選挙で議席を獲得するも登院を拒否し、アイルランド独自の議会を召集。翌年には独立戦争に突入。激しい武力抗争の後、1920年12月に北部6県以外の地域に自治を与えるアイルランド統治法が制定された。1921年7月に停戦、アイルランド国民議会代表と首相ロイド゠ジョージの交渉の結果、1922年に北部6県を除くアイルランド自由国の誕生となる（アイルランド問題および「アングロ・ケルト」については序章を参照）。

(2) アメリカン・プリンスとイギリスの民主化

　叙位式を通してプリンス・オヴ・ウェールズの「創られた伝統」（第12章、およびエリック・ホブズボームほか編『創られた伝統』を参照）に組み込まれた王子エドワードだが、一方で彼は話題性に富んだ、新しい物好きの人物であった。それはアメリカへの強い関心に表れている。その一例として、1929年に父ジョージ5世から譲り受けたお気に入りのカントリーハウス、フォート・ベルヴィディアがある。18世紀半ばに建てられたこの大邸宅の外見はゴ

シック調だったが、室内にはプリンス・オヴ・ウェールズの希望でアメリカの現代的な設備が据えられた。1951年に出版された彼（この後述べる経緯でエドワード8世の王位を退いた後、ウィンザー公となる）の回想録『国王物語』(The Duke of Windsor, *A King's Story*) には、「空間と古い壁が許す範囲で、私が新世界［アメリカ］で体験し享受した便利な設備をできるかぎり導入した。ほぼすべての部屋にバスルーム、シャワー、スチームバス、作り付けの食器棚、セントラル・ヒーティングなど、つまりイギリスの邸宅には当時ほとんどなかった、いわゆる近代的設備の数々がある」と記されている。ちなみにこの建物は、1936年末の有名な王位放棄をめぐる大混乱の舞台となった。1936年1月に王位継承したエドワードだったが、離婚歴があって現夫とも離婚訴訟中のアメリカ人シンプソン夫人との結婚が問題となった。結局彼は結婚を選択し、フォート・ベルヴィディアで首相ボールドウィンと最後の会見をして、退位勅令に署名する。

　王室のメンバーとしてエドワードはイギリスの伝統と文化の体現を求められたが、私生活ではキャメルの煙草、フォード社のリンカーン、コダックのカメラなどアメリカ製品を愛用した。このようなアメリカとの近しい関係を、大戦間期イギリス社会の民主化という文脈につなげてみよう。J・B・プリーストリーは「［第一次］大戦後の新しいイングランド」を、アメリカ発の雑貨チェーン店ウルワースによって象徴させた。アメリカ的とは安さであり、低俗化・大衆化・商業至上主義を意味した。アメリカを発信源とする新しい文化は、映画、バラエティ・ショー、ジャズなどのポピュラー音楽であった。プリンス・オヴ・ウェールズはアメリカで流行していたチャールストンを踊る姿をニュース・フィルムに撮られた (Robbins, ed.)。

　アメリカ好みに見られるプリンス・オヴ・ウェールズの柔軟さは、このようなイギリス消費社会の変化の象徴とも言える。彼は「プリンス・チャーミング」の愛称とともに大衆的な人気を博した。BBCのラジオ放送にもたびたび出演し、商品広告にも登場した。その一例である「ナショナル・ベンゾール・ミクスチャー」の広告では、商品の信頼性がプリンス・オヴ・ウェールズという王室の広告タレントによって高められる。と同時に（父ジョージ5世の堅苦しさと対照的な）彼の若々しさは、まさに20世紀の移動手段であり

大衆化が進む自動車の燃料の広告にとってふさわしいイメージともなっている。

2. 帝国の変容

イギリス国内の消費文化に続いて、帝国の観点から1925年の広告の歴史的文脈を確認しよう。

(1) ボーア戦争と南アフリカ連邦

まずは南アフリカについて。ケープ植民地とナタール植民地を保持していたイギリスは、1899年から始まった第二次ボーア戦争でボーア人側（オランダ系移民の子孫）の抵抗、とくにゲリラ戦に苦しんだが、1900年にロバーツ将軍を総司令官に任命して形勢が逆転、1902年に勝利を収める（序章を参照）。同年5月のフェリーニヒング条約でトランスヴァール共和国およびオレンジ自由国をイギリス直轄の植民地に。そして1910年にはケープとナタールを加えた4つの植民地が統合され、自治領として南アフリカ連邦が成立する。

植民地と自治領のもっとも基本的な定義を述べておくと、前者では、イギリスが法律を定めて税金を徴収して支配する。自治権はなくても現地の住民に現地政府の議席が与えられていることもある。一方、イギリスからのいわゆる白人移住者たちを中心とした自治領では、領域内の自治は認められる。もっとも、外交および防衛政策などに関してはイギリスに決定権がある。後述するように、この自治領の地位や帝国内貿易の関税、防衛費の負担などをめぐってイギリスとの間に次第にひずみが生じる。

プリンス・オヴ・ウェールズは1925年5月から7月にかけて南アフリカ連邦を訪問するわけだが、自動車燃料の広告に戻る前に比較をかねて図版を1枚見てもらいたい（図2）。これはイギリスの有名な牛肉エキス商品ボヴリル（Bovril）の、同じく南アフリカを舞台とした1900年の広告である。キャプションの「今年最大の出来事」とは、上述したボーア戦争での形勢逆転のこと。ケープ植民地のキンバリーから、ロバーツ総司令官率いるイギリス軍が制圧したオレンジ自由国の首都ブルームフォンテーンまでの行軍を地図

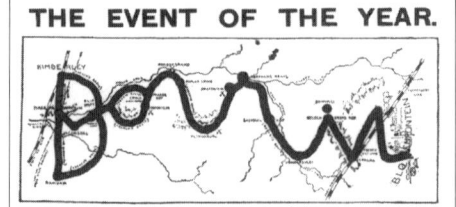

図2　南アフリカを背景としたボヴリルの広告（1900）

に書き込むと、"Bovril" という商品名が浮き出てきたという——「この驚くべき偶然は、南アフリカ方面作戦を通じてすでに明白となっていたボヴリルの万能性のさらなる証明である」。地図に印を付けることによる支配の主張、またその印を見ることによる満足感は、冒頭で紹介した『闇の奥』のマーロウの姿を思い起こさせるだろう。この広告の「驚くべき」指摘によれば、大英帝国を守ったのはロバーツ総司令官に加えて、イギリス兵の体力と士気を高めた牛肉エキスだったということになる。同時にこれは、イギリス領となる南アフリカ地域全体でのイギリス商品ボヴリルの販売促進＝征服を予言しているのか。またこの広告を見たイギリス国内の人びとは、ボヴリルを飲んで屈強になることを期待するだろう。このあとボヴリルの広告は、ボーア戦争時の入隊検査で発覚した国民の虚弱な身体への対処、つまり退化の克服（序章および第10章を参照）と帝国防衛というメッセージを発信し続けていくことになる。消費文化と帝国主義の見事なまでの連携である。

　この1900年の広告が発するメッセージと比較すると、25年後の自動車燃料の広告の特徴がよくわかる。「南アフリカで王子に同行」の下の文を読んでみよう。「南アフリカ連邦政府との合意によって、ナショナル・ベンゾール・ミクスチャーは、南アフリカを幅広く周るプリンス・オヴ・ウェールズ殿下の車に加えて、殿下ご一行のすべての公用車に、独占的に使用されることとなっている」。この宣伝文句が主張しているのは、本商品は「殿下ご一行」に「独占的」に使われるほど信頼できる、つまり快適で安全な旅行を保証するということか。だがそれだけではない。ここに確認されるのは、ボヴリルの広告が伝えるような支配／服従の関係ではなく、民間企業と公的機関との、そしてイギリスと南アフリカとの、政治的経済的な協力体制である。

(2) 「帝国=コモンウェルス体制」としての大英帝国

　ここでは２つの広告の違いを、19世紀末から20世紀初頭の四半世紀におけるイギリスと植民地および自治領との関係の変化、つまり大英帝国再編の動向に関連づけてみよう。帝国内で独立や自治権拡大の要望が強まるなか、イギリスはどのように対応したのか。

　帝国再編の中でもっとも動きが早かったカナダでは、1867年７月に連邦国家としての自治領カナダが誕生している。オセアニアでは、1901年に６つの植民地を州とするオーストラリア連邦が、1907年には自治領ニュージーランドが成立。同じく1907年にニューファンドランドが自治領に、そして1910年には南アフリカの植民地が連邦となる。

　1907年には、1887年から開かれていた植民地会議を改称した帝国会議が開催される。この会議では、帝国の中央集権的な支配構造ではなく、会議メンバーである自治領とイギリスとの間に、ゆるやかな共同体の協力体制を形成する方向性が打ち立てられる。

　この帝国再編の動きは第一次世界大戦によって加速する。広告「ナショナル・ベンゾール・ミクスチャー」のプリンス・オヴ・ウェールズが、第一次世界大戦での彼を想起させるイギリス海軍の帽子をかぶっていることに注目しよう。イギリスにとって、第一次世界大戦は初めて徴兵制を敷いた総力戦であり、ヨーロッパにおける覇権をかけた戦いであった。だが同時に、それは帝国としての戦争でもあった。1914年８月４日のジョージ５世による対独宣戦の後、670万人のイギリス軍に植民地自治領からの250万人の軍が加わる。

第一次世界大戦でのイギリスと自治領の海外派兵と犠牲者

	1914年の人口概数	海外派兵数	死者および不明者数
イギリス	46,000,000	5,000,000	705,000
カナダ	8,000,000	458,000	57,000
オーストラリア	5,000,000	332,000	59,000
ニュージーランド	1,100,000	112,000	17,000
南アフリカ（白人のみ）	1,400,000	136,000	7,000

出典：Judith M. Brown and Wm. Roger Louis (eds.), *The Oxford History of the British Empire: The Twentieth Century* (1999), p.117. なお、戦死者数は推定によるしかないため、複数の説がある。

これは帝国内協力体制の重要性を再認識させたが、厳しい戦争を戦い抜いた帝国諸地域では、戦争協力と引き換えに自治権拡大および独立への要望が高まることとなる。

そしてイギリス国内がゼネストに揺れる1926年、帝国会議にて南アフリカ連邦は、独立が正式に認められなければ帝国から離脱すると宣言。アイルランド自由国は、自治領の地位が国家独立と同等であるとの認識の確認を求める。こうした流れに対し、前首相バルフォアを委員長とする帝国関係委員会が討議した結果、次のような定義──「半分ごまかし、半分現実の認識」と揶揄もされる妥協案──を含むバルフォア報告書が合意される──イギリスと自治領は「地位において平等であり、王冠への共通の忠誠心によって結びついてはいるが国内あるいは国外問題のいかなる点においても他に従属せず、英領コモンウェルスの一員として自由意志で結合する」。インドのような植民地および保護領は従来通りの帝国にとどまり、そして自治領は英領コモンウェルスの一員になるという、2層構造のいわゆる「帝国＝コモンウェルス体制（The Empire-Commonwealth）」がここに形成される。

以上の背景を確認することによって、1925年の広告が「帝国＝コモンウェルス体制」へと変容する大英帝国の姿の文化面での表れだと理解されるだろう。そこには王室と経済活動を媒介にした、英領コモンウェルス内の連携が記されている。ここでは比較のためにボヴリルの広告を取り上げたが、ちなみにこの商品の原料となる安価な牛肉は、アルゼンチンから輸入されていた。1925年8月に訪問先の南アフリカを発ったプリンス・オヴ・ウェールズは、次に大西洋を横断してアルゼンチンへ向かっている。その第一の理由は、3年前に大統領がロンドンを訪問したことへの返礼だが、もうひとつの理由は貿易にあった。アルゼンチン市場においてイギリスの占める割合は、第一次世界大戦後に大幅に減少していた。前掲の回想録『国王物語』によれば、「政府が期待したのは、私の訪問によって国民の熱狂が生じればわが国の貿易の伸びに大いに貢献するだろう、というものだった」。このようないわゆる王室外交でプリンス・オヴ・ウェールズが担った役割は注目に値する。そこで次に、変容する帝国内をツアーする彼の活動を追ってみよう。

3.「帝国の外交官」プリンス・オヴ・ウェールズ

　大英帝国の統一的な象徴として、王室のメンバーは遠い帝国の人びとの前に姿を見せることを期待された。帝国への最初の公式な王室ツアーは、ヴィクトリア時代のプリンス・オヴ・ウェールズ（のちのエドワード７世）によるインド訪問（1877）だった。またジョージ５世も即位後の1911年にインド皇帝として当地を訪れている。だがその長男のエドワードこそ、「帝国の外交官」と呼ばれるにもっともふさわしい人物であった。

(1) 帝国の一体化とコスプレ・プリンス

　エドワードは1919年のカナダ訪問を皮切りに1925年まで、25歳から31歳の間の４回の公式なツアーで45の国や植民地を訪れ、地球６周分に相当する15万マイルを移動した。この「帝国の外交官」の使命は、前節で述べたように揺らぐ帝国に統一をもう一度もたらすこと、「大英帝国という考えを再活性化すること」だった。ここにも首相ロイド＝ジョージが一枚絡んでいる。1919年の最初のツアーは、「人気者のプリンス・オヴ・ウェールズがお姿を見せれば、重々しい雰囲気の帝国会議を何回も開催するよりもうまいこと帝国内の不和が収まることだろう」という彼の見解を受けたものだった（James）。

　プリンス・オヴ・ウェールズは訪問先で帝国の統一を演じて見せることになるのだが、それはそれぞれの土地特有のコスチュームを身につけることによってであった。南アメリカではソンブレロをかぶり、カナダでは先住民の羽飾りを頭につけ、オーストラリアでは炭坑労働者の作業着のカバーロールズに身を包み、インドではターバンを頭に巻いた。彼は訪問先のスタイルに馴染んだ姿を見せる――見世物になる――ことによって、文化を通したソフトな支配としての「帝国＝コモンウェルス体制」を体現したのである（図３）。

(2)「帝国＝コモンウェルス体制」の亀裂

　帝国の連携を自らの身体で変幻自在に視覚化するプリンス・オヴ・ウェ

図3　1920年カナダにて　　　1921年インドにて

ールズだったが、しばしば訪問先で現実とのギャップに直面することになる。前掲の回想録によれば、彼は南アフリカ連邦でボーア人共同体の抵抗を目の当たりにした。あるボーア人の閣僚は、自分がイギリスからの王子に同行する姿を公に見られることを拒んだ。ボーア人の2つの共和国を攻撃したイギリス人を許さないし、この苦々しい思いは何世代経っても消えない、と伝える者もいた。イギリスが"Bovril"の文字で地図に書き込んだような勝利の記憶は、帝国に組み込まれたボーア人たちの意識には、戦争の傷としてたしかに書き込まれていた。

　だが、プリンス・オヴ・ウェールズは植民地インドにおいて、南アフリカ訪問時以上に「帝国＝コモンウェルス体制」の亀裂に向き合うことになる。彼は1921年10月から翌年6月にかけて、インドを経て日本にいたるアジア・ツアーへと出かけている。日本訪問は前年の皇太子裕仁のイギリス訪問を受けてのものだが、1902年締結の日英同盟の破棄が決まった後の微妙な時期だった。1921年11月から翌年2月のワシントン会議で、日英同盟は太平洋地域の新たな情勢に対応する英米日仏の四ヶ国条約（Four-Power Pacific Treaty）に代わった。また日英両国（そしてアメリカ）は、中国での権益をめぐって対立もしていた。もっとも、このような状況が日本滞在時に大きな影響を与えることはなかった。より重要なのは、インドでは1922年前後に激

しい反英運動が展開していたという背景である。

　第一次世界大戦でインドは帝国内で最大の兵力と戦費を負担し、110万人も海外派兵を数えた。この戦争協力の見返りとして、すでに発展していた民族運動は戦時中から自治への声を強めた。これに対してインド担当相のエドウィン・モンタギューは、懐柔策として、段階的に責任政府を実現するという「モンタギュー声明」を1917年8月に出す。翌年7月にはインド総督チェルムズフォードと共同で改革案を提示し、1919年にはインド統治法が制定されるが、これはイギリスによる支配構造を根本的に変えるものではなかった。そのうえ、同年にイギリスは民族運動の抑圧を強化するローラット法を施行。ガンジーたちは非暴力抵抗運動（サティヤーグラハ）で激しく抗議する。そうした動きのひとつ、アムリットサルでのデモにおいては、イギリス側ダイヤー将軍率いる軍が武器を持たない群集に対して警告なしに発砲し、公式の発表では死者379人、実際は1500人以上の死傷者が出るという象徴的な事件につながる。その後、反英運動はさらに高まり、プリンス・オヴ・ウェールズの訪問時の1921年末から1922年初頭にかけてストライキの波が最大に達する。アラハーバードにやって来たときには、12万人の住民に対して迎え出たのは1000人にも満たなかった。ヴァーラーナシーの大学では、学生たちが式典をボイコットした。

　このように、プリンス・オヴ・ウェールズのツアーは「王冠への共通の忠誠心」で結びつく「帝国＝コモンウェルス体制」の実践だったが、しかし同時にそれは、「半分ごまかし、半分現実の認識」の妥協案の矛盾をさらけ出す契機ともなっていたのである。

4. ウェンブリーの大英帝国博覧会

(1) ロンドンに帝国を持ってくる

　プリンス・オヴ・ウェールズの海外ツアーが、イギリスの象徴としての王室を帝国の人びとに見せることで一体化を目指していたならば、同時期のイギリス国内では、帝国全体を国民に見せる国家イヴェントが催されていた。それが1924年にロンドン郊外のウェンブリーで開催された大英帝国博覧会で

あった。この博覧会は、会場内に帝国すべての植民地および自治領のパビリオン（それぞれの土地の代表的な建築物を模した建物）を設けた最大規模のものとして名高い。初年度の1924年と再開催された翌年の2年間で、来場者数は2千7百万人を超えた。ジョージ5世が開会式でスピーチをし、その声は初めて全国にラジオ放送された。さらにそのスピーチはすぐさまレコード化され、帝国各地へと送られた。ウェンブリーに響いた国王の声は、テクノロジーの力を借りて国内と帝国を結び付けた。

「ファッショナブルではない」北ロンドン郊外の216エーカーもの広大な会場には、のちにサッカーのイングランド代表チームのホームグランドとして有名になる帝国スタジアム（ウェンブリー・スタジアムと改名）が建設された。国王によるスタジアム完成のテープカットの後、最初の試合としてＦＡカップ決勝が1923年4月28日に行われる。これには、国民の関心を翌年開催の博覧会へと向けさせる目的があった。試合当日、観客たちはロイヤル・ボックスから観戦する国王を、国歌の合唱でもって称えたという。このようにして帝国スタジアムは、サッカーという庶民の楽しみと王室と帝国を結びつける象徴的な場となる。

1924年の公式ガイドブックは冒頭で、上流階級の子弟によるかつてのグランド・ツアーと大衆化した大英帝国博覧会の観光を較べている。グランド・ツアーは恵まれた裕福な一握りの人びとのものであって、ヨーロッパをちらっと見てくるだけのために2、3年もかけた。それがいまでは、たった18ペンスで大英帝国全体が見られるのだ、と──「ウェンブリーは達成の頂点にある大英帝国の姿を見せてくれる。博覧会を訪れると、地球上の全大陸を訪れたことになる」。入場者はそれぞれの都合に合わせて、1日で、あるいは1週間かけて、各種パビリオンを見ながら帝国ツアーを疑似体験するのである。

さらに博覧会開催の目的は次のように述べられている。

それ［目的］は貿易を活性化し、母国とその妹や娘としての国々との結びつきを強化し、互いが親密に触れあい、イギリスの国旗に忠誠の義務を負うすべての人びとが共通の足場のもとで出会えるようにすることであり、そして互いをよく知ることである。これは

家族のパーティであって、帝国のすべてが招待され、代表が送られている。

　ここに述べられている帝国のあり方は、まさに理念としては、ユニオン・ジャックあるいは王室を象徴的な中心としてゆるやかに結びつく英領コモンウェルスの関係である。一方にこの大英帝国博覧会を、もう一方にプリンス・オヴ・ウェールズの海外ツアーを合わせ鏡のように置くことによって、大戦間期の帝国の文化の一端が見えてくることだろう。

(2) 帝国の生産品を買おう

　帝国内の貿易を促進させるという大英帝国博覧会の目的は、政府のプロパガンダ組織に引き継がれている。それは1926年から33年まで設置されていた帝国通商局である。この組織の任務は「商品そのものではなく理念を宣伝すること」であった。つまり「イギリスで売られる帝国の生産品の質と量を高めて、帝国製品の購買を国民的習慣にする」ための活動をした。帝国通商局は3つの小委員会に分かれていた。帝国内の食糧生産のさまざまな問題の調査解決を援助する調査委員会、食料品の需要と供給に影響を与える要因を調べて広報誌を発行した通商委員会、プロパガンダを通して消費者の選択や商品の流れに影響を与えることを目指した広報委員会である。一般的に目立った活動をしたのが最後の広報委員会で、800種類ものデザインのポスターを製作した。

　特定の製品の宣伝はしないという基本方針ではあったが、もちろん例外もある。アフリカ南部のイギリス領南ローデシア（現在のジンバブウェ）産のタバコがそれである。1924年の大英帝国博覧会で好評を得たことをひとつのきっかけとして、それまで南アフリカでの販売がほぼ中心だった南ローデシア産タバコを、イギリスへと大量に輸出することにな

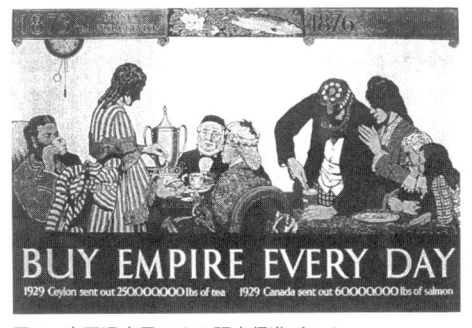

図4　帝国通商局による販売促進ポスター

った。生産高も1926年から28年で5倍近くに増えた。だが、1928年には生産高の4割もの量がイギリスで売れ残ってしまった。この危機的状態に対応して、帝国通商局の広報委員会は一連のポスターを製作することになる。ポスターには、「帝国タバコを買おう」という呼びかけとともに、南ローデシアのタバコ生産者たちは実はイングランド、ウェールズ、スコットランド、アイルランド生まれだ、という消費者の親近感に訴えかけるような宣伝文句が添えられている。ポスター製作の過程を詳細に分析しているアナンディ・ラママージーによれば、広報委員会はポスターのデザインや色使いから紙の質感にいたるまで、細かな戦略を練っていたことがわかる。

(3) 帝国の歴史を見せる野外劇

　大英帝国博覧会に戻ると、この博覧会は、帝国の偉大さを伝える教育的な面と人びとを楽しませる娯楽的な面があった。公式ガイドは各パビリオンで得られる植民地や自治領の情報だけでなく、アミューズメントパークの充実ぶりもアピールしている（その様子はデイヴィッド・リーン監督映画『幸福なる種族』［原作はノエル・カワード］で映像化されている。原作については第14章を参照）。とくに教育と娯楽を融合させた見世物は、7月末から8月にかけて帝国スタジアムを中心的舞台として行われた「帝国野外劇」（Pageant of Empire）であった。

　15世紀半ばから記録に残っている野外劇は、20世紀初頭にルイ・ナポレオン・パーカーらによって盛んに上演され、「地域と国家と帝国への愛を参加者と観客に浸透させる重要な教育的価値」を与えられて人気を博すことになる。1911年ロンドン開催の帝国祭および帝国博覧会では、「ロンドン野外劇」がクリスタル・パレスで行われた。鉄とガラスの巨大な建物のクリスタル・パレスは1851年の万国博覧会でハイド・パークに建設されたが、1854年にロンドン郊外のシデナムに移された。1911年の帝国祭は、シデナムという都市と田園が接する空間に「帝国的郊外」を作り出したのである。「ロンドン野外劇」の全体は四部構成で、40場以上を1万5千人もの志願者が3日にわたって演じた。劇はロンドンの物語を「イギリスの歴史の夜明け」から展開し、最後には「帝国マスク劇」となって「帝国の強さの寓意」を表現した。行政

や経済の中心地としてのロンドンは、「帝国の土地と人びとの歴史的かつ感情的な結びつき」の中心、つまり「帝国都市」として郊外で舞台化された（Driver and Gilbert）。

同じく郊外開催の大英帝国博覧会における「帝国野外劇」は、国民的作曲家エドワード・エルガー（69頁のコラムを参照）を音楽監督および指揮者として、まさに帝国の輝かしい歴史を1ヶ月以上にわたって1万2千人で上演した。その記念本には、プリンス・オヴ・ウェールズによるサイン入りの推薦文があり、帝国を建設した人びとの偉業を称えた言葉と帝国の未来への希望が記されている。その後に帝国建設と関連させたイギリスの詩、W・E・ヘンリー「イングランド、わがイングランド」（"England, My England"）などが挿絵入れで掲載され、ラドヤード・キプリングの「退場」（"Recessional"）で締められている。ちなみにキプリングは会場内の通りの命名も担当している。

5. 博覧会のその後

帝国を前面に押し出した博覧会は、1938年のグラスゴー開催を最後にその姿を消していく。グラスゴー帝国博覧会は大恐慌の煽りを受けた1931年に立案され、雇用促進と落ち込んだ国内産業の宣伝を兼ねたものであった。1924年のウェンブリーの再現が期待されたが、来場者数は半分以下の1200万人にとどまった。

そして第二次世界大戦終結の6年後、1951年（万国博覧会100周年）には、イギリス祭（Festival of Britain）がテムズ川沿いサウス・バンクで執り行われる。これは名称にも表われているように、帝国崩壊後のイギリスの国家的アイデンティティを再定義する催しであった。また、戦時中の重苦しい雰囲気と戦後の緊縮経済をくぐり抜けて、国内のムードを上昇させる必要にも迫られていた。そのような状況下で、労働党政府がイギリス祭で強調しようとしたのは、1947年のインドからの、そして47年から48年にかけてのパレスチナからの撤退でもなく、福祉国家実現の重要性であった。もはやロンドンは1911年の「帝国都市」でも、1924年の「帝国野外劇」の舞台でもなく、サウ

ス・バンクのパビリオンでは「国内のイギリス的生活」に焦点が当てられていた。「植民地の発展に注目」という展示以外には植民地関連の催しはおおよそ排除され、ガイドブックでも英領コモンウェルスに言及されることはほとんどなかった（これはアメリカの反応を懸念したためとされている。戦後イギリスの経済的復興は、アメリカからの援助に多くを頼っていた。一方、同時期のイギリス植民省の拡大・充実については終章を参照）。1951年5月から9月にかけて800万人以上の来場者を数えたが、イギリス祭に注がれる視線は外へと広がらずに内へ向かっていた。

　以上、1925年の広告を起点として、変容する20世紀前半の大英帝国の基本的事実関係を整理しながら、プリンス・オヴ・ウェールズの海外ツアーと大英帝国博覧会などを紹介することで「帝国＝コモンウェルス体制」の文化的側面を追ってみた。そして第二次世界大戦後のイギリス祭において帝国がいったん視界から消えかける地点まで到達した。もちろんそれ以降、イギリスの文化と社会が帝国と無関係になるわけではない。大英帝国の遺産の問題は、旧イギリス領からの移民たちの姿を通して、イギリスの内側へと織り込まれることになる。その舞台はふたたび「帝国都市」ロンドンか、その周辺に広がる「帝国的郊外」か。あるいはブラッドフォードのような地方工業都市か。ノッティングヒル・カーニバルのリズムに、サウンドシステム（ＰＡ）から流れ出るレゲエやダブに、何を聞き取るべきか。残念ながらこのような問いに答えることは、本書の範囲を超えている。本章に続く各章において、20世紀前半のイギリスと帝国の文化をめぐるさまざまな問題について関心を広げて、さらに理解を深めていくこととしよう。

（木下　誠）

推薦図書

デイヴィッド・キャナダイン『虚飾の帝国――オリエンタリズムからオーナメンタリズムへ』平田雅博・細川道久訳、日本経済評論社、2004年。

吉見俊哉『博覧会の政治学――まなざしの近代』中央公論社、1992年。

Lawrence James, *The Illustrated Rise and Fall of the British Empire*. New York: St. Martin's Press, 1999.

Column
イギリスと帝国と世界地図

　日本が真ん中にある見慣れた世界地図はいったん脇に寄せて、イギリスが中心に位置する地図（342-343頁の世界地図）を広げる。まずはトルコの上あたりを通る縦線を引く。およそこの線の右側が「オリエント（the Orient）」＝東方。日本が「極東（the Far East）」と呼ばれる理由がよくわかるし、「東の端」の国で食べる西の「オリエント料理」という表現には奇妙な感じを覚えるかもしれない。そしてこの地図ではイギリスとアメリカ合衆国との距離が視覚的に縮まる。この２国が左右両端に位置する地図では、現在まで続く英米関係をイメージ化しづらい。

　次にイギリス領だった地域に印を付ける。イギリスから左斜め下の方に西インド諸島（カリブ海を囲む島々）、ほぼ同じ距離を右斜め下に行くと東インド（現在のインドとその周りの地域）。西の植民地でつくられた砂糖と、東の植民地でつくられた茶の葉がイギリスに送られて紅茶文化が成立。アフリカ大陸の海岸沿いにあるいくつもの拠点には、インドへ向かうイギリス船が立ち寄る。スエズ運河が開通した後は、地中海を横切る航路でアジアまでの距離が一気に短くなる。もっとも遠いオーストラリアは1787年から流刑地に。

　世界地図の空間に時間の流れを重ねてみる。大英帝国は便宜上３つの時期に分けることができる。アメリカの植民地を中心として展開する「第一帝国」。1783年のアメリカ独立で始まる「第二帝国」で重要なのは、引き続き西インド諸島とアフリカおよびアジアの新たな植民地だろう。そしてバルフォア報告書を採択した1926年の帝国会議（第９章を参照）とともに始まる「第三帝国」のポイントは、「帝国＝コモンウェルス体制」での自治領の位置付けと第二次世界大戦後の脱植民地化の動き。

　さらに人びとの移動を書き加える。まずはアメリカ東海岸へ渡る大西洋横断。そしてイギリスとアフリカ大陸西海岸と西インド諸島の３点をつなげば、アフリカからの奴隷貿易に支えられた砂糖の大農園（プランテーション）の構造が見えてくる（いわゆる三角貿易）。「第二帝国」の後半では、客船で東へと向かう一般の人びとのツーリズムが消費文化と帝国主義の新しい展開として興味深い。「第三帝国」の第二次世界大戦後は、旧植民地からイギリスへ向かう移民たちの姿。

　最後に、日本が中心にある世界地図を手元に戻して見比べて考えてみよう。イギリスが東の端へ向けた視線を、どのようにして「日本人」は自分たちが他のアジア地域へ向ける視線へと切り替えたか。そして世界の東に位置付けられた島を中央の島とどのように想像的に重ね合わせようとしたのか、と。

（木下　誠）

第10章

退化と再生
―― フィジカル・カルチャー、優生学、ファシズム

1. 愛と戦いのエクササイザー

　1898年8月、英国のある雑誌に「アスレチック・ベイビー」という題の漫画が掲載された（図1）。そこには、部屋のドアに吊してある体操器具で遊ぶ赤ちゃんが、徐々に人並みはずれた力を獲得してゆく様子が描かれている。もちろん、こんなことは現実にはあり得ない。漫画のねらいは、誇張に誇張を重ねて「そこまでやるか」という笑いを喚起することにある。ここに、ある種の英国流の笑いをみることは可能だろう。しかし、私の関心は笑いの流儀ではなく、ネタのほうにある。つまり、アスレチック・ベイビーという空想を生み出すもとになった体操器具のほうに。これはいったい何なのか。
　この体操器具は、20世紀の転換期から初頭にかけて英国で「国民的アイドル」といわれるほど絶大な人気を誇ったプロイセン出身のボディビルダー、ユージン・サンドウが広く普及させたものだった。そのことは、この器具を使って体操をするサンドウの姿を描いたポスター（図2）からも確認できる。冒頭にふれた漫画も、彼が英国で1898年から1907年まで発行していた雑誌『フィジカル・カルチャー』に掲載されたものである。サンドウについては後でふれるとして、ここでは、このサンドウ体操がいかに広く流行した文化現象であったかを示す2つの事例を紹介したい。ひとつは20世紀を代表する作家、ジェイムズ・ジョイスの傑作『ユリシーズ』。1904年6月16日のダブ

第10章　退化と再生　173

図1　「アスレチック・ベイビー」『フィジカル・カルチャー』（1898年8月）

図2　サンドウのポスター『フィジカル・カルチャー』（1899年10月）

図3　筋肉増強＝領土拡張『フィジカル・カルチャー』（1899年7月）

リンを描いたこの小説の主人公、大いなる日常人、レオポルド・ブルームは、問題の体操器具、「エクササイザー」を持っており、「サンドウ体操をまた始めよう」と考える。もうひとつは、奇しくもサンドウと同じ年に生まれた日本の国民作家、夏目漱石の日記。その中にも「エクササイザー」は登場する。「雨。西村にエキザーサイサーを買って来て貰ふ。之を縁側の柱へぶら下げる」（明治42年［1909年］6月27日）。「エキザーサイサーをやる。四五遍。夜からだ痛し」（同年6月28日）。サンドウ体操は、西洋と日本、虚構と現実の垣根を越え、二人の偉大な作家のあいだを循環する。

　エクササイザーは、どこの家にあってもおかしくない、ありふれたものだった。それを使うには特別な動機はいらないし、赤ちゃんが遊ぶように気軽にやればよい——それが一般的な感覚だったのかもしれない。しかし、サンドウ体操は本当にそれだけのものだったのか。もう一度ポスター（図2）に注目しよう。サンドウの向かいには、いかにもひ弱な男が描かれている。ポスターを見た人は、どちらの人物に自分を同一化するのか。おそらく、ひ弱な男のほうだろう。このようにサンドウ体操には、本質的に一般人の身体を否定的に評価する力が働いている。つまり、それはひ弱な身体に対する戦いという面を持っているのだ。もうひとつ、『フィジカル・カルチャー』に掲載された漫画で興味深いものがある。英国の南アフリカ植民地行政官、セシル・ローズがサンドウ体操をしているところを空想的に描いた漫画（図3）である。題は"The Great Expander"。これは明らかに2つの意味を持っている。エクササイザーを指す「すばらしき筋肉増強機」という意味と、英国本国の四倍もの土地を統治したローズを指す「偉大なる拡張者」という意味である。ここでは筋肉増強と領土拡張が同一視されているのだ。これは、サンドウ体操の背後に、帝国主義への愛という動機があることを示唆している。

　こうして私たちは、エクササイザーがぶら下げられているドアの向こうに、愛と戦いの物語が控えていることを知る。この物語をさらに詳しく見てみよう。

2. からだが弱る、子どもが減る

　ひ弱な身体に対する戦いが起こるためには、英国国民の身体はひ弱であ

るという前提がなければならない。20世紀の転換期および初頭は、この前提が強化された時期だった。『身体退化調査委員会報告書』(1904) は、この強化に貢献したもっとも重要な文献のひとつだが、それ以外にも『同時代評論』や『隔週評論』などの有力評論誌において、身体退化をめぐる言説は大量生産されていた。重要なのは、身体退化の原因が主に都市環境に求められたことである。たとえば、19世紀後半に精神医学や犯罪学の分野で使われていた退化の概念を文明評論に応用したベストセラー、『退化』(1895) の著者マックス・ノルダウは、都市住民は汚い空気を吸い、汚染されたものを食べ、「神経過敏な状態」に置かれているため退化と絶滅の運命にある、と断じた。「報告」も基本的にこの認識を共有しつつ、退化の要因として、さらに都市における不良住宅、水質汚染、過剰飲酒、体育の欠如などをあげている。ノルダウのいう「神経過敏な状態」も注目に値する。彼は、汽車の振動、大都市の騒音と雑多な風景、新聞による情報の洪水など、都市に固有の「ショック」が都市住民の脳や神経を疲弊させる、と考えたのである。

　身体の退化とならんで、この時期の英国ではもうひとつの危機が叫ばれていた。出生率の低下である（出生率とは人口1000人に対する一年間の生産児数の割合をいう）。1876年には36.3だった英国の出生率は、1914年には24.0に下がっていた。重要なのは、この問題が論じられるなかで、出生率が低下しているのは退化の温床とされる貧民層ではなく、学歴も高い上層階級であるという認識が成立していたことである。この認識に与した者には、統計学者のカール・ピアソン、フェビアン協会のシドニー・ウェッブ、のちにノーベル文学賞を受賞する哲学者のバートランド・ラッセルなど、そうそうたる知識人がいた。では、彼らはこの問題にどう対処しようとしたのか。たとえば、ラッセルは、「社会的適合者」が子どもの数を抑えようとするのを防ぐために、子どもの養育費を全額社会が負担すべきという考えを提示した（『社会再建の諸原則』）。こうした社会主義的思考はラッセル独自のものではなく、ウェッブやH・G・ウェルズなどの論者にも共有されていた。

　身体退化と出生率の低下は、都市化のもたらした病であると認識されていた。そのため、そこにはユダヤ人差別（反ユダヤ主義）の問題が介入してくる余地が生まれた。なぜか。祖国を持たない根無し草としてのユダヤ人は、

同じく根無し草的な都市住民の典型とみなされたからである。たとえば、ジョイスも読んでいたモーリス・フィッシュバーグの大著『ユダヤ人』(1911) には、「ユダヤ人は都市住民の典型である」というテーゼが繰り返し出てくる。そしてその本は、それゆえにユダヤ人は身体的に退化しており、出生率も低く、「フィジカル・カルチャー」が不足している、と結論している。

3. 母と子を守れ──優生学とスーパーマンの誕生

　フィジカル・カルチャーが退化との戦いであることは間違いない。しかし、それは、それに先行する、ある戦いがあって初めて可能となった戦いであった。ある戦いとは、優生学である。ここでは優生学の祖、フランシス・ゴールトンの３つの言葉にそって、優生学の基本的な枠組みを素描してみよう。
　「優生学とは、一民族の先天的資質の改善に影響するあらゆる力を扱う科学である」(Galton, "Eugenics")。この前提のもと、優生学は人為的に民族の質を改善しようとする。(そのため優生学は、基本的に自由放任主義を批判する。この傾向は、特にピアソンやフェビアン協会に顕著であった。) 改善には、大きく分けて２つの方法が考えられた。ひとつは、専門職階級、ラッセルのいう「社会的適合者」の数を積極的に増やすこと。もうひとつは、「退化者」(ラッセルのいう「極貧、無職の酔っぱらい、精神薄弱」) の数が増えないようにすること。前者は積極的優生学 (positive eugenics)、後者は消極的優生学 (negative eugenics) と呼ばれた。ゴールトンの優生学にはこの両面があったが、1880年以降はどちらかといえば後者が前面に押し出されている。それは優生学一般にもいえることであった。そして消極的優生学は、のちに、ユダヤ人の絶滅を目指したナチスの「最終解決」につながってゆく。
　「都市生活が都市住民にとって有害であることは疑いえない」(Galton, *Inquiries into Human Faculty and Its Development*)。退化をめぐる議論は、大きく２つの立場に分かれていた。退化の原因を環境に求める立場と、遺伝に求める立場である。身体退化委員会の「報告書」は環境重視、優生学は基本的に遺伝重視の立場といえるが、ゴールトンの言葉が示すように、後者においても環境 (特に都市環境) は重要な問題だった。「報告書」は、ほと

んどの子どもは健康に生まれるが、育てられる環境によって退化してしまう、という立場に立っていた。優生学者の中には、この子どもの養育の問題に積極的に関与した者がいた。19世紀後半に心理学者・性科学者・文芸批評家として出発し、1910年代には明確に優生学者となるハヴェロック・エリスである。エリスは『人種再生問題』において「小児培養」(puericulture) という考えを打ち出した。これは内容的には、母親の産後の十分な休息、健康な状態での授乳を意味している。エリスはこうした子どもの意識的な「培養」を、産後だけでなく、子どもが母親の胎内にいるときから始めるべきだと主張する。そして、「人種再生」の名のもとに、母体（母胎）と小児（胎児）の国家による管理を正当化する。母と子を、退化を生み出す劣悪な環境から守るために。

「歴史に記録されているもっとも有能な人種は、間違いなく古代ギリシア人であった」(Galton, *Hereditary Genius*)。ゴールトンは古代アテネを、無意識的に優生学を実践し高尚な種族を作り出した都市としてとらえていた。これによって、古代ギリシアは、いろいろな面で優生学にとっての規範として位置付けられた。近代の病である退化との戦いは、古代ギリシアへの愛によって支えられていたのである。

以上からわかることは、優生学が少なくとも2つの意味で人類を超えた存在を求めていた、ということである。すなわち、人類の上に立って人類を改良する存在と、その改良の結果として生まれる人類を超えた存在である。優生学は、両者をともに「超人」（ドイツ語では Übermensch、英語では superman あるいは overman）と呼んだ。そしてこの言葉は、この時期の代表的な文学作品の中にも流通していった。たとえば、ジョージ・バーナード・ショーの代表作『人と超人』のドン・ファンは、現代という「人口が減ってゆく時代」を「人類の価値を下げる時代」ととらえ、この「不毛化」に対する対策として、人類を「超人」へ改良することを説く。また、『ユリシーズ』には自分を「超人」と呼ぶ人物が登場するが、自称「優生学博士」のこの男は、退化したアイルランドを再生するための独自の小児培養計画を開陳する。

4. 男はサンドウ、女はヴィーナス
——フィジカル・カルチャーと筋肉の帝国

　退化との戦いは、ラッセルやエリスのような、いわゆる知識人だけに許された特権的なものではなかった。いわゆる一般大衆と呼ばれる人びとも、意識的にせよ無意識的にせよ、この戦いに参加していた。この大衆動員を可能にした最大のものこそ、冒頭にふれたユージン・サンドウと彼のフィジカル・カルチャーであった。

　そもそも彼のいうフィジカル・カルチャー——これは「身体培養」と訳すことも可能である——とは何であったのか。サンドウは『フィジカル・カルチャー』創刊号の巻頭エッセイでこう説明している。「フィジカル・カルチャーの究極の目的は、民族全体の水準を上げることである。……健康で完全な男女ほど、よい体格を持ち遺伝的欠点のない子どもを産むだろう。そしてその子どもたちは、早い時期にフィジカル・カルチャーの原理と任務を教え込まれれば、両親にまさる完全なタイプの男女に成長するだろう」(Sandow, "Physical Culture")。なんと楽観的な、誤謬に満ちた主張だろう（獲得形質が無条件に次世代に遺伝することなどあり得ない！）。しかし、この主張が、当時はそれなりに「科学的」根拠に基づくものであったことも事実なのである。実際、サンドウがここで依拠しているのは、積極的優生学の思想である。そうだとすれば、冒頭でふれた漫画も単なる冗談ではなくなる。あれはまさに、フィジカル・カルチャーの原理に基づくサンドウ体操を実践する赤ちゃんを描いているのだから。

　サンドウは、優生学者であれば「超人」と呼ぶかもしれない存在を「完全なタイプ」と呼んだ。これはきわめて抽象的な概念だが、サンドウはそれをギリシア彫刻によって具体化した。「身体を力と美の極致にまで高めること、それがギリシア人の目的であった。……その目的が達成されたかどうかを知りたいなら、ペイディアス［古代ギリシアの彫刻家］の代表作をじっくり見るだけでよい」。英国国民は、民族再生のためにギリシア彫刻を模倣せよ——サンドウはそう呼びかけているのだ。ゴールトン同様、サンドウにとっても、古代ギリシアは規範として存在していた。実際、サンドウの雑誌には、

毎号のように、古代ギリシアのスポーツと芸術に関するエッセイやイラストが掲載された。

　では、サンドウはフィジカル・カルチャーの理念を実現するために何をしたのか。彼はまず、読者がサンドウ体操の成果を具体的に判断できるように、理想的な身体を数値化したチャートを作成した。その際、理想的身体とされたのは、男性の場合がサンドウ、女性の場合がミロのヴィーナスであった。女性は、直接的にギリシア彫刻を模倣することを求められたのである。では、男性にも同じことはいえるのだろうか。1903年、サンドウはロイヤル・アルバート・ホールでボディビルディングのコンテストを開いた。そのとき審査員席にはアーサー・コナン・ドイル、観客席にはフランシス・ゴールトンの姿があった（ドイルはサンドウの本に序文を寄せるほどのサンドウ支持者であった）。ゴールトンはコンテストについて次のような感想を残している。入賞者はギリシア彫刻に比べれば見劣りする。サンドウ自身の「彫刻的な体格」のほうが彼らよりも数段優れている、と。ゴールトンは、明らかにサンドウの身体とギリシアのアスリート彫刻を同一視している。つまり、ゴールトンおよびサンドウ本人にいわせれば、男性の場合、サンドウを模倣することが、そのままギリシア彫刻を模倣することにつながるのである。

　サンドウは『フィジカル・カルチャー』誌上においてもある種のコンテストを行い、読者の士気を鼓舞し続けた。彼は、サンドウ体操をする女性が産んだ子どもの優良性を実証するかのように、読者から2歳以下の子どもの写真を募集し、優良児の写真を雑誌に掲載した。また彼は、成人男性の裸体の写真も募集し、月ごとに最優秀写真を雑誌に掲載したこともあった。興味深いのは、サンドウがこの企画に付けた名前である。彼はそれを「〈帝国と筋肉〉コンペティション」と名付けた。サンドウは、雑誌を媒介にして、読者とともに筋肉の帝国を作り出そうとしていたのである。

5. 石鹸は命を救う——消費文化という戦場

　退化との戦いというと、いかにも大仰に聞こえるが、サンドウ現象を通じて見えてくるのは、それがのどかで気軽な（しかし、ある意味で真剣な）戦い

であったということである。実際それは、消費活動（お金で物を買う）という、人びとにとってきわめて日常的な活動にも深く浸透していた。サンドウ自身、退化との戦いに必要な武器を商品化することに余念がなかった。彼はエクササイザーだけでなく、握力と腕力を同時に鍛えるためのダンベルや、サンドウ・ココアという粉末ココアまで販売した。

　退化が論じられ、サンドウ体操が流行した時代は、特許医薬品の時代であった。つまり、医者の推薦や医学的な能書きの付いた、いかにも胡散臭い滋養薬・強壮薬が大量に生産・消費された時代であった。同時代の作家にとって、それは格好の風刺の対象となった。たとえば、戯曲『医者のジレンマ』の作者バーナード・ショーは「売薬のスキャンダラスな広告」を通じて、小説『トーノバンゲイ』の著者H・G・ウェルズは架空のいんちき滋養薬「トーノバンゲイ」を通じて、医学的迷信の時代を風刺している。ちなみに「トーノバンゲイ」の宣伝文は「健康と美と力はひとつなり」というのだが、それこそはまさにサンドウの身体が体現する理念であった。

　滋養薬とならんで無視できないのは、ココアと石鹸である。前者は滋養と強壮の飲み物の代表、後者は不衛生から身を守るための物神のようなものであった。ココアでは「エップスのココア」（Epps's Cocoa）が有名だが、アイルランドでは「ティブルズ博士のヴィココア」（Dr Tibbles' Vi-Cocoa）も流行していた。『ユリシーズ』でこの流行に言及したジョイスは、文学史上の一大奇書『フィネガンズ・ウェイク』ではこのココアを地口のネタにした──「深酒博士のヴィココア」（Dr Ti*pp*les' Vi-Cocoa）というふうに。石鹸で有名なのは「ペアズ石鹸」（Pears' Soap）だが、ここでは「救命ブイ石鹸」（Lifebuoy Soap）も忘れることはできない。救命ブイと石鹸の同一化が、石鹸の持つ物神性をよく表しているからである。では、救命ブイと石鹸はなぜ結びつくのか。答えは簡単。この石鹸の広告には「救命ブイ石鹸は伝染病を防ぎ、病原菌を破壊し、健康と幸福を増進します」と書かれていた。つまり、救命ブイが人を溺死から救うように、石鹸は人を病＝死から救うのである。

　退化との戦いは、国家による強制や知識人の命令によってなされたのではなかった。人びとは、サンドウのような大衆的アイドルの呼びかけや、広告の呼びかけに気軽に応じながら、この戦いに参加したのである。

6. ジャズという病

　これまでみてきたように、退化論者や優生学者は——そして詳しくはふれなかったがサンドウも——都市は退化人間を生み出す、と考えていた。しかし、都市の悪しき産物はそれだけではなかった。都市は退化した人間だけでなく、退化した文化も生み出す——1920年代、30年代には、こうした考えが明確に浮上してくるのである。これは、都市批判の焦点が生物学的次元から文化的次元に移行したことを示しており、優生学の勢いが下火になった状況と対応していた。では、退化した文化とは、どのような文化なのか。そして、それに対しては、誰がどのような戦いを挑んだのか。

　都市という雑多な空間が知覚に対するショックを増大させ、神経過敏や注意散漫の状態を強いることは19世紀末からいわれていたことだが、都市化の進んだ1920年代のロンドンでは、そうした物質的かつ精神的な無秩序がこれまで以上に強まっていた。これに即応するかのように、都市の流行文化も混沌の様相を呈していた。時代は、この混沌的な文化を、ある流行音楽の名前を付けて呼んだ。「ジャズ」である。「もちろん「ジャズ」とは元来、あるタイプの音楽のことであったが、20年代における「ジャズ」は、色彩の不調和やけばけばしい模様から、反社会的行為や街路の騒音にいたるまで、ほとんどすべてのものに適用できる万能の形容詞でもあった」(Ross)。つまり「ジャズ」とは、病んでいるとみなされた都市文化すべてを指す便利な記号だったのである。

　ジャズ文化への批判は30年代にも受け継がれていった。30年代の西欧における最大の政治的出来事のひとつは、ドイツのナチズム（国家社会主義）の成長であるが、一部の英国人にとってナチズムが魅力的に映った理由のひとつは、それがジャズ文化を駆逐しているように見えたことであった。20世紀英国芸術の奇才、ウィンダム・ルイスが悪名高いナチズム論『ヒトラー』を書いた理由のひとつもそこにあった。ルイスはそこで「尻ふりジャズ」よりも農民のフォークダンスのほうが愉快であると書いている。ジャズ文化の対極にあるこうした土着文化への愛は、英国のヒトラー主義者に共通してみられる特徴であった。そしてそれは、ナチズムおよびイタリア・ファシズムそ

のものを模倣しようとした政治団体、オズワルド・モーズリーが1932年に設立したＢＵＦこと「英国ファシスト連合 (British Union of Fascists)」の文化政策にも組み込まれていた。ＢＵＦは英国の伝統文化が衰退していることを嘆き、民族音楽や民族舞踊など、土着文化の再生を望んだのである。

7. サンドウの亡霊――ＢＵＦの文化政治学

(1) 自己充足する帝国

では、なぜＢＵＦはジャズ文化を批判したのか。この問いに答えるために、まずＢＵＦの政治理念を確認しよう。モーズリー自身が述べているように、ＢＵＦのポリシーは「自給自足」である。図式化していえば、モーズリーは次のような状況に不満を持っていた。Ａ国がＢ国に金を貸す。Ｂ国は利子の返済のために、たとえば農産物をＡ国に輸出する。するとＡ国の農業は安い輸入農産物におされて衰退する。しかし輸入を止めれば、利子が取れなくなる……。モーズリーにとって、英国の苦境はＡ国のそれと基本的に同じなのだが、論理的には英国がＢ国の立場に立つこともある。いずれにせよ、苦境の原因は、利子という悪を生み出す「国際金融資本」（これは悪意をこめて「ユダヤ的資本」とも呼ばれた）にある――モーズリーはそう考えたのだった。そこから彼は、国内市場の拡充、移民労働者の締出し、国際市場競争からの絶縁、外国製品の排除など、国民的なものの保護と国際的なものへの攻撃をＢＵＦの政策として打ち出すことになる。ファシズムの時代にいたって、帝国への愛は、サンドウの時代における帝国の「拡張」から帝国の「自己充足」へと姿を変えたのである。

ＢＵＦはこうしたポリシーを文化の領域にも導入した。つまり、ＢＵＦはこう考えたのである。国際金融資本が国内産業を衰退させるように、ジャズ文化は国民的な文化を退化させる。だから、我々はジャズ文化の流入をくいとめ、英国文化を再生するべきだ、と。ＢＵＦは、優生学が生物学的次元でやろうとしたことを、文化的次元でやろうとしたといってよい。実際、ＢＵＦの文化政治学は、優生学と同様に消極的な面と積極的な面を持っていた。ＢＵＦのジャズ文化批判は、退廃的とされる文化がこれ以上増えないように

することであり、その意味で消極的である。それに対し、ＢＵＦによる伝統文化の保護は、優秀とされる文化を増やすことであり、その意味で積極的である。

　だがＢＵＦは、単にジャズ文化そのものを批判したのではない。退化論者が退化の原因を想定したように、ＢＵＦは文化的頽廃の原因、ジャズ文化を背後で操る黒幕を想定していた。その黒幕とはユダヤ人である。国内産業を壊乱する国際金融資本がファシストによって「ユダヤ的資本」と呼ばれたように、国民文化を衰退させるジャズ文化は、ユダヤ的な文化とみなされたのである。例として、ＢＵＦの新聞に載った一枚の絵（図４）を参照しよう。絵の上部には、「よくお考え下さいみなさん、英国文化が今日あるのは、同胞のユダヤ人のおかげなのです！」と書かれている。これはどういう意味か。ユダヤ人に感謝しているのか。そうではない。この絵は、「英国文化」を退化させたのはユダヤ人だ、と主張している。なぜなら、ここでいう「英国文化」は、ジャズ文化を指しているからだ。画面で確認しよう。ユダヤ人はこの画面のどこにいるのか。右隅にいる。そこでジャズを演奏する二人の男、彼らがユダヤ人である。それは、右の男の帽子にユダヤ教のシンボル、ダビデの星が付いていること、左の男の鼻がユダヤ人を描写するときに伝統的に用いられてきた鉤鼻になっていることからわかる。ジャズはここで、明確にユダヤ人と結びつけられているのだ。絵のほかの部分には、水着のミス・ハリウッド、不気味な現代彫刻、発禁処分を受けたセックス小説、レッグ・ショーが売りのキャバレー、猥褻な演劇など、いかにも頽廃的なイメージが描かれている。そして絵に付けられた説明文はこう主張する。これら「すべて」を生み出したのはユダヤ人である、と。ＢＵＦの反ユダヤ主義において「ユダヤ人」という言葉は、20年代の「万能の形容詞」、「ジャズ」と同じ役割を果たしていたのである。

　こうしたユダヤ人観はもちろん真理とはいえない。むしろ虚構というべきだろう。では、なぜＢＵＦは、誰もが虚構と認めざるを得ないような代物をわざわざ提示するのか（あるいは提示せざるを得ないのか）。最後に、問題の絵を使って、この問いに対するひとつの答えを導き出してみよう。

(2) 反ユダヤ主義の逆説

　ＢＵＦは政治経済的にも文化的にも、自己充足、つまり内側に閉じることを目指した。それに対し、ＢＵＦにとってユダヤ人は、その逆、つまり、閉じられないことを体現しているのではないか。そのことは、国家を横断する国際金融資本の担い手としてのユダヤ人という認識だけでなく、ジャズ文化の黒幕としてのユダヤ人というイメージにおいてもいえる。ＢＵＦは「すべて」の病んだ現代文化の背後に「ユダヤ人」を読み取ろうとした。ジャズ、現代芸術、現代演劇……というふうに。では、この読み取り作業はいつ終わ

図4　ジャズ文化＝ユダヤ人『黒シャツ』（1936年4月18日）

（これがダヴィデの星（✡））

るのか。いつになったら「すべて」に到達するのか。現代文化という事象は、アルファベット26文字のように閉じられた集合ではない。それはむしろ無限というべきだろう。作業は無限に続かざるを得ない。要するに、ＢＵＦの考える「ユダヤ的文化」は、厳密にいって、閉じられた集合を構成できないのだ。問題の絵における「ユダヤ人」は、この閉じられない集合、自己充足不可能な集合を具現している。

　ＢＵＦの反ユダヤ主義の理由は、もう明らかだろう。ＢＵＦはユダヤ人を、ジャズという頽廃文化の化身としてだけではなく、帝国が内側に閉じることを不可能にするもの、帝国の自己充足を妨げる障害としてとらえていたのである。言い換えよう。英国のファシズムは、ドイツやイタリアのそれとは違い、マイナーな政治運動の域を出なかった。自己充足というＢＵＦの夢は、ついに実現されなかったのである。だがＢＵＦは、この失敗の原因が自身の（あるいは英国の）内側にあるとは考えなかった。ＢＵＦは、失敗の原因を自分の外側に実体化したのである──そう、ユダヤ人というかたちで。これによってＢＵＦは、それ自身の政治的欠陥を隠蔽し、「ユダヤ人さえいなければ、大英帝国は自己充足できるはずだ」という空想を作り出した。そして、こうした空想は、ユダヤ人に関する「陰謀説」というかたちで強化されていった。ユダヤ人は英国の経済秩序を破壊し、英国国民を窮地に陥れるために、すべての経済領域を支配しようとしている……。ＢＵＦの新聞においては、そういったことが真剣に語られたのである。

　ＢＵＦの反ユダヤ主義的空想には、もうひとつ重要な機能がある。手に入るはずなのに手に入らないもの、すなわち、欲望の対象を生み出すという機能が。「ユダヤ人さえいなければ自給自足経済が実現できるはずだ」という空想における「自給自足経済」、「ユダヤ人さえいなければ英国文化は健康になるはずだ」という空想における「健康」──これらは、ユダヤ人という障害によって初めて魅惑的な対象として浮かび上がる欲望の対象である。ＢＵＦにとってユダヤ人とは、嫌悪の対象であるが故に欲望の原因になるという逆説的な存在であった。

　ＢＵＦには、こうした欲望の論理から生み出される、特権的な欲望の対象があった。健康の権化ともいうべきアスリートである。モーズリーは「我々

の道徳においてなくてはならないのは、アスリートのように生きることである」といった。BUFは、フィジカル・カルチャーや優生学と同様にアスリートを欲望（愛）の対象にしたのである。

　モーズリーの言葉は、英国国民にとって新しいものではなかった。それは、BUFが生まれる20年以上前に、あのサンドウが主張していたことでもあった。BUFが活動した30年代には、サンドウはすでに亡くなっていた。しかし、BUFは、あたかもサンドウの持つ大衆動員の力を利用するかのように、サンドウの亡霊を呼び出した。BUFは機関紙にサンドウ体操の広告を掲載したのである。広告には、「ファシストよ健康たれ！」「サンドウの科学的体操法は、もっとも確実な健康法である」と書かれていた。BUFの党員がどれだけ真剣にサンドウ体操をしたのかはわからない。だが、この呼びかけを通じて彼らが、ファシズムとはまったく無縁の名もなき大衆によって紡がれてきた退化と再生の物語に連なろうとしたことは、確かなのである。

（中山　徹）

推薦図書

富山太佳夫『ダーウィンの世紀末』青土社、1995年。

谷内田浩正「ボディビルダーたちの帝国主義——漱石と世紀転換期ヨーロッパの身体文化」『漱石研究』第5号（1995年）、51-73頁。

山口定『ファシズム』岩波書店、2006年。

Column

帝国・島国・フットボール

　フットボール（サッカー）は（野球とは違って）ほとんどの国で行われているスポーツであり、そのワールドカップは文字通り全世界の王者を決する大会である。ワールドカップを主宰するのはFIFAという組織であるが、それが何の略称であるかはご存じだろうか？　答えは Fédération Internationale de Football Association（1904）である。おや？　と思われるかもしれない。英語ではなくフランス語。イギリスのフットボール事情とFIFAの成立、この２つの関係から何が見えるだろうか？

　イングランド民衆フットボールの歴史は14世紀までさかのぼるが、近代スポーツになるのは19世紀。パブリック・スクール教育の一環として行われはじめた後、「フットボール協会 Football Association 略称ＦＡ」が成立、1882年、イギリス４協会の連合「国際フットボール評議会」が成立するにいたって、「紳士のスポーツ」であったフットボールは一気に労働者階級の人気を博する。たとえば1880年に鉄道労働者によってつくられたニュートン・ヒースＦＣというチーム、これは現在のマンチェスター・ユナイティッド――労働者階級訛りを（わざと？）残すデイヴィッド・ベッカムが属していたチーム――である。

第一回ワールドカップ
（ウルグアイ、1930年）
ポスター

　フットボールが世界中に広まったことと「帝国主義」とは切っても切れない関係にある。イギリス植民地には、パブリック・スクール出身のエリートが派遣され、その子弟を教育するための学校がつくられた。同時に、スポーツマンシップ教育のために各種スポーツも移植される。たとえばアフリカ。現在もフットボールが盛んに行われているスーダン、ケニアやナイジェリアは英領植民地だった。植民者たちは、現地人に「スポーツ倫理」を教え、キリスト教への改宗をともなわない文化的支配を実行しようとした。現在のフットボールのグローバルな広がりは、帝国主義の名残なのだ（大英帝国博覧会とＦＡカップの共犯関係については第９章を参照）。

　さて、FIFA。フランス・スポーツ運動競技連盟のロベール・ゲランは、国際フットボール組織をつくろうと、イングランド・フットボール協会幹事長、フレデリック・ウォールにかけあう。しかしウォールはそれを尊大な態度で断り、結局FIFAはイギリスを除く６ヶ国で創立される。イギリスの４協会が加盟するのは1906年であるが、その後もさまざまな難癖をつけては脱退すること二度。ここに見え隠れするのは（いや、むしろ隠れもなく見えているのは）、フットボールの「母国」イギリスの尊大さと「島国根性」かもしれない。帝国主義的拡張と島国根性。矛盾するかに見えるこの２つが共存している点が、いかにも「イギリスらしい」のである。

（河野　真太郎）

第11章

アフリカ・カリブ・ヨーロッパ（そして女）
——帝国周縁の風景より

1. はじめに

(1) 帝国の風景

　灼熱の太陽の下に広がるさとうきび畑。高原の薄い大気の中に生い茂るコーヒーの森。あるいはメトロポリスのどぶ臭い、煤けた裏通り。新大陸アメリカ、アジア、そしてアフリカと、世界を次々に制覇していった「日の沈むことのない」帝国の20世紀は、実に多彩な風景から成り立っていた。そこにはまた、さまざまな肌の色と言語と生活様式を持つ人びとが、それぞれの生をひそやかに生きていた——あたかも彼女ら、彼らもまた、その風景の一部であったかのように。

　もちろん、人は誰しも沈黙する風景などではない。みな日々のくらしの中で「人生」という名の物語を各々の胸に温めていたのであり、帝国の風景とはそこにくらす多様な人びとの、知られざる無数の物語の集合体だったはずだ。だけどいま、私たちの目の前にある風景は、エキゾチックではあるけれども、どれもどことなく似たような色調に塗りこめられている。黒色や茶褐色の肌をした「土着民」は、風景の中に閉じ込められた沈黙する影絵のようだ。なぜならそれは決して現実の風景そのものではなく、英語、すなわち植民地の宗主国の言語によって語られた、それ自体ひとつの物語だから。

　サバルタンは語ることができるか——ガヤトリ・スピヴァクが1980年代半

ばに提起したこの問いを前に、いまなお私たちはイエスともノーとも明言することができない。ここでいうサバルタンとは、帝国を動かす巨大な経済・政治システムの中で、従属的な地位にとどまる者たち、たとえば植民地において宗主国の支配を受ける人びとのことを指している。かつての大英帝国の広大な裾野にくらしていた人びとの物語の中で、現代の私たちが直接手にすることのできるのがそのほんの一部でしかないのはなぜなのだろう。サバルタンの物語は、いったいどこに消えてしまったのだろうか。

　「ポストコロニアル批評」というひとつの批評的視座から大英帝国の周縁の風景を読み直すこと、それがこの章の目的である。周縁に目を向けること、風景の片隅で沈黙を強いられた人びとの物語を探し出そうと努力すること、そのことなくして20世紀前半の「イギリス文化」を語り尽くすなんてできない。そしてもうひとつ、ポストコロニアル批評には大切な任務がある。「ポストコロニアル」（postcolonial）とは直訳すると「植民地以後」という意味だが、ポストコロニアル批評は、植民地の問題をすでに終わってしまった過去の歴史的事象として扱うわけではない。むしろ立場はその逆で、西洋の（そしてもちろん日本の）植民地支配の負の遺産を21世紀に生きる私たち自身が継承しているという事実を引き受けること、そうして私たち自身がその一部でもある帝国のシステム、サバルタンを沈黙させるそのシステムに自己批判のメスを切り込むことが、ポストコロニアルな批評行為の重要な第一歩なのだ。

(2) 英語という問題

　たとえば、「英語」という問題についてもう一度考えてみよう。帝国の風景＝物語の多くは英語で書かれたテクストである。英語が植民地宗主国の言語であることに間違いはないとしても、忘れてはならないのは、20世紀前半においてすでに英　語（イングリッシュ）はイギリスやイギリス人のためだけの言語ではなかったということだ。世紀の転換期、『闇の奥』という短編小説によってベルギー領コンゴにおける帝国主義のなれのはてを描いたジョーゼフ・コンラッドはロシア領ウクライナ出身のポーランド人（なんてややこしい出自！）だったし、1907年に「イギリス人」として初めてノーベル文学賞を受賞したラ

ドヤード・キプリングは、実はボンベイ（ムンバイ）に生まれたイギリス系、いわゆるアングロ・インディアンだった。

　大英帝国による広大な植民地統治は、副産物として英語という言語の拡散と「脱イギリス化」を招いた。その結果、エリート層のインド人やアフリカ人にとっても英語は政治的、文化的な場における自己表現の手段になった。こんな事実もある。インドでの抵抗運動の衝撃を受けて植民地行政官フレデリック・ルガードらが提唱したアフリカでの教育政策は、「危険思想」をもたらしかねない英語や英文学よりも実践的な職業教育を重視するものだったが、アフリカ人エリートたちはむしろそのような政策転換に激しく反発したのだ。ガンジーが、ケニヤッタが、ネルソン・マンデラが、そして植民地独立以後のインド、アフリカ、カリブの文学者の多くが英語で思考し文章を書いたのは、言ってみれば植民地教育の皮肉な「恩恵」なのだ。もちろん、ケニアの大作家ングギ・ワ・ジオンゴのように、英語＝「植民者の言語」での創作活動を放棄し、母語で作品を書き始める例だってある。

　一方、英語で書かれた文章を21世紀の日本に住む私たちが読むことができるのは、大英帝国崩壊後もアメリカ合州国の覇権のおかげで英語がますます「国際語」として流通しているから、そして「グローバル化時代」＝アメリカ化時代を生き抜く必須技術として、私たちの多くが学校教育のシステムの中で英語を学んで（学ばされて？）きたからだ。英語の「言語帝国主義」は全世界を席巻しており、私たち自身もまたそのイデオロギーの一端を支えている。言語の問題ひとつを見ても明らかなように、帝国の風景は歴史、政治、経済の諸要素が複雑に絡まり合うなかで生み出され、いくども再生産が繰り返されたはてに、いま、私たちの手元に届けられてきた。英語で語られた物語は間違っている、帝国の風景はすべて誤表象であると非難するだけならあまりに安直だろう。むしろ必要なのは、いま手元に残された風景＝物語に真摯に向き合うこと、それを手がかりにサバルタンの物語がどこで、どのようにして失われたか、そのプロセスを地道に検証していくことなのだ。そのような作業を遂行する道程で、ひょっとするとサバルタンの物語の痕跡を見つけ出すことができるのではないかという希望を、決して捨て去ることなく。

2. 第一の風景——ケニア植民地

(1)「わたし」のアフリカ

　歴史と政治のさまざまな「偶然」や「いたずら」がなければ、1930年代のデンマークで、次のような英語の一文が書かれることもなかっただろう。

I had a farm in Africa, at the foot of the Ngong Hills.（わたしはアフリカに農場を持っていた、ンゴングの丘のふもとに。）

　第一次世界大戦前夜の1914年1月、パリで絵の勉強をしていたデンマーク女性カレン・ディーネセンは、大英帝国の移住政策の甘い誘惑にそそのかされて、標高6千フィートの瑞々しい高原の風景へと自ら飛び込んでいった。ブリクセン男爵と結婚した彼女は、ナイロビ近郊のンゴング高原に購入したコーヒー農場を夫とともに経営する。ケニアは当時、イギリスの保護領（1920年以降は植民地）であり、ドイツ領タンガニーカに隣接していた。ヨーロッパ列強が植民地獲得にしのぎを削り、大戦の舞台にもなったかの地では、不器用なデンマーク人夫妻はドイツのスパイと怪しまれたらしい。大戦後には結婚生活も破綻してしまうのだけれども、彼女はアフリカの風景の一部となるべく頑固に農場に留まり続け、カレン・コーヒー会社を独力で切り盛りする。しかし、元来コーヒーの栽培には向かない気候の土地では不作が続き、経営不振で1931年にはとうとう農場を売却してしまう。

　失意のうちにデンマークに帰国した後、彼女はアイザック・ディーネセンという男性の筆名を使って、本格的に執筆活動を始める。アフリカでの生活を題材にした自伝的エッセイ『アフリカを去る』(1937) は、短編小説集『七つのゴシック物語』(1934) とともに、散文作家としての彼女の名声を確立した作品である（先に引用したのは、この『アフリカを去る』の冒頭の一文だ）。ディーネセンの作品の大部分は、まず英語で書かれた後に、著者自らの手でデンマーク語に翻訳された。そのためか、作品はデンマークよりはむしろ英米で高い評価を受け、商業的な成功も収めた。英領ケニア在住時代に磨きをかけた典雅な英語で「わたしのアフリカ」を語るディーネセンにとって、そ

の言葉は、彼女がアフリカの土地を所有していたのと同じ程度には、彼女自身の言葉だった。

　だが、おそらく最大の問題は、その土地自体、いかなる手続きを経て彼女の所有物となったのかという点だ。ケニアでは1902年の土地法制定以後、ヨーロッパからの入植者たちが「合法的に」獲得していったその土地で、先住者たちは「不法占拠者（squatters）」と呼ばれることになった。理不尽な税金を背負わされ現金収入を余儀なくされた人びとは、プランテーション農場に必要な安価な労働力として搾取されていたのだ。しかし、「わたしはアフリカに農場を持っていた」と、静かな、しかし断固とした態度でディーネセンが語り始めるとき、愛する人びとからアフリカを奪ってしまったという現実、そしてその人びとがやがては奪われたアフリカを取り返すべく、激しい闘争を始めるかもしれないという（後には現実となった）不安から、彼女はかたくなに目を背けたままだった。

(2) サファリ・パークとプランテーション農場

　ディーネセンは「わたしの土着民（my Natives）」を愛していた。その愛情が偽善ではなかったとしても、おそらくは可愛らしい子どもや美しい動物に対する感情と同種のものであったかもしれない。ディーネセンのアフリカへの愛のうちには、植民地的な「愛」の言説に特有のアンビヴァレンスが潜んでいる。彼女が描くケニア植民地は、巨大なサファリ・パークのようでもあり、植民者の被支配者に対する愛は、狩猟者が獲物に対して感じる愛情に喩えられるかもしれない。彼女は動物愛護主義者でありながら、サファリでの狩猟に熱中する――愛する動物を撃ち殺し、殺した動物をいとおしみ、その死体の一部（剥ぎ取った毛皮、切り落とした角）を愛でるなんて、なんてグロテスクな愛なのだろう。

　あるいはまた、『アフリカを去る』の冒頭章の別の一節で、ディーネセンは次のように宣言する。

　　わたしはここにいる。ここがわたしのあるべき場所だ。

しかし結局のところ、農場は失われてしまった。『アフリカを去る』はそのタイトルが示すように、すでに失われたものに対する哀歌(エレジー)でもある。アフリカの地では「移民」にすぎない彼女は、人工的に移植された、「あるべき場所」にないプランテーション植物、気候風土に適さないコーヒーの木にすぎなかった。

それでは、ケニア植民地で「あるべき場所にある」人びととは、どのような人びとだったのだろうか。それらの人びとについて「学問的な」知識を得るのは、一見、そう難しいことではないように思える。エドワード・サイードが指摘したことによれば、「オリエンタリスト言説」（私たちの文脈では「アフリカニスト言説」あるいはより包括的に「植民地言説」と言い換えればよいだろう）とはあからさまな抑圧と搾取の言説であるばかりではなく、「愛」と「知」にまつわる言説でもあった。植民地の支配者たちはこぞって愛すべき「土着民」についての知を収集・分類し、「想像上の博物館」を築き上げた。新興植民地であったはずのケニアについてでさえ、20世紀初頭にはすでに「土着民」に関する学術的な研究書が出版されていた。

ブリクセン夫妻の知人でもあった英領東アフリカの行政官Ｃ・Ｗ・ホブリーは、アマチュア人類学者としてこの地域の「部族」と文化を詳細に分類整理したことで知られている。ホブリーによれば、ケニア植民地の先住民は「キクユ族」と「カンバ族」、「マサイ族」などに分類され、それぞれの「部族」は固有で「原始的」な文化と信仰を保持し、自律的な共同体生活を営んでいるとされている。20世紀前半の人類学者――古典的な民俗学者であれ、フィールドワーク重視のトレンディな機能主義者であれ――が好んで調査の対象としたのは、このような先祖代々の土地と風習に根ざした文化を持ち、野生動物と同じように自然と一体化した「あるべき場所にある」人びとの社会だった。しかし、ディーネセンがケニアで実際に出会った人びとは、そのような自律的な文化や社会からはすでに疎外されていた人びとではなかったか。彼女がホブリーの研究書に目を通していたことはほぼ確実だし、『アフリカを去る』には「部族」にまつわる紋切り型の記述、すなわち「キクユ族はみんな〜である」というような記述があちこちに見られる。しかし同時に、ディーネセンの「わたし」とアフリカ人の個人的なかかわり合いの記録の中

は、彼女自身と同じように「あるべき場所」をすでに離れてしまった人びとの姿もまた、丁寧に書き込まれていることを見落としてはならない。

たとえば、彼女の通訳としてもっとも身近な存在であり続けたファラーは、ソマリランドから移住していたイスラム教徒で、彼女の屋敷はファラーの複数の妻とその娘たちで賑わっていた。農場に住む「キクユ族」は、料理人カマンテのようにキリスト教に改宗したりして、ヨーロッパ的な生活習慣を取り入れていたし、「マサイ族」はもともと遊牧民だっただけではなく、植民地化後は先祖代々の遊牧地を奪われ「マサイ保留区」に押し込められていた人びとである。ディーネセンはまた、キクユとマサイが頻繁に婚姻関係を結んでいることを指摘している（ホブリー式の厳密な「部族」分類法は、大英帝国の分割統治政策、つまり被支配者側を互いに反目させ、団結して支配者に立ち向かわないようにするという巧妙な政策の一環でもあったのだ）。農園にはほかにも、インド人の鍛冶屋プーラン・シングなんかがいるけれども、彼はウガンダ鉄道建設のために連れてこられた年季奉公労働者の一人なのだろうか（1894年に着工され1901年に完成した、モンバサとヴィクトリア湖を結ぶこの長大な鉄道は、エジプトと東アフリカをつなぐ大英帝国の戦略的意図のもとに計画され、インド亜大陸から多くの労働者を動員することによって建設されたものだ）。さらには、農場経営の失敗に伴って土地を追われるのはブリクセン男爵夫人だけではない。農場の「不法占拠者」たちもまた、「キクユ保留区」へと移住させられる。かくして植民地では、人間までもが市場原理に基づいた区画整理の対象となる。植民地はそれ自体、サファリ・パークでもあれば、プランテーション農場でもある。

(3)「あなた」を書く

行政官や学者の無味乾燥な記述に比べれば、ディーネセンがアフリカ人を描くときの言葉は、彼ら、彼女らに対する個人的な愛と共感にあふれているようにも見える。同時代のフェミニズム思想にも関心のあった彼女が、ヨーロッパの父権制社会における女の立場に似たものを、植民地における被植民者の立場に見ていたとしても不思議ではない。むろん、植民地のヨーロッパ人は、たとえ女であっても、つねに支配者の立場にあった。ブリク

セン男爵夫人（ディーネセン）は同時に農場経営者、医者、裁判官といった「男性的」役割をも演じ、アフリカ人にとってはあくまで「名誉男性」である。ディーネセンの伝記をもとに1980年代のハリウッドで製作された映画（『愛と哀しみの果て』という妙に感傷的な邦題がついている）では、カレンのアフリカ体験がまさに「名誉男性」になるための通過儀礼として解釈されている。メリル・ストリープ演じるカレンは、世間知らずのお嬢さんから気丈な女資本家へとみごとに変貌を遂げていく。
　だが、植民地支配をジェンダーの比喩で語るということに関してはディーネセンの原作は映画よりももっとずっと慎重であって、白人＝男、黒人＝女というような等式に安易に還元してしまったりはしない。「名誉男性」という地位の、ほとんど男と同じだけど完全に同じではないという危うさ——自分がほんとうは医者や裁判官としての資格も知識も能力も持たないという不安を、『アフリカを去る』の語り手は繰り返し指摘する。たとえば「書く」という行為自体、近代西洋の父権制社会においてはしばしば男性的な営みとみなされてきた——ペン（pen）とペニス（penis）は（駄洒落のようだけれども）しばしば同じものだった。一方、『アフリカを去る』で描かれる植民地化されたアフリカでは、「書くこと」はヨーロッパ人の特権的行為である。農場経営の傍らタイプライターを打ち続けるディーネセンはその意味では名誉男性の資格十分なのだが、そこに「女」として書くことへの不安や自意識を読み取るのはそう難しいことではない。
　こんな逸話もある。ブリクセン男爵夫人のお気に入りの使用人カマンテはとても聡明な少年だ。文盲であるにもかかわらず、女主人がタイプライターを打つ姿を興味津々といった様子で眺めている。ある晩、カマンテは彼女に「あなたが本を書くことができるとは思わない」と告げる。ホメロス作『オデュッセイア』の本を手に、彼はその理由を説明する。

　　これはよい本です。始めから終わりまでちゃんと繋がっています。持ち上げて強く振ってもばらばらになったりしません。この本を書いた人（man）はとても賢いです。だけどあなたが書くものときたら……あちこちばらばらです。誰かが扉を閉め忘れたら、風に吹かれて床に落ちることもあり、あなたは腹を立てます。そんなのはよい本ではあり

ません。

　なんと洞察力ある批評なのだろう。カマンテは、女主人の書くテキストが、たとえヨーロッパの最新の製本技術を用いたとしても「始めから終わりまでちゃんと繋がった」物語になり得ないことを見抜いていたのだ。事実『アフリカを去る』はそんな作品だ——それはまさに、雑多な物語の断片を寄せ集めたものにすぎない。

　カマンテはやがて、本の中身にも興味を示す。本の中には何が書いてあるのか。女主人は『オデュッセイア』の中のひとつの物語——オデュッセウスが自分の名前を「誰でもない(ウーティス)」と偽り、ポリュペモスの目を潰す話——を語って聞かせる。カマンテは主人に、ポリュペモスはキクユと同じように黒人か、オデュッセウスは女主人と同じ部族かなどと尋ねる。さらに彼は、女主人もまたホメロスが書いたのと同じ話を書かなくてはならないのかと訊く。

　「いいえ」とわたしは彼に言った。「人は何でも好きなことを書くことができるのです。わたしはあなたのことを書くかもしれませんよ。」

　だがここで、カマンテは突然言葉を失い、うつむいてしまう。暫しの沈黙の後、彼は女主人に打ち明ける——「草原に住む少年は、ウーティスが怖い。」

　この逸話の中のカマンテは、オデュッセウス(=ウーティス)とポリュペモスの物語を、植民地における植民者と被植民者の力関係の寓話として解釈する。女主人のテクストの「女性性」を看破した批評家は、同時に優れたポストコロニアル批評家でもある。彼は、植民者によって書かれた植民地の寓話の中では、自分がいつも殺され、沈黙させられる存在であることを知っていた。だからこそ、ブリクセン男爵夫人の「女」を暴くことは、カマンテに許された唯一の権威転覆のチャンスだったのだ。

　実在したカマンテとは、第二次世界大戦後マウマウ(Mau Mau : ケニアの独立運動組織)に加わり、植民地政府によって逮捕され、強制収容所に入れられることにもなった人物である。しかし『アフリカを去る』の中のカマン

テは、かなりの程度までは従順な被植民者の役割を演じさせられている。だが、私たちはいま、彼の抵抗の言葉が女主人のテクストの中に、すでにひそやかに書き込まれていたのだと考えてみたくなる。実際、ホミ・バーバは、植民地言説に抵抗の徴（しるし）が刻印されていくこのようなプロセスを「擬態（mimicry）」、「こずるい礼節（sly civility）」といった術語を使って説明しようとしたことがある。あるいはまた、カマンテの言葉が真に他者の言葉の再現ではなかったとしても、支配者のテクストの二重、三重の襞の中に織り込まれた他者の言葉の痕跡を捜し求めること、「アフリカの大自然」の風景の背後に潜む「不自然なるものたち」の物語を想像すること自体、必ずしも不毛な努力ではないだろう。

3　第二の風景──パリ（あるいはカリブの島々）

(1)「大衆」の中の「わたし」

　ブリクセン男爵夫人がデンマークの田舎屋敷（カントリーハウス）で遠いアフリカの土地を慕って涙していたのとちょうど同じ頃、黄昏のパリの街角のカフェでは、男爵夫人とは縁もゆかりもなさそうな境遇の女が、しかしまったく無関係とは言えないかもしれない理由で、さめざめと泣いていた。女は決して金持ちではないが、安物の既製服や宝石を買いあさるだけの小金は持っている（ただし毛皮のコートは昔の恋人に買ってもらったものだ）。悲劇のヒロインになれるほどにはもう十分に若くはない。マスカラを塗って、髪を金髪に染めて、買ったばかりの帽子をかぶって（30年代のパリでブルジョワ女になりきるには、新しい帽子がなくちゃ）、都会の雑踏に紛れてしまえば固有の名前も顔も持たない、群集の中の一人にすぎない。

　スペインの思想家オルテガ・イ・ガセーは、1930年に発表された著書『大衆の反逆』の中で、ヨーロッパの都市を占拠してしまったかのように見える人びとの群れ、すなわち「大衆」について、次のような辛辣な定義を与えている──「大衆とは、格別資質に恵まれない人々の集合である［…］他人から自分を区別するのではなく、共通の型を自ら繰り返す人間である。」通りすがりの知識人の目には、彼女の身なり、行動は、「大衆」を表す記号以外

の何ものでもない。こんな女が品のよいレストランの向かいのテーブルで食事をしていたとしたら、このスノッブな知識人は、「ヨーロッパの没落」の日の近いことを大いに嘆いたことだろう。

　しかし、この女——ジーン・リースの小説『真夜中よ、おはよう』の語り手のことだ——にはどこかしら奇妙なところがある。何よりもまず、彼女は外国人旅行者らしいのだが、それにしても国籍がはっきりしないのだ。「わたしには自尊心も、名前も、顔も、国もない」と彼女は嘆く。20世紀ヨーロッパの「大衆」は、たとえ固有の顔や名前はなくとも、フランス人やイギリス人やドイツ人ではあったはずだ。国籍はしばしば「大衆」の唯一のアイデンティティである——オルテガによれば、大衆とは「自分は国家である」とつぶやく者のことであり、だからこそ、ファシズムとは「大衆的人間」の運動なのだ。だが、彼女の国籍を私たち読者が知ることはない。フランス人ではない。サーシャというロシア風の名前はもちろん本名ではないし、ヤンセンという姓はオランダ人の元夫のものだ。イギリスに住んでいて英語を完璧に話し、周囲の人からはイギリス人だと思われているが、ホテルの従業員は彼女が書いた台帳の国籍欄を見て困惑している。

　一方、この小説の作者ジーン・リースについてなら、私たちはいくつかの事実を知ることができる。彼女が1890年、カリブ海に浮かぶ島々のひとつ、イギリス統治下のドミニカ島で生まれ、両親からエラ・グウェンドレン・リース・ウィリアムズという名前を授かっていたこと。父親はウェールズ出身の医者で、母親はプランテーション農場と黒人奴隷の所有者の子孫、いわゆるクレオールだったこと。17歳でイギリスに渡り、若いころはコーラスガール、モデル、ブティックのマネキンなどの仕事に就き、ヨーロッパの主要な大都市——ロンドン、パリ、ウィーン——を転々としてくらしたこと。生涯で三度結婚し、ジーンという筆名は最初の夫の名前であったこと（女性作家はなぜ、男の筆名を使いたがるのだろう）。彼女の書いた作品中、現在もっともよく読まれているのは1966年に出版された『サルガッソーの広い海』で、これは19世紀の有名な小説『ジェイン・エア』の中の登場人物、ロチェスター邸の屋根裏に監禁されているクレオール女を主人公とした物語だ。

　もちろん、リースの小説作品は狭い意味での自伝ではないから、ヨークシ

ャーの屋根裏の狂女もパリの放浪者サーシャも、リース自身では決してない。プロの英文学研究者はなぜか、作者が女や労働者や外国人やエスニック・マイノリティであるとき、わりと短絡的に伝記的事実に結びつけて作品を解釈する傾向があるようだけれども、それはきっと、文学作品の「普遍性」と「自律性」(立派な作品には、地域や時代を超越した、それ自身に内在する価値がある)という思想の中に、そういう作品の模範的作者は白人中流男性であるとの暗黙の了解があるからなのだろう。とはいえ、本の表紙に書かれた作者の名前は、本文中に書き込まれた「1937年10月下旬」という日付などとともに、このテクストの読解を本の扉の外に開いていくための重要な道標には違いない。

(2) 「泣く女」たち

　女はなぜ泣いているのか。「泣く女」とは誰のことか。
　この小説には複数の「泣く女」が登場するけれども、「1937年10月下旬のパリ」という時間と場所は、登場することのない「泣く女」の影を指し示している。実は、その年、その場所で開催されていた万国博覧会——小説の中で、サーシャ自身もちゃんと見に行っている——では、ピカソの『ゲルニカ』が展示されていたのだ。内戦中のスペインで、37年4月、フランコ将軍への援護射撃として、ナチス・ドイツがバスク地方の町ゲルニカで行った空爆作戦を題材に制作されたこの絵画には、二人の「泣く女」の姿が描かれている。炎の上がる家屋から飛び出し助けを求めて泣き叫ぶ女と、死んだ子どもを抱きかかえて慟哭する女。言いかえれば、家と子どもを失った女。どちらもまるでサーシャ自身のことのようだ。30年代後半のパリの街角で彼女が泣く理由のひとつは、10年余り前に同じ街で経験したこと、安ホテルでくらし、生まれたばかりの子どもを亡くしたことを思い出すから。サーシャにとってそれは、個人的な「わたし」だけの悲しみのはずだ。しかし、テクスト全体に覆い被さるピカソの「泣く女」の長い影は、「わたし」の泣く理由が公の歴史に結びつけられて解釈しなおされる可能性を示唆している。第二次世界大戦前夜のパリでは、女の泣く姿は反戦のメッセージとして、すでに広く流通していたイメージだった。

「わたし」は悪夢を見る。ロンドンの地下鉄の駅で、「わたし」は出口を求めている。

> たくさんの人がわたしの前にいる。たくさんの人がわたしの後ろにいる。いたるところに赤い字が印刷されたポスターがある。展覧会はこちら、展覧会はこちら。

すべての標識は「展覧会はこちら」と指し示している。「わたし」は展覧会には行きたくないのだが、通りすがりの人に道を尋ねても、彼は「鋼鉄でできた腕」を伸ばして展覧会への道を指さすだけだ。「わたし」は周囲の人と違った道を行こうとする自分を恥ずかしく思う――「わたし」はみんなと同じであるべきなのに。ちなみに、リースがこの小説を執筆していたと考えられる1938年から39年にかけて、ロンドンでも『ゲルニカ』とその習作である数々の「泣く女」を展示した展覧会が催されていた（この辺りの事情はスー・トマスのリース論に詳しい）。だから、小説内で設定されている1937年という年との微妙な時代錯誤をあえて無視して「伝記的」に読むならば、シュールな機械仕掛けの人間の鉄腕が指さすのは、「わたし」がロンドンでの展覧会の「泣く女」の一人に加わるための道程だといえるかもしれない。

「わたし」は決して独りにはなれない。「わたし」はあくまで都会の風景の一部、すなわち「大衆」であり、多くの「泣く女」たちの中の一人にすぎない。とすれば、「わたし」は他の「泣く女」たちとどのような関係を結んでいけばよいのだろうか。たとえば、女たちが互いに手を取り合い「連帯」することによって、男たちの用意した「泣く女」のイメージを打ち破り、新しい女の物語を創り出すことは可能だろうか。

(3) マルティニックの女――他者に向かって

だが、ときとして「わたし」は、他の女との絆を求めてやまない。

モンパルナスにある画家のアパートで、「わたし」は古い蓄音機から流れるマルティニックの音楽を聴き、海辺でハンモックに揺られていた日のことを想い出して涙ぐむ（子供時代のことか、「わたし」もマルティニックの出身なのだろうか――マルティニックは現在もフランスの海外県として残るカリブ海域

の島のひとつで、リースの出身地ドミニカとも近い)。画家は「わたし」に、以前滞在していたロンドンのアパートで出会った女の話をする。「まさにわたしのことみたい」と「わたし」は言う。

「違う、違う」と彼は言う。「全然君のことじゃない。」
彼は続ける。「……女は白人じゃなかったんだ。」

　画家は、女の物語を次のように要約する。彼女はマルティニックの出身であり、そのアパートの最上階にイギリス人の「旦那」と住んでいた。彼女は「ムラート」(白人と黒人の混血)だった。そのためにアパートの住人から蔑まれ、明るいうちは部屋から一歩も出ることができなくなった。その日、思い切って外に出た彼女は、たちまち一人の子どもから罵詈雑言を浴びせられてしまった……
　「わたし」にはどうしても、この画家によって描きなおされた「マルティニックの女」の物語を、自分とは無縁の他者の物語とみなすことができない。だが画家がはからずも指摘するように、「わたし」と「マルティニックの女」との間には見落とすことのできない決定的な違いがある。マルティニックの女の褐色の肌は、ヨーロッパの都市にあって彼女が「他者」であることの目に見える徴(しるし)なのだ。自ら逃れることのできないその徴があるために、彼女はときに非常に残酷な暴力――ことばの暴力を含めて――の犠牲となり、街を自由に歩くこともできない。一方、「わたし」はそのような明白な徴を持たないから、「大衆」として、「平均人」のふりをして街を歩くことができる。さらによく考えれば、遠い南洋の植民地の島では、ハンモックに揺られて海を見ていた「わたし」とこの「マルティニックの女」の間には、プランテーション農場主とその使用人、すなわち支配者と被支配者の関係があったはずなのだ。にもかかわらず、互いに異郷の地、巨大なメトロポリスの裏通りにあって、「わたし」と「マルティニックの女」がともに「泣く女」として連帯することは可能だろうか。「わたし」が「マルティニックの女」の物語を自分の物語とみなしてしまうとしたら、それは結局、支配者が被支配者の物語を強奪すること、ふたたび「植民地化」の暴力を振るうことなのでは

ないか。

　このようなディレンマに対して、テクストははっきりした解決法を示してはくれない。ジーン・リースというこの一人のクレオール作家の「わたし」語りは、植民地支配の歴史がもたらしたこのディレンマがまさに解決不可能であることを訴えている。一方、帝国の歴史のはざまに生まれ周縁部に位置付けられた存在でありながら、その自意識の彼岸にさらに抑圧されたサバルタンの物語のあることを想像し続ける「わたし」、そのような「わたし」の痛々しいまでの誠実さのうちにはポストコロニアル批評の先駆者の姿を見出すことができるのだし、その努力と誠意には、私たちはむしろ最大限の敬意を払うべきなのかもしれない。

（中井 亜佐子）

推薦図書

エドワード・W・サイード『オリエンタリズム』全2巻、板垣雄三・杉田英明監修、今沢紀子訳、平凡社、1993年。

ガヤトリ・チャクラヴォルティ・スピヴァク『サバルタンは語ることができるか』上村忠男訳、みすず書房、1998年。

ホミ・K・バーバ『文化の場所——ポストコロニアリズムの位相』本橋哲也ほか訳、法政大学出版局、2005年。

第12章

国民文化と黄昏の帝国
―― 英文学・イングランド性・有機体論

1. 両大戦間期と「イングランド性」

　『ロード・オブ・ザ・リング』と題された映画がある。言わずと知れた、英文学者・言語学者にしてファンタジー作家のJ・R・R・トールキンの『指輪物語』を原作とする映画である。この映画で印象的なのは、主人公のホビット（小人族）たちのくらすのどかな村の風景に対する、工業化され、自然破壊をくり返す魔王とその手先の魔法使いの軍隊という対立だ。ここに示されるのは、ホビットたちの農村的でエコロジカルなくらしを脅かす悪の集団＝産業主義というヴィジョンであり、物語は、人間の半分ほどの背丈のホビットたちが、そのような田園的なくらしを守るために戦争におもむき、それに成功するという筋をたどる。大いに結構。と、思われるかもしれない。しかし、イギリス文学・文化に少しでも通じた者にとっては、この対立は非常に見慣れたものであり、「またか」という感覚を抱かざるを得ないだろう。
　たとえば、図1をご覧頂きたい。上の絵には、「1914年。ウィリアム・スミス氏は彼の生まれた土地を汚辱から守って保存しようという呼びかけ［召集］に応える」という文言が、下段には「1919年。ウィリアム・スミス氏は帰郷し、彼がつとめをいかによく果たしたかを目にする」という文言が添えられている。ウィリアム・スミス氏（典型的イギリス人を示す名前）が第一次世界大戦の招集に応じて立ち去った故郷は、ホビットの村のごとき緑の田

園風景であり、戦争が終わって彼が帰還する故郷は工業化され、その雑然とした様にかつての牧歌的風景は見る影もない。この図版は、イギリスの風刺漫画雑誌である『パンチ』に掲載されたものである。この風刺画の意味を記述するとおよそ次のようになるだろうか——「第一次世界大戦は古き良きイングランドの田園風景を守るための戦いであったが、その戦争が終わって帰ってきてみるとイングランドは工業化・商業化が進んでおり、外敵から守るはずだった風景は皮肉にも内部の敵によって破壊されてしまっていた」。内部の敵とは自由放任主義(レッセフェール)的な工業主義・資本主義である。この図版は、

1914. MR. WILLIAM SMITH ANSWERS THE CALL TO PRESERVE HIS NATIVE SOIL INVIOLATE.

1919. MR. WILLIAM SMITH COMES BACK AGAIN TO SEE HOW WELL HE HAS DONE IT.

図1　ウィリアム・スミス氏の出兵と帰郷
（『イングランドと蛸』）

風刺画であるがゆえに結論は異なってはいるが、『ロード・オブ・ザ・リング』とまったく同じ図式を用いている。失われた／失われつつある田園風景と、それを守るための戦争という図式だ。

　実はここに見られる対立、すなわち失われたイギリス的田園風景と、工業化された風景という対立は、この風刺画が描かれた大戦間期に始まったものではなく、19世紀前半以降それこそ「イギリスの伝統」と呼べるほどにくり返されてきた対立図式である。堕落した現在（産業主義）を嘆き、返す刀で理想的な過去（田園）を想像するという所作。そこにつきまとうキーワードは「有機体的（organic）」という言葉である。人工的で機械化・工業化された社会に対して、かつて存在したとされる農村的・田園的な有機体的社会。イギリスではいわゆるロマン派以降手をかえ品をかえ使われてきた図式なのだ。では、この『パンチ』の風刺画はその伝統のひとつの表れにすぎないの

だろうか。一面的にはそうだ。しかしもう一面でこれはやはり「戦間期」という時代に特有の何かを表していると考えるべきだろう。事実、ここに再録した風刺画は『パンチ』から直接とったものではなく、1928年出版の、クラフ・ウィリアムズ＝エリス著『イングランドと蛸』(1928)のとびらに印刷されていたものなのである。クラフ・ウィリアムズ＝エリス卿は建築家・都市計画家であり、1926年に設立された「イングランド田園保存協議会」（現在も「イングランド田園保存キャンペーン」として存続している）の設立者の一人であった。この協議会はその名の通り、イングランドの田園風景の保存運動を展開するために設立されたものである。最初にあげた図版も含め、ここで私が紹介しているのはデイヴィッド・マットレス著『風景とイングランド性』の議論なのだが、マットレスが論じているのは、戦間期にこの「保存協議会」を含め、「イングランド的風景」を保存しようという動きが顕著になったということだ。この『パンチ』の風刺画は、クラフ・ウィリアムズ＝エリスの著作を介して、戦間期の「イングランド性（Englishness）」保存の潮流とつながっている。

　この、「有機体的社会」や「イングランド性」の問題は、ここにあげた風景の問題にとどまらない。戦間期のイギリス文化を語る際に、この2つのキーワードは避けて通れないだろう。なぜ、この時代に「有機体」なのか、そして「イングランド性」なのか？　これらの言葉が文化的な重要性を得た歴史的条件、本章ではそれを考えてみたいのだが、考察の対象としたいのは、まさにイングランド文化の精華とみなされるかもしれない「英文学」である。英文学といっても、シェイクスピアといった作家や『ハムレット』といった作品そのもののことではなく、それら作家や作品を、国を代表する作家や作品であると規定する制度としての「英文学」——つまり、「国文学」としての英文学——である。

2. 伝統は創造される

　さて、具体的な議論に入る前に、予備作業として「伝統の創造」という歴史的視点を提示しておこう。「伝統」というものは、いかにも永劫の過去

から続いているもののように考えられがちだが、現在の歴史・文化研究では、それは「創造された（invented）」ものであるという視点が常識となっている。このような視点を提示したのは、エリック・ホブズボームとテレンス・レンジャー編『創られた伝統』であった。この本で扱われているのは、たとえばスコットランドのタータンチェックのキルト。あの、バグパイプとセットになった、いかにもスコットランド的な（スコットランドの高地地方の）土着の伝統的衣装と思われるものが、「民族衣装」として確立されていったのは18世紀以降の話である。17世紀以前にはそもそも、スコットランド高地地方文化などという独立したものは存在せず、むしろそこはアイルランド文化と同一の文化圏であった。まずはそのアイルランド文化からの「独立」がはたされ、高地地方ではスコットランド固有の民族が固有の文化を持っていたという歴史の改竄が行われる。実はキルトと呼ばれる例のスカートを発明したのは、民族的アイデンティティを主張するスコットランド人ではなく、イギリス（イングランド）人の鉄工場経営者、トマス・ローリンソンであった。彼は、それまでスコットランド人が着ていたゆったりした肩掛けから、近代的工場でより機能的な衣服としてキルトを発明したのである。

　つまり、あの「スコットランドの伝統衣装」は、スコットランド人をヒースの原野から工場へと引っ張り出す（囲い込む？）ために、イングランド人が彼らに着せたものなのだ。19世紀以降、その起源は忘れ去られ、キルトはスコットランドの「国民性」を表す文化の重要な一部とみなされるようになる。『アイヴァンホー』で有名な小説家、ウォルター・スコットなどを介して。

　ここで押さえておきたいのは、『創られた伝統』が主張するのは、あらゆる伝統が創造されたものである、ということではないという点だ。この本で扱われるのは主に18世紀以降、特に19世紀における伝統の創造である。その時代は言いかえると、「国民国家」（絶対君主が主権を持つわけではなく、「国民」という集団が主権を持つ国家の近代的形態）の生成の時代であった。つまり、伝統の創造は何のための創造だったのかといえば、それは基本的に「国民国家」の統一性を文化の面ではかるための創造だったのだ。よりわかりやすく身近な例をあげるなら、国旗や国歌という「伝統」がその代表選手だろ

う。それらは近代的な創出物でありながら、内容の面ではあたかも古くから続いたものであるふりをする（詠み人知らずの和歌を歌詞として、明治時代にドイツ人が西洋風の和声を付け、ごく最近になってようやく法制化された「君が代」を考えてみよ）。逆に言えば、近代の国民国家は、伝統を捏造することなしにその統一性を保つことができなかったのである。

さて、先ほど述べた「イングランド性」もそのような創出物のひとつとみなせるだろうか。それを考えるために、「イングランド性」や「有機体的社会」という観念を育てた「文学」という制度を見てみよう。

3. 国民文学としての「英文学」の始まり

学問制度としての英文学、つまり大学に学科を持ち、「文学史」という形の体系と学位制度を持つ英文学がイギリス（イングランド）で成立したのは、そんなに古い話ではない。大まかには、19世紀後半にぼんやりとした形をなし始め、現在のような明確な制度として確立されたのは20世紀に入ってから、特に第一次世界大戦後である。もちろん文学作品についての文章はそれ以前も書かれていたが、大学という機関でそれが研究・教育されるようになってから、100年程度しか経過していないのである。イギリス本国において英文学が形をなし始めた19世紀後半の段階で、「英文学」には大きく分けて２つの未来があり得た。まだ英文学なるものが存在していなかった19世紀前半までは、文学研究に一番近い学問といえば古典研究であった。古典とはすなわち、古代ギリシア・ラテン文学のことである。古典研究はそれをあくまで文献学的もしくは言語学的に研究するものであった。1893年、オクスフォード大学に初めての英文学の学位課程が創設されたが（ちなみに、冒頭に触れた『指輪物語』のトールキンは第一次世界大戦後にオクスフォード大学の英語・英文学の教授となった）、その際の英文学とは、古典研究に範をとったものだった。小説は卑俗すぎるとして対象にされず、詩も言語学的な研究の例証として扱われていた。

英文学のもうひとつの道、そして結果的に勝利を収めた方針とは、英文学を文化・教養の精華とし、それを正しく鑑賞することによって人間性が

陶冶されるという考え方である。これを主張したのは、『教養と無秩序』を著した文芸批評家マシュー・アーノルドである。アーノルドは文化＝教養（culture）を「これまでに考えられ、述べられてきたものの中で最高のもの」と定義し、それを受容することによって人間は「甘美と光明に包まれて生きることができる」とした。いまとなってはにわかには信じられない信念ではあるが、アーノルドの言う文化＝教養としての英文学にこれほどの期待がかけられたのは故なきことではない。

　アーノルドの文化観を説明するにあたっては、2つの視点が不可欠である。まず指摘すべきは、アーノルドが、前節で述べた風景に関する伝統的図式の中で語っているという点である。『教養と無秩序』という題名の「無秩序」とはすなわち、18世紀後半から19世紀にかけて展開した産業革命の結果生じた社会状況を指しているのだ。アーノルドは、工業化・商業化された社会状況と文化の大衆化を嘆き、それを統合すべき高級文化を夢想する。アーノルドが特に憎しみの矛先を向けるのは、中流階級の「俗物性」である。『教養と無秩序』の第三章でアーノルドは、イギリスの伝統的三階級、つまり貴族と中流階級と労働者階級に、それぞれ蛮人（Barbarians）、俗物（Philistines）、そして大衆（Populace）という名を与える。ただ、このような区別を設けながらもアーノルドは結局この三階級が同じ性質を帯び始めているとする。それが、商業主義に毒された無教養、俗物性というわけだ。アーノルドの著作が産業革命以降の産業主義、自由放任主義的資本主義を背景に勃発した階級文化闘争の一部であること、これを確認しておこう。

　その一方でアーノルドの文化観、英文学観を考えるのに欠かせないもうひとつの視点がある。実は、英文学はイギリス本国で始められたものではなかったのだ。では、どこでか。答えは、植民地である。先ほど「伝統の創造」について述べた際もそうであったように、ある国民文化というものは往々にして他国・他地域との関係において創造される。英文学もその例にもれない。イングランドの場合、「伝統の創造」は単に一国の国民文化の統合だけの問題ではない。それは「大英帝国」という国の文化の問題だったのである。注目すべき地域と時代は2つ。18世紀スコットランドと19世紀インドである。

4. 帝国主義と国民文化

　イギリス帝国の周縁であるスコットランドとインドで、「真正のイングランド文化」としての英文学＝国民文学が創造されたというのは、どういうわけか。一言で言えば、それは「教化」の道具として、である。アーノルドの「英文学」は一方では「国文学」、つまりイングランド国内の文化の精華であったと同時に、国外、それもとくに植民地においては「野蛮を教化する道具」として利用されたのである。

　まず、スコットランド。ロバート・クローフォード『英文学の委譲』によれば、「英文学」は18世紀スコットランドで、本国イングランドに先立って制度化された。先ほど、キルトの「創造」について述べた際に、スコットランドはアイルランドから「独立」するために歴史の捏造を行ったと論じたが、それが行われた18世紀はいわゆるスコットランド啓蒙主義の時代であった。有名なところではアダム・スミスやデイヴィッド・ヒューム。啓蒙主義は一面において「野蛮」から「文明」への進歩を唱道したのであるが、その啓蒙主義がスコットランドにおこったのには歴史的理由がある。それは、1707年に成立した、イングランドとの連合法（Act of Union）である。スコットランド啓蒙主義は、一方で「野蛮」から袂を分かち（それが、アイルランドからの文化的独立である）、もう一方でイングランド的「文明」の仲間入りをするという使命を帯びて登場したとも言えるのである。そこで、言語のうえではスコットランド英語から「純粋」英語の使用へのシフトが目指されることになる。そこで登場したのが大学における英語＝英文学研究と教育であった。

　一方、インド。ガウリ・ヴィスワナタン著『征服の仮面』は、「英文学」がイギリス本国よりも先にインドにおいて制度化されたという事実を詳細に論じてみせた。19世紀前半、インドは東インド会社という植民地経営会社が、チャーター（憲章）の定めに従って統治・経営していた。植民地の支配は、純粋な軍事的支配、そして経済的支配だけでは破綻してしまう。現地人の支配階級を味方に付け、うまく「使う」必要があった。殊にインドに関しては、カースト制をともなう宗教体制に手を付け、キリスト教化するか、そうではなく宗教はそのままにそれ以外の世俗的（非宗教的）手段でイデオロギ

一支配を行うかという選択に、イギリス側も苦慮していた。最終的には、インドをキリスト教化することは断念される。そして、それに代わる「教化」の手段として選ばれたのが、英文学だったのである。1835年に出された「英語（英文学）教育法（English Education Act）」によって、インドでの教育が英語で行われ、また「英文学」という学問を現地人が学ぶことになる。これによって、インド支配階級に、キリスト教に改宗することなしに「イングランド的生活様式（English way of life）」を学ばせ、またそれへのあこがれを抱かせようとしたわけである。ここでは、英文学という教養が、キリスト教の伝道に代わって、植民地の無教養な現地人を「文明化」するのに役立つはずだという前提がある。帝国主義的支配のイデオロギーには、蒙昧な現地人に文明の光をもたらすという大義名分が含まれるのが常であったが、この場合の英文学もまさにそのような役割を担うものと考えられたのである。

このようにして植民地で制度化された英文学は、いわば本国に「逆輸入」されることとなる。さて、そうすると、「甘美と光明に包まれて生きる」ための教養というアーノルドの文化観は、一方では国内の自由放任主義（レッセフェール）の荒れ地に対抗すべきものとして提出されながら、他方では植民地の英文学の持つ帝国主義的拡張イデオロギーには合致していることになる。アーノルドの目指した最高の教養としての英文学は、イングランド国内ではなかなか実現されることはなかった。しかし皮肉なことに植民地においてこそ、そして「啓蒙」すべき現地人との関係においてこそ、「イングランド文化」は実現可能だったのである。

ここまでの英文学の歴史概観から、「イングランド文化」、もしくは国民文化一般には奇妙にねじれた2つの論理が存在することがわかる。国内の事情を考えれば、国民文化が創造＝想像されたのは近代の産業主義による文化の「退廃」に対抗すべき、想像上の過去に存在した真正の文化としてであった。しかしどうやらそのような真正の文化はどこまでも「想像的」なものでしかない（なにしろ、そのような文化の本質とは「すでに失われてしまった」ということなのだから）。一方で、「真の国民文化」が実現し得るのは逆説的にも国外、それも植民地においてであり、そこで「イングランド文化」はイングランドという一地方の特殊な文化としてではなく、文明開化をもたらす「普遍

的」文化としてのアイデンティティを得るのである。この２つの「国民文化の論理」を頭に入れて、英文学の歴史をさらに見ていこう。

5. 戦間期の英文学その１――大戦の荒れ地で

　先述したように、植民地インドから「逆輸入」された英文学が本格的に現在のような形で制度化されるには、第一次世界大戦を待たねばならなかった。1917年、つまり第一次世界大戦のさなかに、ケンブリッジ大学で、それまでの文献学的・言語学的英文学に対して、アーノルドの衣鉢を継ぐ形の教養主義的な英文学を制度化しようと集まったのが、E・M・W・ティリヤードやI・A・リチャーズといった、20世紀の「英文学」の始祖たちである。第一次世界大戦が終わってすぐ、イギリスでは教育に対する新たな必要が主張され、政府は「科学、古典、現代の諸言語、そして国語（English）教育の検討委員会」を設ける。その国語（英語英文学）教育の委員会の議長となるのが、詩人でもあるヘンリー・ニューボルト卿であった。彼はすでに1906年に「英語英文学協会（English Association）」という、英文学教育を「国民教育」の中心に据えるべきという主張の圧力団体を組織していた。1921年、その後の英文学の趨勢を決定することになる「ニューボルト・リポート」が完成される。この報告書の精神は、第一次世界大戦を経た国民主義的なものであると同時に、マシュー・アーノルドとインドにおける英文学の精神を受け継ぐものであった。すなわち、人間を高め、「人間化」する教養としての英文学である。この報告書は政府による英文学への支援をおしすすめることになり、その結果アーノルド的教養としての英文学が覇権を握ることとなる。

　その「新たな英文学」をさらに広めるのに貢献したのは、先述のケンブリッジで制度化された英文学コースの最初の修了生であった、F・R・リーヴィスとQ・D・リーヴィスの夫妻である。F・R・リーヴィスの『大衆文明と少数文化』（1930）での主張は、やはりアーノルドと同様のものである。曰く、現代の工業・商業化された社会（大衆文明）は堕落しており、かつて存在した「有機体的社会（organic society）」を取り戻さねばならない。それを取り戻せるのが、英文学を中心とする教養（少数文化）である、と。

F・R・リーヴィスは『スクルーティニー』という雑誌を主宰してこの理想を喧伝し、またデニス・トンプソンとの共著『文化と環境』（1933）でも、広告や新聞といった商業文化を批判し、ひるがえって有機体的共同体の再建を訴えた（この著作は、私の手元にある1964年版までで10刷の増刷を重ねている）。具体的には有機体的社会とは、イングランドが産業革命を経験する前の17世紀以前の社会であり、リーヴィスたちは17世紀以前には芸術と社会が十全に統一された共同体が存在したと信じたのである。彼の有機体的社会やイングランド性の希求は基本的にはアーノルドと同様の（増大する大衆文化に対する階級文化闘争という）歴史性を帯びたものである。しかし、冒頭で述べたように、リーヴィスたちの有機体論には大戦間期独特の歴史性がないだろうか？ それを考えるために、Q・D・リーヴィスの主著である『小説と読者層』（1932）を紹介したい。

この本は、ケンブリッジ大学の英文科にもっとも初期の博士論文として提出されたものである。題名の通り、Q・D・リーヴィスは小説の歴史をその読者層との関係で論じる。その歴史物語は、やはり「堕落」の物語だ。つまり、かつて存在したはずの文学作品とその読者の十全な（「有機体的」な）関係は、18・19世紀から20世紀にかけての商業化によって堕落していったという物語なのである。最終的にリーヴィスは、現代（20世紀初頭）のベストセラー小説批判を展開し、対抗策として、夫リーヴィスと同じように「少数者」（つまり文学エリート）による抵抗を訴えかける。ここまでは、アーノルドから「ニューボルト・リポート」にいたる国民文化の論理、つまり大衆文化への対抗策としての教養という考え方が反復されている。しかし、注目したいのは、リーヴィスが「意識的少数者による抵抗」を訴えかける際の次の記述である——

> 意識的な抵抗によってなし得ることのちょっとした例として手元にあるのは、イギリス領ホンジュラスの事例である。聞いたところでは、イギリス領ホンジュラスではアメリカの影響に抵抗しようとして意図的に企てられた共同体が、実際伝統的生活様式を保存しつつあるということだ。（Q. D. Leavis）

リーヴィスは、少数者による抵抗の例として、突然イギリス領ホンジュラスという国（植民地）をあげる。そしてそこで保存されつつあるという「伝統的生活様式」についてはこれ以上何の説明も加えない。この奇妙な記述に注目し、大戦間期ならではの国民文化の論理を検証しよう。

6. 大戦間期の英文学その2 ―― 2つの帝国のはざまで

　イギリス領ホンジュラスとは現在ベリーズと呼ばれる国であり、中央アメリカはユカタン半島東部に位置し、北にはメキシコ、西と南にはグアテマラ、東はカリブ海である。この地理条件は非常に重要であるので、頭に入れておいてほしい。1981年に独立するまで、ベリーズはイギリス領ホンジュラス、すなわちイギリスの植民地であった（その結果、公用語は英語）。イギリス人は17世紀からここに移住し始め、19世紀（1862）に植民地としたのである。主に木材をイギリス、フランスなどに輸出してきた。

　さて、リーヴィスはなぜこのような文脈でイギリス領ホンジュラスに言及しているのか？　「伝統的生活様式」を保存しようとしている共同体とは何か？　そして、「アメリカの影響」への抵抗とは何か？

　リーヴィスがこの一節を書いた際の情報源を特定することは困難である。しかし、私たちは数々の「状況証拠」を持っている。たとえば、クリス・ボールディックは英文学という学問の歴史を記述した草分け的な著書『英文学批評の社会的使命 1848-1932』で、この一節について次のような推測をしている。

　　おそらくリーヴィスが言及しているのは、1920年代に行われた、英国スポーツ文化の植民地への笑わせるような移植であろう――その代表例は、1927年に始められた年一回のボートレース、それからゴルフコースとクリケット場の設置である。……もし少数文化の探求に出かけたいなら、ひとにぎりの白人に支配・所有され、貧困と低識字率にあえぐ元奴隷の植民地は、最初に手をつけるにはまずまず無難な場所であることは言うまでもない。少なくとも、そのようなありもしない希望の源をさししめすという点ではリーヴィスは首尾一貫していたのだ。（Baldick, *The Social Mission of English Criticism*

1848-1932）

　ボールディックがどのような歴史資料を根拠にこう書いているのかが不明なので、困ったものであるが、どうやらイギリス領ホンジュラスには「ボートレース」「ゴルフ」「クリケット」と、イングランド的（それもハイブラウな）文化のスポーツを移植する試みがなされていたらしい。

　このように状況証拠を集めても、リーヴィスが述べる「伝統的生活様式」が何であったのかを実証することは難しそうである。だが、ここで重要なのは、リーヴィス自身がその幻想の中で、この「イギリス領ホンジュラス」に何を託したかを読み取ることだ。一義的には、ここでリーヴィスが行っていることは先に述べた国民文化の第二の論理に一致しているように見える。つまり、インドでの英文学と同様の、帝国主義時代における植民地での国民文化の創造である。リーヴィスは、本国で失われつつある真正のイギリス文化が、植民地でこそ可能であると考えるのだ。しかし、先に提起した疑問が、まだひとつ残っている。すなわち「アメリカの影響」とは何のことか？

　ここで、先ほど強調したイギリス領ホンジュラスの地理が重要になる。問題は、その隣国、グアテマラだ。これについても、できるだけの状況証拠を集めてみよう。グアテマラは16世紀にメキシコから南下してきたスペイン人に支配されていたが19世紀には独立。イギリス領ホンジュラスとの間には、19世紀以来現在まで「国境問題」がくすぶり続けている。この国境問題は、単純化すると、そもそもイギリス領ホンジュラスを承認せず、そこはグアテマラの固有の領土であると主張するグアテマラ側と、マホガニーなどの木材の輸出入による植民地経営のため領土を確保したいイギリス側との争いであった。国境は1859年の条約によって大まかに取り決められたが、20世紀に入っても「微調整」が行われていた。また、重要なのは「ユナイティッド・フルーツ社（United Fruit Company）」の存在である。ユナイティッド・フルーツ社は1899年に設立されたアメリカの会社で、中央・ラテンアメリカなどの諸国でのフルーツ農場経営および輸出を行った。しかしその経営手法は、単なる「農場経営」という範囲にとどまるものではなく、フルーツ輸出国のインフラ整備という段階から包括的に経営を行うものであった。グアテマラ

は、ユナイティッド・フルーツ社の設立当初からその重要な「植民地」であった。1901年にグアテマラ政府が郵便事業をユナイティッド・フルーツ社に委託したのを皮切りに、同社はバナナ農園を中心とする農場経営会社を次々に吸収、またたくまに同国のバナナ産業を独占し、鉄道・港湾・通信といったインフラを整備する。1908年には、グアテマラ地峡横断鉄道を完成させている。

さて、ここまではやはり状況証拠である。これと、リーヴィスの「アメリカの影響」という一言を目の前にして、私たちは想像力をたくましくする必要がある。くり返すが、リーヴィスの記述を表層的に読めば、そこには19世紀的な帝国主義・拡張主義下での「国民文化の論理」が読み取れた。しかし、グアテマラ、そしてアメリカ（ユナイティッド・フルーツ社）との関係を考慮に入れると、どうであろうか。一方に、失われし「イギリス文化」を実現できるかもしれない植民地。その植民地と国境をはさんだアメリカ資本の植民地。

私たちは、イギリス領ホンジュラスとグアテマラとの関係に、2つの異質な「帝国」の衝突を見ることができるのではないだろうか。ここに示した小さな事実から見えてくるのは、実は19世紀から20世紀にかけての世界史的な流れである。19世紀から20世紀初頭はイギリス（大英帝国）が7つの海を支配した時代であった。そして20世紀、とくに第二次世界大戦後はご存じの通り新たな帝国、すなわちアメリカ合衆国の覇権の時代であった。ここに挙げた2つの「植民地」の対決は、その2つの帝国の交替の瞬間をしるしづけていはしないか。すなわち、イギリス領ホンジュラスは、大英帝国という19世紀的な帝国を表徴する。その一方で、あくまで独立国家であるグアテマラを半植民地化したユナイティッド・フルーツ社は、20世紀的な多国籍企業のはしりであると考えられる。現在「グローバリゼーション」と呼ばれる現象のひとつの大きな特徴とは、国家を主体とする「帝国」ではなく、多国籍企業という資本による「帝国」が形成されているということである。そう考えると、イギリス領ホンジュラスとグアテマラはそれぞれ「19世紀的帝国＝イギリス」と「20世紀的帝国＝アメリカ資本」の、つまり、黄昏の帝国と夜明けの帝国の植民地である、という見取り図が得られるのだ。

このように、20世紀初頭のイギリス文化、それも特に有機体論のような「真正のイギリス文化」ということが言われる際には、そこにはアメリカ文化の圧力が背景にあることが多い。たとえば本章で扱った「英文学」以外にも、ハリウッドの影響を受け始め、それに対抗する形で「国民映画」の動きが出ていた映画（第15章を参照）など。ただし本章で概観したように、そこには単なる国同士の文化的影響関係のみならず、国内での階級闘争と、19世紀的大英帝国の縮小、そして第二次世界大戦後の福祉国家への移行といった、複雑な文化的要素がからみあっていることを見逃してはならないのだ。

（河野 真太郎）

推薦図書

ロバート・イーグルストン『「英文学」とは何か——新しい知の構築のために』川口喬一訳、研究社、2003年。

齋藤一『帝国日本の英文学』人文書院、2006年。

エリック・ホブズボウム＆テレンス・レンジャー『創られた伝統』前川啓治・梶原景昭ほか訳、紀伊国屋書店、1992年。

Column
2つの帝国、あるいは、グローバル化する文化

　近代帝国主義の歴史を振り返ってみると、2つの帝国が存在してきたように思われる。ひとつは、大英帝国に代表されるような、19世紀までのヨーロッパの帝国。もうひとつは、グローバリゼーションが進行した21世紀になってますますその姿を顕わにするアメリカの帝国。前者は、国民国家を主体とする帝国であり、後者は多国籍企業の集合的ネットワークの力によって構成される帝国。これら2つの帝国がさまざまに交錯し重なり合いながら20世紀のグローバルな歴史の過程をかたちづくってきた、といえよう。
　マイケル・ハートとアントニオ・ネグリの著書『帝国』は、ヨーロッパ・イギリスの帝国主義からアメリカの帝国へのルートをたどっている。実際、『帝国』の中心部分は、歴史的にいえば、モダニティからポストモダニティへの移行というストーリーを語っている。とりわけ、モダンな主権概念とは異なるアメリカのネットワーク的権力を国際的に拡大し、ヨーロッパと世界の平和を目指すウッドロー・ウィルソンの政治的プロジェクトは、新しい帝国への移行を推進した力として、注目されている。国際連盟にその理想が生かされた、ウィルソンのポストモダンなヴィジョンは、ヨーロッパ的な植民地主義による征服と支配の代案として提示されたが、イギリスのロイド＝ジョージ首相や独裁と戦争をもくろむヨーロッパのファシストたちの復古的な帝国主義への固執と回帰によって、まさに拒否されるものとなった。ハートとネグリの分析によれば、こうしたヨーロッパとアメリカ合衆国の対立、あるいは、イギリスとアメリカ両国間のルートこそ、現在、近代における帝国主義と文化を再考する重要な契機にほかならない。
　ただし、ヨーロッパの帝国主義からアメリカの帝国への大西洋横断的な空間移動を追う、というそのやり方は、前提として、イギリスの古き帝国主義の衰退とアメリカ合衆国の新たな台頭という図式を、いつのまにか、踏襲してしまっているのではないか。太平洋横断的な方向は括弧に入れたまま、世界の覇権をめぐる、もうひとつ別の二項対立を、措定しているだけではないか。
　もしもハートとネグリ自身が考える帝国が、もはやひとつの国民国家ではなくそうした境界をすり抜けグローバルに横断する無数の流れと多様な力のネットワークであり、その意味で、帝国はアメリカであってアメリカではないとするなら、我々は、さまざまな矛盾を孕む帝国と文化の問題を、イギリスとかアメリカとかいった国民国家の枠組とは別の形で、再解釈しなくてはならないだろう。帝国としてのアメリカのさまざまな欲望や闘争を、グローバル化する文化に――たとえば、ヨーロッパのファシズムを模倣しようとしたモーズリーら「英国ファシスト連合」が批判したジャズ文化に、あるいは、イングランド性を希求する「英文学」の制度化を逆説的にも推進することになったアメリカ化の圧力に――読むことが可能かもしれない。少なくとも、帝国の「国際性」やその文化は、国家間的というよりは、国家横断的なものとして、解釈されるべきだ。　　　　（大田 信良）

第13章

退屈と帝国の再編

1. 退屈はどうやって治すか──植民地帰りの男たち

　人生に退屈したとき、人はどうやってそれを治そうとするのだろうか。日々の仕事やくらしにすっかり嫌気がさして、すっかり生きる力を失くしてしまうような虚脱感と倦怠(アンニュイ)。まずは思いつくまま、治療法を３つあげてみよう。すなわち、眠ること、酒を飲むこと、旅をすること。21世紀の現在と違って、携帯電話で友達と親密におしゃべりしたりすることもできなければ、あるいは、テレビゲームの仮想空間で生死をかけた戦闘に参加することもできないような時代に、これらの方法はそれなりに妥当なものにも思える。だけれども、たとえば20世紀はじめ退屈に苦しむせいか少々へそ曲がりなイギリス人に、次のように切り返されたらどうするか。「どれもくだらない、眠れば夢を見るし、飲めば悪態をつく、旅をすれば赤帽にむかついてどなる、といったことになる」。
　この言葉を吐くのは、「英文学」の古典にしてイギリス小説の代表作、D・H・ロレンス『恋する女たち』に登場する、ジェラルド・クライチというイングランド中部地方（the Midlands）の炭坑王である。生というものに倦み疲れるジェラルドであるが、炭坑の実質的経営を父親から引き継ぐ前には、一種の好奇心からボーア戦争に参加するために南アフリカにおもむいたこともあった。ジェラルドは、いわば植民地帰りの男なのだ。（また、ド

イツの大学で学んだり、南米のアマゾンに探検旅行を試みたこともあった。）それが、『恋する女たち』の第20章「剣闘士のように」で、主人公の視学官ルパート・バーキンがこの友人を訪ねたときには、虚脱状態から抜け出せずにいる。奇妙なことに、ジェラルドの存在は、まるで動力を欠いた機械であるかのようなのだ。

> これはジェラルドにとってなんとも苦痛なことであった。彼はつぎからつぎへと活動をつづけ、どうしたらいいかなどとは一度も思ったことがなく、退屈とはどういうものか、まったく知らないできたからである。いまとなって、徐々にあらゆるものが自分の内部で停止しようとしているような気がした。仕事を眼の前にさしだされても、やる気がもはや起こらない。身体の内部で何かが死んでしまって、どんな提案を出されても、それに応ずるのを拒むだけである。この無のみじめさから自分を救いだし、この空虚の圧迫を軽減するために、どんな手を打ったらよかろうか？（小川和夫訳、一部筆者改訳、以下同）

ここに提示される「退屈」は、どうも単純なものでも個人的なものでもなさそうで、近代性(モダニティ)という、彼が生きる社会や歴史の条件にその根本的な病因がありそうだ。ジェラルド自身は、自分がなんとなく感じる苦痛やその原因をはっきり認識できないまま、ただ調子が悪く、「仕事も遊びもできない」。機械化と専門家による科学的経営、すなわち、近代化(モダナイゼーション)によって、石炭の生産量はこれまでにないほど増大し、仕事は成功を収めた。遊びつまり誰か自堕落な女との放蕩も、以前には満ち足りた一番の救いだったが、いまでは、女への欲望を抱き続けることがきわめて難しくなってしまった。

皮肉なことに、仕事において「究極の成功を収めてしまった」ジェラルドは、まさにその成功ゆえにこそ、苦しんでいる。機械化された生産機構が「あまりに完璧なので、ジェラルドはときとして得体の知れぬ恐怖に襲われて、どうしてよいかわからなくなった」。このジェラルドに、冒頭にあげた「眠ること、飲むこと、旅をすること」を提案したのが、実はバーキンだったのだが、こうした一般的な3つの療法が役に立たないとするなら、二人はどのような代案を考え出すだろうか。「仕事と恋」、炭坑の近代的経営か気ま

ぐれな遊びとしての異性愛の2つの代案しか思いつかないジェラルドに、バーキンは、第3の選択肢として、日本の柔術をあげる。「仕事と、恋と、戦い（fighting）だ。君は戦いを忘れている」。バーキンは、男同士、裸で組み合う、かなり怪しげな柔術によって、退屈に一人苦しむジェラルドを慰めようとする。『恋する女たち』に出てきた柔術の表象は、日本という非西洋世界をいくぶん肯定的に描くことにより反近代主義者としてのロレンスの思想をあらわしている、と単純にいうことはできない。そうした東洋の身体文化のイメージを、逆に、オリエンタリズムとして大英帝国のために取り込んでいるのかもしれない。ひょっとして、裸体をさらす二人の男のホモエロティシズムに媒介されて、少数のエリート専門家による全体主義への道が、ほのめかされていたりするのか（終章参照）。少なくとも、なぜ柔術が退屈を治す方法として設定されているのかという問題を、無視して済ますわけにはいかない。しかしながら、こうした答えを結論にする前に、もうひとつ別の例を取り上げてみなくてはならない。正典的な文学の領域に引きこもることなく、イギリス文化というより広い空間において、退屈の問題を考えてみたいからだ。

退屈と冒険による逃走

　そもそも、第一次世界大戦後の大英帝国で退屈という病に苦しんでいるキャラクターが登場するのは、ロレンスの小説のような、高級文化に属するテクストだけなのだろうか。たとえば、ジェラルドと同じく南アフリカにおもむき、鉱山技師として仕事をこなしたあと、ひと財産を持って帰国し、現在はロンドンのポートランド・プレイスのフラットに一人住まいの男、リチャード・ハネイの場合はどうか。ジョン・バカンのスパイ小説『39階段』の主人公ハネイは、「大英帝国で一番退屈している男だった」として描かれる（映画化された『39階段』については第15章参照）。

　5月のあの午後3時ごろのこと、僕は人生にすっかりうんざりして、シティからもどって来た。イギリスに着いて3ヶ月になるが、あきあきしてしまっていた。1年前にだれかが、ロンドンなんてきっと退屈するぜといったら、僕は歯牙にもかけなかったにちが

いない。ところが、事実はそのとおりになってしまった。気候は不快だし、有象無象のおしゃべりはいただけないし、充分に運動することもできない。そのうえ、ロンドンの娯楽ときたら気の抜けたソーダ水同然ときている。（小西宏訳、一部筆者改訳、以下同）

　ジェラルドとは別の、このもう一人の植民地帰りの男の場合、その退屈は何に起因しているか。答えは、不快な気候、帝国主義を奉ずるご夫人たちの空談、植民地にいたときにはなかった運動不足。つまりは、ロンドンというモダンなメトロポリス自体が、その病の原因なのだ。

　実際、ハネイは、たった１週間で名所見物にも飽きたし、ひと月でレストラン・劇場・競馬場も見尽くしてしまっていた。それに、ジェラルドにとってのバーキンのような、気の合う友達もいない。こうして南アフリカの草原に帰る決心をしかけていたところが、ひょんなことから、大英帝国をひっくり返すような国際的な陰謀事件に巻き込まれてしまう。そして、そのような偶発的な事件との遭遇によって、ハネイは、ロンドンという都会での味気ない日常に別れを告げて、「新生活」を始めることになる。「僕はふと思ったのだが、１週間前には、人生とは退屈なものだと思い込んでいたのだった」。バカンのテクストが表象する退屈は、案外、その根っこが浅いもので、生死を賭する危険に身をさらすことになるとはいえ、かえってそうした刺激が逆療法になって、その病は完治してしまうもののようだ。

　こうしてみると、ひとつ押さえるべき基本的なポイントが浮かび上がってくる。退屈の表象は、文化の境界や階層をすり抜けて、大英帝国の文化において高級文化（ハイカルチャー）と大衆文化（ポピュラーカルチャー）が交流し混淆するひとつの重要な場となっているということ。そして、近代性（モダニティ）という歴史的条件に規定されたこの生への嫌悪や生きる力の消失は、以下に見るように、イギリス帝国主義の人種退化の肉体的および精神的兆候として、絶えることなく繰り返し形を変えてあらわれる。

2. 社会帝国主義の限界（リミット）とその補足としての人種退化の言説

　『恋する女たち』に出てきたいささか怪しげな柔術は、いったい何を意味

していたのか。その表象は、イギリスの帝国を考えるうえで、どのようにかかわってくるのか。たとえば、大英帝国の国民を健康にするというその謎めいた戦いのイメージを、人種退化の治癒を目指すフィジカル・カルチャー、優生学の言説によって読み解くこともできるかもしれない。

　前世紀末以降の生理学的・医学的言説をたどってみると、退屈あるいは倦怠は、精神的および身体的消耗や衰弱という症状と密接に結びついており、退化・ヒステリーのひとつの兆候としてとらえられていたらしい（木下「D・H・ロレンス『恋する女たち』」）。たとえば、ロレンスが機械の比喩によってジェラルドのエネルギーの枯渇を描いていることに注目するならば、機械としてのジェラルドが表象する内的な「停止」・「死」とは、衰弱＝退化を指し示す記号にほかならない。そして、ジェラルドとバーキンとの柔術によって暗示されているのは、外部へ拡張する新たな生の運動、人種の病的退化からの再生かもしれない。「人間は格闘したりつかみあったりして、肉体的に接近しなければならない。そうすれば健全になるのだ」。ここで炙り出されてくるのは、第一次世界大戦後におけるイギリス帝国主義の再建の期待ということになろうか。

　文化的・医学的レヴェルの表象のほかに、政治的・経済的レヴェルも拾い上げて見るならば、20世紀初頭のイギリスに実際に掲げられた、社会帝国主義の言説とのつながりを見出すことができる。第19章「産業王」が示すように、ジェラルドは、「国家的効率（national efficiency）」という政策キャンペーンに結び付けられている。すなわち、健康な身体の涵養、政党政治を超克した挙国一致体制、科学的経営、産業の近代化・機械化、等々の国内の政治文化や企業倫理。効率という言説こそ、浪費や衰弱といったイギリスの弱体化をもたらす問題と戦い克服しようとする20世紀大英帝国のキーワードにほかならなかった。「ジェラルドは、意志の力もあり、現実世界を把握する能力も備えているのだから、今日のもろもろの問題、現代世界における産業主義の問題を解決する任に当たらせるべきである。そのうち、この人は自分の欲する変革を実現し、産業機構を再編成することができよう」。恋人グドルーンの頭の中では、この炭坑経営者は、帝国国家の統一・強化のために保護貿易と社会福祉の政策を推進したビスマルクにたとえられる。たしかに、

主要なエネルギーが石油に取って代わられ資源獲得の闘争が中東地域その他の世界で帝国主義の死活問題となる時代に、炭坑業の近代化というジェラルドの仕事は成功した。とはいうものの、「国家的効率」の運動が目指したこと、すなわち、ジェラルドがたとえば保守党の政治家となって人種再生を実現することは、否定されている。この基本的にナショナル・アイデンティティをもとに再生産しようとした帝国主義の挫折は、政党政治のレヴェルではジョーゼフ・チェンバレンら保守主義者たちの関税改革運動の敗北にあらわになった、社会帝国主義の限界(リミット)を印し付けているのかもしれない。

　大英帝国再建のプロジェクトの象徴でもある炭坑経営の近代化は、ジェラルドによって成功のうちに遂行されるにもかかわらず、なぜか、イギリスの繁栄を経営者も労働者もともに、いまひとたび、享受することができない。あとに残るのは、機械として非人間化されたイギリス国民個人のどうしようもない退屈という謎ばかりである。こうして、『恋する女たち』で最終的に描かれるのは、衰弱と死を迎えるヨーロッパ世界へ後退し引きこもりたいという不安のようにもみえる。

「英文学」と帝国主義

　デイヴィッド・トロッターが主張するように、イギリス小説の「偉大な伝統」を代表するこの小説が、リベラル・ヒューマニズムとロマン主義的有機体論の危機として表現したのは、イギリス帝国主義の衰退と崩壊への不安にほかならなかったのかもしれない。[1]

　『恋する女たち』においては、バーキンとアーシュラら主人公たちの結婚は、ジョージ・エジャトンの作品にさかのぼるような、神秘化された優生学的結合の想像上の解決策を表す一方で、ジェラルドとグドルーンの性的関係が人種退化の言説を示す（Trotterおよび本書第10章を参照）。イギリスの帝国主義政策の多様な機能を、端的に、優生学や社会ダーウィン主義という生物学的言説においてとらえるトロッターの解釈にしたがうならば、これら2

1）社会史から帝国史への転回に対応するモダニズム文学史の再記述を試みたトロッターの解釈は、マイケル・ハートとアントニオ・ネグリが提示した近代帝国主義の系譜を具体的に例証しているようにもみえる。

組のカップルの対照に、ヨーロッパの旧帝国の命運をめぐる欲望と不安が読み取られる。理想的な帝国の母としてのアーシュラのイメージに、優生学的な結婚と性的再生産による人種再生を称揚するプロットは、その対立項として、サド・マゾヒズムといったジェラルドの不毛な性的関係を生み出す。だが、それだけではない。結末において登場する退化の化身、ユダヤ人にしてホモセクシュアルの芸術家レルケと、グドルーンをめぐって争い敗れたこのイギリス人男性は、自ら死を選ぶように雪と氷のアルプスへ、堕落と破壊の白い世界へ向かわなければならない。その原因は、アーシュラやバーキンとは違って、ジェラルドが結局のところ人種退化を克服する代案をなんら提示できないからかもしれない。

　たしかに、H・G・ウェルズのような「ニュー・ウーマン作家」は、モーロックとエロイという２つの異なる退化のタイプを組み合わせて描くのに対して、ロレンスやE・M・フォースターといった後継者たちは、退化へ宿命づけられているカップルを再生へ向かうカップルと対照させて描く傾向にあるようだ。ただし、優生学あるいは社会ダーウィン主義による『恋する女たち』とその帝国主義の解釈には、世紀末文学からモダニズムへのイギリス性の連続性が再確認されることはあっても、外部の世界との結びつきや交渉の可能性は、ほとんど示唆されることはない。

　しかしながら、そもそも大英帝国は、植民地はもちろんのこと、ほかのヨーロッパ帝国列強や新たな帝国国家からまったく独立して、存立し続けることが可能だったのであろうか。その帝国空間の内と外を横断的に移動したり流通するような、人・もの・記号といったものは存在しなかったのだろうか。バカンのスパイ小説に、もう一度、立ち戻ってみよう。

3. 大英帝国の他者たち、あるいは、グローバリズムの諸表象

　一応のところ、ハネイが関わる問題は、第一次世界大戦勃発直前のヨーロッパの国際政治ということになっている。国内の社会改革、福祉政策をめぐる自由党・労働組合と保守党との政争などではなく、ギリシャ首相の暗殺とバルカン諸国の紛争をきっかけに始まる世界大戦。当時流行したスパイ小説

のキャラクター設定——フォースター『ハワーズ・エンド』におけるウィルコックス家とシュレーゲル家の対立は、そのリベラルな転倒例——によくあったように、帝国列強のライバルであったイギリスとドイツの競合関係が含意されている。

　『39階段』のプロットに即して言い換えるなら、ロンドンからの逃走に始まるこの小説は、途中のさまざまな冒険を経ながらも、最後には、イギリス政治体制の中核において、その物語の解決を見るということだ。「ドイツは世界平和のために紛争を仲裁しようとみせかけて突如争いの口実を見つけるやそれを振りかざして5時間後にはイギリスに火の雨を降らせる」。殺された秘密情報部員フランクリン・P・スカッダーが残した手帳にはこう書かれていて、この情報を託されたハネイは、外務事務次官ウォルター・バリヴァント卿と密接な連携をはかりながら、イギリス海軍の機密情報を盗もうとしている「黒い石」の一味、ドイツ語をしゃべる「愛国者」を逮捕することに成功する。スパイ小説としての『39階段』は、大戦が始まる前にすでに敵国の野望を封じ込め、自国のために最上の貢献をすることで、結末を迎えることになる。

　とはいえ、バカンが表象する大英帝国の政治問題は、経済問題、とりわけ、国民国家をはじめとするさまざまな境界を越えて、グローバルに移動する資本の問題によっても規定されている。そういえば、キプリングやコンラッドのような小説をいつか書きたいと思っている文学好きの宿屋の主人に向かって、ハネイは、次のように言っていた。「冒険というものは、熱帯地方や革命党員でなければ遭遇できないものだと君は思い込んでいるんじゃないかい。現にいまだって、冒険は君の目の前にぶら下がっているかもしれないよ」。反イギリスの企みがあることを打ち明けられたハネイは、殺人の濡れ衣を着せられて、警察からも陰謀団からも追われることになるが、彼が逃走や冒険を繰り広げる空間は、イングランドと植民地からなる大英帝国の単純な境界線をすり抜けるような、そしてまた、ロンドンとも別な、帝国のどこかである。

　このことは、スカッダーの手帳の読解によるのではなく、スカッダー本人が生前ハネイに告げた話をみれば、よりはっきりするだろう。

すべての政府と軍隊の背後にはきわめて危険な連中によって工作された大掛かりな地下運動というものがある。…そうした連中の大部分は、革命を起こすことを仕事とする教養ある無政府主義者の類だが、彼等の背後には金のために動いている資本家どもがいる。

　革命を起こそうとしている無政府主義者(アナーキスト)による、国際的な陰謀。そして、その陰謀を背後で操るユダヤ人金融資本。ここには、帝国主義を批判するリベラリスト、J・A・ホブソンにもみられた反ユダヤ主義を、よりメロドラマティックな形で描くトーリー保守主義者バカンがその姿をあらわしている、と同時に、そのユダヤ人イメージが担う国際性は、国内の政治的党派を越えたポスト・レッセフェール時代というイギリスの歴史状況を炙り出してもいるといえよう（序章参照）。スカッダーの話によれば、たとえばドイツ系の商社と付き合うとして、もし取り引き額が莫大で本当の経営者と交渉することとなれば、その相手は、イートン、ハローといったパブリック・スクール風の英語をしゃべるドイツ青年でもなければ、ドイツの有名な財界人でもない。それは、「ガラガラヘビのような片目をした青白い顔のユダヤの小男」。時代遅れの三文小説にでも出てきそうなスカッダーの話の中では、このユダヤ人こそ、「まさに現下の世界を支配している張本人」だ。とはいえ、その逃走と冒険の途中で、敵の首領「黒い石」と対峙したハネイも、「蛇の目に魅入られたように」すくんでしまう。そして、彼の足元に屈服しようかという強烈な衝動を感じさえしてしまう――もっとも、その後、ダイナマイトの爆破によって、監禁の難を無事逃れることができるのだが。

　『39階段』のテクストに埋め込まれた冒険物語は、ユダヤ人資本家による陰謀説（conspiracy theory）の要素を取り込むことにより、イギリス帝国主義の空間が、ヨーロッパ国際政治のさまざまな国境線を越えた、つまり、トランスナショナルに「国際的」であることを、刻印している。そして同時に、文学的ジャンルに関して言えば、グローバルな金融資本に動機付けられたアナーキズムの表象は、バカンのスパイ小説を、テロリスト小説に変換してしまう可能性を孕んでいる。

ユダヤ人というフィギュールとカフェ・ロイヤル

　大英帝国の他者としてのユダヤ人ということであれば、ここで、ロレンス『恋する女たち』に出てきたレルケのことが思い出されるかもしれない。イギリスの炭坑王を死の世界へ追いやるこの芸術家も、たしかに、ユダヤ人として否定的なイメージを付与されており、人種退化の不安を隠喩的にあらわす便利な記号として機能していた。しかしながら、ここであらためてロレンスとバカンのテクストが共有しているものを考えるのは、ユダヤ人のイメージを、自己とは異なる存在を単純に悪として固定的にとらえてしまうのとは違うやり方で読み直してみたいからだ。言い換えれば、イギリス文化が表象するユダヤ人を、ステレオタイプとしてではなく、複数の異質な他者たちのイメージすなわちフィギュールとして読むことを試みたいのだ（他者としての女性については、第11章を参照）。そのために、石炭を生産するイングランド中部地方や革命や金融資産を生みだそうとするヨーロッパの国際関係から、再度、消費都市ロンドンに戻り、そのストリートに存在するひとつのカフェに注目してみよう。

　まず、『39階段』に出てくる食事の場面から。陰謀事件にかかわることになる当日の晩のこと、シティで株式仲買人に自分の投資の件についての相談を終えたハネイは、クラブで1杯の酒でひと息ついて国際情勢の危機を伝える数種類の夕刊紙に目を通した。残りの時間は、ロンドンの娯楽でも楽しもうかと、あまり期待もせずにミュージック・ホールへ足を運ぶ。アルフレッド・ヒッチコックの映画版では、物語の始まりと終わりの場面にきわめて効果的に登場する、例のシーンだ（第15章参照）。バカンのテクストでは、「跳ね回る女どもと猿面の男たちのばからしい演目」に、予想通り、うんざりしてしまったハネイは、あとはオクスフォード・サーカスを通ってさらに北のポートランド・プレイスの近くに借りたフラットに帰るだけなのだが、このミュージック・ホールが出てくる直前に、夕食をとった店の名前が書き記されている。リージェント・ストリートにあるカフェ・ロイヤルという店だ。（ちなみに、この店は現在も存続しており、エドワード朝の造りが自慢の高級フランス料理を出すところ、ということになっている。）

　そこでどんな食事を楽しんだのか何も記述がないのでわからないのだが、

ブランデーやリキュールを食前酒に、ワインと一緒に、牡蠣料理を食べることができたらしい、というのも、カフェ・ロイヤルは、『恋する女たち』の第6章と第28章でも、カフェ・ポンパドールと名前を変えて表象されているからだ。この共通点にもかかわらず、実のところ、ロレンスがこれらの場面で描いているのは、ロンドンに集う多国籍のボヘミアンたちである。レルケのセクシュアリティと人種を思わせるような、「半分男」・「ゴキブリ」であるマキシムという男は出てくるが、この「肌のなめらかな暖色の顔に油を塗った黒髪の、とりすましたロシアの若者」は、ユダヤ人ではない。ロレンスのテクストにおけるこうした表象の差異は、解釈のポイントとして、見逃さない方がいいかもしれない──第6章で主として取り上げられるのが、プサムという少女をめぐるジェラルドとハリデイの三角関係であり、結末に出てくるグドルーンをめぐるジェラルドとレルケの三角関係の反復をあらかじめ先取りしているのを考えるならば。

　イギリス文化史におけるカフェ・ロイヤルのひとつの重要な意味は、その表象によって、大英帝国およびヨーロッパの他者として、アジアとりわけ中国人の存在を喚起することにあるかもしれない。当時、ロンドンにあるこの文化空間は、娯楽のための麻薬が流通し売買される場所として、悪名をはせていたという。カフェ・ロイヤルをモデルにしたテクストはほかにも数多くあり、アリスター・クラウリーの小説『麻薬中毒者の日記』、イースト・エンドやホワイトチャペルのさらに東に位置するライムハウスを舞台に異人種間の性的関係を描いたトマス・バーク「中国人と子ども」とD・W・グリフィスによるその映画化『散り行く花』が有名だ。また、ウェスト・エンドの女優ビリー・カールトンの薬物死をめぐって、『デイリー・エクスプレス』、『デイリー・スケッチ』などでの特集が組まれただけではなく、このイギリス最初の薬物スキャンダル事件をもとにした、サックス・ローマーの犯罪小説『麻薬──チャイナタウンと薬物取引の物語』が書かれたり、ノエル・カワードの戯曲『渦巻き』が上演されたりして、麻薬の文化表象を増殖させるサブテクストは続々と再生産され続けた（Kohn）。

　もちろん、ロレンスの小説もこうしたイギリス文化の中で生み出され流通したのであり、実際、麻薬のイメージが、退屈に苦しむジェラルドを描き出

すとときに言及されている。

> 自分を目覚めさせ、自分に生気を与えてくれるものは、3つしかなさそうである。その
> ひとつは酒を飲むかハッシッシを喫うこと、もうひとつはバーキンの慰めを受けること、
> そして第三は女である。

　ジェラルド自身の言葉によれば、彼は無の惨めさから自分を生の世界へ救い出してくれるものとして、バーキンとの柔術による心身両方の親密さだけを求めていたわけではない、ということになる。前に出てきた退屈を治す3つの療法、「仕事」、「戦い」、「恋」と比較してみよう。あとの2つ、「バーキンの慰めを受けること」、「女」は、「戦い」と「恋」の言い換えだが、第一番目には、これまでの選択肢と重なりつつも微妙なずれを孕んだ別のものが、新たに提示されている。つまり、「仕事」に置き換わって、「酒を飲むかハッシッシを喫うこと」が。
　いま現在のジェラルドが、1890年代の限られた常習者グループのようにハッシッシに手を伸ばす場面を、ロレンスがはっきりと描いているところはない。（ジェラルドは、一種の好奇心からボア戦争におもむいたことがあったが、そうしたときにでもハッシッシを試したということか。）ヴァージニア・ベリッジの研究によれば、20年代のロンドンの麻薬文化を特徴付けるのは、もはやハッシッシやアヘンではなく、多様な社会階層をまたいで広範に広がったコカインであった。中国との関係について言うならば、とりわけ、カフェで薬物の売買を通じて結ばれる若い白人女性と黄色人男性の性的関係が、帝国の他者表象として、脅威となったのだ（Kohn）。ビリーのような女優、あるいは、プサムのような芸術家風にブロンドの髪を短く切りながら肩を露出する写真モデルといったモダン・ガールが手を伸ばすのも、コカインではないか。このような「コカイン・ガール」が、直接的に『恋する女たち』のテクストに姿をあらわすことはない。ジェンダーや人種について代わりに描かれるのは、未婚の母となるプサムやアフリカから（あるいは異本によれば西太平洋から）持ってこられた裸体で出産する非白人女性の彫刻といった、母性や生殖のイメージになってしまう。しかし、こうした表象の欠落や転位にもかか

わらず、従来の解釈とは別に、退屈の解決と政治・経済的近代化(モダナイゼーション)への対応を探求する物語としての『恋する女たち』は、ジェラルドが過去に経験した麻薬に断片的にではあれ言及し、そこからさらにロンドンのボヘミアン文化のサブテクストを反復・(再)生産することにより、ひょっとしたら、アジア・太平洋の世界への方向性を、太平洋横断的(トランスパシフィック)な移動のラインを、提示しているのではないか。

　1922年、中国の政治的あるいは地政学的意味を、大戦後のグローバルな脈絡で探ったのは、バートランド・ラッセルだった（ちなみに、『恋する女たち』において、精神における不平等性あるいは差異性という概念を掲げるバーキンに対して、人間の社会的な平等を主張するジョシュア卿は、ラッセルがモデルである）。ラッセルの『中国の問題』は、ワシントン会議によって巧妙に隠蔽された、中国市場の占有をめぐる列強の争いを考察し、その解決策を、真の平和と自由を保証する国際的な社会主義に求めている。

> アメリカの現在の政策が成功すれば、しばらくは、平和が確保されるかもしれないが、中国のような弱小国の自由は間違いなく保証されることはないだろう。平和と自由を保証できるのは、ただ国際的な社会主義だけだ。

　批判の対象となるのは、未だ工業化されていない未開発地域に商業的発展とともに搾取と絶えざる戦争をもたらす、アメリカの資本主義、すなわち、近代化(モダナイゼーション)の究極の姿としてのアメリカ化(アメリカナイゼーション)。

4. 帝国の再編と移動

　帝国の再編をたどるイギリス帝国史研究は、1907年に開催された帝国会議から、1917年から始まる帝国戦時内閣を経て、1926年のバルフォア報告書および1931年のウェストミンスター憲章へ、そして戦後の脱植民地化に伴う大英帝国の崩壊・解体といったいくつかの目印をたどっている（Brown and Louis）。たしかに、20世紀におけるイギリスの国際的地位の低下や経済的な衰退（とりわけ製造業の競争力）は、誰の目にも明らかなようにも見える。

しかしながら、大英帝国が衰退したか否かという問題は、その原因をどこに求めるかという議論とともに、それほど単純に結論がついてはいない。第一次世界大戦直後、失業問題や国際連盟といった、イギリス国内外の問題によって帝国の統一性が失われ衰退へと向かったわけではない、という議論をすることもできるのだ（Andrew Thompson）。実際、戦間期も、大英帝国は、領土面においては引き続き存続・拡大したのであり、移民・関税・プロパガンダにもそれが反映されている。ＢＢＣのラジオ番組や大英帝国博覧会のほかにも、帝国移民法や帝国通商局の広告活動は重要だ（第二次世界大戦後については、終章を参照）。

とりわけ第一次世界大戦後のイギリスは、旧来の植民地を含む大英帝国とオーストラリアなど６つの自治領(ドミニオン)とからなる複合的な「帝国＝コモンウェルス体制」によって、その帝国主義が新たに編成される過程にあった。こうした歴史の解釈は、たしかに、1920年代の相対的繁栄期と30年代の政治的危機といった従来の区分や、文化／政治の単純な二項対立によるとらえ方を有意義なかたちで乗り越える可能性を——社会・政治的歴史研究はもとより文学・文化研究にも——指し示しているように思われる。なかでも、社会主義とファシズムの対立図式や米ソ冷戦イデオロギーによるさまざまな歴史像は、再検討されなければならないだろう。（ひょっとしたら、第一次世界大戦後のイギリスでさまざまに構想された国際連盟や世界政府も、大英帝国の表象との関係で、考え直すこともできるかもしれない。戦後世界の構想を描いたのは、ウィルソン大統領のアメリカだけではなかったのであり、イギリスのヴィジョンは、複合的なコモンウェルスに再編された帝国をもとにイメージされた。）1920年代のイギリス文化が表象しているのも、この帝国の再編にほかならない、ということになるのだろうか。

しかしながら、イギリスの文化は、帝国＝コモンウェルスにおいてのみ、読み解かれるものではない。モダニズム文化のさまざまなテクストには、断片的にではあれ、大英帝国と大西洋横断的(トランスアトランティック)な欧米世界の両者をも超えたさらにグローバルな文化の移動の痕跡が刻印されており、我々は、大英帝国の人種再生を企図するナショナリズムの力と帝国を編成し直すグローバリズムの力との、幾度となく反復され複雑に交錯し合う関係を、太平洋横断的(トランスパシフィック)な帝国

空間にもたどり直すことができる。そして、この過程を表象すると同時にさまざまな矛盾を孕んだ関係を取り結んだのが、イギリスのグローバルな帝国文化であった。とするなら、イギリス文化史は、ヨーロッパ、あるいはさらに、アジア・太平洋という帝国空間においても、解釈されなければならない。

移動する男たちと回帰

　ロレンスの20年代のテクストは、男と女・力と愛などの諸対立を全体主義的な教条(ドグマ)として主題化しているだけではなく、男たちが、新たな帝国ヴィジョンへの希求をあらわにするかのように、故国を旅立ち、世界中を移動し続けている。ファシズムのイタリアを経由して、オーストラリアへの、あるいは、メキシコにいたる逃走。また、意外なことに、バカンの『39階段』にも、オーストラリアへの移動の表象が取り上げられている。ひょんなことから、自由党の立候補者のために応援演説をする羽目になったハネイは、自由貿易主義者として植民地における保護貿易政策がいかに愚劣なものか選挙人たちに訴えてほしいと頼まれる。だが、実際に聴衆に向かって語ったのは、オーストラリアの「労働党や移民や公共サーヴィスのことなど」であり、その演説は、「移民代表者の雄弁」とみなされる。

　バカンが言及する「移民」の場合とは違って、ロレンスの指導者小説『カンガルー』が表象するのは、イギリス国内の貧困問題を解消するための労働移民ではない。労働力の問題というよりは、むしろ、文化移動の問題が取り上げられているように思われる。ただし、ボーア戦争終結前後から見られた新たな移民が担うのと同じような役割を与えられるのは、すなわち、イギリス人の血と文化を伝える帝国の絆となるのは、国内で余っていた独身女性でも貧困の子どもたちでもない（井野瀬）。オーストラリアで男同士の親密な友愛と政治的同盟の問題に巻き込まれていく、男性主人公たちだ。

　しかしながら、グローバルな移動をするのは大英帝国の白人だけではない。『カンガルー』というテクストは、大戦後の経済的グローバル化と国際関係の再配置に対応して、大英帝国における国民国家とその主体をいかに編成し直すかという問題と格闘しているが、そこで帝国の他者としてきわめて重要な役割を付与されていたのが、オーストラリアで目にする中国移民の姿で

ある。「寄生虫」のイメージで主人公サマーズの意識に姿をあらわす中国人の表象は、まっさらで純粋無垢なまま眠り続ける国オーストラリアを内側から腐食し、ついには社会全体の退化をもたらすような、不気味なものである。「未来のことは誰にわかろう。ひとつの大陸だから、外敵の犠牲にもならず、こんな魔法のような無害な国民として育ったのだろうか。いまや、寄生虫を誘う国——寄生虫が悪夢のように育っている——ここで権力欲が芽生えたらどんなことになるだろうか」。

　この他者表象は、サマーズにとって第一次世界大戦の体験とは別のもうひとつの悪夢として、ドミニオンの労働市場をのっとる有害な侵入者として、不安を掻き立てずにはいない。「有色人種の過剰な労働力問題。実際この国はヨーロッパからとても離れているから、有色人種を入国させるのはやばい、飲み込まれてしまうのは火の目を見るより明らかだ。一旦入れてしまったら収拾がつかないぜ。奴らは俺たちを憎んでいる。一人残らず有色人種は白人を憎んでるんだ」。『カンガルー』が描こうとする新たな帝国は、英米両国の絆や関係性だけでなく、太平洋をグローバルに移動するアジア系移民のさまざまな表象によっても規定されている、と結論付けられる。

　とはいえ、戦間期イギリス文化における帝国をめぐる愛と戦いのストーリーは、このように太平洋を舞台として決着がつき、それで完全に終わる、ということはないようだ。結局最後には、サマーズはオーストラリアを離れ、中国人移民はといえば、大西洋のヨーロッパ白人世界へと再び差し戻されてしまう。「『キャンベラ・ホールでコミュニストとナショナリストが衝突。身元不明のアナーキストが爆弾を投げた』。どの新聞も同じ論調だった」。ロレンスが事件を伝える新聞記事によって読者に提示するのは、群衆に紛れ込んだ身元不明の一個人の犯罪であって、中国からの移民の姿ではない。「爆弾を投げたのは無名のアナーキストでおそらくヨーロッパからの新しい移民に間違いない」。このように、アジア系移民の問題は、『カンガルー』の主人公の意識からは抹消されて、社会主義とファシズムという戦間期ヨーロッパの政治対立が、再度場所を移して回帰してしまったようだ。ヨーロッパ国際政治の単純な二項対立に、1905年および1918年のロシア革命を契機とするさまざまな反帝国主義の闘争や運動が、吸収され解消されてしまったのだろう

か（Hardt and Negri）。また、新たな帝国世界のヴィジョンをアメリカに求めるロレンスの主人公たちとは違って、もしもイギリスに帰郷するとしたら、その男たちは、彼らが回帰した帝国に何を見出すだろうか——アジアやそのグローバルな移動の表象の代わりに。帝国の再編は、ほかの章で扱われている、イギリス国内外のさまざまな問題、すなわち、社会主義、ジェンダー／セクシュアリティ、郊外文化の問題によっても、さらに考察されなければならない。

（大田 信良）

推薦図書

井野瀬久美惠「『イギリス的なるもの』への挑戦——衰退の予感と文化の再生」井野瀬久美惠編『イギリス文化史入門』昭和堂、1994年、221-47頁。

マーティン・J・ウィーナ『英国産業精神の衰退——文化史的接近』原剛訳、頸草書房、1984年。

アントニオ・ネグリ&マイケル・ハート『〈帝国〉』水嶋一憲ほか訳、以文社、2003年。

第Ⅳ部

メディア

＊

　メディア・セクションは、主として「文学」、「映画」、「(フォト)ジャーナリズム」、「プロパガンダ」を論じた4つの章から構成される。第14章のタイトル――「英文学の変貌と放送の誕生」――が示唆するように、本セクションの問題意識は20世紀になり活字中心を脱して多彩になったメディア状況を反映しており、文学を扱う際にも当時の新興メディアだったラジオや映画との関連を重視する。視覚中心の時代にふさわしく、イギリス映画を精査するとともに、ジャーナリズムを扱う際には写真(フォト)ジャーナリズムに注目する。そして、情報と戦争の世紀である20世紀のために、プロパガンダ(情報操作)に一章を割いた。本文で十分スペースを取れなかったトピック――ミュージック・ホールと映画、左翼系出版活動、新聞、スパイ小説など――は、コラムで解説する。

　第14章は、この時代の娯楽を代表するアガサ・クリスティの探偵小説に世界大戦の心的外傷(トラウマ)を読み、ノエル・カワードとJ・B・プリーストリーの文学・映画・ラジオを横断するマルチメディアな「人びと」表象に両大戦間期の社会・政治の流れを見て、最後は第二次世界大戦後の労働党政権誕生につなげる。

　第15章「イギリス映画とは何か？」は、ミュージック・ホールをはじめとして英国の伝統に満ちたヒッチコック監督作『39階段』を導入部で紹介してから、英国映画史をその初期からたどってゆく。国際的な技法を用いて英国性を描いた高級文化(ハイブラウ)映画、新興中流階級のために適度に知的な「共通文化」を創出した中間文化(ミドルブラウ)映画、ミュージック・ホールの芸人が活躍した大衆文化(ロウブラウ)映画などに分けてそれぞれの特徴を解説した後、イギリス映画の黄金期を第二次世界大戦中に見て、この時期を代表する『軍旗の下に(イン・ウィッチ・ウィ・サーヴ)』や『ヘンリー5世』に言及する。

　第16章「『ピクチャー・ポスト』の時代」は、1938年に創刊され最盛期には1700万の部数を誇って国民の半分が購読していた『ピクチャー・ポスト』誌に焦点を合わせ、「普通の人びと」に照明を当てたその内容を精査するとともに、新聞、広告、映画と連動して写真文化の時代を築いたのち第二次世界大戦で情報戦(プロパガンダ)に利用されたその歴史を紹介する。

　第17章「メディアとプロパガンダ」は、敵国日本からもその巧みさを讃えられたイギリスの情報操作の歴史を概観する。政府は第一次世界大戦半ばより新聞メディア王の協力を得てプロパガンダ術を磨いてゆき、次の大戦では、放送、映画、写真ジャーナリズムといった新興メディアを活用して、検閲と自由を組み合わせた巧みな情報戦術を完成させた。最後に芸術そのものも一種のプロパガンダではないかというちょっと衝撃的な示唆とともに、オーウェルの代表作『動物農場』と『一九八四年』の受容史の一端を紹介する。

(武藤 浩史)

第14章

英文学の変貌と放送の誕生
——階級・メディア・2つの世界大戦

　わたしの小男をハーキュリーズ（＝ヘラクレス）と呼んではどうだろう。小男のハーキュリーズ、いい名である。姓のほうはもっとむずかしかった。どうしてわたしがポワロという名にきめたのか自分でもわからない。

　　　　　　　　アガサ・クリスティ『アガサ・クリスティ自伝』（乾信一郎訳、一部筆者改訳）

　イギリス社会主義政権の中核となるのは労働党であり、その中心支持層は労働組合員になるだろうが、と同時に、中流階級の大半とブルジョワの次男、三男の多くを引き入れるだろう。そして、それの知的指導者の大半は……ラジオと鉄筋コンクリートの世界になじんだ者たちの中から出てくるだろう。

　　　　　　　　　　　　　　　　ジョージ・オーウェル『ライオンと一角獣』（小野協一訳）

1. 第一次世界大戦以降——「モダニズム」という実験芸術文学と、国民娯楽文学・メディア

　序章では、1900年代に活躍したコナン・ドイル、J・M・バリ、H・G・ウェルズらの文学作品を取り上げ、この時期の帝国、民族、セクシュアリティ、政党と政治改革などを紹介したので、ここではその後の、特に第一次世界大戦後の展開を考えてみたい。もっとも華々しい成果をあげたのは1920年代を最盛期とし後に「モダニズム文学」と総称されることになる実験芸術文

学である。「意識の流れ」という手法で思考の微細な移り変わりを克明に描写したり、古今東西の作品からの引用によって豊穣な意味の多層性を創出することにより、ジェイムズ・ジョイス、ヴァージニア・ウルフ、T・S・エリオットら代表的な「モダニズム」作家は、人間心理の深層と現代世界の諸相をこれまでになく難解かつ洗練された方法で描出することに成功した。

しかし、文学史ではなく文化史の文脈で文学をとらえた場合、読者数が少ない実験芸術文学に焦点を当ててしまうと、当時のイギリスにおける大多数の読者の存在を無視してしまうことになる。高級実験文学の考察は別の機会に譲ることにして、ここでは第一次世界大戦後の社会・産業の変化と連動して現れた新興中流階級に深くつながる新しい国民娯楽文学・メディアに焦点を当てながら、20世紀前半の英文学を紹介してゆきたい。精査されるのは、1920年代に人気が爆発した3人の作家。探偵小説作家アガサ・クリスティ、歌に芝居に映画と何でもござれの才人ノエル・カワード、そして当代一の国民的作家J・B・プリーストリー。それぞれ、順番に、コナン・ドイル、J・M・バリ、H・G・ウェルズの後継者とも呼び得る存在である。そこに稀代の時代観察者ジョージ・オーウェルの評言を絡ませよう。本章題に示唆されるように、階級、メディア、そしてイギリス社会・文化を大きく変えた2つの世界大戦の影響という3つの問題にとりわけ焦点を当てて、文学作品を題材に戦争で左傾化して戦後の労働党政権が誕生するまでの流れを素描しようと思う。「モダニズム」文学に興味のある人は、これから紹介される時代の流れを把握してから、実験芸術文学の妙味を味わえばよいだろう。

2. 第一次世界大戦後の社会・産業・階級

第一次世界大戦後の英国社会と産業に起こった変化とは、ひと言でまとめれば、19世紀の産業革命を担った第二次産業（製造業とそれを支える鉱業）と比べて第三次産業（商業、サーヴィス業）の発展が目ざましく、工場での肉体労働からオフィスや店舗での事務や販売への移行が見られたことである。汗にまみれて働く労働者から小ぎれいな職場や店で働くサラリーマンや売り子へという変化である。小売業の中身も、独立した零細小売店がチェーンス

トア系の大企業に取って代わられるようになった。

　また、製造業と鉱業も全体としては成長を見せながら大きな構造の変化が起こった。19世紀英国を支えた鉄鋼、造船、炭鉱、綿織物業などが衰退する代わりに、化学（プラスチック、化学繊維）、自動車、電力、電器（ラジオ、掃除機、冷蔵庫）などが新しい先端分野として成長した。合同・合併により大企業化が進み多国籍企業も増えた。先端分野ではより高度な技術が必要とされることから、理系の専門職が急増した。第三次産業の大きな成長、労働者のサラリーマン化、製造業の構造変換、理系専門職の増加などが、事業家、聖職者、および医者、弁護士などの専門職からなる伝統的な中流階級とは異なる、新しい種類の中流階級を大量に生んだ。

　地域的に見ると、19世紀の第二次産業の中心地だった北イングランドは時代の流れから取り残され、富も人も産業も南へ移動した。北部は構造不況に悩まされ、その中心にあった炭鉱は労働条件の悪化を見、世界的不況に直撃された1930年代初頭には失業の急上昇により悲惨な状況になった（第1、2章参照）。しかし、これは事態の一面にすぎない。南部のサラリーマン＝新興中流階級はあまり不況の影響を受けず、豊かな生活を享受した。だから、階級、地域により生活格差が激しく、階級間の不信感も高いまま推移した。北部の伝統的な肉体労働者が不況にあえいでいる間に、南部を中心とする新興中流階級（事務員、理系技術者など）は新たに開発された小ぎれいな郊外の分譲住宅を買って、富裕なしかし比較的孤立した生活を送っていた。彼らによって変えられた新しい中流階級が、新しいタイプの大衆新聞を買い、当時の新メディアのラジオを聴き、探偵小説などを読むことによって、第一次世界大戦以降の新しい文化を支えていった。それらがどのように時代を反映していて、どのように時代を動かしていったのかが、本章の内容となる。

3. 推理小説黄金時代・第一次世界大戦の傷・男らしさの黄昏

　第一次世界大戦後の英国は推理小説黄金時代と呼ばれる。主として殺人事件を扱った小説が、戦後の中流階級によって手軽な娯楽として大量に生産され大量に消費された。考えてみると異様な事態ではないだろうか。クリステ

ィのような若い女性——女性推理小説家の活躍が目立った——も書く娯楽小説の中で、暴力的事件が次から次へと反復される様を、多数の読者がむさぼるように消費してゆくのだ。その原因として第一次世界大戦による心的外傷(トラウマ)を読みこむ笠井潔の「戦争トラウマ」説は傾聴に値する。

　第一次世界大戦は歴史の分岐点となった大惨事で、その衝撃・影響はイギリス人にとっては第二次世界大戦よりも大きかった。あらゆる点において大発展期となった19世紀ヨーロッパで西洋を特徴付けるものとして信仰されていた「文明」、「理性」、「進歩」という価値観が、欧州諸国が２つの陣営に分かれて止めどなく殺しあった1914年から４年間の大戦争の中でこなごなに砕け散ったのだ。野蛮で遅れた非白人社会と対照的に文明的で理性的で進歩しつつある社会を築きつつあると思いこんでいた欧州人は、人間の進歩に貢献すると考えられてきた科学の発達で可能になった大量殺戮兵器を用いて行う壮大な殺し合いを止める力が自分たちにないことを悟って、信じられるものを失った。総死者数945万人、内イギリス人75万人。身内、血族、友人が一人も戦死しなかったイギリス人はほとんどいなかった。国民全体が大切な人と大切な価値観を失い、それが戦後の時代状況の底流となった。

　多大な犠牲を払って得たものは信じられる価値の喪失という不毛さ。特に英国では、国土防衛という切迫した目的のあったフランスよりも、不毛さの感覚が強かった。人びとは幻滅した。たとえば、序章で触れたシャーロック・ホームズが体現する英国紳士の男らしさや好戦的な大英帝国イデオロギーに幻滅した。若者を戦地に送り死に追いやった責任を問われた年配の男たちに冷たい目が注がれ、世代間ギャップが露わになった。戦争を後押しした男らしさの権威が失墜し、髭を生やすことが格好悪くなり、つるんとした顔の中性的な男と女が時代の顔になった（ただし、男らしさの喪失が必ずしも女性の地位向上に結びついたわけではない。この点については第６章参照）。

　ウルフやＤ・Ｈ・ロレンスのような芸術小説家は、この戦後の精神状況を直視する。ウルフは『ダロウェイ夫人』の中で戦争神経症を病んで自殺する元兵士を描いた。戦争神経症は治癒率が悪く、戦後３年を経た1921年の英国でこの病ゆえに年金をもらう者の数は６万３千人にのぼりその後も増えてゆく。戦争の傷はずっと続いてゆくのだ。ロレンスは代表作『チャタレー夫人

の恋人』を次のような言葉で始め、時代状況を要約する。「ぼくらの時代の真実は悲劇的なものなので、ぼくらは悲劇的なとらえ方を拒絶する」。次のような意味に取ることもできるだろう──「戦争の傷はあまりにも大きくどうしようもないので、人びとはそこから目をそらして生きてゆく」と。推理小説ブームはそこにつながってゆく。

4. アガサ・クリスティの推理小説と戦時体験

　心の傷を直視しないとどうなるか。体に症状が出る。傷を直視したウルフやロレンスに比して、心身症のようにこれを体現したのが戦後の推理小説だと言えるのではないだろうか。ドロシー・セイヤーズの作品のように戦争神経症の探偵が活躍する中間体もあるものの、もっとも有名なアガサ・クリスティに焦点を当てれば、その娯楽探偵小説は、文体表現のレヴェルでは軽くさっぱりとしながら、しかし題材は人殺しという戦争につながる陰惨な事象であるという二重性を備えている。そして、毎作毎作、これを否応なく、「反復強迫」的に、繰り返す。文体表現のレヴェルでは心の傷なんかありませんと軽い調子を装いながら、つまり戦争の傷から目をそらしながら、殺人という題材がそれを裏切って傷を体現するこの二重性が大いに受けたということは、これが時代の精神構造と合致したのだろう。

　『アガサ・クリスティ自伝』を読んでも、同種の傾向が感じられる。第一次世界大戦時の英国では女性の戦時協力も大いに求められ、『自伝』にもクリスティが篤志看護隊（VAD）に参加したときの経験が描かれている。そして、その際も、死体や腹部手術を見たときの陰惨な衝撃が描かれながらも、その筆致は明るく軽く淡々としていて、「人はどんなことにもすぐに慣れてしまう」と結論付けられるのだ。しかし、この病院での戦時協力活動中に処女推理小説『スタイ

図1　アガサ・クリスティ（1890-1976）

ルズ荘殺人事件』の構想が練られたことを考えれば、第一次世界大戦体験の隠されたショックと推理小説がクリスティ個人の体験の中でもつながっていることがわかる。戦争トラウマと明るく軽い享楽性が、ひとつのコインの裏表のように共在しつつ違うレヴェルで違う顔を見せる——深く傷つき辛すぎるのでかえって何事もないかのように明るくふるまってしまうのだけれども死の影がつきまとって離れない。クリスティに代表される探偵小説はそのように時代と結びついていると言うことができよう。

5. エルキュール・ポワロという人物と名前の意味

『スタイルズ荘殺人事件』では、名探偵エルキュール・ポワロがデビューをかざる。戦時中の英国という舞台設定で、ホームズもののワトソン博士にあたる語り手ヘイスティングスは傷病兵として一時休暇を得て母国に戻っている。そこで殺人事件に巻き込まれ、ベルギーから避難中の元刑事の旧友ポワロにばったり出会い、二人で問題解決にあたる。大戦最初期にドイツがベルギーを侵略しそこからフランスに侵攻したことから、二大国に挟まれ残虐な独軍に強姦される小国という女性的イメージがベルギーについて広まった。イギリスでも独軍の残虐行為が大々的に宣伝されベルギーへの同情が集まり、多くのベルギー人が英国に避難した。ポワロもその一人という設定だ。男らしい長身のホームズと比べて、背が小さく年老いているポワロには女性的な印象が強い。それは当時のベルギーのイメージに照応する。と同時に、男らしさの権威が崩壊する戦後社会を象徴する探偵像と言うこともできる。かつて英国軍が敗れた土地から名前を取ったヘイスティングスという人物名も、イギリスの男らしさの弱体化を示唆するかのようだ。

それでは、エルキュール・ポワロ（Hercule Poirot）という名の中には何があるのか。『自伝』では本章冒頭のように語られる。

わたしの小男をハーキュリーズ（＝ヘラクレス）と呼んではどうだろう。小男のハーキュリーズ、いい名である。姓のほうはもっとむずかしかった。どうしてわたしがポワロという名にきめたのか自分でもわからない。

エルキュールとはギリシャ神話最大の怪力勇者ハーキュリーズ（＝ヘラクレス）のこと。名前の意味（力持ちの英雄）が内容（小男ポワロ）を裏切る、という構造になっている。戦後文学では従来の価値観の崩壊から「名誉」、「栄光」、「愛」、「家庭」といった旧来の倫理的価値を担う言葉の無力化が描かれてきたが、ここでも力持ちのはずの名前の持ち主が初老の小男であるという言葉の無力化の皮肉がある。

次に、ポワロという名の理由について、クリスティは「自分でも分からない」と述べている。本当だろうか。クリスティは本当にわからないのだろうか、それとも隠しているのだろうか。こういう名の細部に大切な秘密が隠されていることが多いのだ。しかし、「ポワPoi」の意味を探求するのはさほど難しくはない。戦時協力で病院薬局勤務中に推理小説執筆を始めたことや『スタイルズ荘殺人事件』での殺人方法（毒殺）を考えれば、「ポワPoi」が「毒＝ポイズンPoison」の"Poi"なのははっきりしているように思われる。

そうならば、残る「ロrot」は「腐るrot」の意味だろう。クリスティは病院で戦傷者の肉体が腐るさまをたくさん見たに違いない。だから、『自伝』では明言しなかった部分で、ポワロという名は時代とつながっているのだ。それにしても、序章で述べた「家を守る」というシャーロック・ホームズの名の英国防衛的な含みと比べて、大戦後の幻滅の時代に人気を博した「毒腐」の名の何という暗さだろう。いくぶんコミカルな存在でもある探偵ポワロの名前の中にも、世界大戦の心的外傷が隠されていたのである。

6. ノエル・カワードと「人びと」
——パジェント、新興中流階級、保守主義

ブルース、ブルース／20世紀のブルースは／みんなを憂うつにさせる

ノエル・カワード『カヴァルケード』

ノエル・カワード。20世紀前半の英国を代表する才人である。俳優のみならず演出家・プロデューサー・歌手・作詞家・作曲家・小説家としてマルチな才能を発揮し、インテリではない普通の人びと向けにコミカルな作品を書

いて大成功、一躍時代の寵児となった人物である。しかし、1931年初演の劇『カヴァルケード』で歌われる「20世紀ブルース」での彼は、普段と違った深刻な面持ちで、20世紀を憂鬱な時代と断じる。その原因は何だろう。ひとつはすでに述べた「戦争トラウマ」だが、それだけではない。すでに大戦前から、大英帝国支配に抵抗する植民地の動き、参政権運動をはじめとする女性運動、労働者の権利拡大を求める労働運動などの形を取った亀裂が広がりつつあり、大戦が始まると総力戦と化し諸抵抗運動も棚上げにされて亀裂が忘れられたが、戦後再び、特に深刻な不況に直面した1930年代に、亀裂が強く意識されるようになった。

　国民の分裂を防ぐにはどのような手段があるのかと考えた時、ひとつの手がかりを与えてくれるのがパジェント（pageant）である。エドワード朝（1901-10）にイギリスで大流行した、歴史を扱う野外劇のことを指す。これは、歴史上の有名な時代——ローマ支配下のイギリス・テューダー朝・スチュアート朝など——を時代コスチューム付きで次々に再現して見せるもので、演じるのは主に地元の素人たち。階級の区別を超えて人びとが参加するところに特徴がある。パジェントの意義は、特定の過去を選び出して皆で演じることにより、共同体を構成する人びとに共通する記憶が形成され、連帯感や一体感が高められることにある。国民間のさまざまな対立を嘆き、過去の平

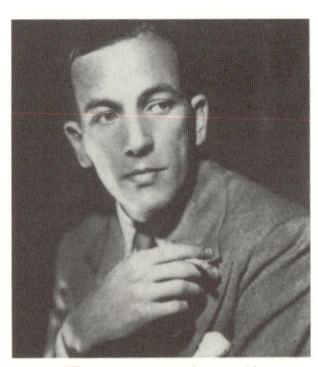

図2　ノエル・カワード（1899-1973）

図3　カワード原作映画版『幸福なる種族』の「人びと」。監督はディヴィッド・リーン。

和だったイギリスに戻ろうという言説が繰り返し現れたエドワード朝にパジェントが生まれたことを考えると、その政治的意味は明らかだろう。

1930-40年代にはオーウェル『牧師の娘』、ウルフ『幕間』と小説の中で共同体の象徴としてパジェントが取り上げられることが目立った。カワードもパジェントに興味があったらしく、『もうため息はつかないで』というレヴュー（ダンスや歌、寸劇、曲芸などの短い演目から成るショー）にも「パジェント」という寸劇を含めた。しかし、ここでとりわけ重要なのは、20世紀前半の歴史的事件を次々と描くことによってパジェント的な効果を狙った劇である。それらは映画化にも成功し社会的にも大きな影響を与えた。社会的メッセージを含む彼の2つの劇『カヴァルケード』と『幸福なる種族』を取り上げ、中流階級向け演劇――そして映画――というメディアの役割を考えてみよう。

7.『カヴァルケード』
――戦争の傷・一体となる国民・階級対立の隠蔽

1930年に書かれたこの劇は、1899年の大晦日から1930年のある晩までを扱い、その間のさまざまな歴史上の事件――ボーア戦争（1899-1902）、ヴィクトリア女王崩御（1901）、第一次世界大戦（1914-18）――を織り込みながら、上層中流階級のマリオット家と、最初はマリオット家の使用人でその後パブの経営者となる、つまり労働者階級から下層中流階級へ上昇したブリッジズ家を対比して描いている。

前述のように、この劇では戦争トラウマが示唆される。1929年の大晦日にマリオット夫人は、「息子達と、その息子達と一緒に死んだ私達の心のために乾杯。信じられない程の地獄の苦しみから立ち上がってたどりついた私達の勇ましい精神のために乾杯」と言う。「20世紀ブルース」が歌われた後（設定は1930年）は傷痍軍人の姿がスポットライトを浴びて闇の中に浮かび上がる。

階級問題に注意を向ければ、2つの異なる階級の生活が比較されているにもかかわらず、この劇で強調されるのは階級を超えた一体感である。ボーア戦争時、ブリッジズ家――この名には、階級間に橋をかけるという意味

が含まれる——の主人は、出征を悲しむ妻エレンに「皆な同じだぞ」と言って諭すし、劇場でイギリス軍の勝利を知らされた観客たちは、座席の場所にかかわらず（つまり階級にかかわらず）一体となって喜び合う。また、ブリッジズ家の人びとはマリオット家の人びとを終始敬いつつ親しくつきあい、階級対立的な要素はほとんど示されない。実は、この劇が1930年に書かれたことを考えるとこれは奇妙なことである。なぜなら、1920年代はストライキが頻発し、なかでも炭鉱夫たちが中心になって起こした1926年のゼネストは国家的大事件となり、階級間の亀裂が深かったからだ。『カヴァルケード』では、1918年の場面の次は1929年の大晦日に飛んでおり、ゼネストなどの階級対立は隠蔽される。そして、最後に出演者全員が国旗はためく下で国歌を歌い、国民の一体感を再度観客に印象付ける。ただし、階級対立的要素を内包するエピソードがないわけではない。下の階級に属するエレンが自分の娘とマリオット家の次男との結婚を許すよう、中流階級のジェインに頼む時のことである。いまでは階級など関係ないと言うエレンに、マリオット夫人は違和感を表明する。カワードは階級のない平等な社会を希求するのではなく、階級制度は維持しながらも、下の階級は上の階級を敬い、上は下に情をかける、という社会を理想視していたことが、ここからわかる。

8. 『幸福なる種族』——カワードの反左翼的「人びと」

　1939年に書き上げられた『幸福なる種族』では、1919年6月から39年6月までが舞台となっており、共産主義の流行、ゼネスト（1926）、マクドナルド挙国一致内閣成立（1931）、エドワード8世退位（1936）、チェンバレン首相の対独宥和政策（1938）などの政治的・歴史的事件を織り込みながら、世界大戦から復員して旅行会社に勤めるフランク・ギボンズとその家族の生活が描かれる。ギボンズという名は、名著『ローマ帝国の衰亡史』の作者エドワード・ギボンを連想させ、ローマ帝国衰退が大英帝国衰退の危機感と重ね合わされていることがわかる。『幸福なる種族』という題名もシェイクスピアの愛国劇『ヘンリー5世』から取られており、この劇のテーマのひとつが「戦争と王国の防衛」であることが示唆される。再び世界大戦が始まる予感

の中で、こうして国民の連帯を強める新たなパジェントがつくられた。

　国民の分裂を招くさまざまな動きがあるなかで、この劇が問題とするのは労働運動やそれを支えていた共産主義的な考えである。『幸福なる種族』でゼネストが描かれる際の特徴は、新興中流階級が英雄的活躍を見せることと、ストを起こした労働者が悪者視されること。実話に基づき、劇中で新興中流階級のフランクと隣人のボブは、それぞれ運転手と車掌のボランティアをしてストで停まってしまったバスを動かす。普通の「人びと」が力を合わせて、「悪い労働者」によって起こされたゼネストという人災と戦うというテーマが見て取れる。それを強調するように、フランクはほかの箇所でも「いま国は疲れている。……物事をしっかりと保っていくのはわれわれ普通の人びとにかかっているんだ」と言う。カワードの言う普通の「人びと」は、新興中流階級を中心とした、上に反抗しない被支配階級ということになる。

　このように、2つの劇では階級制度を廃止して平等な社会をつくろうとするような左翼的考え方は否定され、既存の社会体制を維持したうえで悪い部分は少しずつ直せばよいという考え方が取られている。これは、歴史的な社会秩序を守り、それを改革する場合も漸進的に行われるべきという保守主義的な思想と言えよう。このような考え方をする『幸福なる種族』のフランクは新興中流階級であるが、カワード自身もロンドン郊外に生まれ父親はサラリーマンという典型的新興中流階級の人間である。新興中流階級は、保守主義と結びつくことが多かった。『カヴァルケード』も『幸福なる種族』も初演以来人気を博し映画化もされたから、正確な数はわからないにせよ、かなり多くの国民にカワードの保守主義的な考え方が伝達されたことになる。『カヴァルケード』初演の2週間後1931年10月に行われた総選挙では保守党が大勝利を収め挙国一致内閣が成立した。『カヴァルケード』も勝利に貢献したと人に言われたと、カワードは自伝の中で記している。

9. 国民作家J・B・プリーストリー・社会主義的「人びと」・新しいメディア状況

　しかし、「人びと」イメージは必ずしも保守主義に結びつくわけではなく、

社会主義的な考え方とも結びついた。そして、後者が第二次世界大戦後の英国に誕生した福祉社会につながってゆく。その中心人物の一人がJ・B・プリーストリーだ。さまざまな地域・階級の人間が旅劇団に属して大騒ぎする内に成長する『良き仲間たち』という小説がベストセラーになり、中流階級を中心として国民に幅広く読まれる人気作家になった。出身階級にかかわらず「皆なで」一緒に盛り上がるという「人びと」モチーフがこの出世作でもはっきりと出ている。また、1930年代からは、小説以外に劇作家として、そして「マルチメディア」に、活躍するようになった。メディアといえば文字・活字に限られた19世紀までの状況と異なり、20世紀は映画、電話、蓄音機が普及し、第一次世界大戦後に始まったラジオ放送が爆発的に広まった。文学がメディアの王様だった時代から、他メディアとの並存を余儀なくされる時代になったのだ。1920年代には僅かな料金で入れる豪華な設備の映画館が誕生し、ハリウッド製を中心に映画を見ることが国民的娯楽となった。一方、商業放送の米国と異なり英国ではＢＢＣ（英国版ＮＨＫ）による公共放送としてのラジオ放送が1922年に開始され、あっと間に国民の間で広まった。発行されたラジオ受信許可証の数が1922年には３万６千枚にすぎなかったのに、23年には59万５千枚、24年には113万枚、25年には164万５千枚、26年には217万８千枚に達し、ラジオにかじりついて離れない「オタク」が大量に発生した。新メディア――特に映画とラジオ――は国民に害悪を及ぼす低俗なものとして知識人から批判を浴びることも多かったが、プリーストリーはその批判の一端を共有しつつも、結果的には新メディア状況に上手に適応してゆくことになる。

10. プリーストリーの映画・ラジオ小説・ブロードキャスティング

　もし、ラジオのないパブがあったなら、ぜひ教えてもらいたい。
　　　　　　　　　　　　　ジョージ・オーウェル「パブ『水月』」（小野寺健訳）
　最初の本当の労働者小説は、ラジオで話されることになると思う。
　　　　　　　　　　　ジョージ・オーウェル、ジャック・コモンへの手紙、1938年４月20日

第14章　英文学の変貌と放送の誕生　249

　プリーストリーは1934年と35年に公開された2本の映画の脚本を執筆した。タイトルは『歩きながら歌おう』と『顔を上げて笑おう』。主演は、国民的庶民派女優グレイシー・フィールズ。特に前者は記録的な大ヒットとなった。プリーストリーとフィールズには北イングランド出身（それぞれヨークシャーとランカシャー）で作風・芸風も地方色が豊かだという重要な共通点がある。これは1930年代には特に重要な意味を有した。先述したように、北部は世界恐慌の直撃を受けて旧基幹産業が崩壊し失業の嵐が吹き荒れたからである。映画の内容も『歩きながら歌おう』は不況のため失職したランカシャー繊維工場の人びとが、フィールズ演じる主人公の働きで復職する話。一方、『顔を上げて笑おう』は、大企業が上流階級と組んで地元のマーケットを潰そうとする試みを庶民が団結して抵抗するという話で、2つを合わせると、テーマ的には地方（特に北イングランド）庶民の苦しみ・庶民の団結・問題の克服を描く英国地方庶民派映画シリーズと見ることができる。不景気な辛い時代で大企業の横暴もはなはだしく庶民は苦労が絶えないけれども「皆な」が、つまり「人びと」が力を合わせれば大丈夫だという励ましのメッセージを贈る映画と言い換えることもできるだろう。2つの映画に共通し、それらのテーマを体現する場面として、歌手としても名高いフィールズが率いて、「皆な」で、「人びと」が声を合わせて歌う箇所がある。「人びと」が

図4　J・B・プリーストリー
（1894-1984）

図5　『歩きながら歌おう』の「人びと」。先頭を歩く大柄の元気な女性がグレイシー・フィールズ。

声（＝力）を合わせて団結するというテーマは、次に述べる英国初のラジオ小説の題名『人びとよ、歌声をあげよう』につながってゆく。

ここで、1920年代から30年代にかけてのBBCラジオ放送の変遷を簡単にまとめておこう。設立当時のBBCは生真面目で啓蒙主義的だった。初代会長ジョン・リースはスコットランド長老派牧師の息子で、敬虔かつ精力的、ときには傲岸かつ独裁的と言えるほどの豪腕だった。彼は当時の流行音楽のジャズが嫌いでゴールデンタイムにはクラシック音楽を流し、アナウンサーは正装して放送に臨んだ。紳士かどうかが採用基準となり、いまでは違うがBBC英語と呼ばれる堅苦しい発音が用いられた。娯楽番組はあったものの、放送の基本方針は、BBCが上の立場から何が大切かを決めてそれによって聴取者を教化するという啓蒙的なものだった。しかし、1930年代になると、娯楽番組の数が増えた。そして、番組へのリスナー参加やリスナー・リサーチが実施され、番組作りはより聴取者中心に変化した。ラジオはより大衆的（つまり「人びと」的）になり、文字通り国民的なメディアになった。

セクション冒頭の引用文からわかるように、オーウェルも知識人らしくラジオに違和感を抱く一方でラジオの可能性に思いをめぐらしたが、ラジオと小説の融合の試みの実現は、人気作家プリーストリーの手にゆだねられる。BBCが委嘱し『ラジオ・タイムズ』誌ほかで大いに宣伝したラジオ向け小説『人びとよ、歌声をあげよう』が1939年9月3日から11月5日にかけて放送され、初回は作者自身が朗読した。階級を超えた「人びと」が団結し、役所、上流階級、大企業に対抗して或るホールの使用権を勝ち取るという社会民主主義的テーマを掲げ、皆なで歌って団結する「人びと」テーマという点で、フィールズとの映画からの継続性もはっきりしている。文学者が、ラジオという以前と比べて30年代にはより「人びと」的（＝大衆的）になったメディアを通して、「人びと」テーマを語ったという点が本章の文脈においては重要な点だろう。1942年には映画化されて、小説－ラジオ－映画と新旧主要三大メディアを縦断した。

この1939年9月3日が英独の開戦日にあたるのは象徴的だ。戦時下の或る放送をきっかけとして、文学者プリーストリーとラジオの関わりが決定的なものになるからである。彼は第二次世界大戦中の名ブロードキャスターとし

て、かのウィンストン・チャーチル首相と並び称されるほどの令名をはせたのだ。ことの起こりは夜9時のニュースの直後という絶好の時間帯に置かれた戦時番組『ポストスクリプツ』で、1940年6-10月と1941年1-3月にかけて放送され、最盛期には国民の44％が聴くほどの爆発的な人気を博した。その中で、プリーストリーは、北イングランド訛りの親しみやすい語り口で身辺雑事と戦時状況をつなげ、英国の普通の「人びと」がこの戦争の主役として一致団結して頑張っていることを強調し、「人びとの戦争」("People's War")と称される第二次世界大戦のイメージを定着させた。

さて、プリーストリーの「人びと」イメージが政治的に重要なのは、この問題が戦後イギリス社会再建案につなげられていて、「人びと」が一緒に戦ったのだから戦後も「人びと」が主役の政治体制、すなわち社会主義国家を築かなければいけないと言ったことである。そのため、彼は当局と衝突して、彼の『ポストスクリプツ』は一時中断され、さらに翌年には中止に追い込まれた。しかし、プリーストリーの貢献もあって、戦時のイギリス社会は左傾化してゆく。また、彼には自ら参戦し友人の大半を失った第一次世界大戦体験の心的外傷があり、かつ1930年代に北部の故郷に不況と失業の嵐を巻き起こったことから第一次世界大戦の戦後再建は失敗に帰したという痛切な思いもあって、そのため第二次世界大戦後は社会主義的再建により不況と失業のない社会を築かなければいけないという信念を抱いていた。第一次世界大戦のトラウマが第二次世界大戦後の社会再建案にまで影響を与えていたのである。

11. プリーストリー的イギリスかカワード的イギリスか
——戦争と1945年労働党政権誕生

そして、戦争の帰趨が見え始めた1942年末に左翼的国家再建案が具体化される。ベヴァリッジ報告書と称されるそれ（正式名『社会保険と関連サーヴィス』）は、国会に提出された報告書というそのお堅い性格にもかかわらず国民の間で60万部以上売れる大ベストセラーとなった。20世紀初頭からその兆しのあった福祉社会（序章参照）を発展・完成させるために、失業保険、健

康保険、年金、育児等諸手当を国家で一元化して扱おうという画期的な案で、作成者自らこれを「英国の革命」と呼んでいる（第2章参照）。その2年半後の1945年5月にヒトラー政権が崩壊し、7月に総選挙が実施されると、ともにラジオ演説に秀でた二人の男の「人びと」ヴィジョンの戦いとなった。戦時中の国民をまとめた宰相チャーチル率いる保守的＝カワード的「人びと」のイギリスか、それとも「人びと」を通して平等な社会をつくろうとするプリーストリーの社会主義的イギリスか、予断を許さぬ戦いとなったが、結局労働党の圧勝（労働党393議席に対して保守党213議席）となった。勝因のひとつとして、従来は反労働者的だった、南イングランドという地域、ロウワー・ミドルという新興中流階級が、労働党を支持したことがあげられる。すなわち第一次世界大戦後に生まれた元々は保守的だった新しい中流階級がプリーストリーらの影響で左傾化したわけである。章冒頭に引用したオーウェル『ライオンと一角獣』の言葉、すなわち労働者と新興中流階級に支えられた左翼政権誕生の予言はかくして──オーウェルが望むほどラディカルな形ではなかったにせよ──実現する。こうして、国家による統一的福祉、基幹産業の国有化などを公約とする労働党政権が誕生し、戦後の経済危機を何とかかわしながら公約をスピーディに実現させていった。第一次世界大戦後に生まれた新しい文学、新しい中流階級、新しいメディアを巻きこんだ歴史の流れは、対独戦勝利の直後にこのような劇的な結末を迎えたのである。

（武藤 浩史・糸多 郁子）

推薦図書

ジョージ・オーウェル「ライオンと一角獣」川端康雄編『ライオンと一角獣──オーウェル評論集4』小野協一訳、平凡社、1995年、9-118頁。

ノエル・カワード（原作）『カヴァルケード』（映画版ＤＶＤ）、フランク・ロイド監督、20世紀フォックス映画配給、ＧＰミュージアムソフト、2006年。

アガサ・クリスティ『アガサ・クリスティー自伝』全2巻、乾信一郎訳、早川書房、1995年。

Column
ミュージック・ホールの行方

　1912年7月1日、ウェスト・エンドのパレス・シアターでジョージ5世夫妻を招いて、史上初のミュージック・ホールの御前興行(ロイヤルパフォーマンス)が開催された。19世紀半ばに貧民が多く住むランベスに誕生し、労働者階級のための「低俗な」娯楽場として中流階級の侮蔑の対象であり続けたミュージック・ホールがイギリス文化の表舞台でスポットライトを浴びて、国王に公認された国民的なパフォーマンスにまで成長を遂げたのである。19世紀末から20世紀初頭にかけてのミュージック・ホールの黄金時代は、ミュージック・ホールの健全化に努力を惜しまなかった二人の辣腕経営者、エドワード・モスとオズワルド・ストールによって準備された。現在もウェスト・エンドに姿を残す豪華な建築物の数多く（たとえばロンドン・コリシーアムやロンドン・ヒッポドローム）はこの黄金時代に彼らがフランク・マッチャムという稀代の建築家を得て、作り上げたものである。

　さて、ここで御前興行のプログラムを見てみよう。この時代のミュージック・ホールの実態とはいかなるものであったか？　パレス・オーケストラによる「ブリタニア」の演奏に始まり、パレスのコーラス・ガールズによる「白黒のファンタジー」、「白いお目目のカフィール人」チャーグィン、「人間ビリヤード台」ポール・チンクエヴァリ、男装の人気歌手ヴェスタ・ティリー（当時女性はズボンをはかなかったため、ズボン姿のティリーを見たメアリー王妃は思わず目を伏せたという）、小さな体に巨大靴を履きばたばたさせて笑わせるリトル・ティッチ、「陽気な総理大臣」として知られたジョージ・ロービー、イギリス屈指の奇術師デイヴィッド・デヴァント、アンナ・パヴロヴァとロシア帝国バレエ団、スコットランド出身の人気歌手ハリー・ローダーと、なんともにぎやかな顔ぶれ。（きわどいパフォーマンスのスタイルが原因で御前興行に招待されなかった「ミュージック・ホールの女王」マリー・ロイドは同じ日にシャフツベリー・アヴェニューの反対側に位置するロンドン・パヴィリオンでショーを開いた。満員御礼である。なんと気の利いた競演であろうか！）もちろんこの豪華さは一流のミュージック・ホール芸人を一同に集めたことに由

「白いお目目のカフィール人」
チャーグィン

男装のヴェスタ・ティリー
(1864-1952)

来する。しかし、歌や踊りだけではなく、白人が黒人に扮するミンストレルショー、曲芸、コミカルなスケッチ、奇術、バレエなどさまざまなパフォーマンスを取り入れた異種混淆的なプログラムの構成は、19世紀末以降ミュージック・ホールの伝統であった。実際にミュージック・ホールはヴァラエティ・シアターと呼ばれるようになる。

しかし、ミュージック・ホールは、第一次世界大戦を境に次第に国民的娯楽の地位からすべり落ちていく。映画、ラグタイム、レヴュー、ラジオといった新しいメディアやジャンルの興隆がその原因と考えられる。1900年代後半以降、専門の映画館がイギリス各地にきのこのように出現し、1910年代以降、映画の製作、配給、上映のシステムが徐々に確立していくにつれ、映画は20世紀の新しい国民的娯楽の地位を獲得していく。ジャズのベースとなるラグタイムやレヴューという歌とスケッチから成るパフォーマンスの流行は、ミュージック・ホールを古色蒼然と感じさせたに違いない。また20年代のラジオの誕生は、ミュージック・ホールのパフォーマンスの存続そのものを揺るがせるものとして、芸人たちの恐怖をあおる結果となった。

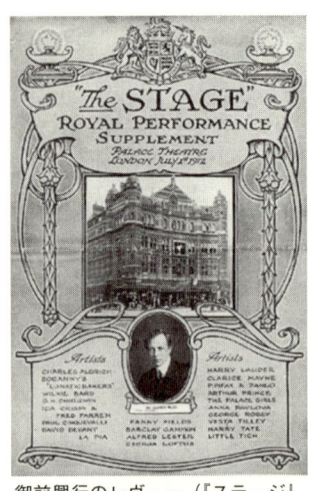

御前興行のレヴュー（『ステージ』1912年7月4日増刊号）

ミュージック・ホールの「没落」は、ジャズや映画といったアメリカ文化の侵略という角度から、パックス・ブリタニアからパックス・アメリカーナへの政治的覇権の移行の文化的帰結として語られることが多い。大局的な観点に立てば、このような見方は間違いではない。しかし、文化の土着性、継続性という観点に立つ場合、このような見方は誤解を招く。なぜなら全国の大小のミュージック・ホールが次々と映画館に姿を変えていく1930年代に、ミュージック・ホールの芸人たちは映画やラジオに活動の場を移していくからである。30年代半ば以降のグレイシー・フィールズやジョージ・フォーンビーやウィル・ヘイのスクリーンでの華々しい活躍はミュージック・ホールの伝統が脈々と受け継がれていることの証左であろう。『ミュージック・ホール』（1932-52）、『労働者の遊び時間』（1941-64）、『ヴァラエティ・バンドボックス』（1942-52）といった芸人たちの登場するラジオ・ショーはいずれも長命であり、ミュージック・ホールの人気の根強さを裏付ける証拠となっている。たしかに入れ物としてのミュージック・ホールは影をひそめた。しかし、その精神は新しいメディアを通じて20世紀の後半へと確実に受け継がれていくのである。

（佐藤 元状）

第15章

イギリス映画とは何か？
——ナショナル・シネマの完成まで

アナベラ：これから話すことは知ってためになることじゃない。でもあなただって危険なのよ。連中はここまで追ってきたのだから。
リチャード：どういうことだ？
アナベラ：「39階段」って聞いたことある？
リチャード：いや、それなに？　パブの名前？
アナベラ：あなたは鼻で笑うけれども本当に危ないのよ。連中は手段を選ばない。防げるのは、私だけ。防がないと、数日、いやもしかしたら数時間で、その機密が国外に出てしまう。

アルフレッド・ヒッチコック監督『39階段』

はじめに——イギリスのヒッチコック

　ヒッチコックの名前を聞いたことはあるだろうか。彼の映画を見たことがあるという人もいるかもしれない。『裏窓』(*Rear Window*, 1954)？　『めまい』(*Vertigo*, 1958)？　『サイコ』(*Psycho*, 1960)？　これらの作品はハリウッド時代の円熟期の作品であり、もっとも名の知れた作品であることから、ロンドンの郊外に

図1：アルフレッド・ヒッチコック（1899-1980）　写真協力：㈶川喜多記念映画文化財団

生まれ、少年時代と青年時代を映画館や劇場で過ごし、夜学で学んだデッサン力を武器に映画界に飛び込み、26歳の若さにして映画監督の地位を確立して、ハリウッドに移籍する前も斬新な作品を立て続けに生み出し、イギリスの映画界の中心に鎮座し続けたという彼のイギリス時代の重要な伝記的事実は忘れられがちだ。本章ではこの知られざるヒッチコックを通じてイギリス映画の最初の半世紀を概観していくことにしたい。

1.「39階段」とは何か？

『39階段』[1] (1935) はイギリス時代の最高傑作と目されることが多い。粗筋をまとめてみよう。ロンドンの下町のミュージック・ホールに始まる物語は、この娯楽場で銃声が聞こえ観客が混乱に陥るところから動き出し、カナダ人のリチャード・ハネイは外国人女性アナベラを宿泊先に連れて行く羽目になる。そして冒頭の引用の言葉が続く。アナベラ（実はスパイ）は殺される。「39階段」という言葉とスコットランドの地図を残して。かくして、ハネイの冒険が幕を上げる。

エディンバラ駅を超えたあたりで警察の追っ手に気づいたリチャードは、女性一人だけの車両に侵入し、いきなり彼女を捕まえキスをしている恋人を演じて警察の目をごまかそうとする。パメラという名の彼女との出会いはこの作品に独特のロマンスを与えることになる。リチャードは目的地の村でジョーダン教授に扮する敵のスパイに遭遇し逃走を余儀なくされるが、英雄的な力で次々と危

図2 スコットランドの宿屋に宿泊する逃走中のリチャード（ロバート・ドーナット）とパメラ（マデレン・キャロル）写真協力：㈶川喜多記念映画文化財団

---

1) この作品は、日本においては『三十九夜』のタイトルで劇場公開およびＤＶＤ化されているが、本章では原題を尊重し『39階段』と表記することにする。

機を回避し、パメラと一緒に逃走劇を繰り広げる。そして、最後には、スパイがロンドン・パレイディアム（ウェスト・エンドにある豪華なミュージック・ホール）で密会するという情報をもとにロンドンに戻っていく。パレイディアムで、リチャードは驚異的な記憶を売り物にする芸人ミス

図3　リチャードの質問（「『39階段』とは何か？」）に戸惑うミスター・メモリー

ター・メモリーを最初のミュージック・ホールでも見たことを思い出し、双眼鏡によって彼が客席のジョーダン教授と視線を交わしていることを発見する。機密はこの記憶の達人の頭の中にあるのだ。リチャードは「『39階段』とは何か？」とミスター・メモリーに訊ねる。正解は「スパイ団」である。計らずもミスター・メモリーが明らかにしてしまった秘密情報に基づき、敵のスパイ団が逮捕されるところで映画は幕を閉じる。

2. ジュークボックスとしての『39階段』

　この映画の魅力はイギリスらしさにある。ミュージック・ホールというヴィクトリア朝以来の長い伝統を誇る国民的娯楽（チャップリンはミュージック・ホールの芸人であった！）を物語の始まりと終わりに対称的に配置しているのは心憎い。ロンドン東部の貧しいイースト・エンドの劇場とロンドン中央部の裕福なウェスト・エンドの劇場の対照は、階級社会イギリスの醸し出す独特の雰囲気を演出すると同時に、この娯楽のイギリス文化全般への根強い影響力を強調している（253頁のコラム参照）。
　しかしなぜミュージック・ホールなのだろうか？　理由は簡単だ。ミュージック・ホールこそ最初の「映画館」だったからである。誕生まもない初期の映画は歌やコメディや芸などとともにミュージック・ホールのプログラムのひとつとして世紀転換期のイギリス国民に熱狂的に迎えられた。そして有

名な芸人のパフォーマンスは初期映画の格好の題材だった。ミスター・メモリーの映像はこの時代の興奮を的確にとらえている。

　ヒッチコックの初期映画へのオマージュはほかの場面にも見られる。たとえば車両の中のキスは初期映画の流行のテーマだった。G・A・スミスの『トンネルの中のキス』(1899)はその一例である。たった３つのショットからなる構成である。トンネルに入っていく列車のショット、トンネル内での車両内の出来事、トンネルを出て行く列車のショット。この映像の人気はもちろんトンネル内の破廉恥な行動に由来する。暗闇の到来とともに同室の男女が突然キスをし始める——なんとエロティックな描写だろう。

　ここには覗き見的な欲望も介在している。スミスの『望遠鏡を通して見えるもの』(1900)はその典型例であるが、この作品は同時にクロースアップの原型を提供している。何かを覗き込んでいるときにはその対象がレンズの形に縁取られて拡大されるというわけだ。この技法は『39階段』にも見られる。リチャードが双眼鏡によってジョーダン教授とミスター・メモリーの関係を看破するとき、まさしく同じ技法が使用されているのである。

　こうして見ていくとヒッチコックの作品がイギリスの伝統への意識に満ちあふれていることがわかる。彼の作品はイギリス映画のジュークボックスとも言えるほどの歴史的な重層性を帯びているのだ。

3. イギリス映画のパイオニアたち　1896-1907年

　1895年12月、リュミエール兄弟のシネマトグラフはパリの観衆を熱狂させ、翌年２月にはロンドンの観衆を驚嘆させることになった。これは映画の誕生を語るうえで欠かせない挿話(エピソード)である。しかしイギリスにはR・W・ポールとバート・エイカーズがいた。彼らは独自に映写機を発明し、1896年３月、ロンドンで映画の興行を成し遂げる。映画の揺籃期、映画産業のメッカはイギリスであった。

　イギリスの初期映画は、イメージの記録や時事的な出来事やパフォーマンスなどのワンショットの見世物としてスタートするが、ショット数の増加とともに物語性を強めていく。G・A・スミス、ジェイムズ・ウィリアムソ

ン、セシル・ヘップワースの3人に注目して、このプロセスを概観していこう。すでに見たようにスミスの映画が見世物の範疇におさまるとすれば、ウィリアムソンの映画は物語性への移行を示している。『中国の布教所への攻撃、水兵による救出』（1900）は、複数のショットの編集によって物語性を作り出す。義和団事件を題材とするフィクションは、義和団の侵入、宣教師の殺害、イギリス海兵の登場、宣教師家族の救出という単線的なプロットの展開によって、愛国的な勧善懲悪の物語へと昇華する。こうした物語自体は目新しいものではなかったが、それが視覚的に影響力のあるメディアで再現されたことは重要な事件であった。

　ヘップワースの『ローヴァーに救出されて』（1905）はウィリアムソンの救出物語の系譜の作品であり、技法的にはこの時期の最高点に到達している。ある裕福な家族の女児が「ジプシー」に連れ去られると、それを察知したコリー犬が街を走り抜けてその居場所を突き止め、父親を連れて救助に向かう——単純な話に聞こえるかも知れないが、これを映像として処理するには体系的な技法が不可欠であった。この作品はハリウッド映画初期の大監督D・W・グリフィスに主題的、技法的に甚大な影響を与えることになる。

4. 映画の制度化へむけて　1908-17年

　ポストパイオニアの時代は、製作、配給、上映のすべての局面において組織化が進行した変動期に相当する。1912年頃にフィーチャー・フィルムと呼ばれる長編映画が確立し、映画のプログラムは複数の短編映画からなるヴァラエティから、長編映画を軸とし、2、3の短編をサポートとするプログラムへと変化していった。1915年には映画配給組合が組織され、配給のシステムは上映主がさまざまな配給業者から自由に映画を借りることのできた公開市場のシステムから、映画がある地域で一人の上映主に特定の期間だけ貸し出される独占販売権のシステムに徐々に移行していくことになった。映画の上映に関する大きな変化は専門の映画館の誕生である。それまで異種混淆的な会場を根城としてきた映画はようやくそれ自身の居場所を獲得する。1907年から1908年にかけて専門の映画館が設立されると、投機ブームの追い風

を受けて、新設の映画館がイギリス中を埋め尽くすようになった。

　このような映画館の整備と連動して観客の行動の統制や検閲の問題も浮上してくる。1913年に映画業界の代表者によってイギリス映画検閲委員会が設立されるが、1917年には公衆道徳全国協議会が映画館の現状に関する調査を実施し、適切な上映環境の確立を推奨し、国家による検閲の支持を表明するレポートを出版している。

　このような大きな変化を念頭に置きながら、イギリスの映画製作について見ていこう。ポストパイオニアの時代はしばしば停滞期として描かれる。1908年のアメリカでの映画特許権会社の成立によって海外からの輸入に厳しい規制が設けられ、アメリカ国内のマーケットが保護されるようになったのがそのきっかけである。反対にイギリスの国内市場はレッセフェールのもとで海外からの輸入に多くを委ねていた。1910年にはイギリス映画の国内市場占有率は15％にすぎず、残りの85％のうちフランスが40％、アメリカが35％を占めていた。この状況は第一次世界大戦の開始とともにアメリカの一人勝ちに変わる。しかしイギリスの映画界は沈黙していたわけではなかった。二人の映画監督・プロデューサーの抵抗に注目してみよう。

5. シェイクスピアと伝統の創出

　1900年代半ば頃から演劇を題材とする映画は人気があり、ステージで成功を収めた演劇を映像化するという試みが見られるようになった。フランク・ベンソンの『リチャード3世』（1911）はその延長線上にある。この映画は当時の著名な俳優・劇場支配人ベンソンが1910年のシェイクスピア祭で演じた作品を、ストラットフォード・アポン・エイヴォンのシェイクスピア記念劇場を舞台に映像化したものである。そこには伝統の影が見え隠れする。現存する唯一のベンソン映画『リチャード3世』は、その意味でイギリスの伝統を創出する試みとしてとらえられる。

　この映画のキャメラマンを務めたウィル・バーカーはシェイクスピアの映画化の政治学について意識的であった。1909年に映画会社を設立したバーカーは、イギリス映画のアメリカでの販売を確保するため、映画特許権会社と

敵対し、そして敗退する。しかしこの敗退こそバーカーをシェイクスピアというイギリスの伝統に回帰させる原因になったのではないか。彼が製作を手がけたハーバート・ビアボーム・トゥリーの幻のフィルム『ヘンリー8世』（1911）は、イギリス映画の地位向上を演出するスペクタクルとしてとらえられる。伝説的な俳優・劇場経営者のトゥリーに1000ポンドを支払い、劇場から舞台セットをスタジオに運び込ませ、28日間のレンタル上映のあとすべてのフィルムを焼却するという桁外れの行動は、イギリスの伝統の映像化によってナショナル・シネマを構築しようとするバーカーの心意気を物語っている。1913年、バーカーは『イースト・リン』と『ヴィクトリア女王の在位60年』を製作する。イギリスの伝統を前面に押し出したバーカーの豪華絢爛な叙事詩的世界はイギリスのナショナル・シネマの礎となる。

　もう一人の映画監督・プロデューサーとはヘップワースである。老兵は死んでいなかったのである。イギリス映画の地位に危機感を募らせていたのはバーカーだけではなかった。ヘップワースの親密なメロドラマはバーカーの豪華絢爛たるスペクタクルと対極にあったが、有名スターの起用とイギリスの伝統の借用という点で二人の路線は酷似していた。『ハムレット』（1913）における舞台俳優ジョンストン・フォーブズ＝ロバートソンの起用はこの作品に名声と魅力をもたらした。ヘップワースはヴィクトリア朝の国民作家チャールズ・ディケンズの映像化にも乗り出し、『オリヴァー・トゥイスト』（1912）と『ディヴィッド・コパーフィールド』（1913）を製作する。英文学の正典のリスペクタブルな翻案と英国のピクチャレスクな田園風景の映像化は1910年代以降のヘップワース作品の特徴であるが、この2つの要素の混合はイギリスのナショナル・シネマの原型となる。

6. 新しい映画人たちの登場　1920年代

　1920年代のイギリスの映画界は経済的なセンスを兼ね備えた新しい映画人たちの登場によって幕を上げた。マイケル・ボールコン、ヴィクター・サヴィル、ハーバート・ウィルコックス、グレアム・カッツ、アントニー・アスキス、アルフレッド・ヒッチコック、アイヴァー・モンタギューといった

面々である。1921年にボールコンとサヴィルが映画会社を立ち上げると、23年には映画監督のカッツが加わり、24年ゲインズバラ・ピクチャーズが誕生する。27年にゲインズバラがゴーモン・ブリティッシュと提携関係を結ぶと、ボールコンはこの2つの会社の製作指揮を担当するようになり、イギリスの映画製作の中核を担うことになった。ヒッチコックの才能を見抜き、彼を映画監督に仕立て上げたのもボールコンである。ヒッチコックは27年にブリティッシュ・インターナショナル・ピクチャーズに移籍するが、34年、再びボールコンの懐に戻っていく。ヒッチコックのイギリスでの黄金時代はここに花開く。

　ボールコンとウィルコックスはアメリカのスターの起用やドイツの製作会社との提携に逸早く着手し、映画作品の人気と質の向上に貢献した。ヒッチコックの最初の2本の映画がミュンヘンのスタジオで撮影されたという話は有名である。トーキー映画の誕生に対する素早い対応も新しいプロデューサーたちの経営センスをうかがわせる。サヴィルやウィルコックスはトーキーの技法を学びにアメリカにまで足を運んでいる。これらの事例が浮き彫りにするのは1920年代のイギリス映画界の国際的感覚である。ヘップワースのように自国の伝統に固執し、国際的な映画産業の進展に目を背けることのできた時代は過去のものとなった。

7. フィルム・ソサエティと1920年代のモダニズム的な映画文化

　こうした製作側の国際的感覚と密接な関係にあるのが、1920年代のモダニズム的な映画文化である。20年代の初めには映画の芸術としての可能性に魅了された知識人が数多く存在していた。彼らは映画を娯楽として享受し、映画をミドルブラウ的な演劇や文学の延長線上に理解する、閉鎖的でナショナルな映画文化のあり方に違和感を抱いていた。彼らにとって映画は芸術であり、現代的で、国際的であるはずだった。ロンドンのフィルム・ソサエティは彼らの要求に応えるものであった。世界各国の芸術的な映画作品を上映し、映画撮影の研究を促進し、映画製作の技術的発展に貢献することを目的とするフィルム・ソサエティは、こうした啓蒙活動を通じてイギリスの映画製作に積

極的に関与していくことを使命としていた。1925年にモンタギューとヒュー・ミラーによって設立されたフィルム・ソサエティの設立メンバーにはボールコンやアスキスが含まれており、ヒッチコックもこの会合の常連であった。

　フィルム・ソサエティの上映会では、表現主義的なドイツ映画、ソヴィエトのモンタージュ映画、独仏のアヴァンギャルド映画が支配的であった。この会合はイギリスの映画界を席巻していたハリウッドの娯楽映画に対抗して、ヨーロッパの芸術映画を崇拝する堅苦しい会のような印象を与えるかもしれないが、それは間違いである。モンタギューはアメリカ映画が一番優れていると公言してはばからなかったからである。この団体がイギリスのメロドラマや歴史劇に対して不当な偏見を抱いていたことは指摘しておくべきだろう。しかし、幅広い国際的な映画の知識を提供する回路の存在は、イギリスの映画業界の進路に大きな意味を持つものであった。ヒッチコックとアスキスへの影響を考えてみよう。ヒッチコックの『下宿人』とアスキスの『地下鉄』にはドイツ表現主義的な照明の影響が色濃い。この映画技法上の特徴はフィルム・ソサエティの影響と考えられる。

　最後に考察しておきたいのは国際的な映画の技法と英国性との関係である。モダニズム的な映画文化がヒッチコックやアスキスのような映画監督に国際的な映画の文法を提供したことは確認したばかりである。しかし彼らの映画が革新的であったのは、国際的な技法が、それが描き出す新しい種類の英国性と絶妙にマッチしていたからだ。形式の革新は内容の革新を伴っていたのである。これらの作品はイギリス社会の現代の様相を国際的な手法によって描き出すことによってモダニズム的なのだ。ヒッチコックはロンドンのブルームズベリーの下宿屋を舞台に現代のロウワー・ミドル・クラスの生活を描き出すことによって、アスキスはロンドンの地下鉄を舞台に現代の労働者階級の生活

図4　『下宿人』の下宿人（アイヴァー・ノヴェッロ）
写真協力：㈶川喜多記念映画文化財団

を描き出すことによって、食品雑貨店の息子ヒッチコックとイギリス元首相の息子アスキスは、国際的であると同時に英国的な特質を持つ、現代的なナショナル・シネマの構築に貢献する。イギリスの現代が生み出した普通の人びとの発見——このモダニズム的な内容の革新の延長線上にグリアソンのドキュメンタリー運動が成立する。

8. 映画法の成立とミドルブラウ映画文化の誕生

　1930年代のイギリスの映画文化の展開に決定的な影響を与えた法律がある。1927年の映画法である。イギリス映画の振興を目的としてクォータ制が導入され、初年度の配給業者のイギリス映画の割り当ては7.5％、映画上映主のそれは５％と定められるが、この割合は段階的に高められるような仕組みになっていた。1920年代のイギリスの映画製作は悪化の一途をたどり、1926年の国内市場占有率はわずか５％であったことを考えると政府の直接介入は納得がいく。この保護政策は功を奏し、映画業界に２つの成果をもたらした。映画業界の再編とイギリス映画の増加である。1933年頃には製作、配給、上映の垂直的統合を成し遂げた２つの企業合同——ゴーモン・ブリティッシュ・ピクチャー・コーポレーションとアソシエイティッド・ブリティッシュ・ピクチャー・コーポレーション——がイギリスの映画業界を牛耳ることになった。垂直的統合の利点はスタジオ側が野心的なプログラムを組むことができる点にある。1930年代の国際市場をにらんだボールコンやウィルコックスのようなクォリティ・プロデューサーの活躍は映画業界の再編成の産物であった。イギリス映画の数も確実に増加した。映画法は「クォータ・クイッキーズ」と呼ばれる質の低いイギリス映画の量産につながったとして批判されることが多いが、政府の思惑に貢献もした。1927年には4.4％であった市場占有率は32年には24％にまで上昇している。

　この保護政策は1920年代のもうひとつのマスメディアの運営方針と軌を一にしていた。それはラジオ放送におけるＢＢＣの市場独占である（ＢＢＣの詳細については第14章と第17章を参照）。ＢＢＣの誕生を促したのは、アメリカのラジオ放送の国際的な進展に対する政府および報道機関の強い警戒心で

あったが、映画法の成立の背後には、ハリウッド映画の国際的な進展に対する政府および映画業界の深刻な危機感があった。国策としてのイギリス映画はある程度の知的水準を保ちながらも、より広範な観客に訴えることを目的とせざるを得ない。こうして誕生するのが大戦間のミドルブラウ（高級なハイブラウと低俗なロウブラウの中間）の映画文化である。1930年代のイギリス映画の大半はこの範疇におさまることになる。

　ミドルブラウ映画文化の誕生はこの時代の経済構造の大転換に由来する新しい中流階級の誕生に対応していた。新たに中流階級の仲間入りを果たした人びとにとって、ミドルブラウ映画が提供する適度に知的なイギリス文化の消費は、ハリウッド映画を好んで消費した労働者階級から自分たちを差別化する戦略として有効であったからだ。1930年代の映画作品の多くがベストセラー文学やステージで成功した劇作品の翻案であることの理由はここにある。J・B・プリーストリー原作の『良き仲間たち』（1933）やジョージ・バーナード・ショー原作の『ピグマリオン』（1938）はその好例である。イギリスの歴史劇もミドルブラウ映画の王道である。アレグザンダー・コルダの『ヘンリー8世の私生活』（1933）やウィルコックスの『偉大なるヴィクトリア女王』（1937）と『60年間の栄光の日々』（1938）はアメリカでも人気があった。新しい中流階級の人びとは、こうした手軽なイギリス文化の共有によって「共通の文化」の創出に寄与することになった。

9. ハイブラウ映画文化としてのドキュメンタリー運動

　1930年代のイギリス映画の展開を見ていくうえで欠かすことのできないのがジョン・グリアソンのドキュメンタリー運動である。1927年に帝国通商局に加わったグリアソンはドキュメンタリー映画の記念碑的作品『流し網漁船』（1929）を製作する。トロール漁業の漁師たちの労働を美しく描き出したこの作品にはドキュメンタリー運動の特徴となる2つの要素が現れている。映画を芸術としてとらえるモダニズム的な志向と現代イギリスの普通の人びとを描き出すリアリズム的な志向である。この2つの志向の融合はモダニズム的な映画文化の体現者であるヒッチコックやアスキスとの親近性をうかが

わせるが、それはこの映画がフィルム・ソサエティで最初に上映されたことを考えれば納得がいく。エイゼンシュタインの影響下に出発したグリアソンの作品にはモンタージュの技法が効果的に取り入れられている。モダニズム的な技法を通じて現代イギリスの労働者階級の人びとをポジティヴに描き出すことによって、グリアソンは社会的な紐帯の重要性を訴えることに成功する。ドキュメンタリー運動はこうして国民的な統合を推進する政治的な役割を担うことになった。

　グリアソンの帝国通商局フィルム・ユニットは、1933年中央郵便局のフィルム・ユニットとして再結成されるが、これらの共同体的な組織はドキュメンタリー運動を担う若い映画監督たちの育成の場となった。バジル・ライト、ハリー・ワット、ポール・ローサに加えて、ハンフリー・ジェニングズやアルベルト・カヴァルカンティが輩出している。戦争の開始とともに中央郵便局のフィルム・ユニットは情報省に転属され、クラウン映画ユニットと改名されるが、この頃にはドキュメンタリー運動の人材とアイデアは映画界全般に浸透し、この運動は歴史的な使命を全うすることになった。

10. クォータ・クイッキーズ再考

　最後にロウブラウ映画文化について見ておこう。忘れてはならないのは、ハリウッド映画が依然としてイギリスの上映時間の大半を占めていたことである。ハリウッド映画が映し出すアメリカの消費文化は労働者階級の若い世代を魅了し続けた。しかしこうした消費文化のあり方に抵抗を覚えずにはいられない社会階級が存在した。ロウワー・ミドル・クラスと古い世代の労働者階級である。とりわけ後者は娯楽の中心が映画に移行してからも慣れ親しんだミュージック・ホールに行くことを好んだ。『39階段』の冒頭のシーンを思い出してほしい。観客は年寄りばかりであったはずだ。では彼ら、彼女たちは映画とは無縁だったのだろうか？　そうではない。彼ら、彼女たちのニーズを満たす映画がこの時代には存在した。それが悪名高きクォータ・クイッキーズであった。これらの映画にはハリウッド映画のスペクタクルもなければ、ミドルブラウ映画の高尚なイギリス文化の雰囲気もなかった。緩慢

な物語の展開と劇場に由来する演技や上演のスタイル、それだけで十分であった。ミュージック・ホールの伝統に依拠するコメディはとりわけ人気があり、クォータ・クイッキーズの約4割を占めることになった。劇場監督・プロデューサーのバジル・ディーンは、北部出身の二人のミュージック・ホール・スター、グレイシー・フィールズとジョージ・フォーンビーを国民的な映画スターにまで育て上げ、ミュージカル・コメディというジャンルの確立に貢献するが、ミュージック・ホールの伝統は経済構造の大転換がもたらした階級の流動化に脅威を感じていた人びとに古き良き時代のノスタルジアを提供することになった。

11. イギリス映画の黄金時代　1939-45年

　第二次世界大戦の始まり頃には、1930年代のイギリスの映画業界の立役者たちの多くはイギリスを去っていた。しかしイギリス映画の黄金時代はここに始まる。大戦は「戦時下の結婚」と呼ばれる、商業長編映画とドキュメンタリー運動の手法の結合を生み出し、戦時下の普通の人びとの日常をリアリズムの手法で描き出す、真に英国的なナショナル・シネマの構築に貢献することになった。この時代の雰囲気をもっともよく伝える長編映画、ノエル・カワードとディヴィッド・リーンの『軍旗の下に』（イン・ウィッチ・ウィ・サーヴ）は、堅実なリアリズムの手法によって、敵国を打破するという共通の目的のために、階級や地域やジェンダーの分断を乗り越えて一致団結する人びとの生き様を美しく描き出す（カワードについての詳細は第14章を参照）。劇作家・作曲家・俳優のカワードは、20年代、30年代を通じて映画業界とは適度な距離を維持していた。そのカワードをして映画監督という未知の領域に踏み込ませたものは何だったのか？　それは彼の愛国心である。カワード演じる海軍軍艦HMSトリンのキャプテンは高級・下級船員を統率するリーダーであり、船員に対しては父のように振る舞い、彼らを鼓舞するような説教を幾度も繰り返す。船は国家の比喩である。HMSトリンはひとつの共同体に変貌を遂げたイギリス国家の象徴だったのだ。

終わりに——シェイクスピア再び

　そして、1944年に一人の男が立ち上がる。ローレンス・オリヴィエ演じるヘンリー5世である。戦時中もっとも高い製作費をかけ、演劇界および映画界の最高のキャストを用い、テクニカラーを使用して豪勢に製作されたシェイクスピア原作の『ヘンリー5世』は、イギリスの突撃隊と空挺部隊に捧げられていることからも明らかなように、愛国的なプロパガンダ映画である。ヘンリー5世のイギリス軍が海を越えてフランス軍と対決するという構図は、ノルマンディ上陸を果たした連合軍とナチス・ドイツとの対決を示唆するものであったからだ。オリヴィエ率いる中世のイギリス軍はチャーチル率いる現代のイギリスにほかならない。この映画は芸術的にも優れているばかりか、商業的にも大成功を収め、多くのイギリス国民に受け入れられた最初のシェイクスピア映画として記憶されるべきである。ここにはヘップワースが夢見て成し遂げられなかった国民的な広がりを持つ真に英国的なナショナル・シネマの完成例がある。

　本章を終えるにあたって確認しておきたいのは、この映画が前景化するような映画と国民意識との関係である。世紀転換期に娯楽として誕生したイギリス映画は、第一次世界大戦前夜のアメリカの映画特許権会社の成立によって国内市場の開拓を余儀なくされ、シェイクスピアというイギリスの伝統へと回帰する。これに対して1920年代のイギリス映画は、国際的でモダニズム的な映画文化の影響下に、現代イギリスの普通の人びとという新しい種類の英国性を発見する。この発見はイギリス映画の起死回生を計る映画法の追い風を受けて、30年代のイギリスのすべての映画文化に浸透していく。すべての階級の人びとが主人公としてスクリーンに登場する時代の到来である。第二次世界大戦中のイギリス映画の黄金時代は、この傾

図5　ヘンリー5世（ローレンス・オリヴィエ）　写真協力：㈶川喜多記念映画文化財団

向をさらに「全体主義的」に推し進めた時代としても理解することができる[2]。いまやすべてのイギリス国民が主人公なのである。ナショナル・シネマという言葉は、このような映画と国民意識との不即不離の関係を適切に言い表している。

(佐藤 元状)

推薦図書

加藤幹郎『ヒッチコック「裏窓」——ミステリの映画学』みすず書房、2005年。
ジャン゠ミシェル・フロドン『映画と国民国家』野崎歓訳、岩波書店、2002年。
四方田犬彦『映画史への招待』岩波書店、1998年。

---

[2] イギリス映画の芸術的な達成が戦時中のナショナリズムの高揚という政治的な危うさと表裏一体の関係にあったことは留意しておかなければならない。

Column

20世紀前半の新聞史——イギリス大衆紙の隆盛

　産業革命の達成と大英帝国の繁栄にともない、政治的にも文化的にも世界で中心的な位置を占めていた19世紀のイギリスでは、国内外からの必然的ともいえる要請によって新聞産業が大きく成長した。そして20世紀前半は、その新聞が大衆化を遂げた時代である。

　第17章でも取り上げるノースクリフ卿は、当時社会で目覚しい台頭を見せていた中流・労働者階級の読者をターゲットとした。最初の本格的な大衆日刊紙『デイリー・メイル』（1896年創刊）は、広告を多く載せることで半ペニーという安価な値段を実現した。また、「簡潔と充実」をモットーに掲げ、時事問題を平易に説明し、読み物を多く載せ、投稿欄をもうけて読者とのコミュニケーションをはかった。なかでも女性向けの家庭面は注目を集め、創刊日には39万7215部を売り上げ、1903年の一日平均部数は87万部にまで上昇した。これに気をよくした彼は、同1903年に、女性を読者の中心にすえた『デイリー・ミラー』を創刊、全24ページの紙面には、豆コラムや書評のほか、芸術、スポーツ、結婚、そして当時の流行に関する記事を満載した。さらに1908年、ノースクリフ卿は、当時人気が低迷していた高級紙『タイムズ』（1788年創刊）を買収し、名実ともに新聞業界の首領となったのである。

　ノースクリフ卿の躍進が続くなか、もう一人頭角をあらわした人物がいる。カナダ出身の政治家ビーヴァーブルック卿である。彼は政界入りしたのち、第一次世界大戦中の1916年、経営難に陥っていた『デイリー・エクスプレス』（1900年創刊）を買収した。また、第一次情報省の初代大臣として公務に携わるかたわら、終戦の年に『サンデイ・エクスプレス』を創刊、1923年には夕刊紙『イヴニング・スタンダード』を買収した。これらの大衆紙は、ときに党派的で煽動的なビーヴァーブルック卿の個性を色濃く反映し、のちに「ビーヴァーブルック・プレス」と総称されるようになる。これら新聞業界の二人の逸材を中心に、大衆紙の量的増加そして多様化が進み、1939年には全国朝刊紙の購読部数は1050万部にまで達した。戦間期はまた、読者の争奪戦が激化し、広告収入を増加させることで新聞の価格を安価に保つ努力が払われるなど、各紙の競争が活発化した時期でもあった。

　第二次世界大戦は、新聞業界にとってまさに試練のときとなった。1940年9月に始まったロンドン大空襲により、多くの新聞社が空爆を受けただけでなく、深刻な紙不足のために各社は新聞の総ページ数を減らさざるを得なかった。消費量は戦前ピーク時の年間125万トンから1942年時には12万トンにまで落ち込んだ。しかし、悪化する戦局の中で新聞社同士の販売競争は中断され、あらゆる報道が国民の士気高揚に大いに貢献するようになる。文字通り、剣をペンに持ち替えて、新聞業界は敵国の強力なプロパガンダ攻勢に立ち向かったのである。

（渡辺 愛子）

① 最初の日刊大衆紙（『デイリー・メイル』1896年5月4日）
② ニューヨーク株式市場の株価大暴落（『デイリー・メイル』1929年10月25日）
③ ロンドン大空襲（『デイリー・メイル』1940年12月31日）
④ 『デイリー・ミラー』創刊号（『デイリー・ミラー』1903年11月2日）
⑤ 同紙が行った美女コンテスト勝者（『デイリー・ミラー』1908年5月8日）
⑥ ヒトラーの台頭（『デイリー・ミラー』1934年8月3日）
⑦〜⑨「ビーヴァーブルック・プレス」
⑦ ミュンヘン協定の締結（『デイリー・エクスプレス』1938年9月30日）
⑧ 連合軍のノルマンディ上陸（『イヴニング・スタンダード』1944年6月6日）
⑨ 『イヴニング・スタンダード』に掲載された、全体主義国家（イタリア、スペイン、ソ連、ドイツ）を揶揄するデイヴィッド・ロウのイラスト（「少年合唱団」『イヴニング・スタンダード』1940年5月2日）
⑩ 最近の各大衆紙の紙面

第16章

『ピクチャー・ポスト』の時代
——ジャーナリズムとフォトジャーナリズム

はじめに——キャパの「崩れ落ちる兵士」

図1　ロバート・キャパ「崩れ落ちる兵士」
1936年

　まず一枚の写真から始めてみよう（図1）。敵の銃撃を受け、いままさに崩れ落ちんとする兵士——この写真はロバート・キャパという報道写真家が撮影したものだ。1936年9月、スペイン内戦を取材中に、丘の斜面を突撃して下ろうとする共和派の民兵が銃弾に倒れる瞬間をとらえたとされるもので、タイトルは「崩れ落ちる兵士」（1936）。のちの第二次世界大戦中に彼が撮ったノルマンディ上陸作戦の写真とともに、写真史上屈指の重要な作品としてよく知られている。

　1936年7月にスペイン内戦が勃発すると、ついに反ファシストはファシズムと軍事的に対立することとなった。キャパは8月にスペインにおもむき、フランコ将軍率いる反乱軍に対する共和派政府の抵抗を取材した際にこの写真を撮影したのである。発表されるやいなや、世界中に大反響を巻き起こした。スペイン内戦の痛ましい現実が明確に視覚化された瞬間だった。この写真をきっかけとして、キャパの名は一躍世界的に知られるようになり、その

のちも報道写真家として数々の戦線における重要な場面を記録していく。

彼を初めて大々的にイギリスに紹介したのが『ピクチャー・ポスト』という雑誌（図2）だった。1938年の創刊から1955年の廃刊までの間、イギリスでもっとも広く読まれたフォト雑誌といわれている。当時20代の名も無い写真家にすぎなかったキャパを特集したのは、同じくハンガリー系ユダヤ人という出自で、彼と懇意でもあったこの雑誌の編集長であった。その名をステファン・ローラントという。ローラントは誌上でキャパを「世界最高の戦争写真家」と称え、ここから、ロマンティックなヒーローとしての報道写真家という虚像が生まれたとも言われている。この章では、1930-40年代に『ピクチャー・ポスト』誌上でローラントが展開した戦略を中心に、イギリスのジャーナリズム、特にフォトジャーナリズムについて考えてみよう。

図2 『ピクチャー・ポスト』創刊号（1938年10月1日）表紙

1. フォトジャーナリズム——メディアとしての写真

エリック・ホブズボームによれば、20世紀は「普通の人びと（common people）」の時代であり、彼らのために、あるいは彼ら自身の手で創造された芸術が花開いた時代であった。さらに、カメラとルポルタージュという技法によって、この「人びと」の世界がますます可視的に表現されるようになっていった。2つの世界大戦の間に社会や文化の構造の中で急速に意味付けられ始めたフォトジャーナリズムは、その最たるメディアであり、アメリカ合衆国の『ライフ』、フランスの『ヴュ』、そしてイギリスの『ピクチャー・ポスト』は、代表的なフォト雑誌である。

カメラの小型化や第一次世界大戦後の都市化といった要因が重なってフォトジャーナリズム運動が始まり、その表現様式が確立したとされるワイマー

ル期ドイツでも、新しいフォト雑誌が数多く出版された。とりわけ重要なのが『ミュンヒナー・イルストリールテ・プレッセ』や『ベルリナー・イルストリールテ・ツァイトゥング』で、これらの革新的なフォト雑誌から優れたフォトジャーナリストたちが多数輩出されることとなる。それはまた、絵画が雑誌から徐々に消えてゆき、現代の事象を映し出す写真がそれに取って代わる時代を示してもいた。

　こうしたフォト雑誌の中で展開された表現様式とは、写真とテクストを並置してパワフルな物語を展開していくもので、フォト・リポーター（写真家）とフォト・エディター（編集者）と呼ばれるフォトジャーナリストたちが重要な役割を果たした。フォト雑誌は人気を博し、小型カメラを持ち歩くキャンディッド・カメラマンと呼ばれる写真家もその地位を確立するにいたったが、1933年のヒトラーによる政権獲得をきっかけに、これらの雑誌はほぼ消滅してしまう。フォトジャーナリストたちの多くはユダヤ人、左派知識人で、彼らはヒトラーの迫害を逃れて亡命した先の国々で、その本領を発揮した。

　ここからはドイツのジャーナリズムについては詳述せず、イギリスのフォトジャーナリズムの成り立ちとその受容に目を向けてみよう。ドイツからの亡命ジャーナリストたちが1933年以降ロンドンにやってきて、次々とフォト雑誌を出し始めたとき、イギリスの人びとはこれを熱狂的に受け入れた。なぜだろうか？　当時のイギリス国内の文化状況をみてみると、注目すべき要因が二点浮かび上がってくる。一点目として、1930年代には、すでにイギリス人の間にフォトジャーナリズムを受け入れる素地が出来上がっていたこと。そして二点目には、当時のイギリス国内の民主的気風、あるいは「共通の文化（common culture）」についての社会的関心の強さがあげられる。このような文化状況のもと、「普通の人びと」についての新たな視点というものが生まれ、さらには階級横断的に文化的アイデンティティが定着していく際に発揮される写真の力が浮き彫りになってゆく。

　以下、この２つの点について、もう少し詳しく論じてみよう。

2. 映像の時代へ
——イギリスにおけるフォトジャーナリズム受容の前提

（1） ヴィクトリア朝期の絵入り新聞・雑誌から20世紀の大衆誌へ

　1933年にドイツのフォトジャーナリズムが国内に持ち込まれる以前から、イギリスの大衆は、絵入り定期刊行物と映画、広告写真により、リアリスティックなヴィジュアル・イメージに慣れ親しんでいた。まずは、キャパの活躍した1930年代以前の絵入り定期刊行物の形態についてざっと整理してみよう。

　19世紀には木口木版の挿絵入りの雑誌が多数存在した。たとえば1841年創刊の『パンチ』は、イギリスで初めて風刺漫画を売り物にした出版物である。当時、『パンチ』らしい風刺画を描いたイラストレイターや画家の中には、そうそうたる面々が名を連ねていた。ディケンズの小説の挿絵で有名なフィズ（Phiz）や、リチャード・ドイル（コナン・ドイルの叔父）、さらに、キャロルの『不思議の国のアリス』の挿絵画家としても有名なジョン・テニエルなどは、その代表といえる。

　また1842年創刊の『イラストレイティッド・ロンドン・ニューズ』は、世界各国の出来事をいち早く、木口木版による挿絵を通じてイギリス国民に伝える役割を果たした。世界の奇観、そして奇習、さらに戦争やイヴェントなど、目で見なければとても理解できないような記事が、挿絵という新しいメディアのもと、大衆の興味を刺激した。この雑誌の新しい点は、画家の空想ではなく、現地からのスケッチ（のちには写真）をきちんと使用し、リアリスティックな画像情報の発信に腐心したところにある。このリアリティから発した驚きや関心が、人びとを同誌に惹きつけた要因であったろう。

　さらに、1891年創刊の『ストランド・マガジン』も重要である。小説と社会記事を柱とし、美しいイラストレイションを加えるという誌面作りの手法は、この雑誌によって基本部分が方向付けられたといってよい。この雑誌の特徴は、創刊号から徹底的に挿絵を用いたことである。実に1ページあたり1.18枚の挿絵という、〈絵だらけ〉の文芸誌。この思い切った方針が大当た

りとなった。また、執筆陣では、コナン・ドイルという人気作家が登場したことにも注目すべきである。ドイルによるシャーロック・ホームズものの連載は、部数を倍増させた。

　こうした絵入り定期刊行物は、最終的には、「客観的に真実を映し出す」と考えられた写真という媒体を獲得し、フォト雑誌の20世紀へと大きく変容していく。しかし、出版における写真革命は、単なる複製技術の向上によって急に起こったわけではない。たとえば1880年までに『グラフィック』では写真を直接複製させるためのハーフトーンを取り入れたが、その技術を向上させ、広く知られるようになるまで数十年もかかっている。写真到来の当初は、イメージこそ強烈であったものの、なかなか一般の雑誌・新聞では取り上げられなかった。

　しかし20世紀に入ると、この「客観的な」写真が掲載された大衆向けの新聞・雑誌がよく売れるようになる。1914年までに、見出しやカートゥーン、広告、ニュース写真によって、大衆誌はよりカジュアルな方向に変わっていく。第一次世界大戦はこのプロセスを２つの点で加速させた。第一に、太字の見出しが戦争の激しさを物語り、第二に、報道写真がリアリスティックな前線写真を提供することで、社会的により広く認知されるようになった。読者の側も、次第に多大な注意を払って写真を吟味するようになっていく。大戦によって、第一級の報道写真は読者大衆の注意を喚起し、想像力を刺激し得るということが示されたのであった（図３、４）。

　1930年代には、ヴィジュアルな素材を数多く使ったいわゆる「大衆紙」が登場し、売れ行きを伸ばした。1938年当時の「大衆紙」の定義によれば、「国内のあらゆる階級の人びとに等しく訴えかけるもの」であり、これらの代表である『デイリー・エクスプレス』や『デイリー・メイル』などが、あらゆる地域と収入の読者をひきつけた（270-271頁コラム参照）。この背景には、新聞・雑誌のデザインが変化するきっかけとなった、２つのメディアがある。そのひとつが映画である。観客を動く映像のスピード感で楽しませる映画は、1910年代からすでに何百万人ものイギリス国民を魅了していた。この時代に映画に熱狂する青春期を送った人びとが1930年代の新聞読者となったわけであり、ヒッチコック映画の人気が示すように、彼らはかつて前衛的

図3 『イラストレイティッド・ロンドン・ニューズ』（1871年6月3日号）表紙

図4 『イラストレイティッド・ロンドン・ニューズ』（1916年12月3日号）表紙

で実験的とみなされていた編集技術にも夢中になっていた。あるメディアが他のメディアの様式に与えた影響を過大評価してはならないが、この時代の大衆紙というものが、週に平均二回は映画館へ通い、その暗闇の中でイメージの集積が物語を構築していくさまを眺めて4時間も過ごす大衆を魅了しようとしたのは確かだ。そして、もうひとつが広告写真の発展である。1932年に、ある広告主は、「日々の新聞は、朝でも夜でも、どこでも、読まれるというよりむしろ一瞥されるのだ」と述べている。「新聞をちらっと見る」読者こそが、広告のターゲットであったわけだ。

(2) リアリスティックな広告写真の発展

　広告主は、消費者が広告のメッセージを視覚的に理解しやすいようにしばしば写真を操作した。1920-30年代の広告産業においてもっとも成功した写真家の一人といわれるエドワード・スタイケンを例に考えてみよう。彼は、芸術写真を撮る一方で数多くの商業写真を撮り、これらは『ヴァニティ・フェア』、『ヴォーグ』、『レイディズ・ホーム・ジャーナル』などの大衆雑誌に定期的に掲載された。彼の写真の特徴は、消費者のファンタジーを巧妙に構築していった点にある。彼は広告エージェンシーと組んで、自分が撮影した商品の主たる消費者である女性について、ある典型的なイメージを作り出した。たとえば快活な独身女性や子煩悩な新米ママといったように、人生のあ

る段階をステレオタイプ的に映し出し、巧みに消費者に訴えかけた（図5）。写真が絵画に代わる媒体であるとようやく認知され始めた時期に、スタイケンはウェルチ社のグレープ・ジュースやジャーゲンス社のスキンケア・ローションといった商品を、小さな家業から国民的商品へと変えることに成功した。そして商品のリアルなテクスチュアと仕上がりを強調することができる写真は、木版画や絵画よりもはるかに消費者を説得し得る、効果的なメディアとしての利用価値を見出されるようになった。実際、当時広告産業の中では広告写真の分野がもっとも伸びており、広告写真スタジオの数も急増していた。

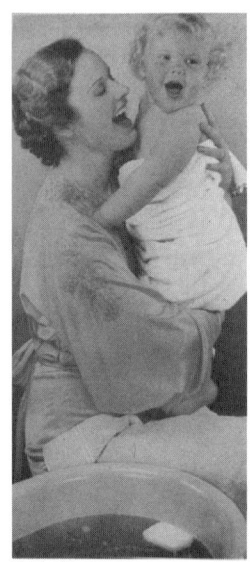

図5　アイヴォリー石鹸の広告（『レイディズ・ホーム・ジャーナル』［1934年3月号］内表紙）、エドワード・スタイケン撮影

　このようにして、1930年代の終わりには、写真主体のジャーナリズムがより重大な文化的変容の動因となった。大衆向けのヴィジュアル定期刊行物、映画、そして広告写真産業が同時的に隆盛したことで、大量生産されたイメージはイギリスの生活文化の中心的存在となった。イメージは——動画であれ静画であれ——人びとに情報を与え、楽しませるもっとも有力な手段として、書かれた言葉を補い、ときには取って代わりすらした。そしてこの時代になってようやく、印刷ジャーナリズムという比較的旧式な媒体の中に身を置く編集者たちは、映画と広告という洗練されたヴィジュアル媒体の影響力を知り、写真を紙面のレイアウトにうまく統合し得ることを認識した。技術、商業、そしてヴィジュアルな想像力が、文字媒体と同様に写真がストーリーを物語るような新たな文化環境を生み出したのだ。

3. 1930年代の文化状況——「共通の文化」

　次に、1930年代のイギリス国内の文化状況について考えてみよう。D・

第16章 『ピクチャー・ポスト』の時代　279

　L・ルメイヒューは、当時新しいコミュニケーション技術が成熟したことで、階級、地域、世代といった差異を超えた「共通の文化（common culture）」が生まれた、と述べる。第二次世界大戦勃発時、イギリスは階級に隔てられた国家であったものの、「共通の文化」の出現が、異なる集団間でも共有され得る価値観を提供したのだと言う。ちなみに、この種の文化はこの時期に突如として出現したわけではない。19世紀には、ディケンズの小説がこのような文化を体現し、それまで読者の間に存在した階級間の文化的な差異を超えて、人気を博した。20世紀に入ると、チャーリー・チャップリンの映画もまた、教養エリートと一般大衆の境界を越え、それまで映画に批判的であった知識人を含む多くの観衆を魅了した。このように、文化的生活が1930年代に一気に変容したとは言えないが、この時代に人びとが階級、地域、世代を越え、同じ映画を鑑賞し、同じＢＢＣラジオ番組に耳を傾け、前述の『デイリー・エクスプレス』や『デイリー・メイル』といった同じ新聞を読みさえするようになったことは指摘できる。これらメディアが一体となり、種々雑多な社会成層に共有され得る「共通の文化」を創出した、というのがルメイヒューの見解だ。

　しかしロス・マッキビンは、ルメイヒューに一定の評価を与えながらも、この時代に存在したのは「共通の文化」ではなく、むしろ「部分的に重なり合う文化（overlapping culture）」であったと指摘した。これはロンドンとその近郊に住む新興中流階級を中心に形成された「民主的な文化（democratic culture）」であり、この階級の人びとはアメリカ化され、順応性があり、古い階級文化に執着しなかった。このような文化の一例として、当時の「民主的」作家の代表格であったＪ・Ｂ・プリーストリーをあげることができる。しかし「民主的」でこそあれ、この文化の受容は階級、地域、性別などによって依然として異なっていた。プリーストリーは、実際ベストセラー作家であったが、労働者階級の多くは彼の作品を読んだことはなかった。人びとが、大衆音楽、映画やラジオ番組といった、ある共通した事象を享受していたことは事実である。しかし、これが「共通の文化」を構成していたとはいえない。概して、人びとの文化的な好みは階級と性別により決定されていた。たとえば「本」とは、労働者階級の男女にとってはプリースト

味するのではなく、新聞や雑誌やペーパーバックの「低俗」な読み物を指した。このように代表的な研究者の見解に若干のずれは見られるものの、ここで大切なのは、1930年代の人びとが「民主的な」文化を共有しつつ、同時に階級間の断絶を意識していたということだ。そして『ピクチャー・ポスト』はこのような人びとに向けて発信されていたのである（McKibbin, *Classes and Cultures*）。

　1941年にジョージ・オーウェルは、当時のイギリス国民の生活を論じた評論『ライオンと一角獣』の中で、この『ピクチャー・ポスト』の機能を厳密に位置付けようとした。彼にとって『ピクチャー・ポスト』とはこの新しい文化生活の、明瞭であるが定義し難いエッセンスを象徴するものであり、第二次世界大戦期の政治文化を明らかにするうえでの中心的課題のひとつであった。

　　進歩と反動とは、もはや政党のレッテルとは関係なくなってきている。しいて特定の時点をあげれば、『ピクチャー・ポスト』が創刊された時、「右」と「左」という古い区別がくずれ去ったのだ。『ピクチャー・ポスト』の政治とはなんだろうか？　あるいは『カヴァルケード』の、そしてプリーストリーの放送の、そして『イヴニング・スタンダード』の社説の政治とは？　これらは従来のどんな分類にも当てはまらない。それらはただ、この1、2年間に何かが間違っていることに気づいた、レッテルを貼ることの出来ない大衆の存在を指し示しているに過ぎない。（小野協一訳、筆者一部改訳、強調は筆者）

　オーウェルの立てたこの問いは、まさにこれから始める『ピクチャー・ポスト』分析の中心的課題である。『ピクチャー・ポスト』の政治とは何か？　とりわけその1938年の創刊から写真とテクストに明示された編集手段とは、そしてそれが表象した世界とは何だったのか？　これからその解答を求めて、『ピクチャー・ポスト』がその社会的メッセージを向けた人びとについて分析してゆこう。

4.『ピクチャー・ポスト』とその戦略

(1) 編集長ステファン・ローラント

まずは、名編集長ステファン・ローラントの経歴から。先にも述べたように、彼はハンガリー系ユダヤ人であり、20歳でドイツにやって来ると映画カメラマンとして活躍（この映画出身、というのがポイントだ。彼はグラフ・モンタージュ形式の持つ可能性を深く認識していた）、その後は雑誌編集者に転向し、1928年に前述の『ミュンヒナー・イルストリールテ・プレッセ』の編集長に就任した。彼はこの雑誌の中で、単体写真ではなく、組み写真によるひとつの主題の提示を試みるという、「フォト・エッセイ」の手法を確立し、フォト雑誌の人気を高めた。しかし1933年に『ミュンヒナー』はナチス・ドイツによって廃刊に追い込まれ、ローラントは投獄される。それから6ヶ月後の1934年春、釈放されたローラントは獄中記『私はヒトラーの囚人だった』を携え、ロンドンへ亡命した。この本は、1935年にイギリスで初版が出版され、1939年にはペンギン・ブックス（52頁のコラム参照）のスペシャル版として記録的な売上となる。この本の中で、彼はヒトラーへの強い嫌悪だけでなく、ドイツ時代から抱いていた、民主主義国家としてのイギリスに寄せる信頼と、イギリス国民への憧れを語っている。それは「個人の自由をもっとも神聖な所有物とする人びと——一人ひとりの市民を支える人びと、子孫の自由を世界のどんな国が妨害するのも許さない人びとに対する憧れだった。イギリス国民の結束と、その特有の思想、優越感、紳士の理念が、彼らをヨーロッパ文明の守護者としているのだ」。

ローラントはイギリス移住後の1938年10月に『ピクチャー・ポスト』を創刊する。彼は、その創刊にあたって、冒頭で紹介したキャパなど自分と似た境遇の亡命ジャーナリスト・写真家たちを引き入れ、彼自身は編集長として主に写真のレイアウトを担当し、刺激的な編集を行った。『ピクチャー・ポスト』は大成功を収めた。創刊号は75万部売れ、1939年の夏にはそれを遥かに上回る1700万部の売上となった。実に当時の国民総数の半分が購読していたことになる。これはいったいなぜだったのだろう？

(2) 『ピクチャー・ポスト』四原則

　1939年10月7日の『ピクチャー・ポスト』創刊1周年記念号の中で、ローラントは「危機と戦争の狭間で」と題した、彼の編集姿勢とその狙いを述べた宣言文を掲載した。ここに示された四つの原則は、この雑誌の性格を知るうえで有益な手がかりを与えてくれる。また、一般大衆向き人気雑誌としての『ピクチャー・ポスト』神話がすでに形成されつつあることもわかる。

(1) 普通の男女（ordinary man and woman）の知性へのゆるぎない信頼。
(2) 『ピクチャー・ポスト』では既存のどの雑誌にもまして、写真で物語る技術の活用を心がけた。
(3) 新聞雑誌は民主主義を尊び全体主義に抗する真の力であるべきとする思いが関係者全員の心にあった。……『ピクチャー・ポスト』は創刊号以来、多くの批判をものともせず、ナチズムの実態を示そうと努めてきた。
(4) 四番目の原則は、上の三つから生まれる。普通の人（ordinary man）の営み――その仕事、生き方、外見、趣味や習慣――はそれ自体が興味深く、わずか数千人の「社交界」の連中の生活習慣よりも遥かに写真報道価値がある、という信念である。
　　また、抑圧された人びとの側に立って、自分で自分自身の問題を提起できない人びとの問題を彼らに代わって提示しなければいけないという民主的新聞雑誌の第一原則を忘れることはなかった。

　ここで興味深いのは、ナチズム批判とともに、写真技術、民主性、「普通の人びと」など、さまざまな関心を同時に示し、かつそれらを結びつけている点だ。それではこの四原則を有効的に読者に提示する方法として、ローラントはどのような戦略を用いたのだろうか？　創刊号に掲載された「世界が見つめる10番地」という特集記事を手がかりに分析してみよう（図7）。

(3) 脚光をあびる「普通の人びと」

　この記事ではフォト・エッセイの手法が用いられ、閉じられたドアを心配そうに見つめる見物人たちの写真が4ページにわたって続いている。実はこのエッセイの前ページ、すなわち創刊号の冒頭には、「運命の瞬間」という

タイトルのフルページ写真が掲載されていた。そこにはゴーデスベルグの会議室で、通訳を介してチェコスロバキア問題を話し合うヒトラーとチェンバレンの姿が写し出されている（図6）。雑誌を手に取り、二人のカウガールが陽気に飛び跳ねる表紙（図2）をめくっていくと、広告と目次のすぐあとにこのミュンヘン会談の模様の写真が飛びこんでくるのだ。さらにページをめくると、「世界が見つめる10番地」のエッセイが続く。『ピクチャー・ポスト』創刊は、ミュンヘン協定の署名（9月29日）の直後であり、人びとの

図6　「運命の瞬間」『ピクチャー・ポスト』1938年10月1日号、9頁

政治的関心が最高潮に達した時期であった。見物人たちが見つめているのはダウニング街の首相官邸、すなわちイギリス政府の象徴なのである。

　まずカメラアングルに注目してほしい。『ピクチャー・ポスト』は、2つの視覚的レヴェルから、人びとが欲する情報を提供しようとしている。最初のフルページ写真（図6）で、カメラはいきなり視覚的権威を見せつける。つまり、密室で行われる国際会談に参加する支配階級の特権的な視点をドラマティックに示しつつ、同時にここで明示されるのは、その知の伝達を可能にする写真表象の力だ。それに続くエッセイ（図7）では、今度はカメラは、文字通りドアによって視覚を遮られ、支配階級による政治から締め出されている人びとの傍らに位置し、彼らの視点を提示する。つまり人びとと「一緒に」見つめるのである。閉じられたドアの向こうで起こる世界的事件の経過を眺める「権威的」眼差しと、道端のレヴェルからの限られた「大衆的」眼差しとの両方を併せ持つことで、『ピクチャー・ポスト』は現実世界を特権的に表象すると同時に、自らが人びと「である」ということをも主張する。

　次に、ドアを見つめる人びとに目を向けてみよう。ローラントはエッセイに老若男女、ビジネスマン、労働者階級の男性など、さまざまな世代と階級

図7　「世界が見つめる10番地」
『ピクチャー・ポスト』1938年10月1日号、10-11頁

の「普通」で「典型的」な人びとの写真を配した。人びとは、顔の判別できない群衆ではなく、階級・性差を超え同じ関心を共有する個々人の集まりとして示されている。それぞれの写真の下にはキャプションが付けられ、編集者が想像する、写真に写る人びとの心配や不安、そして好奇心の言葉が並べられている。パイプをくゆらせる労働者階級風の男性はこう考える──「［戦争は］20年前にもう終わったと思ったんだが」。一方でこう考え込む者もいる──「ともかく我々は戦争をしなければならない」。あるいは「いったい彼ってどんな風なのかしら」と首相の容姿に興味津々な若い女性。

　ここで注意してほしいのは、「見ること」が情報要求の表現そのものとなっていることだ。と同時に、重要な政治的情報を求めて熱く見つめる階級横断的な「普通の人びと」自身が、読者の視線に晒されてもいる。『ピクチャー・ポスト』読者の目の前に提示されるのは、首相官邸をひたすら見つめる多様な（しかし同時に、普通の）人、人、人である。この「観察される観察者（Observer-Observed）」、あるいは「観察者参加型（Observer-Participant）」と呼ばれるモチーフは、フォトジャーナリズムというジャンル

の重要かつ斬新な視覚的構成を示している点で、画期的な意義を有する。それでは、それは当時のイギリスの人びとに対してどのような政治的効果を生み出すことを狙ったものなのだろうか。

　皆さんも図7を見ながら一緒に想像してほしい。誌面いっぱいに広がった、熱心に情報を求めて首相官邸を見つめる「普通の人びと」を見ることで、読者に与えられるのは、自分もそれらの「人びと」と一緒にそこに参加している臨場感だろう。そして、さらに読者は、無意識のうちに、多様な「人びと」の中から自分に似た人間を見つけ、自分をその人間と同一視して自分も現場にいるような感じをも持つだろう。その結果、大切な政治的情報を希求するこれら誌上の「人びと」と自分との間に共感・共振関係が生じる。共感的想像力の中で、読者一人ひとりが「人びと」の一人になるのである。その結果、読者はこの写真を見て、自分も階級横断的に「普通の人びと」の一員として、大衆的視点から重要な政治情報を求め政治意識を高めんとするようになるのではないか。熱心に政治的対象を見つめる「人びと」を見つめることで彼らと一体化し、読者は自分でも気づかないうちに「民主的」な意識・思考力を育むことになるのだ。

おわりに――第二次世界大戦期へ

　ローラントが展開したフォトジャーナリズムは、「普通」というレトリックを視覚的に拡大した。これは当時のドキュメンタリー表象に共通の手段であり、観察する価値ある主題として、「普通の人びと」と彼らの日常の現実に焦点を合わせたのである。それまで注目されることのなかった客体を、写真の力でニュース価値のある客体（たとえば首相）と同等の地位にまで押し上げたことは、スチュアート・ホールが論じたように、写真における「主題の民主化」の始まりとして意義深い。こうして戦間期から第二次世界大戦期にかけて『ピクチャー・ポスト』は上流階級や政府官僚だけでなく、「普通の人びと」もまた写真に撮る価値があることを提唱し、この「人びと」というイメージを、イギリス国民としてのアイデンティティへとつなげていった。

　このナショナル・アイデンティティの感覚は、フォトジャーナリズムのレ

トリックとイメージの中で発展し、大戦直前にはより鋭い、切迫した形へと作り上げられていった。第二次世界大戦勃発によって、「自分たちは社会共同体に積極的に参加しているのだ」という感覚が、より一層促される結果となった。共同体のイメージを創造するというローラントの仕事は、彼が大戦勃発直後にイギリスを去った後を継いで、イギリス人のトム・ホプキンソンが編集長になったのちも変わらなかった。ホプキンソンは政治危機に関してローラントと同様の感覚を持ち、ローラントが『ピクチャー・ポスト』の中で発展させたスタイルを継続した。共同体のイメージを通じて促進されたイギリスのナショナリズムは、ローラントの政治的理想であった。彼はその社会的影響力を十分に認識していたのである。

　1939年11月、『ピクチャー・ポスト』の編集・出版部員は、政府のプロパガンダ活動を担う情報省に召喚され、情報省による公式プロパガンダ政策の一部をなす「写真出版物を用いた宣伝活動」への協力を要請された。これは、この雑誌が当時週700万の読者に購読されていたことに加え、プロパガンダ向きの技術をすでに誌上で展開していたこと、そしてそれまでの反チェンバレン内閣・反情報省的スタンスにもかかわらず政府がこれを利用しうると判断するほどに、共同体としての「人びと」・「家族」・「イギリス」のイメージを作り上げていたこと——以上、3つの重要な事実を示している。1941年半ばまでに、『ピクチャー・ポスト』の反ファシズム路線は、国家の戦争努力とついに合体することとなる。『ピクチャー・ポスト』はイギリスの人びとの間に共通意識を醸成しながら、軍事キャンペーンと銃後の国民動員に関与するプロパガンダの中心的存在にもなっていったのである。

（福西 由実子）

推薦図書

スーザン・ソンタグ『写真論』近藤耕人訳、晶文社、1979年。
ヴァルター・ベンヤミン「複製技術時代の芸術」浅井健二郎・久保哲司訳『ベンヤミン・コレクション（1）』所収、筑摩書房、1995年。
Tom Hopkinson, ed. *Picture Post: 1938-50*. London: Penguin, 1970.
Liz Wells, *Photography: A Critical Introduction*. London: Routledge, 2004.

Column

イギリス諜報部とスパイ小説

「スパイ（諜報）行為（espionage; intelligence activity）」とは、あるルートの内部情報を秘密裏に収集し、これを別のルートへと流すことであり、ときとして情報工作がともなうこともある。その歴史は紀元前5000年ごろの中国の文献にまで遡れるが、近代国家が成立し20世紀に入ってからは、2つの世界大戦と冷戦が、世界各国の諜報機関の活動を急成長させた。ここでは、20世紀前半に諜報機関で活動したイギリスの代表的な小説家について紹介しよう。

サマセット・モームといえば、『人間の絆』（1915）や『月と六ペンス』（1919）で有名なイギリスの小説家であるが、彼が第一次世界大戦時、ひょんなことから志願して国外向け諜報機関「ＭＩ６（軍事諜報部第６部門）」に入り、ヨーロッパ各地で活動していたことはあまり知られていない。諜報活動そのものに辟易していたというモームの著作『秘密諜報部員（アシェンデン）』（1928）は、「ダイナミックで痛快なスパイ」のイメージを、一見、裏切る作品である。にもかかわらず、それが読者を落胆させることにはならない。事実、彼の作品の一部が国家の公職守秘法違反に抵触するとのチャーチルの判断によって、原稿を焼き捨てざるを得なかった「何か」を持っていたのである。スパイの意外な素顔を探りたい、という読者にとってはうってつけの作品だ。

モームとは異なり、諜報活動を一種のゲームのようにとらえ、ＭＩ６での経験を要領よく自らの作品に投影したグレアム・グリーンは、映画化もされた『第三の男』（1950）で知られている。彼はほかにも戦前・戦後を通じて多くのスパイ小説を残した。なかでも『ヒューマン・ファクター』（1978）は二重スパイを主人公とした作品であるが、彼自身若いころに二重スパイを夢見るもかなわず、逆にＭＩ６時代信頼を置いていた上司フィルビー（"Kim" Philby, 1912-88）が実は筋金入りの二重スパイで、冷戦期にソ連に亡命するという苦い経験をもつ。諜報活動に小粋なスリルを求めたグリーン自身が、東西の冷戦ゲームの術中にはまり込むとは、なんとも皮肉な話である。

そしてご存知『007』の著者イアン・フレミングは、海軍諜報部に勤務時代、国内の治安維持活動を担う「ＭＩ５（軍事諜報部第５部門）」やＭＩ６と連携しながら、ジェイムズ・ボンドさながらの奇抜なアイデアを捻出しては、第二次世界大戦の諜報戦に組み込んでいた。もっとも、奇抜すぎて却下された案件もあれば、失敗した作戦もあったが……。しかし、フレミング自身（実は彼のコードネームが「ジェイムズ・ボンド」だった）、派手さや快楽主義には程遠い生活を送っていた。彼も、まさか小説の中に作り出したニヒルで女泣かせの「もう一人のボンド」と、そこから生まれた映画『007』シリーズが、「スパイはクールでカッコいい」という固定観念を現代にいたるまで定着させてしまうとは、思ってもみなかったに違いない。

（渡辺 愛子）

第17章

メディアとプロパガンダ
——戦争をめぐる大衆説得術の系譜

「英国ハ謀略派ナリ……宣伝決戦思想ヲ有スルハ　英国ノミナリ」

1. はじめに

　冒頭の引用は、第二次世界大戦当時の1943年に、日本の参謀本部が「独、米、英ノ宣伝態度」と題して、ドイツ、アメリカ、イギリスのプロパガンダの特性を分析したものである。これによると、ドイツは「論理派」であるが理屈ばかりが先行して、他民族の心理の把握がお粗末なためにそのプロパガンダ戦略は「拙劣」、また、アメリカは「報道派」と称され、大金をはたいて派手に取り組むものの自国民のことしか眼中になく、戦局の良し悪しに一喜一憂する姿は「醜悪」とまで酷評されている（が、何やらいまでも頷けそうなコメントではある）。これに対してイギリスは、というと、謀略に富み、他民族の心理を熟知し、人びとの理知にではなく感情に訴えるというプロパガンダの極意を会得している、と大絶賛だ。「敵ながらあっぱれ」というところであろうか。
　ここで「イギリス＝謀略派」という図式に違和感をおぼえる読者もいるかもしれない。なんといってもこの国は、ファシズムの侵略に立ち向かった大戦の戦勝国であり、議会制民主主義誕生の地でもある。それに「紳士の国」、「フェアプレーの国」といわれるではないか。しかし、そんなイギリスがま

た、スパイ・探偵小説を生んだ国であり、その作者の多くがイギリス政府の諜報部員だった事実は、意外に知られていない（287頁のコラム参照）。もっとも、本章でのねらいは、これら作家たちの「働きぶり」を詳述することではなく、「謀略」と形容された意味を、よりストレートにイギリスのプロパガンダ政策の中に探ることである。古今未曾有の2つの世界大戦に遭遇した20世紀前半、イギリス政府はマスメディアを巧みに取り込み、ときとして文化人をも動員しながら「イギリス的プロパガンダ術」を修得した。情報がつねに真実であるとは限らず、これを隠蔽することも情報戦争の一環という特異な戦時状況の中で、政府は敵国をどう欺き、大衆をどう説得して彼らの士気高揚をはかったのだろうか。ここではプロパガンダを「情報発信者の意図が、期待通りに対象となる人びとに受け入れられるよう、彼らを感化し、彼らの認識を操作し、さらに行動を支配しようとする誘導的かつ組織的な試み」と定義付け、具体的な「レトリック」の変容に注意しながら、イギリスにおけるプロパガンダ戦略の系譜を見ていくことにしよう。

2. 第一次世界大戦――大衆操作への模索

(1) 19世紀的愛国主義の余韻
　大英帝国は19世紀末に低落の兆しを見せ始め、国内ではこの反動として熱狂的な愛国主義（jingoism）が渦巻いていた。そして20世紀に入り第一次世界大戦の気運が高まると、ドイツの侵略脅威からイギリスを守るべく、人びとの愛国心を「意図的に」鼓舞する必要が生じてきた。この当時、イギリスには徴兵制がなかったため、兵役志願を呼びかけるポスターがあちこちに張り巡らされたのであるが、この際にひと役買ったのが、ボーア戦争の英雄キッチナーであった。彼は、イギリス軍元帥として1898年にスーダンを征服し、ボーア戦争中には1902年に総司令官としてボーア軍のゲリラ部隊を一掃、イギリスを勝利に導いて、一躍、時の人となっていた。
　プロパガンダ・ポスターは、まず通行人の目を引くような強烈なインパクトを持ち、明確なメッセージを発信し、人びとの心に持続的な印象を残すことで効果を発揮するといえるが、第一次世界大戦では陸軍相を務める

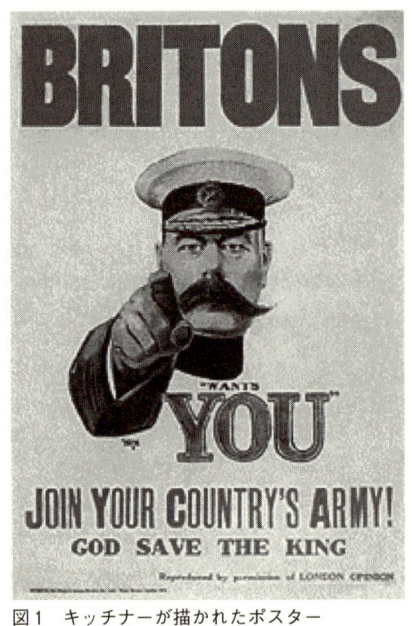

図1　キッチナーが描かれたポスター

ことになるこのキッチナーのまなざしと、「祖国の軍隊に入ろう（Join Your Country's Army）」というキャプションには大変なアピール力があったと見え、戦争の最初の2年間で300万人もの志願兵が集まったという（図1）。しかし、「戦争ロマン」に満ちあふれて従軍した兵士たちの楽観は、すぐさま潰えた。第一次世界大戦は、大量殺戮兵器が開発・駆使された人類史上初の「総力戦」であり、初めての近代戦争といわれる。機関銃、空中戦、そして戦車の導入は、馬による突撃戦を基本とした伝統的な戦闘から、戦争の光景を一変させてしまった。そしてこの戦争こそ、初めて大衆の意識操作を目的とした「プロパガンダ」および検閲が行使され、初めてマスメディアが重要な役割を果したのであった。

(2) エリートに向けられたプロパガンダ

　1914年、戦争の勃発とともにドイツは中立諸国において、イギリスの権益および威信を貶める作戦に出ていた。これに対し、イギリス政府はなんの方策も持っておらず、ドイツの脅威に対抗していたのは、当時政府と対立姿勢にあった新聞業界だった。

　ヨーロッパでは、1914年の末頃から「手首を切断されたベルギー人の子どもたち」に関する噂が流布しており、ベルギー難民からの多くの証言によると、ドイツ兵の残虐行為によって多数の子どもたちの手首が切断されたと伝えられた。そしてこの出来事が、1915年5月7日にドイツ潜水艦に沈められたイギリス客船ルシタニア号のニュースとともに、アメリカ合衆国を参戦させるきっかけを招いたといわれているのだが、その噂拡散の一翼を担ったの

が、イギリスの大衆紙『サンデイ・クロニクル』（1915年5月2日付）であった。新聞に大々的に報じられた情緒あふれる「ストーリー」は、各地で大きな反響を呼んだ。結局、作り話であったことが後になって判明したが、この出来事は、イギリスの新聞業界が出自が不明で情報の信憑性に欠ける「ブラック・プロパガンダ」を報じることに、なんの負い目も感じていなかったことを示唆している。

　こうした新聞業界を尻目に、イギリスが政府として行った最初の対独政策は、外務省内に「ニュース部局」を設立したことである。しかし、設立当初のこの部局は、情報伝達や報道事業を優先し、意図的な政治プロパガンダ活動を行うことなど念頭になかった。当時の外務省は、バイアスのかかった「見解（views）」よりも「ニュース（news）」、すなわち事実報道の伝達を重視したのである。このほか、外務省とは別に、半官半民的なプロパガンダ機関である「中立報道委員会」と「戦争プロパガンダ局」——通称「ウェリントン・ハウス」が創設されたが、両機関の当初の任務もまた、中立諸国との新聞やその他のメディアを通じた情報交換という非敵対的業務であった。ここで、ウェリントン・ハウス設立後の初会議に集まったメンバーを見ると非常に興味深い。そこにはコナン・ドイル、J・M・バリ、ジョン・ゴールズワージー、トマス・ハーディ、ジョン・メイスフィールド、H・G・ウェルズなど、当時のイギリス文壇に燦燦と輝く文豪たちが名を連ねている。彼らは純粋な愛国心から、自国の窮地を救うべく政府の戦時方針を支持するパンフレットや書籍を執筆したのだった。ここからわかることは、有効なプロパガンダ戦略というものが、大体においてその時代の「主流メディア」に基づいてつくられたということである。いうまでもなく、この時期の主要なメディアは「文字」であり、その受け手は教育を受けたエリート層であったことも容易に推察できるだろう。「中立な事実」として名文家たちによって編まれた「戦争の大義」というプロパガンダは、「適切な情報」として外務省のニュース局を通じ、パンフレットなど数十ヶ国語に翻訳されたのだった。

　さらにこれまでのところ、たとえ「プロパガンダ」という名称が冠に置かれていたとしても、当時のイギリスの政策形成者はこのことばをネガティヴな意味合いにはとらえていなかったことに注意したい。この時期において、

プロパガンダはあくまで「肯定的な説得」であった。出自が明白で信頼性の高い情報、すなわち「ホワイト・プロパガンダ」を重視した政府の方針は、当時の新聞界・ジャーナリストたちの見解とは相容れないものだった。そして、これに輪をかけてマスメディアを敵視していたのが、陸軍省をはじめとする戦時官公庁だった。陸軍省は1916年2月、「ＭＩ７（軍事諜報部第7部門）」として知られる独自の諜報部局を創設していたために、マスメディアばかりか、外務省に対しても非協力的だった。外務省が、「情報」は——たとえそれがすべてではなくとも——伝えられるものは「正しく」伝えられるべき、という考えであったのに対し、軍部が目指していたのは、情報を徹底的に管理し、敵から隠すことであった。そしてそのためにメディアをシャットアウトすることは、至極当然の手段だったのである。このような、一見お粗末とさえいえるイギリス政府内の足並みの悪さが示すことは、そのままプロパガンダの手法をめぐる解釈の相違として受け取ることができるだろう。

(3) 新聞界の「流入」

ところが、戦争開始から2年が経過した1916年の暮れ、外交官嫌いで有名なロイド＝ジョージが首相になると、急転直下、省庁間の統制が一気に進み、結果として外務省の影響力が弱められることになる。1917年1月、外務省とは異なる情報機関「情報庁」が設立され、翌年の2月、これが拡大改組されて「情報省」が誕生した。連合国や中立国への情報提供を超えた、大胆かつ断固とした敵対的プロパガンダ・キャンペーンに踏み切ることが目的だった。初代情報相として招かれたのは、のちに新聞王としてその名を残すことになる保守党政治家のビーヴァーブルック卿である。さらに、情報省の方針を実行する専門プロパガンダ機関として設立された「敵国プロパガンダ庁」——通称「クルー・ハウス」を率いたのは、やはり新聞界の首領として名高いノースクリフ卿であった。官僚嫌いのロイド＝ジョージが、それまで官僚に敵対視されていたメディア界の重鎮二人を政府省庁のトップに据えたことによって、それまで表沙汰にされなかった特定の情報が、確立されたルートによって世間に流出することになった。ロイド＝ジョージは、政府に批判的な新聞業界の有力者を政界に登用することで、メディアの政府批判を緩和し

ようとした。敵国の兵士や市民の士気を挫くような、より冒険的で断固としたキャンペーンを行うためには、ニュースを管理し、大衆を説得するテクニックを有する新聞社を利用することが得策と考えたのである。

兵士の士気を意図的に低下させようとする「心理戦」は、戦況を大きく左右する。典型的な例として、ノースクリフ卿率いるクルー・ハウスが行ったプロパガンダ戦略には、有名な「紙戦争（paper war）」があった。敵国ドイツとその同盟国を相手に、イギリス兵士のヒロイズム、そしてドイツの野蛮性を強調するビラや一枚新聞を飛行機からばら撒くという作戦で、クルー・ハウスがこの任務を陸軍省所管のＭＩ７から引き継いだことで大きな成果を生んだ。何千もの敵軍が「自分たちにはもう勝ち目はない」という内容のビラを読んで戦わずに降参し、脱走兵となった。ヒトラーは、のちに自叙伝『わが闘争』の中で、第一次世界大戦におけるドイツの敗北は戦場におけるものではなく、国内における士気の低下、すなわちイギリスの効果的なプロパガンダという刃物によって「背後から刺されたためだ」と述べている。

イギリスのプロパガンダが第一次世界大戦の勝利に一役買ったとすれば、それは政府の功績ではなく新聞業界の功績であろう。事実伝達に固執し、エリート向けのプロパガンダを行っていた政府は、新聞業界から、大衆（兵士たち）に訴えかけるレトリックの手法を学んだのである。イギリスにとって第一次世界大戦は、プロパガンダの「意味」を変えた。

3. 両大戦間期——新しいメディアの台頭

アメリカ合衆国を戦争に引き込み、あのヒトラーにさえ地団太を踏ませた第一次世界大戦時のイギリスのプロパガンダは、あたかもそれを負い目と感じていたかのように、戦争終結とともに一気に収束する。戦後すぐに情報省やクルー・ハウスは解体され、大蔵省を中心に、「商業プロパガンダ」以外のプロパガンダ活動には否定的な見解が大勢を占めた。大蔵省にしてみればイギリスの貿易や商品の販促を目的としたキャンペーンを展開したほうが、ただ漠然と国家の威信向上のために出費するより、より効率的に思われたのである。「プロパガンダ」ということば自体も嫌悪感を持って受け入れられ

るようになり、それは「情報」あるいは「パブリシティ」と言い換えられた。そして1930年代の半ば以降、実収入のともなわない対外プロパガンダ（パブリシティ）活動は、文化・人物交流活動に限って外務省の外郭公共機関「ブリティッシュ・カウンシル」が担ったものの、政府からの補助金は僅少で、再編成された外務省ニュース局も大幅な予算削減にあった。その一方で、ドイツ、イタリア、フランス、ロシア諸国は、皮肉にも戦時のイギリスを模範として、おのおののプロパガンダ政策を着実に強化し始めていた。

　そのころイギリス国内では、書きことばを凌駕する新しいメディアの急速な浸透が起こっていた。きっかけは、1918年以来の選挙法改正による有権者の急増である。「新しい有権者は、男女の、計り知れないほど無知な投票者である。彼らの知力は低く、事実を比較考慮する能力などない」という保守党政治家ネヴィル・チェンバレンの1923年の発言はひどく辛辣に聞こえるかもしれないが、国民全体の教育レヴェル向上に政府が必死になっていたのは事実である。統一教育、公共図書館や成人教育の充実が叫ばれるとともに、放送や映画といった文字に頼らない大衆メディアが注目を集めた。19世紀末から実用化への研究が進められてきた無線通信は、20世紀初頭に飛躍的な発展を遂げ、1920年に世界最初のラジオ放送局がアメリカで開局された。イギリスでは1922年10月、「イギリス放送会社（British Broadcasting Company）」が開局し、これが1927年１月に「イギリス放送協会（ＢＢＣ：British Broadcasting Corporation)」と改称して公共法人となった。ＢＢＣのラジオ放送は、大衆への説得のツールとして1920年代から早々に政治に組み込まれ、「無知な」有権者を教化することが使命のひとつに加えられた。この結果、1924年には10％の家庭にしか取得されていなかった受信ライセンスが、1930年には30％、1939年には71％へと急増し、ラジオは名実ともに国民にとってかけがえのない情報源となったのである。さらにＢＢＣは時流に乗って発展を続け、1932年12月に海外放送（Empire Service）を開始、38年には英語のほかにアラビア語による海外向け外国語放送をスタートさせた。

　戦間期に大きな飛躍を遂げたもうひとつの大衆メディアは、映画である。その発展の経緯は第15章で述べたので、ここではニュース映画について紹介しよう。「ニュース映画（newsreel)」は、記録映画の一環として第一次世界

大戦以降各国で量産された。ナチス・ドイツ製作による『ドイツ週間ニュース』を思い起こす読者もいるかもしれない。イギリスのニュース映画は民間企業が製作したものがほとんどで、大衆向けの娯楽的要素がきわめて高く製作者の「愛国主義」も強固だったために、創成期には政府による規制の対象にもならなかった。1934年から39年には平均で週に1850万から2000万人の観客が映画館に足を運んでいたが、この土壌は特に新しく選挙権を得た労働者階級の若者たちの世界観を形成するのに役立った。

　活字文化から大衆文化への大きな推移が起こるなか、さっそくこの新たなメディアでも活躍し始めた文筆家がいた。『人と超人』(1903)、『ピグマリオン』(1913)などで知られるバーナード・ショーである。1930年代半ば以降、新たな戦争に向けての「心理的な再武装」の気運が高まるなか、彼はパラマウント社のニュース映画を通じて、ドイツ軍による空爆という恐怖から国民を安心させようとメッセージを送った。大衆を説得する手段としてニュース映画が文字媒体以上に即時的な効果を持つと考えての彼の決断は、的を射ていたといえる。しかし、ショーのこうした楽観的な予想に反して、海の向こうドイツではナチスが諸外国に対して好戦姿勢を強めていくにつれ、イギリスのニュース映画もイギリスや友好国の軍事力増強などを報じ始めた。そしてついに1939年9月、ドイツがポーランドに侵攻しイギリスがドイツに対して宣戦布告を行うと、ニュース映画の娯楽性は急速に鳴りをひそめ、戦争プロパガンダの格好の道具へと変貌してゆく。

4. 第二次世界大戦期――検閲と「想定外」のプロパガンダ

　第二次世界大戦は、「完成された総力戦」として知られる。そしてそれは、さまざまなメディアが利用・駆使された「ことばの戦争」とも言い換えることができるだろう。第一次世界大戦当時、自国の対外宣伝にはきわめて消極的であり、エリート層に向けた「肯定的な説得」、そしてのちにメディアの力を借りた大衆への効果的な説得という手法を備えたイギリスのプロパガンダ政策は、二度目の世界大戦を契機に、意識的に情報の透明な流通を妨げる「否定的な説得」、すなわち「検閲」をより統制的に行使するようになった。

これが、冒頭で紹介した日本の参謀本部に「謀略派」と形容されたゆえんである。

開戦と同時に情報省が再設立されると、同省は郵便と電信の検閲責任を陸軍省から引き継ぎ、フォトジャーナリズムを含む報道、放送、映画など、統合的な検閲体制が整備されていった。ナチス・ドイツでは宣伝相のヨーゼフ・ゲッベルスのもとで、すでに周到なプロパガンダ作戦が展開されていたが、ここに来て敵国ドイツに本格的に対抗する準備が整いつつあった。

(1) 戦争ポスター

情報省の使命は、さまざまなプロパガンダ戦略によって国民の士気高揚と勤労意欲の促進を図ることだった。たとえば1940年、同省はメディアを通じてドイツへの直接的な敵対心を掻き立てる「怒りのキャンペーン（Anger Campaign）」を展開した。これに端を発するドイツへの敵意は、翌年９月以降の「ロンドン大空襲（the Blitz）」によって頂点に達することになる。社会への統制、他者への警戒心という観点から、検閲が非常に重要な意味を持つようになったと考えられることは、おもに情報省の手による第二次世界大戦時のプロパガンダポスターを見ていてもわかる。第一次世界大戦時とは異なり、すでに徴兵制が敷かれていたために一般的な兵役募集ポスターは存在しないが、女性の兵役や特殊業務を呼びかけるポスターや、軍事産業における勤労を奨励するもの、節約と質素を促すもの、国民の士気を高揚させるためのものなど種類はさまざまである。そして第二次世界大戦では、キッチナーに代わってチャーチル首相が格好の戦争シンボルとなった。しかし、この戦争をもっとも色濃く象徴するものは、敵国スパイへの警戒を促すものであろう。それにはあからさまに敵（ヒトラー）の存在を顕在化させるものもあるが、図２の「軽率なおしゃべりは人の命を奪う（Careless Talk Costs Lives）」という一連のポスターは、キッチナーやチャーチルのような単独アイコンを利用する効果とは対極に位置するものである。有名人を使わない匿名性と、同系ながら別ヴァージョンの絵柄を配した複数性。これらが示唆するもの、それは明らかに大衆である。つまり、あなたの身の回りには思いもよらぬ「ワナ」──概してモチーフは美しい女性で、「綺麗なバラにはト

ゲがある」ことを暗示——が張り巡らされているぞ、というメッセージが不特定多数の個々人に投げかけられているのだ。

(2) 検閲テクニック

戦時中、情報省は新聞業界に対して事実と世論の報道を要請した。ここでいう「事実」とは、たとえばイギリスの新聞が敵のコミュニケを無修正で記事に掲載したことだった。こうすることで、かえって報道の客観性や信頼性が高まるのである。この手法は敵将ゲッベルスさえもうならせた。さらに情報省は、世論

図2　敵国スパイへの警戒を促すポスター

は検閲されるべきではない、と考えていた。すなわち、「悪い戦況」という事実は、メディアに情報として流す前に検閲（隠蔽）される必要が往々にしてあったが、戦況の悪さについて沸き起こった世論やマスコミの推察、さらに敵のプロパガンダ工作が生んだ風説は、むしろそれら自体が、すでにある種の「価値判断」というフィルターを通過して届いた、いわば「手垢付きの情報」であるがために、これらにはあえて関与せず、野放しにしておいたのである。こんな情報を信じるも信じないも、あなたの（正しい）判断力にかかっているのですよ、という、情報の受け手の心理を逆手にとった情報省の手法は、熟達しているといわざるを得ない。

もちろん、政府と新聞業界はしばしば衝突もした。たとえば、政府はソ連が参戦する前、対共産主義対策として共産主義系の新聞の発刊を禁止した。これに対し、新聞業界は「言論の自由」をかかげ結集して反論した。ところ

が、戦争が本格化すると新聞は自らを規制し始めた。政府のあら捜しをすることなく、純粋に国民の士気を鼓舞し始めたのである。こうして、第二次世界大戦中、検閲官とジャーナリストは不自然な同盟関係を築いてゆく。報道は、ほんとうに自由な議論や意見を形成することが求められ、それは「自主的な」検閲システムによって達成された。そして編集者は、不確かな情報に関しては情報省に助言を仰ぐのである。これにより、情報省は報道の持つ情報を自らの手を煩わすことなく入手できた。新聞メディアのほうは、戦争勝利を掲げたナショナリズムの牽引役を買って出たことになる。それは、すばらしいプロパガンダとなった。

　情報省と放送をつかさどるBBCとの関係は、戦争当初は非常に不明瞭であった。「プロパガンダは真実を伝えるべきもので、しかもそれは、できるだけ完全で全般的な真実であるべき」とする設立以来のBBCの理念が、いまここで問い直されようとしていた。情報省ははじめBBCを政府機関に吸収することで直接統括を望んだが、ある時期から厳重統制を緩め、その独立性を尊重するかのごとく一定の距離を保つように方針を変えた。ニュース放送技術に関してはBBCのほうがはるかに優れているし、そのほうが対外的にも信用がきくからである。しかし、あくまでも独立しているように見せることが肝要であった。というのも、BBCに入ってくるすべてのニュースはすでに情報省によって検閲済みだったからである。たとえば、BBCの海外放送局には、諸外国語に堪能な検閲官が集団で常駐し、情報は精査され、即時情報省に報告されていた。BBC自体は「事実しか伝えない」ことで名声を確立してはいたものの、実際のところ、そもそもすべての事実などはじめから伝えられていなかったのである。

　大衆への効果的な説得という点から、もうひとつ重要な役割を果したメディアは映画である。情報省はニュース映画会社に監査役を送り込み、独自の編集を行った。戦争プロパガンダ用のニュース映画には、実際に戦場で起こったことが要領よく隠蔽された。攻撃の痛手があまりひどくない部分のみを映像で伝えることで、イギリスの強靭性をアピールし、国民の士気を維持しようという狙いだった。

(3)『老兵は死なず』におけるプロパガンダ

　しかし、このような情報省の目論見がいつでも成功したわけではない。ここではチャーチル首相までをも憤らせた娯楽映画『老兵は死なず』にまつわる話を紹介しよう。この映画の原作は、ニュージーランド出身のデイヴィッド・ロウの漫画「ブリンプ大佐」のシリーズである。ロウの風刺漫画は、1934年以来大衆紙『イヴニング・スタンダード』上で人気を博していた（302頁のコラム参照）。伝統にしがみつき、時勢の変化についてゆけないイギリスの支配階級を象徴する人物、ブリンプ大佐を痛烈に揶揄するこの作品は読者には大うけであったものの、戦争が始まると士気高揚の妨げとして真っ先に槍玉にあがり、1942年2月から1年以上、政府によって差し止められた。

　だが、この後も新たな物議が巻き起こる。マイケル・パウエルとエメリック・プレスバーガーという二人の人物が、この風刺漫画を題材に映画製作を始めたのである。彼らがこの映画の製作許可を情報省に求めると、同省は主人公として起用が期待された有名俳優ローレンス・オリヴィエの出演を阻止しようと、彼の軍役を解かなかった。代役にロジャー・リヴジーを立てるところまではこぎ着けたものの、陸軍省からの猛反対もあり、今度は出演者が着る軍服その他の軍事用品の貸与も拒絶された。チャーチルは、当時の情報相ブレンダン・ブラッケンを呼びつけ、「お願いだから、手遅れになる前にこのばかばかしい映画を差し止める手を講じてくれ」と言い放った。チャーチルの怒りはこれではおさまらず、この問題は閣議でも取り上げられた。しかし、1943年5月に検閲官が映画を吟味した結果、「それほど注目を集めるような作品とは思えず、陸軍の規律に好ましくない影響を与えるとは考えづらい」という結論が出たため、ようやく公開の運びとなった。ところが、封切とともにこの作品は大人気を博してしまった。この悶着自体が、アメリカでの興行成績を上げるために仕掛けられた「プロパガンダ」だったのではないか、と皮肉めいたコメントを残す者さえいたほどである。実際、チャーチルが必死の思いでこの映画のアメリカでの上映を妨害していたにもかかわらず、その情報はマスコミを通じて漏れており、米国上陸の際にはこの「禁止された映画を観に」観客が殺到したのであった。

5. むすびに代えて——「その」影響とは？

　この最後の逸話は何を物語っているのだろうか。これまで筆者は、イギリス政府がさまざまなメディアをどう利用しながら「謀略」と称されるイギリス的プロパガンダを形成していったのかを検討してきた。ただし、国民を結集して敵国に対抗しようという戦時心理はメディアも結果的に与するものであり、愛国心に満ちた知識人たちの賛同が見られたのも驚くにあたらない。ここでは、むすびの代わりとして、プロパガンダを発信する「意図」というものについて、これまで指摘してこなかったもうひとつの重要な側面を付け加えることにしたい。

　もう一度、冒頭の節で確認したプロパガンダの定義を思い出して欲しい。それは、「情報発信者の意図が、期待通りに対象となる人びとに受け入れられるよう、彼らを感化し、彼らの認識を操作し、さらに行動を支配しようとする誘導的かつ組織的な試み」というものであった。これまで述べてきた文脈からも、この定義は策略的な意味合いにおいて再認識されるかもしれない。しかし、ここでは「プロパガンダ」をより広義にとらえてみることにする。つまり、「ある人が自分の意見を広めたい、他の人びとに納得してもらいと考え、可能ならば、彼らの情緒に影響を与え、彼らの意識をも変えようとする個人的な行為」、これがプロパガンダであるとするならば、政府の否定的な説得である検閲を見事にすり抜けた『老兵は死なず』という映画作品もまた、ロウの風刺漫画人気に便乗した製作者側の一種のプロパガンダと言えるのではないか。そう考えると、すべての芸術作品はプロパガンダである、ということになる。もちろん、政府主導の政策は、（戦争における勝利など）目的達成の矛先が明確で、先制・誘導的であるのに対し、芸術のプロパガンダ性は、（反戦意思表示など）対抗的で往々にして主観的でもあるがために、その反響について「操作」することはほとんど不可能である。しかし、芸術家の意図が印象的に受け手に伝われば、それは「感動」というかたちで彼らの心に深く生き続けることだろう。即効薬ではないにせよ、芸術作品の持つ効果は計り知れない。このように考えた場合、反戦メッセージを含んだ20世紀前半のさまざまな芸術作品、たとえば、ウィルフレッド・オーウェンやシ

ーグフリード・サスーンといった「戦争詩人たち」の詩、チャップリンの戦争映画『担え銃』や『独裁者』、そして戦争画家としてのヘンリー・ムーアが描いたロンドンの惨状などは、どう解釈することができるだろうか。

　作家ジョージ・オーウェルは、戦間期、スペイン内戦に従軍した際の惨状を一人でも多くの人に知ってもらおうと、『カタロニア讃歌』を著した。だが、ルポルタージュという形態が災いしてか、彼の存命中に印刷されたのは1500部のみで、売れたのはたった の600部だった。スペイン内戦の欺瞞を広く世間に知らしめたい、という彼の「意図」は、この時点では達成されなかったことになる。しかし、この教訓に学んだ彼は、晩年、人に聞いてもらえる手法を身につけることに成功した。政治的な著作を芸術作品にまで高めることによって、彼は自らのメッセージの受け手を獲得したのである。こうして出版された寓話形式の『動物農場』とディストピア小説『一九八四年』は、第二次世界大戦の内実を暴き、終戦後の新たなる全体主義の恐怖を予告する作品として、世界中に大きな反響を呼ぶこととなった。

　もっとも、そんな「優良プロパガンダ」をイギリス政府が放っておくわけがない。この2つの作品は、戦後冷戦期に突入した1950年代、ソ連社会を攪乱する目的でイギリス外務省の一部局によって同国に潜りこまされたのである。そして、現代の私たちはというと、これらの作品を名作と知りながら読んでいる。作品自体に異論があるわけではないが、でも、いったいどういう経緯から「名作」だと知りえたのだろう――。

　私たちは、さまざまなプロパガンダが蠢く時代に生きているということを、もう少し意識してみる必要があるのかもしれない。

（渡辺愛子）

参考図書

池田徳眞『プロパガンダ戦史』中央公論社、1981年。
ガース・S・ジャウエット＆ヴィクトリア・オドンネル『大衆操作――宗教から戦争まで』松尾光晏訳、ジャパンタイムズ、1993年。
アンヌ・モレリ『戦争プロパガンダ――10の法則』永田千奈訳、草思社、2002年。

Column
「ブリンプ大佐」というキャラ

　20世紀前半にイギリスの新聞を発表媒体にした諷刺漫画家(カリカチュアリスト)の中では、デイヴィッド・ロウは人気と影響力の点で群を抜いていた。そして彼の創出した人物で際だっているのが「ブリンプ大佐(Colonel Blimp)」である。その証拠に、blimp はいまでは「尊大で反動的な人物」を意味する普通名詞と化して英語辞書の見出し語に加わっている。

　ブリンプ大佐ネタの典型的な画を一枚見よう。サウナ風呂(Turkish Bath)で横になって「三助」に足を洗わせている裸のブリンプ大佐が、かたわらの友人(作者のロウ自身)に向かって持説を開陳している。こんなことを口にしている。

　「むろん、君、リヴァービアー卿は正しい。インドの原住民どもに我々は説明すべきなのじゃ。英軍が駐留しておるのはひとえにやつらが虐殺されぬよう保護してやるためなのじゃとな。それがいやだと言うなら、やつらを皆殺しにしてしまうがいい。」

　夕刊紙『イヴニング・スタンダード』に載ったこの漫画は「ロウの時事問題(Low's Topical Budget)」という連載欄の一部で、1934年4月21日号の初登場以来、1940年3月16日号まで、ブリンプ大佐は主としてこのコーナーに登場した。その後も戦後の1950年代まで随時各紙に登場するが、1934年の発表直後にたちまち人口に膾炙したので、両大戦間期の末期に属する人物という印象が強く残っている。「両大戦間期における英国人気質を示すもっとも特徴的な表現を示せと言われたら、未来の歴史学者はためらうことなく『ブリンプ大佐』と答えるのではあるまいか」と、『ナルニア』の著者C・S・ルイスが1944年に書いている。

　ブリンプ大佐の主要な持ち場はサウナ風呂で、大抵裸だ。肥満体で首が太く、禿頭に白いひげ。体を鍛えることに熱心だが、逆に知性は軽視している。聞き役のロウ自身には台詞はない。その表情は、呆れ返っているようにも困惑しているようにも見えるが、じっさいのロウは労働党左派の立場にいた。それにもかかわらず漫画の中で頑迷固陋(ころう)な退役軍人と仲良く裸でつきあい、言いたい放題を言わせているという設定になっている。

　ブリンプ大佐の台詞はたいてい「むろん、君、〜は正しい(Gad, sir, … is right)」という古風な決まり文句で始まり、政治家や実業家の実名やそれをもじった名前を出して、保守派の見解を反復する発言になっている。ただし、そうした体制側の人物が内心思っていても公の場では決して口にしない(言ったら確実に失脚してしまう)本音や矛盾点を読者に無邪気に暴露してしまうのが、いかにもブリンプ大佐らしいところなのだ。

友人ロウに「頑迷」で「反動的」な見解を語るブリンプ大佐。『イヴニング・スタンダード』1934年6月23日号

(川端 康雄)

Column
オーウェルの戦時放送

　ジョージ・オーウェルは1941年8月から1943年11月までBBC放送東洋部インド課に勤務し、インド向けのラジオ放送の文化番組および戦況ニュース解説の企画、原稿執筆、制作の仕事に多くの時間を費やした。2年にわたってオーウェルが書いた放送原稿は長らく行方不明だったが、その大半が一研究者の発掘によって1984年に見出され、文化番組篇と戦況論説篇の2巻に分けて1985年に刊行された。日本語版は両者を併せた1巻本（オーウェル『戦争とラジオ――BBC時代』）で出ている。

　同書に付した序文で、編者のW・J・ウェストは当時のBBCの情報宣伝活動とそれに貢献したオーウェルの仕事の詳細を洗い出し、晩年の2作品『動物農場』と『一九八四年』の成立に深く関わる重大な経験がBBC時代に得られたことを論証している。たとえば近代戦にマス・メディアが果たす役割の重要性を彼が自覚したのはBBCでの情報合戦の直接的関与を通じてだったし、出版・表現の自由をめぐる省察はここでの検閲の体験によって深化しただろう。戦況ニュース解説に見られる日本軍の真珠湾攻撃からドイツ軍のスターリングラード敗北までの戦況の推移の犀利な分析は、彼の世界政治の現状把握の正確さを証し、それは『一九八四年』に描いた三超大国による民衆支配のための恒久的戦争ゲームのリアルな図の根っこを示す。

　戦時下のラジオ放送は情報省の厳しい監督下に置かれ、オーウェルの書いた放送原稿も毎回必ず二度は検閲を受けた。1943年6月に新米検閲係が原稿チェックを見逃してそのまま放送した「不祥事」の後には、オーウェル専用のスイッチ検閲官（検閲済み台本から逸脱したら中断する係）が張り付くことになった。そのスタジオ空間は、個人の言動がすべてモニターされる「テレスクリーン」につながる。同時にオーウェルは情報操作に手を染める役割も担った。同僚が行う事実の歪曲を非常時の必要悪として黙認しただけでなく、日本軍によるソ連攻撃計画の情報を嘘と知りながら流したりもしている。『一九八四年』の中で、「真理省」での歴史改竄を仕事とする主人公について、「ウィンストンの人生最大の喜びは仕事にあった」と語られているが、上記の事実と重ねると、それは作者が自身に向けた皮肉のようにも読める。言論統制がさらに強まった1943年秋に彼は辞表を提出。直後に知人に宛てた手紙で、「BBCで2年間を無駄にしました」と書いている。

　文化番組のほうでは、『ヴォイス』というラジオ版の詩誌や、5人の男性作家がひとつの物語を語りつぐ番組（初回がオーウェルで、締めがE・M・フォースター）など、ユニークな企画を含む。『動物農場』への影響が濃厚なI・シローネ作『狐』の翻案もある。なかでもオーウェルが一目置くJ・スウィフトとの架空会見記は圧巻だ。不機嫌な顔で忽然と現れて、1942年の「ヤフー」たちの有様を見聞きしていっそう苦りきり、呪詛の言葉を残して忽然と消えてゆく。ちなみに音声資料は残っていないようで、スペイン内戦時の喉の負傷（貫通銃創）で細く平板になったといわれる彼の声を私たちが聞くことはできない。　　（川端 康雄）

終章

1950年
——労働党政権と想像的なものの意味

　イギリスを支配するファシズムは、落ち着いた巧妙なタイプだろう。……ナチスの獣ではなく教養ある警官が仕切り、カギ十字の代わりにライオンと一角獣が象徴となるヌルヌルした英国流ファシズムだ。

ジョージ・オーウェル『ウィガン波止場への道』

　彼［ウィンストン・スミス］は強くその男［オブライエン］に魅かれるのを感じた。

ジョージ・オーウェル『一九八四年』

　そのイタリア人兵士は衛兵所の卓の横でぼくの手を握った。／逞しい手と繊細な手は、銃の響くところでだけ出会うことができる。／でも、ああ！　彼のやつれ顔を見つめて感じたぼくの安らぎときたら！／どんな女よりも純粋な彼の顔！

ジョージ・オーウェル「スペイン内戦回顧」

1. 戦争と戦後

　すでに、第14章でその一端を述べたように、保守党のカリスマ首相チャーチルが率いていたにもかかわらず、第二次世界大戦中の英国社会は全体として左傾化した。挙国一致内閣内で労相ベヴィンら労働党閣僚が活躍し、保守系新聞『タイムズ』も含めてメディアの論調も変わり、「人びと」が一致団

結して戦う戦争という空気が満ち、福祉社会のヴィジョンを描いたベヴァリッジ報告書がベストセラーになって、対独戦終結2ヶ月後の1945年7月の総選挙で英国史上初めて、社会主義を標榜する労働党が単独過半数を獲得した。

　それでは、その後、どうなったのか。ひと言でまとめれば、労働党は現実主義の枠内で公約を矢継ぎ早に実現させて1951年まで政権を維持し、大きな成果をあげた。この時の労働党政権の成功を否定することはできない。しかし、この時期の文化面に目を配ると、もっとも目立つのはジョージ・オーウェルが暗澹たる国家管理社会を描いたディストピア小説『一九八四年』（1949）である。つづく1950年代に書かれて社会現象となったジョン・オズボーンの戯曲『怒りをこめて振りかえれ』（1956）などにも繋がってゆく閉塞感が、この時期を代表するオーウェルの小説から強烈に放射されている。政治的成功とその成功がもたらした文化的閉塞感——そういった複合的視点から1945年から1950年にかけてのイギリス社会・文化の総体を考えてみよう。ただ、その前に、イギリスが経験した第二次世界大戦を手短にまとめてみよう。

2. イギリスと第二次世界大戦

　ラインラント進駐、オーストリア併合、チェコ侵入と1930年代後半に露わになったヒトラー率いる独ナチス政権の拡張政策に対して、イギリスが「宥和政策」と呼ばれる懐柔策を取ったことはよく知られている。これはドイツの拡張主義をある程度黙認することで戦争を回避しようという当時のネヴィル・チェンバレン内閣の政策で、彼がヒトラーらと会いチェコ・ズデーテン地方のドイツへの割譲を認めた1938年9月のミュンヘン会談が有名だ。しかし、ドイツの周辺諸国への侵略は止まらず、翌39年9月にポーランド攻撃を開始したことから、イギリスはドイツに対し9月3日に宣戦布告をした。戦局が動くのは1940年4月からのこと。独軍はデンマーク、ノルウェーに侵攻すると、つづいて5月にはオランダ、ベルギー、フランスに「電撃戦」を仕掛けて、英軍を北仏ダンケルクで包囲し孤立させた。ところが、民間イギリス人の協力も得たダンケルクからの英軍撤退でかえって英国内は盛り上がった。普通の「人びと」が一致団結して窮地に陥った英軍を助け、イギリス庶

民の勇敢さが広く報道されたからである。その後、7月から2ヶ月間続いた「ブリテンの戦い」と呼ばれる英独空中戦では、一気呵成に攻め立てようとするドイツに英空軍は頑強に抵抗し、独軍はイギリスを攻めきれないままに1941年にはソ連侵略という過ちを犯し、同年には米国の参戦もあって、敗走を重ねるようになってゆく。そして、1943年9月にイタリアが、1945年5月にドイツが、同年8月に日本が降伏した。

　20世紀前半に起きた2つの世界大戦はともに最新テクノロジーを駆使した総力戦をその特徴とするが、第二次世界大戦ではとりわけ一般市民の犠牲と飛行機の多用が目立つ。原爆投下とユダヤ人大量虐殺のほかにも、大規模な空襲が頻繁にあり、イギリスでも多数の一般市民犠牲者が出た。英本国の総死者数35万7千人（英連邦全体では46万6千人）、内一般市民は9万3千人。もっとも、第8章で述べたように、戦争には非日常的な解放感があり、1942年からやってきた多数のアメリカ軍人がイギリス人女性にとてももてて、7万人の子を産ませ、イギリス人男性の嫉妬をあおったという一幕もあった。

　そして、勝利の後に残された問題は、戦後処理、物資不足、衰弱した国力。ソ連の拡張主義が次第に明らかになり、勝者間で東西の対立と分断が生じて、冷戦の時代を迎えた。イギリスは総資産の4分の1（70億ポンド）を失い、食料やガソリンなどの物資不足から戦後も配給制度を継続させるとともに、アメリカの援助無しにはやっていけない国力となっていた。

3. 労働党政権の現実主義的成功

　そのような悪条件のもと、アトリー首相に率いられた労働党政府は、現実主義の枠内で続々と公約を実現させていった。その中心にあるのは、社会福祉の充実、完全雇用の実現、基幹産業の国有化である。1946年に国民保険法が、1948年にそれを補足する内容の国民保険産業障害法、国民扶助法両方が可決され、疾病、失業、家族（の誕生・養育・死去）、老齢年金などを国家が包括的に面倒を見る画期的な社会福祉制度が誕生した。また、1946年に国民保健サーヴィス法法案が可決され、その後医師会の執拗な抵抗に会いながらも、最後にはその協力を得ることに成功して、1948年7月に無料で治療が

受けられる国民保健サーヴィス制度（NHS）が始まった。これらの政策を、物資不足と巨額の負債を抱えた国力の衰弱に悩む危機的状況下で、緊縮財政によりインフレを抑えつつ経済を巧みに運営しながら、アメリカからの援助（マーシャル援助）もあって、実現させた。完全雇用も保たれた。

それから、基幹産業の国有化という社会主義的政策を1946年から矢継ぎ早に実施した。イングランド銀行にはじまり、石炭、電信・電話、民間航空、鉄道、長距離道路輸送、電力、ガス、鉄鋼と関連法案を次々に通過させたが、1949年の鉄鋼を除けばさしたる抵抗を受けることもなく国有化はスムーズに進んだ。ほとんどの場合、大臣が役員を任命して経営を任せるという現実主義的な公社・公団（パブリックコーポレーション）方式を選択し、従来の企業経営形態を抜本的に変えることを控えたことも、円滑に進んだ原因のひとつだろう。そして、社会主義政権下でも、国家主導の計画経済は実施せず、私企業に自由な活動を許すという現実的選択も合わせて行い、社会の混乱を避けた。

図1　クレメント・アトリー（1883-1967）

現実主義の視点から見れば、外交も大筋では成功したと言えるのではないか。伝統的に反米色の強かった労働党内部には共産主義に近い親ソ派が少数存在したが、ソ連嫌いの外相ベヴィンは、ためらうことなく西側に付くという現実的選択をした。1949年には、イギリスは、NATO（北大西洋条約機構）創立時の加盟国となった。1948年当時委任統治領だったパレスチナからの撤退はいまでも続く中東紛争を生む失策だったが、インド・パキスタン独立は、多くの犠牲を生んだものの1947年に早期独立を断行したことにより、その後の友好関係につながった。英連邦は、白人自治領のみならず、インド・パキスタンのような旧大英帝国領の非白人独立国とも平等な立場で連帯する結びつきに発展した。

このように、1945年から1951年まで政権を担当した労働党は、「ゆりかごから墓場まで」と称される充実した社会福祉制度を完成させ、基幹産業国有化を速やかに実現し、完全雇用の維持も果たして、経済政策も成功を収め、冷戦下の外交でも基本的に舵取りを誤ることはなかった。華々しい成果と言うことができるだろう。

4. 成功の暗い影

　しかしながら、現実主義的な路線の成功はさまざまな負の遺産をもたらすことになった。ひとつは、労働党政権の中央集権的国家主導主義によって、草の根レヴェルからの民主的な社会主義社会実現の理想——第2章で紹介されたギルド社会主義の理念に近いもの——が裏切られたことである。もうひとつは、政府が冷戦下で西側資本主義陣営に付くことを選択したばかりか秘密裡に核兵器独自開発を決定したことから、平和主義者も多かった労働党の外交理念の伝統がないがしろにされたことである。白人優位の帝国主義意識も根強く残っていた。要は、理想が、現実に負けた。短期的・現実的にはそれでよかったのかもしれないものの、長期的・倫理的悪影響は避けられなかった。

　国によって一元化された社会福祉制度の充実にしろ、基幹産業の国有化にしろ、労働党政権の政策は政府の増大化・強大化を招く。フェビアン社会主義流の国家主導主義（ステーティズム）が1930年代から労働党内で覇権を握った流れを受けてのことである。福祉政策に伴う中央集権化は、戦争中の総動員体制の影響とも相まって、公務員の数をほぼ倍増させた。逆に、第2章でも言及されたG・D・H・コールは、彼のギルド社会主義の名残りをとどめる著書『地方政府』（1947）で地方分権の大切さを説いたが、彼の提言が取り上げられることはなく、国家主導のもとで地方政府は権限を奪われて弱体化した。

　また、基幹産業国有化の場合も、企業のトップを大臣が任命する公社方式を採って、労働組合や労働者が経営に参加する労働者自主管理（ワーカーズ・コントロール）の試みは見られなかった。基幹産業の公有化は果たしたものの、その事実上の目的は衰退産業の活性化・効率化であり、企業内民主化の問題に注意が払われることはなかった。初めて国会内で過半数を獲得した労働党政権下においても、草の根レヴェルから民主的で平等な社会と文化をつくろうという試みは起こらなかったのである。それどころか、国有化の場合、政府が責任者になることで、かえって労働者の現場からの距離が広がった。抜本的改革の不足を言うならば、1930年代には考えられていた、資産の共有化に大きく貢献したであろう土地国有化案はいつの間にか忘れ去られた。

　20世紀は専門家管理職の時代と言われる。現場を知らない専門家管理者が

実権を握ると、どうしても効率中心・管理主義になってしまい、現場で働く人間の気持や意欲の問題はないがしろにされる。専門家ファシズムの誕生である。社会福祉の拡大や公団方式の国有化は、裏を返せば国家管理の専門家である官僚が財界の専門家管理者の手も借りながら、全体主義社会を到来させたと言うこともできる。後のブレア労働党政権下のイギリスで広まった監視社会にも繋がる予兆がすでにこの時期の労働党政権にあったわけだ。第2章で触れられたエリート主導の改革を夢見たフェビアン社会主義の実現は、その胎内に専門家管理社会の悪夢を孕んでいた。

外交もまた、社会主義政権でありながらスターリンソ連の拡張主義に対して西側に付いたのは仕方なかったとしても、大国意識・帝国意識・白人中心主義意識を拭い去ることができなかった。大国意識の一例が、政権獲得直後にアメリカから核関連技術の共有を拒否されたために、首相アトリーと外相ベヴィンがイギリス独自の核兵器開発を決定したことである。その後、1946年10月に核エネルギー対策を検討する内閣秘密委員会ＧＥＮ75の会議でクリップスらの反対を押し切ってベヴィンが核兵器開発を認めさせた。同月新たに防衛省が発足し、その後委員会はＧＥＮ163と名を変え改組して反対者を排除する形で核兵器開発が進められた。そして、アメリカの水爆実験で日本の漁船が被爆して映画『ゴジラ』がつくられる2年前の1952年に、イギリスは西オーストラリア沖モンテベロ島で初の原爆実験を実施し、今日にいたる核拡散の時代の到来に荷担した。

白人中心の帝国意識についても、インドは独立したものの多くの植民地はそのままで、むしろ急激に規模を拡大する植民省――1945年から1954年の間に45％の人員増加を見た――の指導のもと、アフリカの産業開発などが進められた。折からの労働者不足のためカリブ島の植民地からやって来た黒人移民の人種差別問題も、閣議で話し合われたものの立法上の対策は採られなかった。英連邦の一員である南アフリカの人種差別政策(アパルトヘイト)については、これを黙認した。

そして、人びとの文化は変わらなかった。階級間の溝は残った。制度改革は進められたけれども、人びとのくらし方、考え方に、ほとんど変化はなかった。表面的な制度レヴェルでの社会主義化にとどまり、社会の草の根レヴェルでの社会主義化が伴わなかった、と言うこともできる。現実主義的観点からは

成功したように見えるかもしれないが、人びとによって民主的に運営される平等な社会を築くという社会主義の本当の理想から見ると失敗だったのかも、いや、成功したように見えるのでかえってたちの悪い失敗かもしれなかった。この時期の芸術文化の貧困の原因はこの辺りにあるのではないだろうか。

　そして、1950年6月に朝鮮戦争が勃発し、イギリスは西側のアメリカ同盟国として積極的参加を余儀なくされる。同年、病に倒れたクリップスの後をうけて蔵相に抜擢されたオクスフォード大出身の有能な若手ゲイツケルは、翌年戦争のため必要になった47億ポンドの大規模な再軍備計画の代償として、国民保健サーヴィスに手を付けようとする。わずか1300万ポンドの節約のために入れ歯と眼鏡の有料化を図り、健康保険制度創設に力を尽くした労働福祉大臣ベヴァンと激しく対立した。ゲイツケルの案が通って、医療無償化の原則が犠牲にされ、ベヴァンは大臣の職を辞した。この時期、外相ベヴィン、蔵相クリップスと重鎮を相次いで病で失ったこともあり弱体化の見えたアトリー内閣は、その後1951年の総選挙では中流階級の票を失ったことも一因となって敗北し、チャーチル率いる保守党に政権を譲った。チャーチル政権下で、ゲイツケルが提出した軍備計画の非現実性が顕わになって、保守党政府は軍拡のペースを落とした。

5. 『一九八四年』――オーウェル最後の小説と同時代

図2　ジョージ・オーウェル
（1903-50）

　これまで、稀代の時代観察者として本書でたびたび登場してきた（第1・2・16・17章）作家ジョージ・オーウェルは写真に見るように細長い顔のひょろっとした長身の男で、1903年にインド英植民地政府阿片局勤務の植民地官吏を父にインドで生まれ、中流家庭の子息として名門イートン校を経て、インド帝国警察官僚としてビルマに配属され、大英帝国植民地エリートとしてその帝国支配の一端を担ってきた。しかし、やがて植民地支配の片棒を担ぐことに嫌気が差

し、1927年にその職を辞して、作家になることを決心する。ロンドンやパリで最底辺の労働者や浮浪者とともに生活した体験記『パリ・ロンドン放浪記』（1933）を出版した後、すでに第1章で紹介した通り1936年には不況にあえぐイングランド北部への体験取材を敢行して、名作ルポルタージュ『ウィガン波止場への道』（1937）を上梓した。そこでは、労働者を見下した中流階級知識人的・科学中心主義的社会主義が批判され、労働者の良識に基づく人間らしい社会主義が唱えられるとともに、ファシズム概念がよりソフトな形の全体主義社会（≒管理・監視型資本主義社会）を含む広い意味でとらえられた。

1936年末には、独伊ファシスト政権の後押しを受けたフランコ将軍率いる軍部クーデターに苦しむスペイン人民戦線共和派政権の支援に当地を訪れ、義勇軍に参加しスペイン内戦のただなかに飛び込んでいった。バルセロナやアラゴンでは、階級が廃され平等な社会が実現された姿を目撃した。ところが、共同戦線を張っていた左翼陣営がスターリン体制下のソ連の圧力で分裂し、オーウェルが属する非ソ連系マルクス主義政党軍（POUM）は反乱分子として政府からも弾圧を受けるようになった。その結果、1937年6月に、命からがらスペインを脱出した。彼は、スペイン内戦で、人びとが平等な社会を築く可能性とともに、ファシズムとソ連型共産主義という2つの全体主義システムの正体を目の当たりにしたのである。その体験は、1938年出版の『カタロニア讃歌』に記されている。

その後、1943年からはソ連型共産主義の理想が裏切られてゆく過程を動物寓話の形に表した『動物農場』を著し、1945年8月に出版する。それは冷戦下で全体主義の恐ろしさを描いた稀有の政治寓話としてベストセラーになった。その後、労働党政権華やかなりし1946年から1948年にかけて、やはり1943-4年頃の構想を元に、全体主義社会の恐怖を描いた『一九八四年』を執筆し、1949年6月に出版した。これも前著同様、冷戦下のベストセラーとなり、特にアメリカでは反ソ連・反共産主義の書として読まれた。しかし、作者自身も述べるとおり、『一九八四年』が告発するのは、ソ連型共産主義体制に限定された全体主義ではない。大英帝国の植民地運営から、ファシズム、国家独裁型共産主義、さらには1941年から43年まで勤務しそこで戦争プロパガンダのため検閲を受けたり情報操作を自ら行ったりしていたBBCにいたるまで、オ

ーウェルが自ら体験したさまざまな20世紀の全体主義的支配システムの有り様が、『一九八四年』の恐怖社会の描写に反映されている（303頁のコラム参照）。

そして、さらに忘れてはいけないのは、小説執筆時期と重なる労働党政権のフェビアン型国家主導社会主義との関係だ。1945年総選挙の労働党勝利を喜びながら、エリート・知識人に不信感を抱き労働者主導の社会主義建設を信じるオーウェルは、『一九八四年』の管理・監視国家に同時代の労働党政権を想起させる名前（「イングソック」＝英国社会主義〈イングリッシュ・ソーシャリズム〉）と歴史（1950-60年代の集産主義＝国有化から全体主義社会が到来する）を与えた。また、小説執筆開始年である1946年の初頭には「知識人の叛乱」と題された一連のエッセイで国家・官僚主導社会を批判しているが、その内容を『一九八四年』のテーマや戦後労働党政権の有り様と合わせて考えてみると、現実化した国家主導型社会主義の危険性への意識が彼の中にあったことは間違いない。チャーチルもまた保守主義の立場から1945年の選挙戦で労働党政権をファシズムになぞらえたが、オーウェルの場合は、階級のない平等な社会を求めながら、フェビアン型社会主義もその一部を成す全体主義的政治システムの危険性を剔抉（てっけつ）したところに意味がある。

また、上述したオーウェル自身の体験と合わせて、ジェイムズ・バーナムの『管理者革命』(1941)からの影響も忘れてはいけない。この書は、現代から未来にかけてを専門管理者支配の時代と定義する問題作で、これは後にハロルド・パーキンの著書『専門化社会の勃興——1880年以降の英国』(1989)でも例証されたように、我々が生きる現代にも通じる内容を備えている。専門家管理者に支配される全体主義社会はいまいたるところに存在するからだ。オーウェルは『一九八四年』執筆開始直前の1946年6月に「ジェイムズ・バーナムと管理革命」と題する長文の書評を発表して、『一九八四年』と共通するテーマを論じた。この文脈で、オーウェルと同時代を生きた同国人チャップリンが監督・主演して、管理主義の奴隷と

図3　チャップリン監督・主演『モダン・タイムズ』(1936)

化した労働者を活写した名画『モダン・タイムズ』（1936）などと比べてみるのも面白いかもしれない。

6. セクシュアリティ・想像的なもの・文化史の意味

　最後に、2点、述べたい。
　さらに、この『一九八四年』を読み込むと、管理・監視社会の問題が、すでに序章やその他の章で論じられたセクシュアリティの問題に繋げられているのがよくわかる。『一九八四年』には食や口へのこだわりが頻繁に見られ、チョコレート、コーヒー、吐瀉物などが、主人公ウィンストン・スミスの女性関係（母、恋人、その他）との関連で性的な含みを持つ描かれ方をして、セクシュアリティ・テーマの可能性を感じさせ、具体的には、女性への欲望と嫌悪の共在、母への欲望と女への欲望の混淆など、興味深い問題が散見される。しかし、いままで述べてきたこの終章の文脈で特に注目すべきは、『一九八四年』が表面上は男女間の恋愛に光を当てながら実はホモエロティックな欲望に貫かれていて、それが政治・社会論と結び付けられる点だ。作中、繰り返し言及される、主人公の男が管理・監視社会幹部オブライエンに感じる同性への愛情は、悲しいことに最後は、拷問を受ける側と拷問を行う側の対立、すなわち被支配者と支配者という究極の上下関係、全体主義社会的関係に帰結してしまう。男同士の情的な絆が当事者間の平等な関係に導かれないのは、巨大化して上下関係の固定化した管理・監視競争社会に起因することが示唆されているようだ。
　これとは対照的に、男同士の情的絆が対等な友愛・同胞愛に導かれ得るものとして、当章冒頭で引用した、スペイン内戦でオーウェルが自分の同志となる一義勇兵との繋がりを歌った詩がある。そこでは、義勇兵の顔は「どんな女よりも純粋」とされ、潜在的に性的な男性間の握手は女の魅力を超えることが仄めかされる。また、第2章で触れたレイモンド・ウィリアムズの小説『辺境』の中で1926年ゼネスト開始の朝に男たちがともに花壇をつくろうとする姿が描かれるが、これも必然的に上下関係を伴う巨大な管理社会に抵抗するために、草の根レヴェルで平等な男同士の交流から社会を築いてゆく試みと解釈することができるだろう。このように社会・政治的問題がセクシュアリティ

の面からも読み取れるというのは、文学テクスト読解ならではの醍醐味だ。[1]

　そのことは、本書の最後で強調したいもうひとつの大切な点に繋がってゆく。想像的なものの擁護である。想像力の産物である『一九八四年』のような小説を研究することは、事実のみならず、想像されたものの意味を問いかけることを不可避的に伴う。作り事（フィクション）の中で想像された事柄に意義を見出さない人もいるだろう。しかし、『一九八四年』とその作者オーウェルの考察からわかることは、想像的なもの——この場合は小説——が、同時代の労働党政権が採った現実主義路線の成功の裏側にある影の部分を説得力と洞察力を兼ね備えた形で描き出し得たという事実である。[2] それは、実際に起こった狭義の歴史的事実を反映しながら、そこから社会・政治的な層ばかりかセクシュアルなレヴェルまで問題を深化させてゆき、他の方法では得られにくい奥深い視座を提供する。それは、同時に、事実という外的な出来事ばかりか想像という行為をも包み込んだ人びとの生き方の総体こそが文化であり、だから文化史研究に意味があることを指し示す。

　人は想像する動物であり、到来する未来は理想や理念の母胎ともなる想像的なものの現状から大きな影響を受ける。想像的なものは過去の分析のみならず未来創造の礎（いしずえ）にもなることを言い添えて、本書の締めの言葉とする。

（武藤　浩史）

推薦図書

ジョージ・オーウェル『1984年』新庄哲夫訳、早川書房、1972年。

———『ウィガン波止場への道』土屋宏之・上野勇訳、筑摩書房、1996年。

———「スペイン戦争回顧」小野協一訳、川端康雄編『象を撃つ——オーウェル評論集1』平凡社、1995年、57-94頁。

柄谷行人『世界共和国へ——資本＝ネーション＝国家を超えて』岩波書店、2006年。

H・J・パーキン『イギリス高等教育と専門職社会』有本章・安原義仁編訳、玉川大学出版部、1998年。

---

1) セクシュアリティに注目すると、さらにダフネ・パタイのオーウェル批判のように、『一九八四年』の男性間の絆に反女性的姿勢を見るフェミニスト的読解もあって面白い。
2) もちろん、想像するという行為には危険な側面もあるので、その点に注意することも大切だ。その一端は、第12章210頁に触れられている。

参考文献——さらに詳しく学びたい人のために

[1] 基本文献

(1) イギリス文化史、イギリス社会史、イギリス史など

Baldick, Chris. *The Oxford English Literary History: The Modern Movement, 1910-1940*. Oxford: Oxford UP, 2005.
Bassnett, Susan. *Studying British Cultures: An Introduction*. 2nd ed. London: Routledge, 2003.
Briggs, Asa. *A Social History of England*. London: Weidenfeld and Nicolson, 1983.［エイザ・ブリッグズ『イングランド社会史』今井宏ほか訳、筑摩書房、2004年。］
Christopher, David. *British Culture: An Introduction*. 2nd ed. London: Routledge, 2006.
Clarke, Peter. *Hope and Glory: Britain 1900-2000*. 2nd ed. London: Penguin, 2004.［ピーター・クラーク『イギリス現代史1900-2000』西沢保ほか訳、名古屋大学出版会、2004年。］
Hobsbawm, Eric. *Age of Extremes: The Short Twentieth Century, 1914-1991*. London: Penguin, 1994.［エリック・ホブズボーム『20世紀の歴史——極端な時代』全2巻、河合秀和訳、三省堂、1996年。］
———. *Interesting Times: A Twentieth-Century Life*. London: Allen Lane, 2002.［エリック・ホブズボーム『わが20世紀・面白い時代』河合秀和訳、三省堂、2004年。］
McKibbin, Ross. *The Ideologies of Class: Social Relations in Britain, 1880-1950*. Oxford: Clarendon, 1990.
Morley, David, and Kevin Robins, eds. *British Cultural Studies*. Oxford: Oxford UP, 2001.
Robbins, Keith. *The Eclipse of a Great Power: Modern Britain 1870-1992*. London: Longman, 1994.
Samson, Jane, ed. *The British Empire*. Oxford: Oxford UP, 2001.
Searle, G. R. *A New England?: Peace and War 1886-1918*. Oxford: Oxford UP, 2004.
Storry, Mike, and Peter Childs, eds. *British Cultural Identities*. 2nd ed. London: Routledge, 2002.
Taylor, A. J. P. *English History 1914-1945*. 1965. Oxford: Oxford UP, 2001.［A・J・P・テイラー『イギリス現代史——1914-1945』都築忠七訳、みすず書房、1987年。］
井野瀬久美惠編『イギリス文化史入門』昭和堂、1994年。
川北稔編『イギリス史』山川出版社、1998年。
———編『結社のイギリス史——クラブから帝国まで』山川出版社、2005年。
川北稔・竹岡敬温編『社会史への途』有斐閣、1995年。
川北稔・藤川隆男編『空間のイギリス史』山川出版社、2005年。
小池滋監修『イギリス』新潮社、1996年。
小泉博一ほか編『イギリス文化を学ぶ人のために』世界思想社、2004年。
佐久間康夫ほか編『概説イギリス文化史』ミネルヴァ書房、2002年。
佐々木雄太・木畑洋一『イギリス外交史』有斐閣、2005年。
村岡健次・川北稔編『イギリス近代史——宗教改革から現代まで』改訂版、ミネルヴァ書房、2003年。
村岡健次・木畑洋一編『イギリス史3——近現代』山川出版社、1991年。
松浦高嶺『イギリス現代史』山川出版社、1992年。
湯沢威編『イギリス経済史』有斐閣、2002年。

(2) 事典・辞典類

Addison, Paul, and Harriet Jones, eds. *A Companion to Contemporary Britain, 1939-2000*. Oxford: Blackwell, 2005.

Bennett, Tony, et al., eds. *New Keywords: A Revised Vocabulary of Culture and Society*. Oxford: Blackwell, 2005.

Butler, David, and Gareth Butler. *Twentieth-Century British Political Facts 1900-2000*. London: Macmillan, 2000.

Cannon, John, ed. *A Dictionary of British History*. Oxford: Oxford UP, 2001.

———, ed. *The Oxford Companion to British History*. Oxford: Oxford UP, 1997.

Childers, Joseph, and Gary Hentzi, eds. *The Columbia Dictionary of Modern Literary and Cultural Criticism*. New York: Columbia UP, 1995.［ジョゼフ・チルダーズ&ゲーリー・ヘンツィ編『コロンビア大学現代文学・文化批評用語辞典』杉野健太郎ほか訳、松柏社、1998年。］

Cook, Chris, and John Stevenson. *The Longman Handbook of Modern British History 1714-2001*. 4th ed. London: Longman, 2001.

Drabble, Margaret, ed. *The Oxford Companion to English Literature*. 6th ed. Oxford: Oxford UP, 2006.

Gardiner, Juliet, and Neil Wenborn, eds. *The History Today Companion to British History*. London: Collins & Brown, 1995.

Halsey, A. H., and Josephie Webb, eds. *Twentieth-Century British Social Trends*. London: Macmillan, 2000.

Lentricchia, Frank, and Thomas McLaughlin, eds. *Critical Terms for Literary Study*. 2nd ed. Chicago and London: U of Chicago P, 1995.［フランク・レントリッキア&トマス・マクラフリン編『現代批評理論——22の基本概念』大橋洋一ほか訳、平凡社、1993年。同編『続：現代批評理論—— 6の基本概念』大橋洋一ほか訳、平凡社、2001年。］

Mitchell, B. R. *British Historical Statistics*. Cambridge: Cambridge UP, 1988.［B・R・ミッチェル『イギリス歴史統計抄』中村寿男訳、原書房、1995年。］

Pope, Stephen, and Elizabeth-Anne Wheal. *Dictionary of the First World War*. 1995. Barnsley: Pen and Sword, 2003.

Porter, Andrew, ed. *Atlas of British Overseas Expansion*. London: Routledge, 1991.［アンドリュー・ポーター編『大英帝国歴史地図——イギリスの海外進出の軌跡　1480年−現代』横井勝彦ほか訳、東洋書林、1996年。］

Ramsden, John, ed. *The Oxford Comparnion to Twentieth-Century British Politics*. Oxford: Oxford UP, 2005.

Williams, Raymond. *Keywords: A Vocabulary of Culture and Society*. 1976. London: HarperCollins, 1983.［レイモンド・ウィリアムズ『完訳キーワード辞典』椎名美智ほか訳、平凡社、2002年。］

Wrigley, Chris, ed. *A Companion to Early Twentieth-Century Britain*. Oxford: Blackwell, 2003.

安東伸介ほか編『イギリスの生活と文化事典』研究社、1982年。
上田和夫編『イギリス文学辞典』研究社、2004年。
上田和夫ほか編『20世紀英語文学辞典』研究社、2005年。
小池滋『英国らしさを知る事典』東京堂出版、2003年。
定松正ほか編『イギリス文学地名事典』研究社、1992年。
橋口稔編『イギリス文化事典』大修館、2003年。
松村赳ほか編『英米史辞典』研究社、2000年。
渡辺和幸『ロンドン地名由来事典』鷹書房弓プレス、1998年。

［2］各部への導入

(1) 第Ⅰ部「階級・くらし・教育」

Stevenson, John. *British Society 1914-45*. London: Penguin, 1990.
第一次世界大戦開始の年から第二次世界大戦終結の年までのイギリス社会の歴史的展開を記述した

基礎的文献。この期間のイギリス人のくらしの諸相を平易な語り口で生き生きと描いていて、読みごたえがある。

Shelden, Michael. *Orwell: The Authorized Biography*. London: Heinemann, 1991.［マイクル・シェルダン『人間ジョージ・オーウェル』全2巻、新庄哲夫訳、河出書房新社、1997年。］
作家オーウェルの基礎的な評伝。他にバーナード・クリックによる伝記（『ジョージ・オーウェル——ひとつの生き方』全2巻、河合秀和訳、岩波書店、1994年）も詳細に描かれているが、シェルダンの本は語りの面白さの点ですぐれている。

Wilson, Simon. *British Art: From Holbein to the Present*. London: Tate Gallery & Bodley Head, 1979.［サイモン・ウィルソン『イギリス美術史』多田稔訳、岩崎美術社、2001年。同著者による"Art in the Eighties: A New Spirit"の日本語訳を含む。］
イギリス美術の通史の翻訳書。20世紀前半の美術についても、比較的多くのページを割いている。

(2) 第II部「セクシュアリティ・女・男」
海野弘『ホモセクシャルの歴史』文藝春秋社、2005年。
表題に関して日本語で読めるまずは手に取るべき良書である。著者の博覧強記は凄く、古代から現代にいたる歴史的な超有名人の数々の男性同性愛を紹介しつつ、いかに同性愛が社会的なタブーと化していったのか、非常に分かりやすく解説している。「同性愛」と「近代」という問題を考える上でとても啓蒙的な本で、ともかくこの一冊から。

Bersani, Leo. *The Freudian Body: Psychoanalysis and Art*. New York: Columbia UP, 1986.［レオ・ベルサーニ『フロイト的身体——精神分析と美学』長原豊訳、青土社、1999年。］
フロイトの精神分析が、人間の「性」の真理を語ろうとすればするほど、その論理が破綻していき、「性」とは言語で十全に語りえないものであることをそのテクストの破綻を通じてはからずも語ってしまう次第を精読。その語りえない「性」の根源にある人間の自己破壊欲動、つまりはマゾヒズム……批評理論の教科書が教えてくれないフロイトのヤバさ、というよりも人間の「性」のヤバさについて精読した本。かなり難解。

Foucault, Michel. *La volonte de savoir*. Paris: Gallimard, 1976.［*The History of Sexuality: An Introduction*. 1978. Trans. R. Hurley. New York: Vintage, 1990. ミシェル・フーコー『性の歴史I——知への意志』渡辺守章訳、新潮社、1976年。］
なんといっても「性」の政治的・歴史的な構築に関する名著・古典。「性」に関して抑圧的かつ寡黙であったはずのイギリスのヴィクトリア朝社会がいかに強迫的に「性」をめぐる言説を大量生産したのか、「ノーマルな性」を確保するためにいかに多くの「アブノーマル＝変態」を社会的に生産しなくてはならなかったのか……近代における「性」のありかたを知るともかく必須の書。

(3) 第III部「イギリス・帝国・ヨーロッパ」
川北稔・木畑洋一編『イギリスの歴史——帝国＝コモンウェルスのあゆみ』有斐閣、2000年。
イギリスを、国民国家としてではなく、帝国＝コモンウェルスとしてとらえ、その通史を試みた概説書。ただし、歴史の主人公としてジェントルマンを特に重視している点は、議論や異論を引き起こす論点となっている。

Porter, Andrew. *European Imperialism, 1860-1914*. London: Palgrave Macmillan, 1994.［アンドリュー・ポーター『帝国主義』福井憲彦訳、岩波書店、2006年。］

「ヨーロッパ史入門」シリーズの1冊。ヨーロッパ列強による帝国建設がどのように展開したのか、どのような支配や強制の形式が用いられたのかという点に焦点を当てつつ、現在に至るまでの膨大な帝国研究文献の解題を行なっている。大英帝国の特徴を他の帝国と比較して考察するためにも必読。

Said, Edward W. *Culture and Imperialism*. London: Vintage, 1994.［エドワード・W・サイード『文化と帝国主義』全2巻、大橋洋一訳、みすず書房、1998年、2001年。］
アメリカを中心とする現代の帝国主義と文化の問題を、イギリスを含む近代ヨーロッパの帝国文化の系譜を批判的にたどることにより、考察した基本文献の一つ。サイードのこの著作が、レイモンド・ウィリアムズの古典的イギリス文化論『文化と社会』（1958）を帝国史の観点からさらに拡大して再考しているのは間違いないが、人文・社会科学だけでなくメディア・プロパガンダ等で影響力を持つアメリカの知識人やその言説を批判的に考察していることも見逃せない。

MacKenzie, John M. *Orientalism: History, Theory and the Arts*. Manchester: Manchester UP, 1995.［ジョン・M・マッケンジー『大英帝国のオリエンタリズム——歴史・理論・諸芸術』平田雅博訳、ミネルヴァ書房、2001年。］
イギリスを含む西洋の帝国文化を、少年文学から博覧会、演劇から広告、国家の儀式からポピュラー音楽・映画に至るまで拡大して、そこに見られる東洋・オリエントの表象が積極的な意味で東西の折衷的な文化を求めるものであったことを主張している。エドワード・W・サイードのオリエンタリズム論・帝国主義論とは違って、イギリス国内の民衆文化を重視している。

(4) 第Ⅳ部「メディア」
LeMahieu, D. L. *A Culture for Democracy: Mass Communication and the Cultivated Mind in Britain between the Wars*. Oxford: Clarendon, 1988.
1890年代からの商業メディアの劇的な勃興を背景に、両大戦間期のメディアがエリート的芸術観と大衆の嗜好の間で揺れながら国民文化を形成してゆく流れを描いた好著。ただし、この結論を批判したRoss McKibbinの名著 *Classes and Cultures: England 1918-1951* も合わせ読むことが望ましい。

Freund, Gisele. *Photographie et societe*. Paris: Editions du Seuil, 1974.［ジゼル・フロイント『写真と社会——メディアのポリティーク』佐復秀樹訳、御茶ノ水書房、1986年。］
写真というメディアの出現が、どのようにイメージに対する人間の態度を変え、また社会に影響を及ぼしたのか。写真の歴史とその意義を考えるための基本文献。

Truffaut, François. *Le cinema selon Alfred Hitchcock*. Paris: Robert Laffont, 1966.［*Hitchcock by François Truffaut*. New York: Simon and Schuster, 1967. *Hitchcock – Updated Edition*. London: Granada, 1978. ヒッチコック／トリュフォー（改訂版）『定本　映画術』山田宏一・蓮實重彥訳、晶文社、1995年、2003年。］
ヒッチコックの映画を語る上で必読の対談集。ヒッチコックのイギリス時代を知る上で貴重な資料となるだろう。

Jowett, Garth S., and Victoria O'Donnell. *Propaganda and Persuasion*. 1986. Thousand Oaks, Calif.: Sage, 2006.［ガース・S・ジャウエット＆ヴィクトリア・オドンネル『大衆操作——宗教から戦争まで』松尾光晏訳、ジャパンタイムズ、1993年。］
「プロパガンダ」と「説得」という、一見わかりやすそうでわかりにくい二つの用語の違いをふまえたうえで、古くは十字軍の遠征から最近の湾岸戦争までを例に、プロパガンダのレトリックを明快に解説。

[3] 参考文献一覧（[1][2]で挙げた文献を除く）

Adelman, Paul. *The Rise of the Labour Party 1880-1945*. 3rd ed. London: Longman, 1996.
Anderson, Benedict. *Imagined Communities: Reflections on the Origin and Spread of Nationalism*. 1983. London: Verso, 2006.［ベネディクト・アンダーソン『増補　想像の共同体——ナショナリズムの起源と流行』白石さや・白石隆訳、ＮＴＴ出版、1997年。］
Arlen, Michael. *The Green Hat: A Romance for a Few People*. London: Collins' Clear-Type Press, 1924.
Arnold, Matthew. *Culture and Anarchy and Other Writings*. 1869. Ed. Stefan Collini. Cambridge: Cambridge UP, 1993.［マシュー・アーノルド『教養と無秩序』多田英次郎訳、岩波書店、1965年。］
Ashby, Justine, and Andrew Higson, eds. *British Cinema, Past and Present*. London: Routledge, 2000.
Auden, W. H. *Collected Poems*. Ed. Edward Mendelson. London: Faber, 1991.［Ｗ・Ｈ・オーデン『オーデン詩集』福間健二編、小沢書店、1993年。］
——. *The Complete Works of W. H. Auden*. Ed. Edward Mendelson. London: Faber and Faber, 1989-2002.
——. *The English Auden: Poems, Essays, and Dramatic Writings, 1927-1939*. Ed. Edward Mendelson. London: Faber, 1977.
Bachelard, Gaston. *The Poetics of Space*. Boston: Boston Press, 1957.［ガストン・バシュラール『空間の詩学』岩村行雄訳、筑摩書房、2002年。］
Baldick, Chris. *Gothic Tales*. Oxford: Oxford UP, 1992.
——. *The Social Mission of English Criticism, 1848-1932*. Oxford: Oxford UP, 1983.
Barr, Charles, ed. *All Our Yesterdays: 90 Years of British Cinema*. London: BFI, 1986.
Barrie, James M. *The Little White Bird*. London: Hodder and Stoughton, 1902.［ジェイムズ・Ｍ・バリ『小さな白い鳥』鈴木重敏・東逸子訳、パロル舎、2003年。］
——. *Peter Pan and Other Plays*. Oxford: Oxford UP, 1995.
——. *Peter Pan in Kensington Gardens & Peter and Wendy*. 1906 and 1911. Oxford: Oxford UP, 1991.［ジェイムズ・Ｍ・バリ『ピーター・パン』秋田博訳、角川書店、2004年。］
——. *Tommy and Grizel*. London: Cassell, 1900.
Baxendale, John, and Christopher Pawling. *Narrating the Thirties: A Decade in the Making, 1930 to the Present*. Houndmills: Macmillan, 1996.
Benjamin, Walter. "The Work of Art in the Age of Mechanical Reproduction." *Illuminations*. Trans. Harry Zohn. Ed. Hannah Arendt. London: Cape, 1970.［ヴァルター・ベンヤミン「複製技術時代の芸術」浅井健二郎・久保哲司訳『ベンヤミン・コレクション (1)』筑摩書房、1995年。］
Berridge, Virginia. "The Origins of the English Drug 'Scene' 1890-1930." *Medical History* 32 (1988): 51-64.
Bersani, Leo. *The Culture of Redemption*. Cambridge, Massachusetts: Harvard UP, 1990.
Beveridge, William. *Social Insurance and Allied Services*. London: HMSO, 1942.［『社会保険および関連サービス——ベヴァリジ報告』山田雄三監訳、至誠堂、1969年。］
Bhabha, Homi K. *The Location of Culture*. London: Routledge, 1994.［ホミ・Ｋ・バーバ『文化の場所——ポストコロニアリズムの位相』本橋哲也ほか訳、法政大学出版局、2005年。］
Bingham, Adrian. *Gender, Modernity, and the Popular Press in Inter-War Britain*. Oxford: Clarendon, 2004.
Birkin, Andrew. *J. M. Barrie and the Lost Boys*. London: Constable, 1979.［アンドリュー・バーキン『ロスト・ボーイズ——Ｊ・Ｍ・バリとピーター・パン誕生の物語』鈴木重敏訳、新書館、1991年。］
Bock, Gisela, and Thane Pat, eds. *Maternity and Gender Policies: Women and the Rise of the European Welfare States, 1880s-1950s*. London: Routledge, 1994.
Bowen, Elizabeth. *Collected Impressions*. London: Longmans, 1950.

―――. *The Collected Stories of Elizabeth Bowen*. London: Penguin, 1983.［エリザベス・ボウエン「幻のコ―」『あの薔薇を見てよ――ボウエン・ミステリー短編集1』太田良子訳、ミネルヴァ書房、2004年、300-337頁。「悪魔の恋人」「蔦がとらえた階段」『幸せな秋の野原――ボウエン・ミステリー短編集2』太田良子訳、ミネルヴァ書房、2005年、224-233頁、260-303頁。］

Briggs, Asa, and Anne Macartney. *Toynbee Hall: The First Hundred Years*. London: Routledge & Kegan Paul, 1984.［アサ・ブリッグス&アン・マカトニー『トインビー・ホールの100年』岸川洋治ほか訳、全国社会福祉協議会、1987年。］

British Empire Exhibition, 1924, Official Guide. London, 1924.

British Empire Exhibition, 1925, Official Guide. London, 1925.

"British Film Institute." 14 February 2006 <http://www.screenonline.org.uk/index.html>.

Brown, Judith M., and Wm. Roger Louis, eds. *The Twentieth Century. Vol. IV of The Oxford History of the British Empire*. Oxford: Oxford UP, 1999.

Bryant, Mark, ed. *The Complete Colonel Blimp*. London: Bellew, 1991.

Buchan, John. *The Thirty-Nine Steps*. 1915. London: Penguin, 2004.［『三十九階段』小西宏訳、東京創元社、2004年。］

Budd, Michael Anton. *The Sculpture Machine: Physical Culture and Body Politics in the Age of Empire*. New York: New York UP, 1997.

Burnham, James. *The Managerial Revolution: What Is Happening in the World*. New York: John Day, 1941.［ジェームズ・バーナム『経営者革命』武山泰雄訳、東洋経済新報社、1965年。］

Burton, Antoinette, ed. *After the Imperial Turn. Thinking with and through the Nation*. Durham: Duke UP, 2003.

Cain, P. J., and A. G. Hopkins. *British Imperialism: Crisis and Deconstruction 1914-1990*. London: Longman, 1993.

Calder, Robert. *Beware the British Serpent: The Role of Writers in British Propaganda in the United States 1939-1945*. Montreal & Kingston: McGill-Queen's UP, 2004.

Cannadine, David. *Ornamentalism: How the British Saw Their Empire*. London: Allen Lane, 2001.［デイヴィッド・キャナダイン『虚飾の帝国――オリエンタリズムからオーナメンタリズムへ』平田雅博・細川道久訳、日本経済評論社、2004年。］

Carpenter, Edward. *Civilization: Its Cause and Cure and Other Essays*. 1889. London: George Allen & Unwin, 1921.

Carpenter, Humphrey. *The Inklings: C. S. Lewis, J. R. R. Tolkien, Charles Williams, and Their Friends*. London: HarperCollins, 1978.

Christie, Agatha. *An Autobiography*. London: Collins, 1977.［アガサ・クリスティ『アガサ・クリスティー自伝』全2巻、乾信一郎訳、早川書房、1995年。］

Clout, Hugh D., ed. *London History Atlas: The Times London History Atlas*. London: HarperCollins, 1991.［ヒュー・クラウト編『ロンドン歴史地図』青木道彦ほか訳、東京書籍、1997年。］

Cole, G. D. H. *Guild Socialism Re-Stated*. London: George Allen & Unwin, 1920.

Cole, G. D. H., and M. I. Cole. *The Condition of Britain*. London: Victor Gollancz, 1937.

Common, Jack. *Freedom of the Streets*. 1938. London: People's Publications, 1988.

Connelly, Mark, and David Welch, eds. *War and the Media: Reportage and Propaganda, 1900-2003*. London: I. B. Tauris, 2005.

Conrad, Joseph. *Heart of Darkness*. 1902. Oxford: Oxford UP, 2003.［ジョーゼフ・コンラッド『闇の奥』中野好夫訳、岩波書店、1958年。］

Constantine, Stephen. *Buy & Build: The Advertising Posters of the Empire Marketing Board*. London: The Stationary Office Book, 1986.

Coward, Noël. *Cavalcade.* 1931. *Vol.3 of Noël Coward Collected Plays.* London: Methuen, 1999. 97-157.
——. *Noël Coward: Autobiography.* London: Methuen, 1986.
——. "Sigh No More." 1945. *Noël Coward Collected Revue Sketches and Parodies.* Ed. Barry Day. London: Methuen, 1999. 191-204.
——. *This Happy Breed: A Play in Three Acts.* 1943. *Vol.4. Noël Coward Collected Plays.* London: Methuen, 1999. 195-291.
Craig, Patricia. *The Oxford Book of Schooldays.* Oxford: Oxford UP, 1994.
Crawford, Alan. *C. R. Ashbee: Architect, Designer & Romantic Socialist.* London: Yale UP, 1985.
Crawford, Robert. *Devolving English Literature.* 2nd ed. Edinburgh: Edinburgh UP, 2000.
Crisp, Quentin. *The Naked Civil Servant.* 1968. London: Penguin, 1997.
Davin, Anna. "Imperialism and Motherhood." *History Workshop* 5 (1978): 9-65.
Deane, Patrick, ed. *History in Our Hands: A Critical Anthology of Writings on Literature, Culture and Politics from the 1930s.* London: Leicester UP, 1998.
Deghy, Guy, and Keith Waterhouse. *Café Royal: Ninety Years of Bohemia.* London: Hutchinson, 1955.
Dinesen, Isak (Karen Blixen). *Out of Africa.* 1937. London: Penguin, 1954.
Doyle, Arthur Conan. *The Annotated Sherlock Holmes.* Ed. William S. Baring-Gould. New York: Clarkson N. Potter, 1967.［アーサー・コナン・ドイル『シャーロック・ホームズ全集』中尾明ほか訳、偕成社、1983年。］
——. *The Great Boer War.* London: Smith Elder, 1900.
——. *The Green Flag and Other Stories of War and Sport.* London: Smith Elder, 1900.
Driver, Felix, and David Gilbert, eds. *Imperial Cities: Landscape, Display and Identity.* Manchester: Manchester UP, 1999.
Eaglestone, Robert. *Doing English: A Guide for Literature Students.* London: Routledge, 2000.［ロバート・イーグルストン『「英文学」とは何か――新しい知の構築のために』川口喬一訳、研究社、2003年。］
Eagleton, Terry. *The Idea of Culture.* Oxford: Blackwell, 2000.［テリー・イーグルトン『文化とは何か』大橋洋一訳、松柏社、2006年。］
Eley, Howard. *Advertising Media.* London: Butterworth, 1932.
Eliot, T. S. *The Waste Land and Other Poems.* Ed. Frank Kermode. London: Penguin, 2003.［T・S・エリオット『荒地・ゲロンチョン　新装版』福田陸太郎ほか編訳、大修館書店、1982年。］
Ellis, Havelock. *The Problem of Race-Regeneration.* London: Cassell, 1911.
——. *The Task of Social Hygiene.* London: Constable, 1912.
Ellis, Mrs. Havelock. *The New Horizon in Love and Life.* London: A.& C. Black, 1921.
Feather, John. *A History of British Publishing.* London: Routledge, 1988.［ジョン・フェザー『イギリス出版史』箕輪成男訳、玉川大学出版部、1991年。］
Fishberg, Maurice. *The Jews: A Study of Race and Environment.* New York: Walter Scott, 1911.
Forster, E. M. *The Longest Journey.* 1907. London: Penguin, 2006.［E・M・フォースター『ロンゲスト・ジャーニー』川本静子訳、みすず書房、1994年。］
——. *Maurice.* 1971. London: Penguin, 2005.［E・M・フォースター『モーリス』片岡しのぶ訳、扶桑社、1994年。］
Freeman, R. Austin. *The Singing Bone.* 1912. Whitefish: Kisinger, 2004.［オースチン・フリーマン『ソーンダイク博士の事件簿I』大久保康雄訳、東京創元社、1977年。］
——. *Social Decay and Regeneration.* London: Constable, 1921.
The Freewoman, November 1911-October 1912.
Freud, Sigmund. *The Standard Edition of the Complete Psychological Works of Sigmund Freud.*

24vols. London: Hogarth Press, 1953-1974.［ジークムント・フロイト『フロイト著作集』高橋義孝ほか訳、人文書院、1969年。『自我論集』中山元訳、筑摩書房、1996年。『エロス論集』中山元訳、筑摩書房、1997年。新宮一成ほか編『フロイト全集』岩波書店、2006年-。］

Frodon, Jean-Michel. *La projection national: cinema et nation*. Paris: O. Jacob, 1998.［ジャン＝ミシェル・フロドン『映画と国民国家』野崎歓訳、岩波書店、2002年。］

Galton, Francis. "Eugenics: Its Definition, Scope and Aims." *Sociological Papers* 1 (1904): 45-50.

——. *Hereditary Genius: An Inquiry into Its Laws and Consequences*. London: Macmillan, 1869.［フランシス・ゴールトン『天才と遺傳』全2巻、甘粕石介訳、岩波書店、1935年。］

——. *Inquiries into Human Faculty and Its Development*. London: Macmillan, 1883.

Glyn, Elinor. *Three Weeks*. New York: Duckworth, 1907.

Greene, Graham. *The End of the Affair*. 1951. London: Penguin, 1999.［グレアム・グリーン『情事の終り』田中西二郎訳、新潮社、1968年。］

Griffin, Roger. *The Nature of Fascism*. London: Routledge, 1993.

——. "The Primacy of Culture: The Current Growth (or Manufacture) of Consensus within Fascist Studies." *Journal of Contemporary History* 37 (2002): 21-43.

Grosskurth, Phillis. *Havelock Ellis*. New York: New York UP, 1985.

Guttmann, Allen. *Games & Empires: Modern Sports and Cultural Imperialism*. New York: Columbia UP, 1994.［アレン・グッドマン『スポーツと帝国――近代スポーツと文化帝国主義』谷川稔ほか訳、昭和堂、1997年。］

Hall, Stuart. "The Social Eye of *Picture Post*." *Working Papers in Cultural Studies*, 2. Birmingham: Centre for Contemporary Cultural Studies, 1972. 71-120.

Hardt, Michael, and Antonio Negri. *Empire*. Cambridge, Mass.: Harvard UP, 2000.［アントニオ・ネグリ＆マイケル・ハート『〈帝国〉』水嶋一憲ほか訳、以文社、2003年。］

Harrison, Molly. *Museum Adventure: The Story of the Geffrye Museum*. London: U of London P, 1950.

——. "The Museum and Visual Education." *Eidos* 1 (1950): 42-45.

——. "Museums and Education." *The New Era in Home and School* 22.3 (1941): 51-56.

——. "Museums and Young People in Great Britain and the British Commonwealth." *Museums and Young People*. Paris: International Council of Museums, 1952. 55-59.

Hendry, J. F. *The Bombed Happiness*. London: Routledge, 1942.

Higson, Andrew, ed. *Young and Innocent?: The Cinema in Britain, 1896-1930*. Exeter: Exeter UP, 2002.

Hoare, Philip. *Noël Coward: A Biography*. Chicago: U of Chicago P, 1995.

Hobley, C. W. *Bantu Beliefs and Magic*. 1922. Plymouth: Frank Cass, 1967.

——. *Ethnology of A-Kamba and Other East African Tribes*. 1910. Plymouth: Frank Cass, 1971.

Hobsbawm, Eric, and Terence Ranger, eds. *The Invention of Tradition*. Cambridge: Cambridge UP, 1983.［エリック・ホブズボウム＆テレンス・レンジャー『創られた伝統』前川啓治ほか訳、紀伊国屋書店、1992年。］

Hodges, Sheila. *Gollancz: The Story of a Publishing House, 1928-1978*. London: Gollancz, 1978.［シーラ・ホッジズ『ゴランツ書店――ある出版社の物語1928-1978』奥山康治・三澤佳子訳、晶文社、1985年。］

Hoggart, Richard. *A Local Habitation: Life and Times: 1918-1940*. London: Chatto & Windus, 1988.

——. *The Uses of Literacy: Aspects of Working Class Life, with Special References to Publications and Entertainments*. London: Chatto and Windus, 1957.［リチャード・ホガート『読み書き能力の効用』香内三郎訳、晶文社、1986年。］

Holdsworth, Angela. *Out of the Doll's House: Story of the Women in the 20th Century*. London: BBC Books, 1988.［アンジェラ・ホールズワース『人形の家を出る女たち――20世紀イギリ

ス女性の生活と文化』石山鈴子・加地永都子訳、新宿書房、1992年。］
Hopkinson, Tom, ed. *Picture Post: 1938-50*. London: Penguin, 1970.
Huggins, Mike, and Jack Williams. *Sport and the English, 1918-1939*. London: Routledge, 2006.
Hull, E. M. *The Sheik*. 1922. Philadelphia: Pine St. Books, 2001.［E・M・ハル『シーク——灼熱の恋』吉沢やすみ訳、サンリオ、1992年。］
Hulton Archive, Getty Images. Hulton Press's house copies of *Picture Post*, 1938-1940, with original handwritten photographic credits, negatives and contact sheets.
Humphries, Stephen. *Hooligans or Rebels?: An Oral History of Working-class Childhood and Youth 1889-1939*. Oxford: Basil Blackwell, 1981.［スティーブン・ハンフリーズ『大英帝国の子どもたち』山田潤ほか訳、柘植書房、1990年。］
Inwood, Stephen. *A History of London*. London: Macmillan, 1998.
James, Lawrence. *The Illustrated Rise and Fall of the British Empire*. New York: St. Martin's Press, 1999.
Jameson, Fredric. "Preface." *The Culture of Globalization*. Ed. Fredric Jameson and Masao Miyoshi. Durham: Duke UP, 1998. xi-xvii.
Johnson, Paul. *Intellectuals*. London: Weidenfeld & Nicolson, 1988.［ポール・ジョンソン『インテレクチュアルズ』別宮貞徳訳、共同通信社、1990年。］
Joyce, James. *Ulysses*. 1922. Ed. Hans Walter Gabler, et al. London: Bodley Head, 1986.［ジェイムズ・ジョイス『ユリシーズ』全4巻、丸谷才一ほか訳、集英社、2003年。］
——. *Finnegans Wake*. 1939. London: Penguin, 2000.［ジェイムズ・ジョイス『フィネガンズ・ウェイク』全3巻、柳瀬尚紀訳、河出書房新社、2004年。］
Judd, Denis. *Empire: The British Imperial Experience from 1765 to the Present*. London: HarperCollins, 1996.
Kent, Susan Kingsley. *Gender and Power in Britain, 1640-1990*. London: Routledge, 1999.
——. *Making Peace: The Reconstruction of Gender in Interwar Britain*. Princeton: Princeton UP, 1993.
Klein, Melanie. *Love, Guilt and Reparation and Other Works 1921-1945*. New York: Free Press, 1975.［メラニー・クライン『メラニー・クライン著作集3——愛、罪そして償い』西園昌久ほか訳、誠信書房、1983年。］
Knight, Donald R., and Alan D. Sabey. *The Lion Roars at Wembley: The British Empire Exhibition 1924-1925*. London: Barnard & Westwood, 1984.
Kohn, Marek. *Dope Girls: The Birth of the British Drug Underground*. London: Lawrence Wishart, 1992.
Laplanche, Jean, et J. B. Pontalis. *Vocabulaire de la psychanalyse*. Paris: 1967.［J・ラプランシュ & J・B・ポンタリス『精神分析用語辞典』村上仁監訳、みすず書房、1977年。］
Lawrence, D. H. *Kangaroo*. 1923. Ed. Bruce Steele. Cambridge: Cambridge UP, 1994.［D・H・ロレンス『カンガルー』丹羽良治訳、彩流社、1990年。］
——. *Lady Chatterley's Lover*. 1928. Ed. Michael Squires. Cambridge: Cambridge UP, 1993.［D・H・ロレンス『チャタレー夫人の恋人』武藤浩史訳、筑摩書房、2004年。］
——. *Women in Love*. 1920. Ed. David Framer, et al. Cambridge: Cambridge UP, 1987.［D・H・ロレンス『恋する女たち』小川和夫訳、集英社ギャラリー「世界の文学」4、イギリスⅢ所収、集英社、1991年。］
Leavis, F. R. *Mass Civilisation and Minority Culture*. Cambridge: The Minority Press, 1930. Rpt. in *For Continuity*. Cambridge: The Minority Press, 1933.
Leavis, F. R., and Denys Thompson. *Culture and Environment*. London: Chatto and Windus, 1933.
Leavis, Q. D. *Fiction and the Reading Public*. 1932. London: Pimlico, 2000.
Levin, Milton. *Noël Coward*. Boston: Twayne, 1989.
Lewis, John. *The Left Book Club: An Historical Record*. London: Gollancz, 1970.［ジョン・ルイス

『出版と読書——レフト・ブック・クラブの歴史』鈴木建三訳、晶文社、1991年。]
Lewis, Wyndham. *Hitler*. London: Chatto, 1931.
Light, Alison. *Forever England: Femininity, Literature and Conservatism between the Wars*. London: Routledge, 1991.
Linehan, Thomas. *British Fascism 1918-39: Parties, Ideology and Culture*. Manchester: Manchester UP, 2000.
Lorant, Stefan. *I Was Hitler's Prisoner*. Harmondsworth: Penguin, 1939.
——. *My Years in England, 1934-1940*. Unpublished. Stefan Lorant Collection 1901-1992 (bulk 1920-1992), Getty Research Institute, Research Library, Accession no. 920024.
Lyon, David. *The Electronic Eye: The Rise of Surveillance Society*. Cambridge: Polity, 1994.
——. *Surveillance after September 11*. Oxford: Blackwell, 2003. [デイヴィッド・ライアン『9・11以後の監視——〈監視社会〉と〈自由〉』田島泰彦・清水知子訳、明石書店、2004年。]
——. *Surveillance Society: Monitoring Everyday Life*. London: Open UP, 2001. [デイヴィッド・ライアン『監視社会』河村一郎訳、青土社、2002年。]
MacDougall, Sarah. *Mark Gertler*. London: John Murray, 2002.
MacKenzie, Donald. "Eugenics in Britain." *Social Studies of Science* 6 (1976): 499-532.
MacKenzie, John M., ed. *Imperialism and Popular Culture*. Manchester: Manchester UP, 1986.
——. *Propaganda and Empire: The Manipulation of British Public Opinion, 1880-1960*. Manchester: Manchester UP, 1984.
Maclure, J. Stuart, ed. *Educational Documents: England and Wales, 1816 to the Present Day*. London: Methuen, 1986.
Marcus, Sharon. *Apartment Stories*. London: U of California P, 1999.
Matless, David. *Landscape and Englishness*. London: Reaktion Books, 1998.
McClintock, Anne. *Imperial Leather: Race, Gender and Sexuality in the Colonial Contest*. London: Routledge, 1995.
McKibbin, Ross. *Classes and Cultures: England 1918-1951*. Oxford: Oxford UP, 1998.
McNair, Brian. *News and Journalism in the UK: A Textbook*. London: Routledge, 1994.
Meacham, Standish. *Toynbee Hall and Social Reform 1880-1914: The Search for Community*. New Haven: Yale UP, 1987.
Michaels, Walter Benn. *Our America: Nativism, Modernism, and Pluralism*. Durham: Duke UP, 1995.
Ministry of Education. *Out of School: The Second Report of the Central Advisory Council for Education (England)*. London: HMSO, 1948.
Morelli, Anne. *Principes elementaires de propagande de guerre*. Bruxelles: Labor-quartier libre, 2001. [アンヌ・モレリ『戦争プロパガンダ——10の法則』永田千奈訳、草思社、2002年。]
Morgan, Kenneth O. *Labour in Power: 1945-1951*. Oxford: Oxford UP, 1984.
Morpurgo, J. E. *Allen Lane, King Penguin*. London: Hutchinson, 1979. [J・E・モーパーゴ『ペンギン・ブックス——文庫の帝王A・レイン』行方昭夫訳、中央公論社、1989年。]
Mosley, Oswald. *The Greater Britain*. London: BUF, 1932.
Murphy, Robert, ed. *The British Cinema Book*. 2nd ed. London: BFI, 2001.
The New Freewoman, June 1913-December 1913.
Nordau, Max. *Degeneration*. New York: Appleton, 1895. [マックス・ノルダウ『現代の堕落』中嶋茂一訳、大日本文明協会、1914年。]
North, Michael. *Reading 1922: A Return to the Scene of the Modern*. Oxford: Oxford UP, 1999.
Norwood, Cyril, and Arthur H. Hope. *Higher Education of Boys in England*. London: Murray, 1909.
Opening of the Geffrye Museum, Kingsland Road, on Thursday, 2nd April, 1914. London: London

County Council, 1914.
Opie, Iona, and Peter Opie. *The Oxford Nursery Rhyme Book*. Oxford: Oxford UP, 1955.
Ortega y Gasset, Jose. *The Revolt of the Masses*. London: G. Allen & Unwin, 1932.［オルテガ・イ・ガセット『大衆の反逆』寺田和夫訳、中央公論新社、2002年。］
Orwell, George. *Animal Farm*. 1945. London: Penguin, 1989.［ジョージ・オーウェル『動物農場』高畠文夫訳、角川書店、1972年。］
———. *Homage to Catalonia*. 1938. London: Penguin, 1989.［ジョージ・オーウェル『カタロニア讃歌』都築忠七訳、岩波書店、1992年。］
———. "The Intellectual Revolt." *Smothered Under Journalism: 1946*. London: Secker & Warburg, 1998. 56-74. Vol. 18 of *The Complete Works of George Orwell*. Ed. Peter Davison. 20 vols. 1986-1998.
———. "James Burnham and the Managerial Revolution." 1946. *The Collected Essays, Journalism and Letters*. Ed. Sonia Orwell and Ian Angus. 4 vols. London: Penguin, 1970. Vol. 3. 192-215.［ジョージ・オーウェル「ジェイムズ・バーナムと管理革命」工藤昭雄訳、川端康雄編『水晶の精神——オーウェル評論集2』平凡社、1995年、220-260頁。］
———. *The Lion and the Unicorn*. 1941. Harmondsworth: Penguin, 1982.［ジョージ・オーウェル『ライオンと一角獣——オーウェル評論集4』小野協一訳、川端康雄編、平凡社、1995年、9 -118頁。］
———. "Looking Back on the Spanish Civil War." 1942. *The Collected Essays, Journalism and Letters*. Ed. Sonia Orwell and Ian Angus. 4 vols. Harmondsworth: Penguin, 1970. Vol. 2. 286-306.［ジョージ・オーウェル「スペイン戦争回顧」小野協一訳、川端康雄編『象を撃つ——オーウェル評論集1』平凡社、1995年、57-94頁。］
———. *Nineteen Eighty-Four*. 1949. London: Penguin, 1989.［ジョージ・オーウェル『1984年』新庄哲夫訳、早川書房、1972年。］
———. *The Road to Wigan Pier*. 1937. London: Penguin, 1989.［ジョージ・オーウェル『ウィガン波止場への道』土屋宏之・上野勇訳、筑摩書房、1996年。］
———. *The War Broadcasts*. 1985. Ed. W. J. West. London: Penguin, 1987.
———. *The War Commentaries*. 1985. Ed. W. J. West. London: Penguin, 1987.［ジョージ・オーウェル『戦争とラジオ——BBC時代』W・J・ウェスト編、甲斐弦ほか訳、晶文社、1994年（これは *The War Broadcasts* と *The War Commentaries* の2著を併せた訳書）。］
Ota, Nobuyoshi. "Empire, the Pacific, and Lawrence's Leadership Novels." *D. H. Lawrence: Literature, History, Culture*. Ed. Michael Bell, et al. Tokyo: Kokusho-Kanko Kai, 2005. 50-72.
Parssinen, Terry M. *Secret Passions, Secret Remedies: Narcotic Drugs in British Society 1820-1930*. Manchester: Manchester UP, 1983.
Passerini, Lousa. *Europe in Love, Love in Europe: Imagination and Politics between the Wars*. New York: New York UP, 1999.
Patai, Daphne. *The Orwell Mystique: A Study in Male Ideology*. Massachusetts: U of Massachusetts P, 1984.
Perkin, Harold. *The Rise of Professional Society: England Since 1880*. London: Routledge, 1989.
Picture Post (London) Vol. 1-26, 1938-1945.
Pimlott, J. A. R. *Toynbee Hall: Fifty Years of Social Progress 1884-1934*. London: J. M. Dent and Sons, 1935.
Powell, David. *The Edwardian Crisis: Britain 1901-1914*. Basingstoke: Palgrave, 1996.
Priestley, J. B. *Let the People Sing*. London: Heinemann, 1939.
———. *Postscripts*. London: Heinemann, 1940.

The Public Record Office. INF 1/234, Part A & B: Publicity by Means of a Pictorial Publication: *Picture Post*, 20 November 1939-29 August 1941.

——. *Images of War: British Posters, 1939-45*. London: HMSO, 1989.

Pugh, Martin. *'Hurrah for the Blackshirts!': Fascists and Fascism in Britain between the Wars*. London: Jonathan Cape, 2005.

Ramamurthy, Anandi. *Imperial Persuaders: Images of Africa and Asia in British Advertising*. Manchester: Manchester UP, 2003.

Rhys, Jean. *Good Morning, Midnight*. 1939. London: Penguin, 2000.

Robbins, Keith, ed. *Short Oxford History of the British Isles: 1901-1951*. Oxford: Oxford UP, 2002.

Rose, Jacqueline. *The Case of Peter Pan, or the Impossibility of Children's Fiction*. Philadelphia: U of Pennsylvania P, 1993.

Ross, Cathy. *Twenties London: A City in the Jazz Age*. London: Philip Wilson, 2003.

Rowbotham, Sheila. *A Century of Women: The History of Women in Britain and the United States in the Twentieth Century*. London: Penguin, 1997.

Russell, Bertrand. *Principles of Social Reconstruction*. London: George Allen & Unwin, 1916.［バートランド・ラッセル『世界の大思想26 ラッセル「社会改造の諸原理」「数理哲学入門」「自由人の信仰」』市井三郎ほか訳、河出書房新社、1966年。］

——. *The Problem of China*. London: George Allen & Unwin, 1922.［バートランド・ラッセル『中国の問題』牧野力訳、理想社、1970年。］

Said, Edward W. *Orientalism*, 1978. New York: Vintage, 2003.［エドワード・サイード『オリエンタリズム』全2巻、板垣雄三・杉田英明監修、今沢紀子訳、平凡社、1993年。］

Sandow, Eugen. "The Modern Venus." *Sandow's Magazine of Physical Culture* 5.6 (1900): 403-411.

——. "Physical Culture—What Is It?" *Physical Culture* 1.1 (1898): 3-7.

——. *Strength and How to Obtain It*. London: Gale & Polden, 1897.

Sarkar, Sumit. *Modern India 1885-1947*. Madras: Macmillan India, 1983.［スミット・サルカール『新しいインド近代史――下からの歴史の試み』全2巻、長崎暢子ほか訳、研文出版、1993年。］

Shaw, Bernard. *The Doctor's Dilemma*. 1911. London: Penguin, 1946.

——. *Man and Superman*. 1903. London: Penguin, 1946.［バーナード・ショー『人と超人　ピグマリオン――ベスト・オブ・ショー』倉橋健・喜志哲雄訳、白水社、1993年。］

Skidelsky, Robert Jacob Alexander. *John Maynard Keynes: Hopes Betrayed 1883-1920*. London: Macmillan, 1983.［ロバート・スキデルスキー『裏切られた期待』古谷隆訳、東洋経済新報社、1987年。］

Smith, Harold L., ed. *British Feminism in the Twentieth Century*. Aldershot: Elgar, 1990.

Soloway, Richard. "Counting the Degenerates: The Statistics of Race Deterioration in Edwardian England." *Journal of Contemporary History* 17 (1982): 137-164.

Sontag, Susan. *On Photography*. New York: Farrar, Straus & Giroux, 1979.［スーザン・ソンタグ『写真論』近藤耕人訳、晶文社、1979年。］

Spivak, Gayatri Chakravorty. *Can the Subaltern Speak?: In Marxism and the Interpretation of Culture*. Urbana: U of Illinois P, 1988.［ガヤトリ・チャクラヴォルティ・スピヴァク『サバルタンは語ることができるか』上村忠男訳、みすず書房、1998年。］

Stone, Dan. *Breeding Superman: Nietzsche, Race and Eugenics in Edwardian and Interwar Britain*. Liverpool: Liverpool UP, 2002.

——. *Responses to Nazism in Britain, 1933-1939: Before War and Holocaust*. London: Palgrave, 2003.

Stonebridge, Lyndsey. "Anxiety at a Time of Crisis." *History Workshop* 45 (1998): 171-182.

——. *The Destructive Element: British Psychoanalysis and Modernism*. Basingstoke: Macmillan, 1998.

Stopes, Marie. *Married Love: A New Contribution to the Solution of Sex Difficulties*. London: G.P. Putnam, 1918.
Symonds, John Addington. *The Letters of John Addington Symonds*, 3 vols. Ed. Herbert M. Schueller and Robert L. Peters. Detroit: Wayne State UP, 1967.
Tawney, R. H. *Equality*. London: George Allen & Unwin, 1931.
——. *The Radical Tradition*. London: George Allen and Unwin, 1964.
Taylor, D. J. *Orwell: The Life*. London: Chatto and Windus, 2003.
Taylor, Philip M. *British Propaganda in the Twentieth Century: Selling Democracy*. Edinburgh: Edinburgh UP, 1999.
——, ed. *International Encyclopedia of Propaganda*. London: Fitzroy Dearborn, 1998.
"Theatre Museum National Museum of the Performoming Arts." 26 August 2006 <http://www.peopleplayuk.org>.
Thomas, Dylan. *Deaths and Entrances*. 1946. London: Dent, 1971.
Thomas, Sue. *The Worlding of Jean Rhys*. Westport: Greenwood Press, 1999.
Thompson, Andrew S. *The Empire Strikes Back?: The Impact of Imperialism on Britain from the Mid-Nineteenth Century*. London: Longman, 2005.
——. *Imperial Britain: The Empire in British Politics 1880-1932*. Harlow: Pearson, 2000.
Thompson, Edward P. *Out of Apathy*. London: New Left Books, 1960.［E・P・トムスン編『新しい左翼——政治的無関心からの脱出』福田歓一ほか訳、岩波書店、1963年。］
Thorpe, Andrew. *A History of the British Labour Party*. 2nd. ed. Basingstoke: Palgrave, 2001.
Thurman, Judith. *Isak Dinesen: The Life of a Storyteller*. New York: Picador, 1982.
The Times Educational Supplement. 28 Feb. 1918.
Toynbee Hall. *Annual Report*. London: 1886-1918.
Trevilcock, Clive. *The Industrialization of the Continental Powers 1780-1914*. London: Longman, 1992.
Trotter, David. *The English Novel in History 1895-1920*. London: Routledge, 1993.
——. *Paranoid Modernism: Literary Experiment, Psychosis, and the Professionalization of English Society*. Oxford: Oxford UP, 2001.
Viswanathan, Gauri. *Masks of Conquest: Literary Study and British Rule in India*. New Delhi: Oxford UP, 1989.
Webb, Sidney. "The Decline in the Birth-rate." *Fabian Tract* 131 (1907): 21-39.
Weeks, Jeffrey. *Sex, Politics and Society: The Regulation of Sexuality since 1800*. 2nd. ed. London: Longman, 1989.
Wells, H. G. *Ann Veronica*. 1909. London: Penguin, 2005.［H・G・ウェルズ『アン・ヴェロニカの冒険』国書刊行会、土屋倭子訳、1989年。ただし本書においては『アン・ヴェロニカ』と表記］
——. *The Invisible Man*. 1897. London: Penguin, 2005.［H・G・ウェルズ『透明人間』橋本槇矩訳、岩波書店、1992年。］
——. *Love and Mr Lewisham*. 1900. London: Penguin, 2005.
——. *The Time Machine*. 1895. London: Penguin, 2005.［H・G・ウェルズ『タイム・マシン』橋本槇矩訳、岩波書店、1991年。］
——. *Tono-Bungay*. 1909. London: Penguin, 2005.［H・G・ウェルズ『トーノ・バンゲイ』全2巻、中西信太郎、岩波書店、1953年。］
——. *The War of the Worlds*. 1898. London: Penguin, 2005.［H・G・ウェルズ『宇宙戦争』小田麻紀訳、角川書店、2005年。］
Wells, Liz. *Photography: A Critical Introduction*. London: Routledge, 2004.
Wiener, Martin J. *English Culture and the Decline of the Industrial Spirit, 1850-1980*. Cambridge:

Cambridge UP, 1981.［マーティン・J・ウィーナ『英国産業精神の衰退──文化史的接近』原剛訳、勁草書房、1984年。］
Williams, Raymond. *Border Country*. London: Chatto and Windus, 1960.［レイモンド・ウィリアムズ『辺境』小野寺健訳、講談社、1972年。］
───. *Culture and Society*. London: Chatto & Windus, 1958.［レイモンド・ウィリアムズ『文化と社会』若松繁信・長谷川光昭訳、ミネルヴァ書房、1968年。］
───. "The Social Significance of 1926." *Resources of Hope*. London: Verso, 1989. 105-110.
Williams-Ellis, Clough. *England and the Octopus*. 1928. London: Council for the Protection of Rural England, 1996.
Willis, Paul E. *Learning to Labour: How Working Class Kids Get Working Class Jobs*. Farnborough: Saxon House, 1977.［ポール・ウィリス『ハマータウンの野郎ども』熊沢誠・山田潤訳、筑摩書房、1999年。］
Wilson, Edmund. *To the Finland Station: A Study in the Writing and Acting of History*. 1941. London: Penguin, 1991.［エドマンド・ウィルスン『フィンランド駅へ──革命の世紀の群像』全2巻、岡本正昭訳、みすず書房、1999年。］
Windsor, the Duke of. *A King's Story*. 1951. London: Prion Books, 1999.
Woolf, Virginia. *Mrs. Dalloway*. 1925. London: Penguin, 2000.［ヴァージニア・ウルフ『ダロウェイ夫人』丹治愛訳、集英社、1998年。］
───. *Orlando*. 1928. London: Penguin, 2000.［ヴァージニア・ウルフ『オーランドー──ある伝記』川本静子訳、みすず書房、2000年。］
───. *To the Lighthouse*. 1927. London: Penguin, 2000.［ヴァージニア・ウルフ『灯台へ』御興哲也訳、岩波書店、2004年。］
Wynne, Catherine. *The Colonial Conan Doyle: British Imperialism, Irish Nationalism and the Gothic*. London: Greenwood, 2002.
Yoshino, Ayako. "The Edwardian Historical Pageant." Diss. U of Cambridge, 2004.
Ziegler, Philip. *King Edward VIII*. Stroud: Sutton, 2001.
Zizek, Slavoj. *The Sublime Object of Ideology*. London: Verso, 1989.［スラヴォイ・ジジェク『イデオロギーの崇高な対象』鈴木晶訳、河出書房新社、2000年。］

〈邦語文献〉
朝日千尺『D・H・ロレンスとオーストラリア』研究社、1993年。
阿部安成ほか編『記憶のかたち──コメモレイションの文化史』柏書房、1999年。
池田德眞『プロパガンダ戦史』中央公論社、1981年。
井野瀬久美惠「『イギリス的なるもの』への挑戦──衰退の予感と文化の再生」井野瀬久美惠編『イギリス文化史入門』昭和堂、1994年、221-247頁。
オーウェル、ジョージ『一杯のおいしい紅茶』小野寺健編訳、朔北社、1995年。
大石俊一『奨学金少年の文学』英潮社、1987年。
岡倉登志『ボーア戦争』山川出版、2003年。
荻野美穂『生殖の政治学──フェミニズムとバース・コントロール』山川出版社、1994年。
小野二郎『民衆文化のイコノロジー──小野二郎セレクション』平凡社、2002年。
笠井潔『探偵小説論Ⅱ──虚空の螺旋』東京創元社、1998年。
加藤幹郎『ヒッチコック「裏窓」──ミステリの映画学』みすず書房、2005年。
柄谷行人『世界共和国へ──資本=ネーション=国家を超えて』岩波書店、2006年。
川端康雄『オーウェルのマザー・グース──歌の力、語りの力』平凡社、1998年。
河村貞枝『イギリス近代フェミニズム運動の歴史像』明石書店、2001年。

木下誠「D. H. ロレンス『恋する女たち』における柔術と身体文化」武藤浩史・榑沼範久編『運動＋（反）成長──身体医文化論Ⅱ』、慶應義塾大学出版会、2003年、160-180頁。
君塚直隆『女王陛下のブルーリボン──ガーター勲章とイギリス外交』ＮＴＴ出版、2004年。
木村和男編『世紀転換期のイギリス帝国』ミネルヴァ書房、2004年。
草光俊雄『明け方のホルン──西部戦線と英国詩人』みすず書房、2006年。
齋藤一『帝国日本の英文学』人文書院、2006年。
サイード、エドワード『戦争とプロパガンダ』（日本独自の編集）中野真紀子訳、みすず書房、2002年。
清水一嘉・鈴木俊次編『第一次大戦とイギリス文学──ヒロイズムの喪失』世界思想社、2006年。
津金澤聰廣・佐藤卓己編『広報・広告・プロパガンダ』ミネルヴァ書房、2003年。
津高正文『イギリス中等教育改革──コンプリヘンシブ・スクールの成立と展開』広島修道大学総合研究所、1989年。
都築忠七『エドワード・カーペンター伝──人類連帯の予言者』晶文社、1985年。
富山太佳夫『シャーロック・ホームズの世紀末』青土社、1993年。
───『ダーウィンの世紀末』青土社、1995年。
───「出戻りの歴史学」『書物の未来へ』青土社、2003年、106-109頁。
名古忠行『フェビアン協会の研究』法律文化社、1987年。
パーキン、H・J『イギリス高等教育と専門職社会』有本章・安原義仁編訳、玉川大学出版部、1998年。
深井晃子『世界の服飾史』美術出版社、1998年。
見市雅俊「二つのイギリス──三〇年代イギリス社会経済史の再検討」河野健二編『ヨーロッパ──一九三〇年代』岩波書店、1980年、178-212頁。
水谷三公『イギリス王室とメディア──エドワード大衆王とその時代』筑摩書房、1995年。
蓑葉信弘『ＢＢＣイギリス放送協会──パブリック・サービス放送の伝統』東信堂、2002年。
村山敏勝『（見えない）欲望へ向けて──クィア批評との対話』人文書院、2005年。
望田研吾『現代イギリスの中等教育改革の研究』九州大学出版会、1996年。
谷内田浩正「ボディビルダーたちの帝国主義──漱石と世紀転換期ヨーロッパの身体文化」『漱石研究』第5号（1995年）、51-73頁。
山口定『ファシズム』岩波書店、2006年。
山名邦和『概説 イギリス服飾史』関西衣生活研究会、1984年。
山根木加名子『エリザベス・ボウエン研究』旺史社、1991年。
山本武利『ブラック・プロパガンダ──謀略のラジオ』岩波書店、2002年。
吉見俊哉『博覧会の政治学──まなざしの近代』中央公論社、1992年。
四方田犬彦『映画史への招待』岩波書店、1998年。

〈映像〉
『イン・ウィッチ・ウィ・サーヴ』（本書での邦題は『軍旗の下に』）ノエル・カワード&デイヴィッド・リーン監督、ノエル・カワード主演（ＤＶＤ、ジャパン・ホームビデオ、2002年）。
『カヴァルケード』フランク・ロイド監督、ノエル・カワード原作（ＤＶＤ、ＧＰミュージアムソフト、2006年）。
『幸福なる種族』デイヴィッド・リーン監督、ノエル・カワード原作（ＤＶＤ、東北新社、2001年）。
『三十九夜』（本書での邦題は『39階段』）アルフレッド・ヒッチコック監督（ＤＶＤ、ＩＶＣ、2004年）。
『ヘンリー八世の私生活』アレクサンダー・コルダ監督（ＤＶＤ、ＩＶＣ、2003年）。
『ヘンリィ五世』ローレンス・オリヴィエ監督・主演（ＤＶＤ、東北新社、2002年）。
『老兵は死なず』マイケル・パウエル&エメリック・プレスバーガー監督（ＤＶＤ、ファースト・トレーディング、2006年）。

＊映像作品については日本国内で入手可能なもののみ挙げた。

イギリス文化史年表

年	政権・王位	政治・経済
1851-1889 (本書関連事項を中心に)	元首：ヴィクトリア女王 (1837-1901)。政権：1868.2. 第一次ディズレイリ保守党内閣。1868.12. 第一次グラッドストン自由党内閣。1874.2 第二次ディズレイリ保守党内閣。1880. 4. 第二次グラッドストン自由党内閣。1885.6. 第一次ソールズベリ保守党内閣。1886. 2. 第三次グラッドストン自由党内閣。1886. 7. 第二次ソールズベリ保守党内閣。	1851. 第1回万国博覧会（ロンドン）開催。1852. 産業・節約組合法。1853. クリミア戦争（〜1856、英53年に参戦）。1857. インド大反乱（セポイの乱）。婚姻法（裁判による離婚が可能に）。1864. 第一インターナショナル結成。1867. 第二次選挙法改正。1870. アイルランド土地法。第一次既婚女性財産法。初等教育法。1871. 第一次労働組合法。1875. スエズ運河株買収。1875-76. J・チェンバレンのバーミンガム改革。1877.1. ヴィクトリア女王、「インド女帝」即位。1880.12-81.3. 第一次ボーア戦争。1881. 第二次アイルランド土地法。H・M・ハインドマン、民主連盟を結成。1882. 第二次既婚女性財産法。1884. 第三次選挙法改正。1885. 社会主義同盟結成。1886. 第1回アイルランド自治法案提出（否決、自由党分裂）。1887.4. 第1回植民地会議開催。1887.6. ヴィクトリア女王即位50周年記念式典。1888. イギリス東アフリカ会社特許。1889. イギリス南アフリカ会社特許。
1890		5. 第1回メーデー（ロンドン）。12. C・S・パーネル失脚。ベアリング恐慌。初の電力発電所（ロンドン）。
1891		8. 義務教育無償化。10. 自由党「ニューカッスル綱領」（アイルランド自治、上院改革、ウェールズ国教制廃止）。
1892	7. 総選挙。8. 第四次グラッドストン自由党内閣成立。	ケア・ハーディ、国会議員に。
1893		1. ケア・ハーディ、独立労働党結成。9. 第2回アイルランド自治法案提出、下院通過、上院否決。
1894	3. ローズベリ自由党内閣成立。	3. 地方自治体法（地方選挙で男女同権）。4. 蔵相ハーコート相続税改革。7. 日英通商航海条約調印。ウガンダ保護国化。
1895	6. 総選挙、第三次ソールズベリ統一党内閣成立（ジョーゼフ・チェンバレン植民地相）。	5. イギリス南アフリカ会社（1889-）の領土をローデシアと命名。12. ジェイムソン侵攻事件。
1896		1. クリューガー電報事件（独皇帝、ジェイムソン侵攻鎮圧の祝賀電報をトランスヴァール首相に送る）。7. ジェイムソン有罪判決。12. ヴィクトリア女王の介入でジェイムソン釈放。「大不況」(1873-) 終焉。
1897		6.22. ヴィクトリア女王即位60周年記念式典。6-7. 第2回植民地会議開催。10. 女性参政権協会全国同盟（NUWSS）発足。第3回植民地会議。
1898		9. ファショダ事件。浮浪法制定（同性愛・売春への締付け強化）。
1899		5-7. 第1回ハーグ平和会議。10. 第二次ボーア戦争開始（〜1902.5.）。

イギリス文化史年表　331

文　化　・　社　会	世　界
1852. ロンドン初のミュージック・ホール。1851-3. J・ラスキン『ヴェネツィアの石』。1853-4. コレラ大流行。1854.10. ロンドンに労働者学校開校。1859. C・ダーウィン『種の起源』。S・スマイルズ『自助論』。1861. モリス商会発足。ビートン夫人『家政読本』。1865-6. コレラ流行。1867. K・マルクス『資本論』第一巻。1869. M・アーノルド『教養と無秩序』。1873. W・ペイター『ルネサンス』。1882.4. 国際フットボール評議会結成。1884. フェビアン協会発足。トインビー・ホール開館（正式には1885.1.）。1885.『ミカド』初演。刑法修正による同性愛犯罪管理強化。1886. C・ブースのロンドン社会調査開始。1888. C・R・アシュビー、工芸ギルド開設。第1回アーツ・アンド・クラフツ展覧会開催。切り裂きジャック事件。A・C・ドイル『緋色の研究』。R・キプリング『山で起こった平らな話』。	1861-65. 米南北戦争。1868. 日本、明治時代。1869. スエズ運河開通。1870-71. 普仏戦争。1871. パリ・コミューン。ドイツ帝国成立。1876. A・G・ベル、電話機を発明。1877. T・エジソン、蓄音機を発明。1877-78. 露土戦争。1884. 仏・ベトナム条約（インドシナ支配開始）。1884-85. アフリカ分割に関するベルリン会議。1886. C・ベンツ、世界初のガソリン自動車発明。1887. ザメンホフがエスペラント語を草案。エジソンがキネトグラフを発明。1889. パリ万国博覧会開催、エッフェル塔建設。
A・C・ドイル『四つの署名』。J・G・フレイザー『金枝篇』刊行開始。H・M・スタンリー『暗黒のアフリカ』。W・ブース『暗黒のロンドン』。H・エリス『新精神』。S・ウェッブ『イングランドの社会主義』。世界初の電化地下鉄。	
3. H・イプセン『幽霊』英初演。『ストランド・マガジン』創刊。W・モリス、ケルムスコット・プレスを発足。W・モリス『ユートピアだより』。T・ハーディ『テス』。B・ウェッブ『英国協同組合運動』。O・ワイルド『ドリアン・グレイの肖像』、『意向集』。	
A・C・ドイル『シャーロック・ホームズの冒険』。R・キプリング『兵営の歌』。W・B・イェイツ『キャスリーン伯爵夫人』。G・B・ショー『寡婦の家』初演。C・ブース『ロンドン人民の生活と労働』（〜1897）。	
A・C・ドイル『シャーロック・ホームズの回想』。G・ギッシング『余った女たち』。G・エジャトン『キーノーツ』。W・B・イェイツ『ケルトの薄明』。	
『イェロー・ブック』創刊。グラビア印刷術発明。G・デュ・モーリエ『トリルビー』。A・ホープ『ゼンダ城の虜』。R・キプリング『ジャングル・ブック』。O・ワイルド『サロメ』（英語版）。	8. 日清戦争（〜1895.4.）。ニュージーランドで女性参政権。
5. O・ワイルド、同性愛行為により有罪、投獄。H・G・ウェルズ『タイム・マシン』。T・ハーディ『日陰者ジュード』。O・ワイルド『まじめが肝心』初演。M・ノルダウ『退化』。G・マルコーニ、無線電信実験に成功。H・ウッド、初めてのプロムス公演。	リュミエール兄弟『工場の出口』（歴史上最初の映画）。エックス線が発見される。
H・G・ウェルズ『モロー博士の島』。J・M・バリ『感傷屋トミー』。A・E・ハウスマン『シュロプシャーの若者』。E・カーペンター『恋愛論』。『デイリー・メイル』（大衆紙）創刊。	4.6. アテネ五輪開催（第1回夏季オリンピック大会、〜 4.15.）。
B・ストーカー『ドラキュラ』。H・G・ウェルズ『透明人間』。H・エリス『性的倒錯』。S・モーム『ランベスのライザ』。テイト・ギャラリー開館。	
7. サンドウ、『フィジカル・カルチャー』誌創刊。H・G・ウェルズ『宇宙戦争』。I・バード『朝鮮紀行』。O・ワイルド『レディング監獄のバラッド』。	米でペプシ・コーラ。当初は治療薬として処方。
R・キプリング『ストーキーと仲間たち』。A・シモンズ『文学における象徴主義運動』。G・A・スミス『トンネルの中のキス』（映画）。	

年	政権・王位	政治・経済
1900	10.総選挙（「カーキ」選挙）で保守勢力圧勝。	2.労働者代表委員会結成（労働党の前身）。5.ボーア戦争、マフェキング解放。
1901	1.22.ヴィクトリア女王没、エドワード7世即位。	1.自治領オーストラリア連邦結成。ウガンダ鉄道（モンバサ～ヴィクトリア湖間）開通。
1902	7.バルフォア統一党内閣成立	1.日英同盟締結（～1922）。5.第二次ボーア戦争終結。6-8.第4回植民地会議。12.教育法制定。
1903		5.チェンバレン、関税改革構想を提案。10.女性社会政治同盟（WSPU）発足。
1904		4.英仏協商締結。5.南アに中国人労働者導入。8.英遠征隊、チベット、ラサを征圧。9.ラサ条約。
1905	12.キャンベル＝バナマン自由党内閣成立。	3.ダンギャノン・クラブ（シン・フェイン党の前身）発足。8.インド総督G・N・カーゾン退任（1899-）。10.ベンガル分割法。ドレッドノート型戦艦建造開始。女性参政権運動示威行動開始。
1906	1.総選挙で自由党圧勝。	2.労働党、労働者代表委員会から発展的結成。
1907		4.帝国会議（植民地会議を改称）。4.シン・フェイン党発足。6-10.第2回ハーグ平和会議。8.英露協商締結（英・仏・露三国協商成立）。ボーイスカウトの前身となる実験的キャンプ。9.ニュージーランド、帝国内自治領。
1908	4.アスキス自由党内閣成立（蔵相ロイド＝ジョージ、商務相チャーチル）。	6.女性参政権を求めるデモに20万人参加。老齢年金法制定。
1909		4.人民予算案提出。8.防衛についての帝国会議。反諜報活動機関（後のMI5）設立。9.ハンスト中の女性参政権活動への強制摂食開始。
1910	1.総選挙で自由党僅差で勝利。5.エドワード7世没、ジョージ5世即位。総選挙、自由党かろうじて政権維持。	4.人民予算案成立。5.エドワード7世没、ジョージ5世即位。5.31.自治領南アフリカ連邦成立。
1911		8.国会法制定。11.21.ホワイトホールで女性参政権論者による暴動。国民保険法制定。議員歳費法制定。
1912		2.英独海軍交渉失敗。3.女性参政権を下院否決。炭坑労働最低賃金法制定。4.保守党首ボナ・ロー、北アイルランドプロテスタントの自治法反対運動への支持約束。アイルランド自治法案提出。WSPUによる戦闘的女性参政権運動激化。

イギリス文化史年表 333

文化・社会	世界
1. 英国初のガソリンで走るバス。J・コンラッド『ロード・ジム』。A・C・ドイル『大ボーア戦争』。A・C・ドイル『緑の旗ほか戦争とスポーツの物語』。J・M・バリ『トミーとグリゼル』。H・G・ウェルズ『愛とルイシャム氏』。W・チャーチル『ロンドンからプレトリア経由でレディスミスまで』。『デイリー・エクスプレス』(大衆紙)創刊。G・A・スミス『望遠鏡を通して見えるもの』(映画)。J・ウィリアムソン『中国の布教所への攻撃、水兵による救出』(映画)。	6. 中国で義和団事件。その制圧のための共同軍事行動開始。中国半植民地化。7.10. パリ万博開催、パリの地下鉄開通。9.8. 夏目漱石がロンドン留学(〜1903.1)。パリで『ミシュラン案内書』。
2. ホワイトチャペル・アート・ギャラリー開設。10. E・エルガー作曲「威風堂々第1番」初演。12. G・マルコーニ大西洋横断無線電信実験に成功。R・キプリング『キム』。A・C・ドイル『バスカヴィル家の犬』。S・ラウントリ『貧困――都市生活の研究』。P・クロポトキン『相互扶助論』。	スウェーデンでノーベル賞制定。
6. E・エルガー作曲「希望と栄光の国」初演。A・C・ドイル『南ア戦争――原因と行動』。J・M・バリ『小さな白い鳥』。J・コンラッド『闇の奥』。A・ベネット『5つの町のアンナ』。J・A・ホブソン『帝国主義』。FAカップ決勝に11万人の観客。	成層圏の発見。I・P・パブロフ、条件反射を発見。
E・チルダース『砂の謎』。G・B・ショー『人と超人』初演。『デイリー・ミラー』(大衆紙)創刊。ロンドンにタクシー登場。田園都市レッチワース建設。	1.『オズの魔法使い』(ミュージカル)初演。12. ライト兄弟が人類初の動力飛行に成功。
1. 自動車登録制・ナンバープレート導入。12. J・M・バリ『ピーター・パン』初演。J・コンラッド『ノストローモ』。	2. 日露戦争(〜1905.9)。5. FIFA発足(英4協会の加盟は1906年)。オフセット印刷法発明。M・ウェーバー『プロテスタンティズムの倫理と資本主義の精神』。
H・G・ウェルズ『モダン・ユートピア』。C・ヘップワース『ローバーに救出されて』(映画)。ロンドンに最初のバス。	1.9. ロシア、ペトルブルグで血の日曜日事件。S・フロイト『性理論3篇』。A・アインシュタインが特殊相対性理論発表。
A・J・ペンティ『ギルド組織の復興』。G・B・ショー『医者のジレンマ』初演。	9. M・ガンジーが南アで非暴力抵抗運動を組織。南満州鉄道株式会社設立。
E・グリン『三週間』。E・M・フォースター『ロンゲスト・ジャーニー』。R・キプリング、ノーベル文学賞受賞。J・リース、ドミニカ島からイギリスへ移住。初の専門映画館設立(〜1908)。	フランスで初の漫画映画『ファンタズマゴリー』制作。UP通信社設立。
5-10. 英仏博覧会。7. ロンドン・オリンピック。E・カーペンター『中間の性』。R・ベイデン=パウエル『スカウティング・フォー・ボーイズ』。A・ベネット『老妻物語』。E・M・フォースター『眺めのいい部屋』。ノースクリフ卿、『タイムズ』紙買収。	4. 第1回国際精神分析学大会。7. 米で捜査局(BOI)設立(1935年にFBIに改称)。8. ゼネラル・モーターズ(GM)社設立。米で映画特許権会社設立。T型フォードの発明。
6. ヴィクトリア&アルバート美術館開館(前身の産業博物館は1852年に設立)。H・G・ウェルズ『トーノ・バンゲイ』。H・G・ウェルズ『アン・ヴェロニカ』。W・ベヴァリッジ『失業』(国民保険論)。	
2. J・ゴールズワージー『正義』初演。11.「マネとポスト印象主義の画家展」R・フライがロンドンで開催。炭坑夫スト。12. ロンドン・パレイディアム開館。E・M・フォースター『ハワーズ・エンド』。	3. ハレー彗星接近(〜1910.5)。11. メキシコ革命始まる。
6-8. 海員、港湾労働者、鉄道員スト。J・M・バリ『ピーターとウェンディ』。O・シュライナー『女性と労働』。H・エリス『人種再生問題』。F・ベンソン『リチャード3世』(映画)。チャーター・フィルム確立。	9. 伊土戦争(〜1912.10)。12.14. R・アムンゼン南極点に到達。ハリウッドで最初の映画スタジオ建設。
1. 炭坑夫スト。4. タイタニック号遭難。7.1. ミュージック・ホールのロイヤル・パフォーマンス開催。10. 第2回ポスト印象派展。H・ベロック『奴隷の国家』。『デイリー・ヘラルド』(左翼系)創刊。C・ヘップワース『オリヴァー・トゥイスト』(映画)。	1. 中華民国成立。5. 世界一周連絡運輸開始。10. 第一次バルカン戦争勃発。12. 三国同盟(独墺伊)更新(1915年に伊により破棄)。米でラグタイムが流行。

年	政権・王位	政治・経済
1913		5.6. 下院が再び女性参政権を否決。11. アイルランド義勇軍（IRAの前身）結成。労働組合法制定。
1914		5.10. ロンドンで女性参政権論者による暴動。8.4. ドイツに対し宣戦布告。8. 国土防衛法（DORA）制定。9. アイルランド自治法成立（但し、実施は戦後まで延期）。10. 第一次イーペルの戦い。国民救済基金制定。
1915	5. アスキス連立内閣成立（ロイド＝ジョージ軍需相）。	4. 第二次イーペルの戦い（毒ガス初使用）。ガリポリ上陸作戦開始。5.7 英客船ルシタニア号沈没。5.31 独飛行船ツェッペリン、初のロンドン空襲。10. フサイン＝マクマホン協定締結。G・D・H・コール、全国ギルド連盟結成。
1916	12. ロイド＝ジョージ連立内閣成立	1. 徴兵法（独身男性）。4. アイルランドでイースター蜂起。5. 徴兵法修正（含既婚男性）。サイクス＝ピコ協定締結。7. 国土防衛法規則40Bによりアヘンとコカインの規制。7.1 ソンムの戦い開始。9. ソンムで戦車初使用。
1917		7. 第三次イーペルの戦い。7. 王室、ドイツ系の姓からウィンザー家に改姓。11.2. バルフォア宣言（ユダヤ人国家建設を約束）。
1918	12. 総選挙（初の普通選挙、600万人の女性が投票、シン・フェイン党がアイルランドで四分の三の議席）、ロイド＝ジョージ連立内閣派が大勝。	2. 第四次選挙法改正成立（30歳以上の女性に参政権）。第一次情報省設立。4. 空軍創設。8. 教育法（14歳以下の義務教育除外例を廃止）。労働党、初の政策綱領『労働党と新社会秩序』作成。
1919		1. シン・フェイン党、アイルランド独自の国会を設立。2. 石炭産業調査委員会設置（その報告書は石炭国有化に傾斜）。3. インドでローラット法（治安維持法）。4.6. M・ガンジーが第一次非暴力・不服従運動を開始。4.13. アムリットサルの虐殺。12.（州政府に一部自治を容認する）インド統治法実施。
1920		4. パレスチナ、メソポタミア、英委任統治領に。7. 英共産党設立。9. 危険薬物法施行。12. アイルランド統治法制定（南北に分離）。ケニア、イギリス保護領から植民地に。インドでガンジー指導下の不服従運動拡大。全国建築ギルド結成（〜1923）。
1921		4.「ニューボルト・リポート」。6. 帝国会議開催（ロンドン）。11. 英皇太子、インド訪問時に反英運動に遭遇。12. 日英同盟破棄、四ヶ国条約調印。アングロ＝アイルランド条約調印。
1922	10. ボナ・ロー保守党内閣成立。11. 総選挙、保守党勝利、労働党躍進。	4. 帝国移民法。4-5. ジェノヴァ国際経済会議（金為替本位構想提起）。6. アイルランド内戦へ（〜1923.6.）。12. アイルランド自由国憲法発効。
1923	5. 第一次ボールドウィン保守党内閣成立。12. 総選挙、保護関税・移民奨励政策の保守党苦戦、労働党さらに躍進。	7. 婚姻法（離婚理由の男女同権確立）制定。10. ロンドンで帝国会議、自治領の外交交渉権を認める。
1924	1. 第一次マクドナルド労働党内閣成立。10. キャンベル事件で労働党内閣辞職。総選挙ジノヴィエフ書簡事件で労働党攻撃、保守党勝利。11. 第二次ボールドウィン保守党内閣成立（チャーチル蔵相）。	2.1. ソヴィエト政権を承認。8. ドーズ案（ドイツ経済再建計画）採択。二国間条約締結を目指して英露会談。9. マクドナルド首相、国際連盟の会議に参加、国際紛争の平和的解決を目ざすジュネーヴ議定書を提案。

イギリス文化史年表　335

文 化 ・ 社 会	世 界
D・H・ロレンス『むすこ・こいびと』。G・B・ショー『ピグマリオン』ウィーンで初演（英初演は翌年）。イギリス映画検閲委員会設立。W・バーカー『イースト・リン』、『ヴィクトリア女王の在位60年』（映画）。C・ヘップワース『ハムレット』、『デイヴィッド・コパーフィールド』（映画）。	5. ロシア・バレエ団『春の祭典』初演（パリ）。6. 第二次バルカン戦争勃発。C・チャップリン、米で映画俳優デビュー。米パラマウント社設立。M・プルースト『失われた時を求めて』刊行開始。E・R・バローズ『類人猿ターザン』。米でブラジャー特許。M・サンガー『産児制限』刊行。
4. ジェフリー・ミュージアム、ロンドンのショーディッチに開設。6. J・ジョイス『ダブリンの人びと』。I・ディーネセン、ケニアに移住（～1931.8.）。	6.28 オーストリア皇太子暗殺（サラエボ事件）。7.28. 第一次世界大戦勃発（～1918.11.11）。
9. D・H・ロレンス『虹』（すぐ発禁）。F・M・フォード『りっぱな兵士』。J・バカン『39階段』。S・モーム『人間の絆』。映画配給組合が組織される。A・C・ドイル『恐怖の谷』。	D・W・グリフィス『国民の創生』（アメリカ映画初の超大作）。
J・ジョイス『若い芸術家の肖像』。B・ラッセル『社会再建の諸原則』。ビーヴァーブルック卿、『デイリー・エクスプレス』（大衆紙）買収。	A・アインシュタインが一般相対性理論を発表。S・フロイト『精神分析入門』（～1917）。D・W・グリフィス『イントレランス』（映画）。
T・S・エリオット『プルーフロックとその他の意見』。工場労働の女性は短髪を奨励され、ショートカットが広く受け入れられる。	2.23. ロシアで二月革命。4.6 アメリカ合衆国、ドイツに宣戦布告。11.17. ロシアで十月革命。
3. M・ストープス『結婚愛』。11. 女優ビリー・カールトン薬物死。L・ストレイチー『著名なヴィクトリア朝人たち』。『サンデー・エクスプレス』（大衆紙）創刊。秋にスペイン風邪（新型流感）大流行。	11.11. 第一次世界大戦終結。ハプスブルク王朝消滅。米ワーナーブラザーズ社設立。
10. E・エルガー『チェロ協奏曲』（音楽）初演。S・モーム『月と六ペンス』。S・ローマー『麻薬――チャイナタウンと薬物取引の物語』。E・M・ハル『ニーク』。J・M・ケインズ『平和の経済的帰結』。	1. パリ講和会議開催（1.18～6.28）。4. W・グロピウスら、ワイマールにバウハウス設立。5. 中国で五・四運動。6.28. ヴェルサイユ講和条約調印。ユナイティッド・アーティスツ設立。G・W・グリフィス『散り行く花』（映画）。
D・H・ロレンス『恋する女たち』。A・クリスティ『スタイルズ荘殺人事件』。H・G・ウェルズ『世界文化史』。アメリカのバンドツアーとジャズの流行。女性の服が中性的（乳房を強調しない筒状）に。	1.10. 国際連盟正式成立。1. 米、禁酒法施行（～1933）。6. 第1回ダダ国際展覧会（ベルリン）。12. S・フロイト『快感原則の彼岸』。R・ヴィーネ『カリガリ博士』（映画）。モスクワで構成主義宣言。
3. M・ストープス、産児制限クリニック開業。4. 炭坑夫スト、三重同盟（鉄道、運輸）の同情ストの危機。C・チャップリン『キッド』（映画）。ナイトクラブの流行（特にロンドン）。	2-3. クロンシュタットの暴動。6. A・ヒトラー、ナチス党党首。11. ワシントン会議開催。I・ダンカン、モスクワで踊る。NYでアメリカ産児制限連盟設立。
2. J・ジョイス『ユリシーズ』。10. 英国放送会社（British Broadcasting Company）開局。T・S・エリオット『荒地』（詩）。B・ラッセル『中国の問題』。F・ルガード『英領アフリカの二重統治』（植民地教育政策の提唱）。	4. I・スターリン、党書記長。9. トルコ・ギリシア間抗争。10. ムッソリーニのローマ進軍、ファシズム政権成立。12. ソビエト社会主義共和国連邦成立（～1991）。O・シュペングラー『西洋の没落』。米、ジャズ・エイジ絶頂。
9.『ラジオ・タイムズ』創刊。D・セイヤーズ『誰の死体？』。D・H・ロレンス『カンガルー』。ビーヴァーブルック卿、『イブニング・スタンダード』（大衆紙）買収。	3. NYで『タイム』誌創刊。8. 独マルク大暴落。10. トルコ共和国成立。11.8. A・ヒトラー、ミュンヘン一揆。G・ルカーチ『歴史と階級意識』。
1. リチャード・ヒューズ『危険』（初のラジオ用戯曲）。4-11. 大英帝国博覧会開催。6. E・M・フォースター『インドへの道』。7. E・エルガー作曲『帝国野外劇』（パジェント）初演。11. N・カワード『渦巻き』初演。M・アーレン『グリーン・ハット』。ゲインズバラ・ピクチャーズ誕生。クロスワード、新聞に初登場。	1. V・レーニン死去。2. イタリアがソヴィエト政権を承認。4. イタリア総選挙でファシスタ党勝利。5. 米、割当移民法。10. フランスがソヴィエト政権を承認。A・ブルトン『シュールレアリスム第一宣言』。T・ツァラ『七つのダダ宣言』。孫文『三民主義』。T・マン『魔の山』。

年	政権・王位	政治・経済
1925		4.28. 金本位制に復帰。寡婦・孤児・老齢年金拠出法制定。12. ロカルノ条約調印。
1926		3. サミュエル報告書（炭鉱業再編、政府補助金中止、賃金削減を提言）を首相が受諾。炭坑夫はこれを拒絶してストライキへ。5.1 労働組合会議（TUC）は炭坑夫を全面的に支持。5.3-12 ゼネスト。5. 帝国通商局設置（～1933.9.）。10. 帝国会議にてバルフォア報告書採択（英本国と自治領の地位は平等に）。10. ハドー・レポート。11. 炭坑夫スト中止。
1927		5. ソ連と国交断絶。6. 労働争議及び労働組合法（ゼネストの禁止）。12. 映画法成立。
1928		7. 第五次選挙法改正成立（21歳以上の女性に参政権）。8. ケロック＝ブリアン不戦条約。自治領省設立。
1929	5. 総選挙、労働党大躍進。6. 第二次マクドナルド労働党内閣成立。	3. 救貧法制度廃止。10. ソ連との国交回復。
1930		3. ガンジー、非暴力・不服従運動再開。4. ロンドン海軍軍縮条約。6. サイモン委員会報告書。12. インド問題で円卓会議開始。世界恐慌下で失業者数増大し、250万人を超える。
1931	8. マクドナルド内閣分裂・辞職。マクドナルド挙国内閣成立。10. 総選挙、マクドナルド挙国内閣圧勝、続投。	3. ガンジー、不服従運動中止、円卓会議に協力。O・モーズリー、新党結成を画策し、労働党追放。9. 蔵相、失業手当削減を発表、金本位制停止。12. ウェストミンスター憲章布告。ポンド危機。インド、ニューデリー完成。
1932	2-3. アイルランド総選挙、民族主義的なE・デヴァレラが首相に。	1. インド国民会議派、非合法化、ガンジー逮捕。2. 保護関税法導入、自由貿易体制からの離脱。7. オタワで帝国経済会議、帝国特恵関税制度導入。10. O・モーズリー、英国ファシスト連合（BUF）結成。10-11. 全国失業者、ロンドンへ飢餓行進。
1933		6. ロンドンで世界経済会議。8. チャーチル、ドイツ再軍備を警告する最初の演説。
1934		2. 不況地帯からロンドンに向けての「飢餓行進」。5. 失業法制定。6. O・モーズリー、ロンドンで大規模集会。10. ピースプレッジ運動始まる。スコットランド国民党結成。

イギリス文化史年表　337

文化・社会	世界
5. V・ウルフ『ダロウェイ夫人』。10. ロンドン・フィルム・ソサエティ第1回上映会。J・M・ケインズ『貨幣論』。C・チャップリン『黄金狂時代』（映画）。女性の断髪流行。	1. ムッソリーニが独裁を宣言。4. 日本、治安維持法公布。5. B・クローチェ、反ファシズム知識人宣言。中国で五・三〇事件。7. A・ヒトラー『我が闘争』。12. ソ連、一国社会主義理論採択。S・エイゼンシュテイン『戦艦ポチョムキン』（映画）。L・トロツキー『文学と革命』。
9. メラニー・クライン、ロンドンに移住。A・ヒッチコック『下宿人』（映画）。J・グリアソン、「ドキュメンタリー」という語を「記録映画」の意味で初めて使用。D・H・ロレンス『羽鱗の蛇』。T・E・ロレンス『知恵の七柱』。A・A・ミルン『くまのプーさん』。	11. イタリアで、A・グラムシ逮捕。E・ヘミングウェイ『日はまた昇る』。E・ウィルソン『アクセルの城』。F・ラング『メトロポリス』（映画）。ドイツでユースホステル誕生。ドイツ、国際連盟加盟。
1. 英国放送会社が英国放送協会（British Broadcasting Corporation）に改組。ロンドン・ニューヨーク間商業無線電話開通。5. V・ウルフ『灯台へ』。J・グリアソン『流網船』（映画）。	4. パラマウント・ニュース第1号。5. C・リンドバーグ、大西洋無着陸単独飛行。10. 『ジャズ・シンガー』（初の有声映画）。M・ハイデガー『存在と時間』。W・ハイゼンベルク、不確定性原理。T型フォード車生産1500万台突破。
3. 『渦巻き』（映画、N・カワード原作）。7. D・H・ロレンス『チャタレー夫人の恋人』。R・ホール『孤独の泉』。10. V・ウルフ『オーランドー』。A・ハクスリー『恋愛対位法』。S・モーム『秘密諜報部員（アシェンデン）』。E・ウォー『大転落』『ふしだらな女』（映画、A・ヒッチコック監督、N・カワード原作）。A・アスキス『地下鉄』（映画）。	10. ソ連、第一次五ヵ年計画開始。L・ブニュエル『アンダルシアの犬』（映画）。11. 米でミッキー・マウスが『蒸気船ウィリー』（アニメーション映画）に初登場。A・ブルトン『ナジャ』。近代建築家国際会議（CIAM）、スイスで発足。
J・B・プリーストリー『良き仲間たち』。J・グリアソン『流し網漁船』（映画）。A・ヒッチコック『恐喝』（英国初有声映画）。ロンドンで性改善世界同盟の国際会議開催。『リスナー』創刊。A・フレミング、ペニシリン発見。	1. L・トロツキー（1927年党除名）を国外追放。スターリン体制完成。5. 米で第1回アカデミー賞。10. NY株式市場大暴落、世界恐慌。E・M・レマルク『西部戦線異常なし』。
T・S・エリオット『灰の水曜日』（詩）。A・クリスティ『牧師館殺人事件』。F・R・リーヴィス『大衆文明と少数文化』。J・M・ケインズ『貨幣論』。	7.13. 第1回FIFAワールド・カップが開催される（〜7.30）。8. カナダで第一回大英帝国競技会開催される。S・フロイト『文化への不満』。
10. N・カワード『カヴァルケード』初演。W・ルイス『ヒトラー』。V・ウルフ『波』。C・チャプリン『街の灯』（映画）。	9. 満州事変勃発。E・シャレル『会議は踊る』（映画）。L・ザガン『制服の処女』（映画）。W・ベンヤミン『写真小史』。ナイロン発明。ル・コルビュジェ、ポワッシーのサヴォア邸完成。
4. Q・D・リーヴィス『小説と読者層』。5. 『スクルーティニー』（雑誌）創刊。12. 国王初のクリスマス・ラジオ放送。12. BBC、海外放送（Empire Service）を開始。A・ハクスリー『すばらしい新世界』。ダフ・クーパー『タレイラン評伝』。『ミュージック・ホール』（ラジオ番組、〜1952）。初のテレビ実験放送。J・チャドウィック、中性子発見。J・コッククロフトとE・ウォルトン、人工的核分裂を実現。	2（〜1934.5）ジュネーヴ軍縮会議。7. ドイツでナチス党が第一党となる。12. 米失業者1500万人。E・グールディング『グランド・ホテル』（映画）。R・クレール『巴里祭』（映画）。W・ディズニー、アカデミー特別賞受賞。H・ベルクソン『道徳と宗教の二源泉』。独で最初のアウトバーン開通。
1. 『カヴァルケード』（映画、N・カワード原作）。G・オーウェル『パリ・ロンドン放浪記』。『良き仲間たち』（映画、J・B・プリーストリー原作）。A・コルダ『ヘンリー8世の私生活』（映画）。英国映画協会（BFI）設立。『イン・タウン・トゥナイト』（ラジオ番組、〜1960）。	1. A・ヒトラー、首相就任、ナチス政権獲得。3. ワイマール共和国崩壊。米、ニューディール政策。4. ナチス政権のユダヤ人迫害開始。7. バウハウス閉鎖。10. 独、ジュネーヴ軍縮会議と国際連盟脱退。ソ連、集団農場化失敗で大飢饉。
4. ブリンプ大佐、『イヴニング・スタンダード』紙に登場。9. 『歩きながら歌おう』（映画、J・B・プリーストリー脚本）。A・クリスティ『オリエント急行殺人事件』。A・トインビー『歴史の研究』。	1. ソ連、第二次五ヵ年計画発表。9. ソ連、国際連盟加盟。L・リーフェンシュタール『意志の勝利』（ナチス党大会記録映画）。H・ミラー『北回帰線』。

年	政権・王位	政治・経済
1935	6. 第三次ボールドウィン挙国内閣成立。11. 総選挙、ボールドウィン内閣続投。	4. ストレーザ会議で、英仏伊の対独共同戦線結成。6. 英独海軍協定締結。国際連盟協会の和平投票。8. インド新統治法成立。10. 国際連盟によるイタリア制裁を支持。12. ホーア・ラヴァル協定への世論批判により、ホーア外相辞任。
1936	1.20. ジョージ5世没、エドワード8世即位。12.10. エドワード8世退位、ジョージ6世即位。	4. 政府、大規模な建艦計画を発表。ロンドンでスペイン内戦不干渉委員会の開催、スペイン内戦に対して不干渉政策採択。8. 英エジプト条約調印。10-11. 失業者のジャロウ飢餓行進。
1937	5. ネヴィル・チェンバレン挙国内閣成立。	1. 共産党と独立労働党で、労働党と組んだ反ファシズム共同戦線の道を探るが、労働党は応えず。3. 帝国会議で、防衛問題協議。6. ウィンザー公、W・シンプソンと結婚。7. 政府報告書、パレスチナ分割案発表。8. 婚姻法改正（離婚成立理由の拡大）。12. アイルランド自由国、国名をエールに変更、英連邦には留まるものの、国王への忠誠宣言廃止。
1938		2. 宥和政策に反対してイーデン外相辞任。4. 英伊協定調印、英国=アイルランド協定調印。9. ミュンヘン会談。チェンバレン首相、対独宥和政策（ドイツによるチェコスロヴァキアのズデーテン地方併合承認される）。11. 英米貿易協定調印。
1939	9. チャーチル、海軍大臣。	2. 英・仏、スペインのフランコ政権を承認。3. 英、ポーランドと相互扶助条約調印。4. 徴兵制導入。9.3. 独に対し宣戦布告。9. 全国民登録に続いて、IDカード制導入。第二次情報省設立、アイルランドは中立宣言。
1940	5. チャーチル挙国一致内閣成立（労働党E・ベヴィンは労働大臣として入閣）。	5. 英国政府、英国ファシスト連合の活動を禁止。5-6. 英軍、ダンケルクから撤退成功。7. 英本土航空決戦（通称「ブリテンの戦い」）。9. ロンドン大空襲（〜1941.5.）、空襲は全国各地に及ぶ。
1941		3. 武器貸与法。7.12. 英ソ相互援助協定締結。8. チャーチルとローズベルト、大西洋憲章発表。12. 国民兵役法で、女性も徴用の対象に。12.25. 香港陥落。
1942		2. 日本軍により、シンガポール陥落。12. 北アフリカ、エルアラメインの戦いで勝利。ベヴァリッジ報告書発表（W・H・ベヴァリッジ『社会保険および関連サービス』）。
1943		1. カサブランカ会談。2. 下院でベヴァリッジ報告書討議。4. コモンウェルス党、補欠選挙勝利。8. 第一次ケベック会談。11. カイロ会談、テヘラン会談。

イギリス文化史年表　339

文 化 ・ 社 会	世 界
2. R・ワトソン＝ワット、レーダー実験成功。6.『顔を上げて笑おう』（映画、J・B・プリーストリー脚本）。G・オーウェル『牧師の娘』。G・オーウェル『ビルマの日々』。G・デンジャーフィールド『リベラル・イングランドの奇妙な死』。ペンギン・ブックス創刊。S・ローラント『私はヒトラーの囚人だった』。A・ヒッチコック『39階段』（映画）。	2. 米のデュポン社がポリマー66（ナイロン）を発明。3.16. A・ヒトラーがヴェルサイユ条約破棄、独の再軍備を宣言。7. 仏でフランス人民戦線が結成される。9. 独でユダヤ人迫害強化。10. イタリア、エチオピア侵略。W・ベンヤミン『複製技術時代の芸術』。
5. レフト・ブック・クラブ設立。11. テレビ定期放送開始。M・ケインズ『雇用・利子および貨幣の一般理論』。C・チャップリン『モダン・タイムズ』（映画）。J・グリアソン（製作）『ナイト・メイル』（映画：オーデン詞、ブリテン曲）。J・グリアソン（製作）『石炭切羽』（映画）。	3. ドイツ、ラインラント進駐。5. イタリ軍、エチオピアのアジスアベバを占領。7. スペイン領モロッコでフランコ将軍蜂起、スペイン内戦勃発。8. ベルリンオリンピック開催。9. スターリンによる大粛清始まる（～1938）。
3. G・オーウェル『ウィガン波止場への道』。10.6.「ミニヴァー夫人」、『タイムズ』紙コラムに登場（～1939.12.28）。11. I・ディーネセン『アフリカを去る』（英語版）。12.『ミー・アンド・マイガール』（ミュージカル）。W・H・オーデン「スペイン」（詩）。マス・オブザーヴェイション開始。H・ウィルコック『偉大なるヴィクトリア女王』（映画）。	4. ナチス・ドイツがスペイン北部の町ゲルニカを爆撃。5. 日中戦争開始。ヒンデンブルク号爆発事故。6. スペイン、人民戦線崩壊。11. 日独伊三国防共協定。パリ万博でピカソ『ゲルニカ』展示。独各地で「退廃美術展」。
4. G・オーウェル『カタロニア讃歌』。FAカップ決勝TV初放映。5. 大英帝国博覧会開催。10.『ピクチャー・ポスト』創刊。A・アスキス『ピグマリオン』（映画）。H・ウィルコックス『60年間の栄光の日々』（映画）。A・ヒッチコック『バルカン超特急』（映画）。『バンド・ワゴン』（ラジオ番組、～1939）。	3. ドイツ、オーストリア併合。4. L・リーフェンシュタール『民族の祭典』（映画）。10.30. 米でO・ウェルズ演出のラジオドラマ『宇宙戦争』を放送、全米が大パニック。11.9-10. ドイツで「水晶の夜」事件。ビロ兄弟、ボールペン発明。
9-11 J・B・プリーストリー『人びとよ、歌声をあげよう』（ラジオ小説）。J・ストラザー『ミニヴァー夫人』。J・ジョイス『フィネガンズ・ウェイク』。J・リース『真夜中よ、おはよう』。E・H・カー『危機の二十年』。H・ニコルソン『外交』。『またあの男だ（ITMA）』（ラジオ番組、～1949）。	3. ドイツ、チェコに侵攻。4. フランコによるスペイン内戦終結宣言。8.23. 独ソ不可侵条約締結。9.1. ドイツ軍ポーランド侵攻、第二次世界大戦勃発。9.「ホーホー卿」の反英プロパガンダ放送開始（～1945）。
6-10. J・B・プリーストリー『ポストスクリプツ』（ラジオ番組、同年出版）。A・ケストラー『真昼の暗黒』。G・グリーン『権力と栄光』。『働くあなたに音楽を』（ラジオ番組、～1967）。C・チャップリン『独裁者』（映画）。C・S・ルイス『痛みの問題』。	4. ドイツ軍、デンマーク、ノルウェーに侵攻。ドイツ軍、オランダ、ベルギー、フランスに侵攻。6. イタリアが、英・仏に宣戦布告。9. 日独伊三国同盟。
1-3.『ポストスクリプツ』再開（ラジオ番組）。3. V・ウルフ、入水自殺。8. G・オーウェル、BBC勤務開始（～43.11）。V・ウルフ『幕間』。G・オーウェル『ライオンと一角獣』。『ブレインズ・トラスト』（ラジオ番組）。ヴィラ・リン『シンシアリー・ユアーズ』（ラジオ番組）。『労働者の遊び時間』（ラジオ番組、～1964）。	6. ドイツ、独ソ不可侵条約を破棄、ソ連に侵攻。7. ドイツ、ソ連地区ユダヤ人虐殺本格化。9. 独軍、レニングラード（現ペテルブルク）を包囲。10. 独軍、モスクワ攻撃開始。12. 太平洋戦争勃発、アメリカ合衆国参戦。E・フロム『自由からの逃走』。J・バーナム『管理者革命』。
4.『人びとよ、歌声をあげよう』（映画、J・B・プリーストリー脚本）。9. N・カワード『幸福なる種族』初演。N・カワード、D・リーン『軍旗の下に』（映画）。『老兵は死なず』（映画）。『ミニヴァー夫人』（映画、J・ストラザー原作）。C・S・ルイス『悪魔の手紙』。	1. ナチス、ヴァンゼー会議（欧州ユダヤ人殲滅を決定）。ユダヤ人大量虐殺本格化。5. ビルトモア綱領（シオニストのユダヤ国家建設決議）。6. ミッドウェー海戦で日本大敗。米、マンハッタン計画（原爆製造）に本格着手。9. ドイツ軍の東進止まる、スターリングラードの戦い。
T・S・エリオット『四つの四重奏』。A・ヒッチコック『疑惑の影』（映画）。	7. B・ムッソリーニ、失脚、逮捕。9. イタリア、連合国に無条件降伏。B・ブレヒト『ガリレオの生涯』初演。J・P・サルトル『存在と無』。

年	政権・王位	政治・経済
1944		6.ドイツV-1ロケットのロンドン攻撃。8.バトラー教育法、ダンバートン・オークス会議。9.ドイツV-2ロケットのロンドン攻撃。10.モスクワ会談。
1945	5.チャーチル戦時挙国一致連立内閣解消、チャーチル保守党選挙管理内閣。7.総選挙で労働党大勝、アトリー労働党内閣（ベヴィン外相、ベヴァン厚生相）。	2.ヤルタ会談。英米によるドレスデン大空襲。4.英軍、ベルゼン強制収容所を占領。6.家族手当法。7.ポツダム会談。
1946		3.イングランド銀行国有化。チャーチル、「鉄のカーテン」演説。7.パン配給制開始。8.国民保険法制定。10.内閣秘密委員会GEN75で核兵器独自開発決定。11.国民保健サーヴィス法制定。
1947	11.S・クリップス、蔵相に。	1.石炭、電信・電話国有化。2-3.燃料・食料危機。3.ダンケルク条約。7.ポンド自由交換（8.20に中止）。8.アトリー、ポンド防衛のための緊縮経済政策を発表。インド・パキスタン、分割独立。
1948		1.鉄道国有化。1.ガンジー暗殺。3.西欧五ヶ国（ブリュッセル）条約。4.電力国有化。5.パレスチナの委任統治終了・撤退。長距離道路輸送国有化。7.国民保健サーヴィス制度開始。英国国籍法発効。ガス国有化。9.ポンド、30％切り下げ。
1949		4.アイルランド、共和国となり、英連邦から離脱。11.鉄鋼国有化法制定。
1950	2.総選挙、労働党辛勝、アトリー内閣続投。10.H・ゲイツケル、蔵相に。	6.アトリー、北朝鮮を非難する国連決議支持。7.アトリー、共産主義者の組合潜入活動を非難。8.英軍、韓国に到着。12.アトリー訪米、トルーマンと会談、朝鮮戦争での米国の核兵器使用を抑制。
1951	10.総選挙で保守党が僅差で勝利、第二次チャーチル保守党内閣成立。	2.鉄鋼業国有化。4.軍拡に伴う国民保健サーヴィスの一部有料化案をめぐって内閣分裂。9.サンフランシスコ講和会議（対日講和条約調印）。
1952	2.6.ジョージ6世没、エリザベス2世即位。	2.国民IDカード廃止。10.オーストラリア沖で、英国初の核実験。12.ロンドン・スモッグ事件、大気汚染で数千人死亡。
1953		
1954		
1955	4.イーデン保守党内閣成立。	
1956		

イギリス文化史年表　341

文化・社会	世界
5.『幸福なる種族』(映画、N・カワード原作)。L・オリヴィエ監督・主演『ヘンリー5世』(映画)。	6. 連合軍ローマ入城。ノルマンディー上陸作戦開始。8. ワルシャワ蜂起。連合軍パリ入城。10. レイテ沖海戦。ストレプトマイシン発見。遺伝物質としてのDNA発見。
6. B・ブリテン『ピーター・クライムズ』(オペラ)初演。8. G・オーウェル『動物農場』。E・ボーエン『悪魔の恋人』。E・ウォー『ブライズヘッドふたたび』。A・ケストラー『ヨガ行者と人民委員』。D・リーン『逢びき』(映画)。	4. H・トルーマン大統領に。A・ヒトラー自殺。5. ドイツ、無条件降伏。8. アメリカ合衆国、広島、長崎に原爆投下。日本、無条件降伏、第二次世界大戦終結。米ソ冷戦始まる(〜1989)。M・カルネ『天井桟敷の人々』。
7. テレビ放送再開(1939年に中止)。10. J・B・プリーストリー『夜の来訪者』初演。アーツ・カウンシル設立(前身は1940年設立)。D・トマス『死と入り口』(詩)。	2. 世界初の電子計算機「エニアック」公開。10. 国際連合発足。ニュルンベルク国際軍事裁判判決(12人死刑)。11.3. 日本国憲法公布。12. インドシナ戦争勃発。
M・ラウリー『火山の下で』。C・チャップリン『殺人狂時代』(映画)。8. エディンバラ芸術祭開始。	3. トルーマン・ドクトリン(反共対外援助)。6. マーシャル・プラン(米国の欧州復興計画)。9. 米で国防総省と中央情報局が発足。共産圏でコミンフォルム創設。11. 国連総会でパレスチナの分割案可決。
1. 英国初のスーパーマーケット(ロンドン生協)。4. ロンドン・オリンピック開催。G・D・H・コール『地方政府』。G・グリーン『事件の核心』。F・R・リーヴィス『偉大なる伝統』。E・ウォー『ラヴド・ワン』。T・S・エリオット『文化の定義に向けて』。T・S・エリオット、ノーベル文学賞受賞。	1. GATT(自由貿易のための多国間取り決め)発効。5. イスラエル建国、パレスチナ戦争(第一次中東戦争)。6. ソ連、ベルリン封鎖。11. 極東国際軍事裁判判決。12. 国連で世界人権宣言採択。中国人民解放軍、北京入城。
6. G・オーウェル『一九八四年』。T・S・エリオット『カクテル・パーティ』初演。E・ボウエン『日盛り』。『グーン・ショー』(ラジオ番組、〜1960)。	4. 西側12ヶ国、北大西洋条約調印(8.24発効)。9. ソ連が核兵器の保有を宣言。10.1. 中華人民共和国成立。10.7. ドイツの東西分裂が確定。
12. B・ラッセル、ノーベル賞受賞。G・グリーン『第三の男』。D・レッシング『草が歌っている』。C・S・ルイス「ナルニア国ものがたり」シリーズ刊行開始(〜1956)。	1. トルーマン大統領、原子力委員会に水爆製造を命令。5. シューマン・プラン。6. 朝鮮戦争勃発。米、ローゼンバーグ事件。米でマッカーシズム、赤狩り。
5-9. イギリス祭開催。G・グリーン『情事の終わり』。C・チャップリン『ライムライト』(映画)。	9. 日米安全保障条約調印。10. NHKテレビ放送開始。
	ヨーロッパ石炭鉄鋼共同体(ECSC)発足。S・ベケット『ゴドーを待ちながら』(仏語版、仏初演は53年)。
ジョン・ウェイン『急いで下りろ』。戴冠式TV放映。	3. I・スターリン死去。8. ソ連、水爆実験に成功。9. ソ連共産党第一書記にN・フルシチョフ就任。A・C・キンゼー『女性の性生活』。
W・ゴールディング『蠅の王』。J・R・R・トールキン『指輪物語』開始。A・ヒッチコック『裏窓』(映画)。	米でマッカーシーに対する批判高まる。
8. S・ベケット『ゴドーを待ちながら』英初演。	5. ワルシャワ条約機構調印。
5. J・オズボーン『怒りをこめて振り返れ』初演。	2. フルシチョフのスターリン批判。10. スエズ危機(第二次中東戦争)。ハンガリー動乱。

| 1920年の大英帝国 | ・本書中で言及されている国・地域については、該当の章を［］内に示した。
・－－－－－は海底電信ケーブル（下記参照）を示す。 |

カナダ
［第9章］

ニューファンドランド

イギリス

アイルランド
［序章・第9章］

アメリカ合衆国
［第12章］

スペイン
［第11・16・終章］

西インド諸島
［第11章］

英領ギアナ

英領ホンジュラス
［第12章］

海底電信ケーブル（Submarine Telegraph Cable）
　19世紀半ば以降、情報ネットワークの伝送路として海底ケーブルの敷設が進められた。20世紀初頭には、その3分の2以上をイギリスの会社および政府が所有。イギリスはケーブルの絶縁材料であるガタパーチャ（樹液を乾燥させたゴム状物質）の原産地マラヤやボルネオなどを支配していたため、その生産・販売をほぼ独占することができた。このようなロンドンを中心とする情報ネットワークは、「帝国の神経」（the Nerves of Empire）「すべての赤を結ぶルート」（the All-Red Route）と呼ばれた（イギリス領およびイギリスのケーブル網は地図に赤で記された）。また、海底ケーブルによる世界の最新情報の支配は、貿易・金融関連だけでなく、軍事的にも重要であった。第一次世界大戦では、イギリスはドイツと北米・南米・アフリカをつなぐケーブル網を切断し、情報戦を優位に進めることとなった。

地図 343

地図中の地名

- デンマーク［第11章］
- ドイツ［第10・17章］
- イタリア［第10章］
- トルコ
- エジプト
- スーダン
- イラク
- パレスチナ
- ケニア［第11章］
- ウガンダ［第11章］
- 南アフリカ［序章・9・11章］
- ベルギー領コンゴ［第9・11章］
- ソヴィエト連邦
- 中国［第13章］
- 日本
- インド［第9・11・12・終章］
- ビルマ［第1章］
- マラヤ
- オーストラリア［第13章］
- ニュージーランド

主要な海底ケーブル敷設
1851年：イギリス海峡（イギリス・ドーヴァー－フランス・カレー）
1852年：アイリッシュ海（イギリス－アイルランド）
1864年：ペルシャ湾（イラク南東部の港ファーウ－現パキスタン南部カラチ）
1865年：イギリス・インド間（トルコ陸上線とペルシャ湾線を接続）
1866年：大西洋横断（アイルランド－ニューファンドランド）
1870年：地中海・紅海経由のイギリス・インド間（ジブラルタル－マルタ－アレクサンドリア－アデン－ボンベイ）翌年にはシンガポール－香港－上海－長崎－ウラジオストクまで延長。
1902年：太平洋横断（ヴァンクーヴァー－フィジー－クイーンズランドおよびニュージーランド）ロンドンは世界一周する海底電信ケーブル網の中心となる。

ロンドン中心部
・本書中で言及されている地名は白ヌキ数字で、その他重要と思われる地名は黒ヌキ数字の番号で示した。
・白ヌキ数字の地名については、言及されている章を末尾に示した。

①リージェント・パーク
ロンドン動物園や野外劇場がある。

②大英博物館
世界各地から収集した文化関連の一大コレクションを展示。

❸ＢＢＣ
1922年より公共放送としてラジオ放送を開始。[第14〜17章]

❹ロンドン・パレイディアム
1910年開館のミュージック・ホール。[第14章]

❺ピーターパン像
ケンジントン・ガーデンズ内に位置する。1912年設置。[序章]

⑥ハイド・パーク
サーペンタイン池より東側がハイド・パーク、西側がケンジントン・ガーデンズ。

❼ロイヤル・アカデミー
王立美術院。伝統的な絵画を展示。[第4章]

❽カフェ・ロイヤル
リージェント街にあり、19世紀末以来、多くの著名な文人・芸術家が利用した店。[第13章]

⑨ピカデリー・サーカス
ウェスト・エンドの中心地。

⑩バッキンガム宮殿
英国王の宮殿。

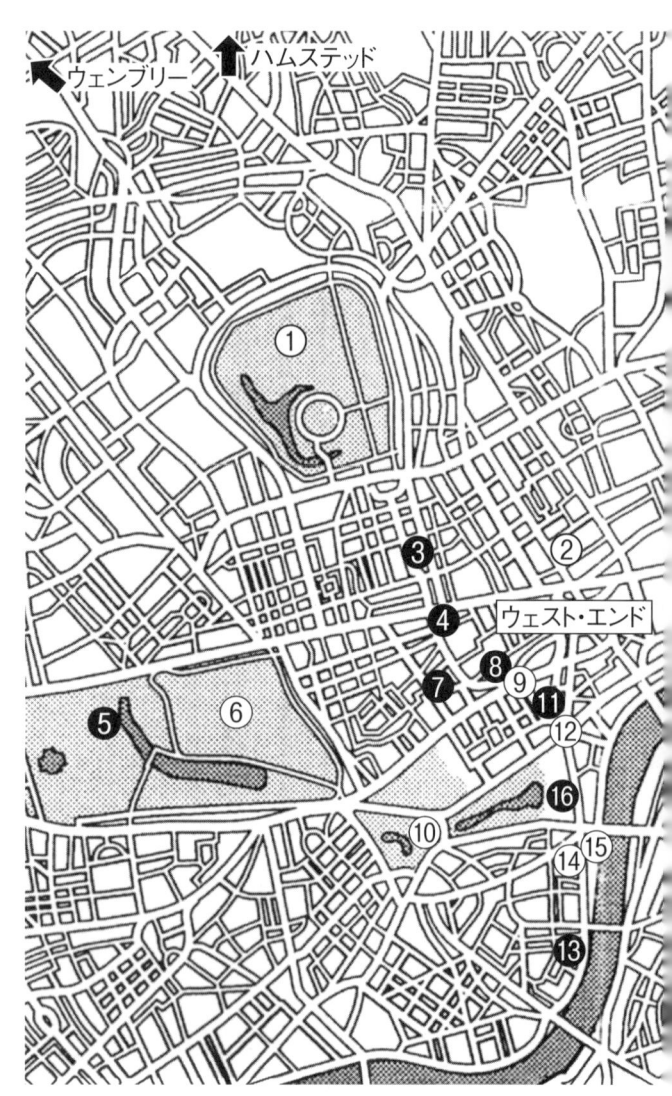

⑪ナショナル・ギャラリー
世界有数の美術館。[第4章]

⑫トラファルガー・スクエア
トラファルガー海戦の勝利を記念して作られた。ネルソン総督の像を載せた円柱が有名。

㉒ジェフリー・ミュージアム
1914年開館の家具の博物館。イースト・エンドの労働者が作った家具を展示。[第4章]

㉑セント・ポール大聖堂
クリストファー・レンが1666年のロンドン大火後に新古典主義様式で再建。

⓴トインビー・ホール
イースト・エンド地区にあるセツルメント運動発祥の拠点。1884年開館。労働者向けの芸術教育を行う。[第4章]

⓳ホワイトチャペル・アート・ギャラリー
労働者への芸術教育と労働者による芸術作品の発信の場。1901年開館。現代芸術・先鋭芸術の拠点となる。[第4章]

⓲ロンドン塔
長年国事犯の牢獄・処刑場に使用された城郭。

⓱ランベス
ミュージック・ホール発祥の地。チャップリンがここで育った。

⓰首相官邸
ダウニング・ストリートに位置する。[第16章]

⓯国会議事堂
ヴィクトリア朝中期にゴシック様式で再建。大時計は「ビッグ・ベン」の愛称で知られる。

⓭テイト・ギャラリー（現テイト・ブリテン）
同時代のイギリス絵画を展示するため1897年に開館。[第4章]

⓮ウェストミンスター寺院
イギリス王族の結婚式、葬式、戴冠式などが行われる。堂々としたゴシック建築の寺院。

イギリス・アイルランド主要都市

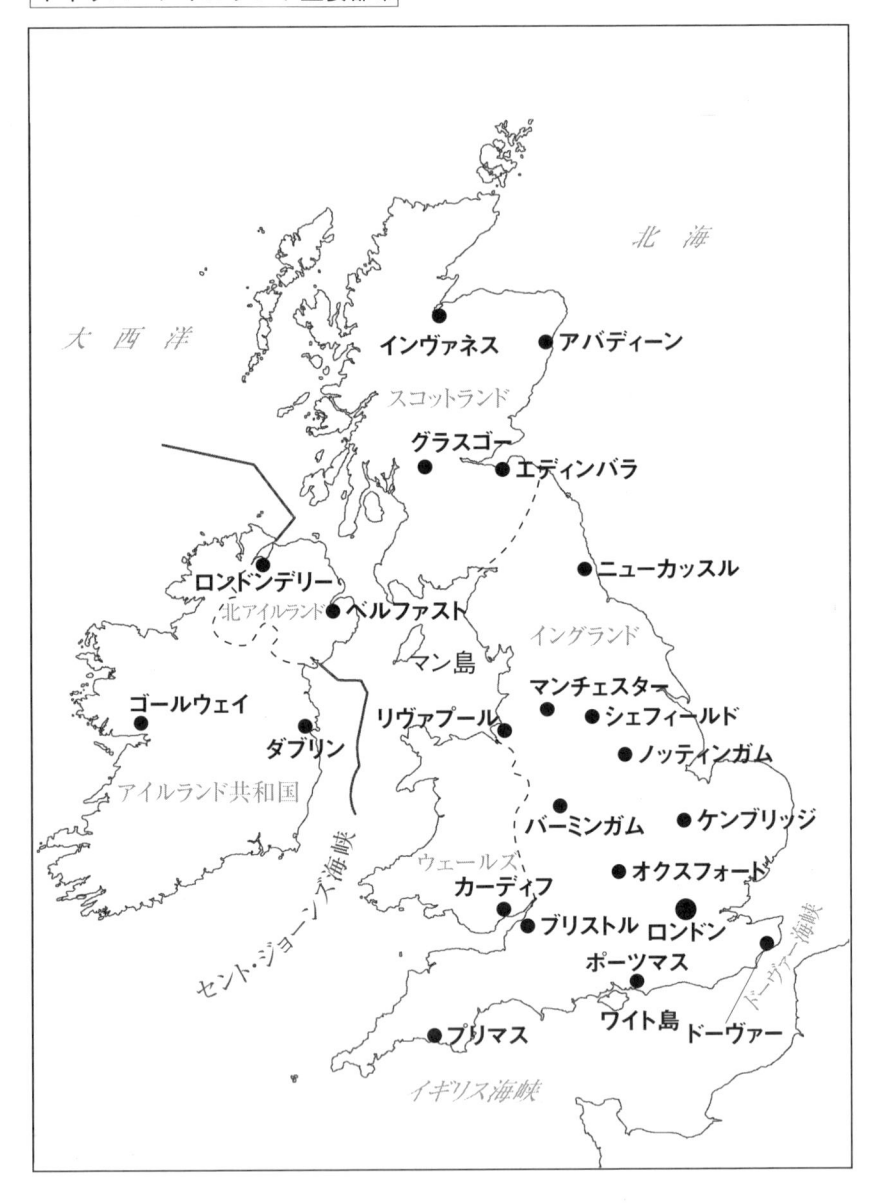

大西洋

北海

インヴァネス
アバディーン
スコットランド
グラスゴー
エディンバラ
ロンドンデリー
北アイルランド
ベルファスト
ニューカッスル
マン島
イングランド
ゴールウェイ
マンチェスター
シェフィールド
リヴァプール
ノッティンガム
ダブリン
アイルランド共和国
バーミンガム
ケンブリッジ
ウェールズ
カーディフ
オクスフォード
ブリストル
ロンドン
セント・ジョージ海峡
ポーツマス
ドーヴァー海峡
プリマス
ワイト島
ドーヴァー
イギリス海峡

1947年 分割独立時のインド

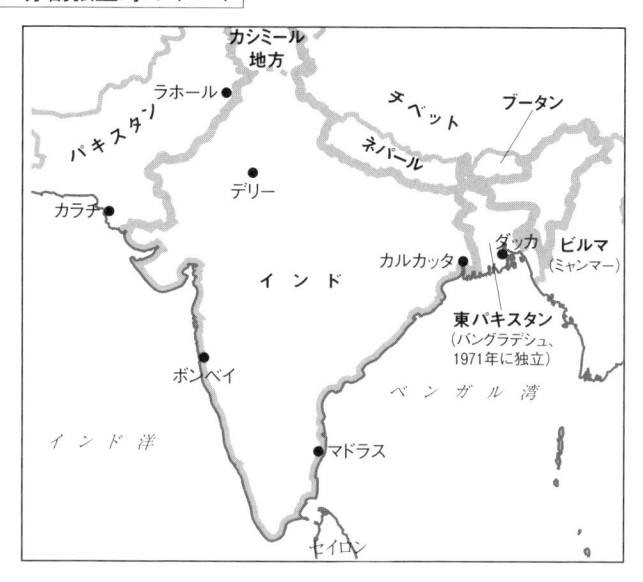

カシミール地方、パキスタン、ラホール、チベット、ブータン、ネパール、カラチ、デリー、インド、カルカッタ、ダッカ、ビルマ（ミャンマー）、ボンベイ、東パキスタン（バングラデシュ、1971年に独立）、ベンガル湾、インド洋、マドラス、セイロン

カリブ地域のイギリス領

・カッコ内の数字は独立年を示す。

メキシコ湾、バハマ（1973年）、タークス・アンド・カイコス諸島（イギリスの属領）、英領ホンジュラス（ベリーズ、1981年）、キューバ、ハイチ、プエルトリコ、マルティニック、メキシコ、ケイマン諸島（イギリスの属領）、ジャマイカ（1962年）、ドミニカ共和国、ドミニカ（ドミニカ国、1978年）、ホンジュラス、カリブ海、グアテマラ、エルサルバドル、ニカラグア、トリニダード・トバゴ（1962年）、コスタリカ、パナマ、コロンビア、ベネズエラ、英領ギアナ（ガイアナ、1966年）

1920年　アフリカ大陸のイギリス領

・カッコ内の数字は独立年を示す。

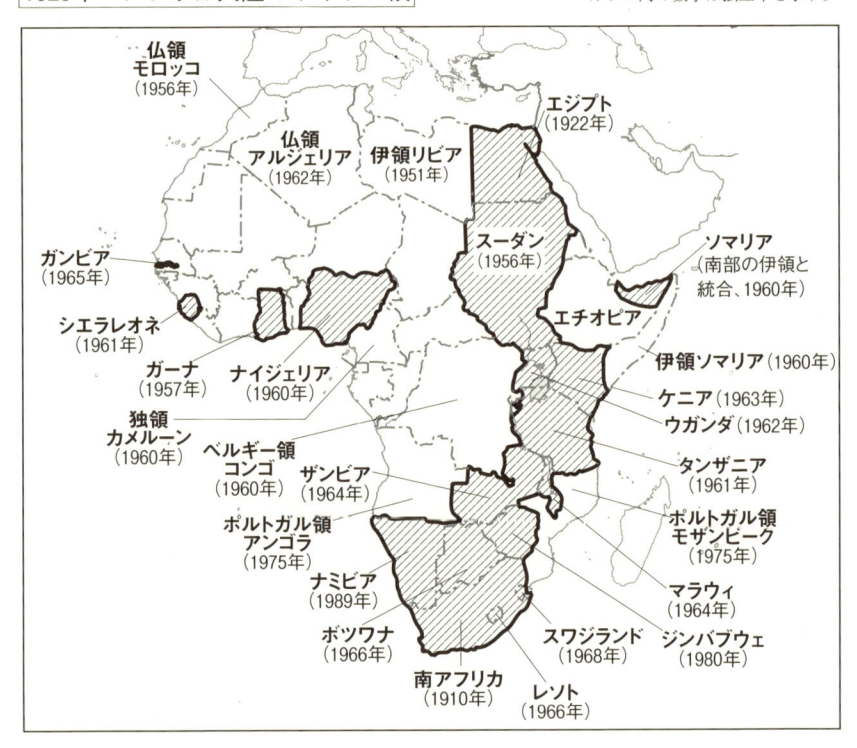

- 仏領モロッコ（1956年）
- 仏領アルジェリア（1962年）
- 伊領リビア（1951年）
- エジプト（1922年）
- スーダン（1956年）
- ソマリア（南部の伊領と統合、1960年）
- エチオピア
- 伊領ソマリア（1960年）
- ガンビア（1965年）
- シエラレオネ（1961年）
- ガーナ（1957年）
- ナイジェリア（1960年）
- 独領カメルーン（1960年）
- ベルギー領コンゴ（1960年）
- ザンビア（1964年）
- ケニア（1963年）
- ウガンダ（1962年）
- タンザニア（1961年）
- ポルトガル領アンゴラ（1975年）
- ポルトガル領モザンビーク（1975年）
- ナミビア（1989年）
- マラウィ（1964年）
- ボツワナ（1966年）
- スワジランド（1968年）
- ジンバブウェ（1980年）
- 南アフリカ（1910年）
- レソト（1966年）

第二次ボーア戦争時（1899-1902）の南アフリカ

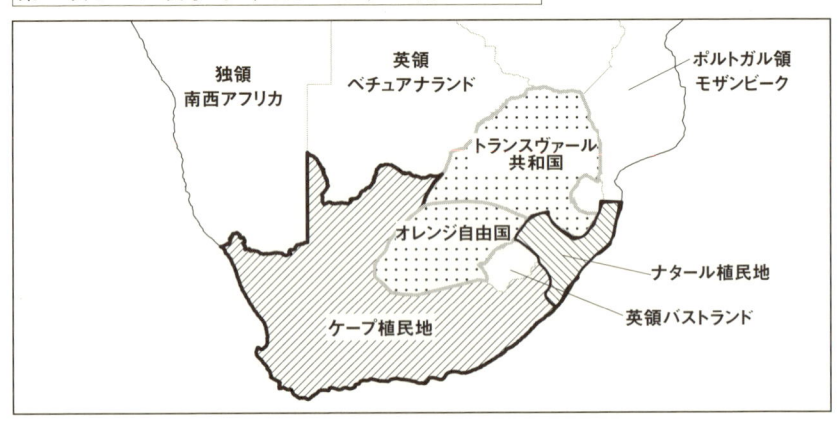

- 独領南西アフリカ
- 英領ベチュアナランド
- ポルトガル領モザンビーク
- トランスヴァール共和国
- オレンジ自由国
- ナタール植民地
- 英領バストランド
- ケープ植民地

索引

アルファベット
BBC、イギリス放送協会（British Broadcasting Corporation）　69, 141, 143, 158, 231, 248, 250-251, 264, 294, 298, 303, 311
BUF→ファシズム
FAカップ　166, 187
FIFA　187
NATO→北大西洋条約機構
NHS→国民保健サーヴィス
NUSEC→全国市民平等団体連盟
TUC→労働組合会議
WSPU→女性社会政治連盟

あ行
愛国心、愛国主義　63, 69, 267-268, 289, 291, 295
アイザックス，R・D（Rufus Daniel Isaacs, 1860-1935）　28
アイルランド　7, 11, 157, 168, 209
　　――自治　11
　　――自由国　157
　　――統治法（1920）　157
　　――文芸復興　11
　　アルスター　157
　　イースター蜂起（1916）　157
　　シン・フェイン党　157
　　リベラル・ユニオニスト　10
「アングロ・ケルト」　5
アジア　228, 230, 232-233
アシュビー，チャールズ・ロバート（Charles Robert Ashbee, 1863-1942）　74, 76-77
アスキス，アンソニー（Anthony Asquith, 1902-68）　261-263, 265
　　『地下鉄』（The Underground, 1928）　263
アソシエイティッド・ブリティッシュ・ピクチャー・コーポレーション（Associated British Picture Corporation）　264
アーツ・アンド・クラフツ運動（The Arts and Crafts Movement）　48, 74, 78
アトリー，クレメント（Clement Attlee, 1883-1967）　47, 306-309
アート・ワーカーズ・ギルド（The Art Workers' Guild）　48

アナーキズム　95-97, 226, 233
『アナザー・カントリー』（Another Country, 1983）　102
アーノルド，マシュー（Matthew Arnold, 1822-88）　208, 210-211
　　『教養と無秩序』（Culture and Anarchy, 1869）　208
人種差別政策（アパルトヘイト）　309
アフガニスタン　7
アフリカ　190-197, 229, 309
アメリカ合衆国　171, 190, 213-215, 217, 230-231, 234, 248
　　アメリカナイゼーション　217, 230, 279
　　アメリカ兵　143, 306
アルゼンチン　162
アーレン，マイケル（Michael Arlen, 1895-1956）　106
　　『グリーン・ハット』（The Green Hat, 1924）　106, 108, 117, 119
イギリス祭（Festival of Britain）　169
イギリス領コモンウェルス　162
イギリス領ホンジュラス　212
イギリス領南ローデシア　167
イシャウッド，クリストファ（Christopher Isherwood, 1904-86）　103
異性愛　16, 220
　　強制的――規範　119
イタリア　232, 271, 305
イートン校（Eton College）　29, 33, 35, 53-54, 61, 102, 110, 226, 310
移民　231-233
イングランド　13, 168, 225
　　――性、英国性（Englishness）　205, 207, 210, 212, 217, 257, 263-264, 268
　　――田園保存キャンペーン　205
　　――田園保存協会　205
　　――南部　239, 252
　　――北部　239, 249, 251
インクリングズ（The Inklings）　138
インド　7, 164-165, 190, 208-211, 303, 307
　　――統治法（1919）　165
　　アムリットサル　165
ヴァラエティ・シアター　253

ヴァレンティノ，ルドルフ（Rudolph Valentino, 1895-1926） 115
ヴィクトリア・アンド・アルバート博物館（The Victoria and Albert Museum） 85
ヴィクトリア女王（Queen Victoria, 1819-1901） 245, 265
ウィートリー，ジョン（John Wheatley, 1869-1930） 45
ウィリアムズ，チャールズ（Charles Williams, 1886-1945） 138-139
ウィリアムズ，レイモンド（Raymond Williams, 1921-88） 36, 38, 49, 51, 313
『長い革命』（Long Revolution, 1961） 38
『文化と社会』（Culture and Society, 1958） 38
『辺境』（Border Country, 1960） 38-40, 50-51, 313
ウィリアムズ＝エリス，クラフ（Clough Williams-Ellis, 1883-1978） 205
『イングランドと蛸』（England and the Octopus, 1928） 205
ウィリアムソン，ジェイムズ（James Williamson, 1855-1933） 258
『中国の布教所への攻撃、水兵による救出』（Attack on a China Mission: Bluejackets to the Rescue, 1900） 259
ウィルコックス，ハーバート（Herbert Wilcox, 1892-1977） 261
『偉大なるヴィクトリア女王』（Victoria the Great, 1937） 265
『60年間の栄光の日々』（Sixty Glorious Years, 1938） 265
ウィルソン，ウッドロー（Woodrow Wilson, 1856-1924） 217, 231
ウェイリー，アーサー（Arthur Waley, 1889-1966） 91-92
ウェストミンスター憲章（1931） 230
ウェッブ，シドニー（Sidney Webb, 1859-1947） 42-43, 49, 175
ウェッブ，ビアトリス（Beatrice Webb, 1858-1943） 42, 112
ウェールズ 18, 156, 168
ウェルズ，H・G（H. G. Wells, 1866-1946） 5, 42, 111, 175, 180, 224, 238, 291
『愛とルイシャム氏』（Love and Mr. Lewisham, 1900） 17
『アン・ヴェロニカ』（Ann Veronica, 1909） 17, 111-112
『宇宙戦争』（The War of the Worlds, 1898） 17
『タイムマシン』（The Time Machine, 1895） 17

『トーノバンゲイ』（Tono-Bungay, 1909） 180
『透明人間』（The Invisible Man, 1897） 17
『モダン・ユートピア』（A Modern Utopia, 1905） 18
ウェルチ社 278
ウォール，フレデリック（Frederick Wall, 1895-1934） 187
ウォルポール，ホレス（Horace Walpole, 1717-97） 148
『オトラント城』（The Castle of Otranto, 1765） 148
ウッド，ヘンリー（Henry Joseph Wood, 1869-1944） 69
ウルフ，ヴァージニア（Virginia Woolf, 1882-1941） 44, 61, 92, 100, 107, 123-126, 144, 146-147, 238, 241, 245
『オーランド』（Orlando, 1928） 105
「空襲下で平和に思いを寄せる」（"Thoughts on Peace in an Air Raid," 1940） 146
『ダロウェイ夫人』（Mrs Dalloway, 1925） 44, 61, 240
『灯台へ』（To the Lighthouse, 1927） 61, 123, 132-137
『幕間』（Between the Acts, 1941） 245
映画 216, 248, 255-269, 276, 298
──法（1927） 264-265
ソヴィエト映画 263
ナショナル・シネマ 216, 262, 267-268
ニュース映画（newsreel） 158, 294, 298
ハリウッド映画 115, 216, 248, 265-266
エイカーズ，バート（Birt Acres, 1854-1918） 258
エイゼンシュタイン，セルゲイ（Sergei Eisenstein, 1898-1948） 266
エイトケン，チャールズ（Charles Aitken, 1869-1936） 79, 81-83
英文学 205, 207-211, 217-218, 223, 237-238, 261
英露協商（1907） 112
エジャトン，ジョージ（George Egerton, 1859-1945） 223
エドワード7世（Edward VII, 1841-1910） 69, 163
エドワード8世（Edward VIII, 1894-1972） 155, 246
エリオット，T・S（T. S. Eliot, 1888-1965） 43, 124, 238
『荒地』（The Waste Land, 1922） 43, 124
エリス，イーディス（Edith Ellis, 1860-1916） 98-99

エリス，ハヴェロック（Havelock Ellis, 1859-1939）　59, 93, 97, 177-178
　『人種再生問題』（*The Problem of Race Regeneration*, 1911）　177
　『性心理学研究』（*Studies in the Psychology of Sex*, 6 vols., 1897-1910）　97
　『性的倒錯』（*Sexual Inversion*, 1897『性心理学研究』第2巻）　93
　『わが人生』（*My Life*, 1939）　98
エルガー，エドワード（Sir Edward William Elger, 1857-1934）　69, 169
　『愛の挨拶』（*Salut d'Amour*, 1888）　70
　『ヴァイオリン協奏曲』（*Violin Concerto in B Minor*, opus 61, 1910）　70
　『「謎」変奏曲』（*Enigma Variations*, 1898）　70
　『希望と栄光の国』（*Land of Hope and Glory*, 1902）　69
　『チェロ協奏曲』（*Cello Concerto in E minor*, opus 85, 1918）　70
エルキュール・ポワロ　242-243 → クリスティの項も参照
エンゲルス，フリードリッヒ（Engels Friedrich, 1820-95）　26
エンプソン，ウィリアム（William Empson, 1906-84）　129-130
オーウェル，ジョージ（George Orwell, 1903-50）　24, 28, 29, 32-34, 36, 49, 52-53, 151, 238, 245, 248, 250, 280, 301, 303, 305, 310-313
　『ウィガン波止場への道』（*The Road to Wigan Pier*, 1937）　25, 28, 33-36, 49, 52, 304, 311
　『カタロニア讃歌』（*Homage to Catalonia*, 1938）　49, 301, 311
　『空気をもとめて』（*Coming Up for Air*, 1939）　36
　『一九八四年』（*Nineteen Eighty-Four*, 1949）　25, 36, 301, 303-305, 310-312
　『戦争とラジオ』（*Orwell: The War Broadcasts* and *Orwell: The War Commentaries*, 1998）　303
　『動物農場』（*Animal Farm*, 1945）　25, 36, 301, 303, 311
　『パリ・ロンドン放浪記』（*Down and Out in Paris and London*, 1933）　32, 311
　『牧師の娘』（*A Clergyman's Daughter*, 1935）　245
　『ライオンと一角獣』（*The Lion and the Unicorn*, 1941）　32, 237, 280

オーウェン，ウィルフレッド（Wilfred Owen, 1893-1918）　300
王立美術院（Royal Academy Arts）　80-82
オクスフォード（大学）　102, 110, 138-139
オーストラリア　161, 171, 231-232
オズボーン，ジョン（John Osborne, 1929-94）　305
　『怒りをこめて振りかえれ』（*Look Back in Anger*, 1956）　305
オーデン，W・H（W. H. Auden, 1907-73）　103-104
オラージュ，A・R（A. R. Orage, 1873-1934）　48
オランダ　7, 305
オリヴィエ，ローレンス（Laurence Olivier, 1907-89）　268, 299
　『ヘンリー5世』（*Henry V*）　246, 268
オリエンタリズム　220
オリエント　171
オルテガ・イ・ガセー（José Ortega y Gasset, 1883-1955）　197-198
　『大衆の反逆』（*La Rebelión de las masas*, 1930）　197-198
オレンジ自由国　159

か行

階級制度　17, 26-37, 136-137, 208, 237, 245, 263, 266
　上流階級，貴族　26, 105, 145, 175, 208
　中流階級　37, 105, 109, 113, 136-137, 208, 239, 243, 247, 263-265
　労働者階級　31-34, 37, 136-137, 194, 208, 238-239, 245, 263, 265-266
カヴァルカンティ，アルベルト（Alberto Cavalcanti, 1897-1982）　266
核兵器　306, 308-309
革命　40, 226-227
家事使用人　29, 245
家族計画，産児制限（バース・コントロール）　31, 96, 114
カッツ，グレアム（Graham Cutts, 1885-1958）　261
ガートラー，マーク（Mark Gertler, 1891-1939）　83
　『メリー・ゴー・ラウンド』（*Merry-Go-Round*, 1916）　83
カナダ　161
ガーネット，デイヴィッド（David Garnett, 1892-1981）　100

カフェ・ロイヤル　227-228
カーペンター，エドワード（Edward
　　Carpenter, 1844-1929）　95-96, 99, 100, 103
　『中間の性』（*The Intermediate Sex*, 1908）　95
　『文明――その原因と治療法』（*Civilization:
　　Its Cause and Cure*, 1889）　95-96
　『民主主義に向けて』（*Towards Democracy*,
　　1881-82）　95
　『恋愛論』（*Love's Coming of Age*, 1896）
　　95-96
カリブ海　171, 200-201, 309
カールトン，ビリー（Billie Carleton,
　　1896-1918）　228-229
カワード，ノエル（Noël Coward, 1899-1973）
　　168, 228, 238-247, 252, 267
　『渦巻き』（*The Vortex*, 1924）　228
　『カヴァルケード』（*Cavalcade*, 1931）
　　244-247, 280
　『軍旗の下に』（*In Which We Serve*, 1942）　267
　『幸福なる種族』（*This Happy Breed*, 1942）
　　168, 245-247
　『もうため息はつかないで』（*Sigh No More*,
　　1945）　245
ガンジー（Mohandas "Mahatma" Gandhi,
　　1869-1948）　9, 165, 190
関税　231
　――改革　10, 223
管理社会　17, 305, 311-314
北大西洋条約機構（NATO）　307
キッチナー，ハーバード（Horatio Herbert
　　Kitchener, 1850-1916）　9, 289-290, 296-297
キプリング，ラドヤード（Rudyard Kipling,
　　1865-1936）　169, 189, 225
ギボン，エドワード（Edward Gibbon,
　　1737-94）　246
キャパ，ロバート（Robert Capa, 1913-54）
　　272-273, 275, 281
　「崩れ落ちる兵士」（"Falling Soldier," 1936）
　　272
キャロル，ルイス（Lewis Carroll, 1832-98）
　　275
　『不思議の国のアリス』（*Alice's Adventure in
　　Wonderland*, 1865）　275
キュナード，ナンシー（Nancy Cunard,
　　1896-1965）　106
教育、中等学校
　イレヴン・プラス　65
　教育に関する法規　56-57, 60, 63-65
　グラマー・スクール　55, 61, 63, 65-66

成人教育運動　52
セカンダリー・テクニカル・スクール　65
セカンダリー・モダン・スクール　65
全国統一（ナショナル）カリキュラム　68
総合制中等学校　68
共産党、共産主義　10, 18, 52, 103, 233, 247,
　　297, 307
極東　171
挙国一致内閣　45-46, 246-247
ギルド社会主義　47-48, 308
ギルバート＆ジョージ（Gilbert & George）　87
金融資本主義　10
グアテマラ　213
クウィネル，マージョリー（Marjorie
　　Quennell）　85
クォータ・クイッキーズ　264, 266-267
クライン，メラニー（Melanie Klein,
　　1882-1960）　126-131, 137
クラウリー，アリスター（Aleister Crowley,
　　1875-1947）　228
　『麻薬中毒者の日記』（*Diary of a Drug
　　Fiend*, 1922）　228
クラウン映画ユニット　266
グラスゴー帝国博覧会　169
クラフト＝エビング，リチャード・フォン
　　（Richard von Krafft-Ebing, 1840-1902）　98
グラント，ダンカン（Duncan Grant,
　　1885-1978）　81, 91, 100
グリアソン，ジョン（John Grierson,
　　1898-1972）　25, 265
　『採炭切羽』（*Coalface*, 1936）　25
　『流し網漁船』（*Drifters*, 1929）　265
クリスティ，アガサ（Agatha Christie,
　　1890-1976）　237-238, 241-243
　『アガサ・クリスティ自伝』（*An
　　Autobiography*, 1977）　237, 241-243
　『スタイルズ荘殺人事件』（*The Mysterious
　　Affair at Styles*, 1920）　240-242
クリスプ，クウェンティン（Quentin Crisp,
　　1908-99）　144
クリップス，スタフォード（Stafford Cripps,
　　1889-1952）　47, 309-310
グリフィス，D・W（D. W. Griffith,
　　1875-1948）　228, 259
　『散り行く花』（*Broken Blossoms*, 1919）　228
グリーンウッド，アーサー（Arthur
　　Greenwood, 1880-1954）　45
グリン，エリノア（Elinor Glyn, 1864-1943）
　　108-109

『三週間』（*Three Weeks*, 1907）　108-112
グリーン，グレアム（Graham Greene, 1904-91）　143, 287
　『情事の終わり』（*The End of the Affair*, 1951）　143
　『第三の男』（*The Third Man*, 1950）　287
　『ヒューマン・ファクター』（*Human Factor*, 1978）　287
グリーン，ヘンリー（Henry Green, 1905-73）　141, 147
グローバリズム、グローバリゼーション　215, 217, 224-226, 230-233
ゲイ→同性愛
ケイスメント，ロジャー（Roger Casement, 1864-1916）　12
ゲイツケル，ヒュー（Hugh Gaitskell, 1906-63）　310
ケインズ，J・M（John Maynard Keynes, 1883-1946）　91-92, 99-101
ゲインズバラ（映画会社）　262
ケストラー，アーサー（Arthur Koestler, 1905-83）　52
　『スペインの遺書』（*Spanish Testament*, 1937）　52
ゲッベルス，ヨーゼフ（Joseph Paul Goebbels, 1897-1945）　296-297
ケニア　191-193, 196
ケニヤッタ（Jomo Kenyatta, 1894-1978）　190
ゲラン，ロベール（Robert Guerin, 1876-1952）　187
検閲　260, 290, 295-298, 300, 303, 311
　イギリス映画——委員会　260
ケンブリッジ（大学）　91-93, 99-101, 211-212
郊外　145, 155, 170, 234
　——ノイローゼ　145
工芸学校・ギルド（the School and Guild of Handicraft）　74, 76
広告　277
　エップスのココア　180
　コカイン　229
　ティブルズ博士のヴィココア　180
　ボヴリル（Bovril）　159
公衆道徳全国協議会　260
国際連盟　231
国防婦人会　145
国民救済基金（1914）　45
国民国家　206, 217, 225, 232
国民扶助法　306
国民保健サーヴィス　306-307, 310

国民保険産業障害法（1948）　306
国民保険法（1946）　306
国民保険法（1911）　19, 45, 64
国有化　306-309
古建築物保護協会　84
ゴシック・ロマンス　148
『ゴジラ』（日本映画、1954）　309
国会法（1911）　19
国家的効率　222-223
コモン，ジャック（Jack Common, 1903-1968）　63
ゴーモン・ブリティッシュ　262, 264
ゴランツ，ヴィクター（Victor Gollancz, 1893-1967）　33, 52, 69
コール，G・D・H（G. D. H. Cole, 1889-1959）　48, 308
　『ギルド社会主義再論』（*Guild Socialism Restated*, 1920）　48
　『地方政府』（*Local and Regional Government*, 1947）　308
ゴールズワージー，ジョン（John Galsworthy, 1867-1933）　291
コルダ，アレグザンダー（Alexander Korda, 1893-1956）　265
　『ヘンリー8世の私生活』（*The Private Life of Henry VIII*, 1933）　265
ゴールトン，フランシス（Francis Galton, 1822-1911）　176, 178
　『遺伝的天才——その法則と意義の研究』（*Hereditary Genius: An Inquiry into Its Laws and Consequences*, 1892）　177
　『人間の能力とその開発をめぐる研究』（*Inquiries into Human Faculty and Its Development*, 1883）　176
コール夫妻（G. D. H. Cole, 1889-1959; M. I. Cole, 1893-1980）　32
　『イギリスの状況』（*The Condition of Britain*, 1937）　32
コンラッド，ジョーゼフ（Joseph Conrad, 1857-1924）　155, 189, 225
　『闇の奥』（*Heart of Darkness*, 1902）　155, 160, 189

さ行
再建　44, 251
再建省（Ministry of Reconstruction）　44
サヴィル，ヴィクター（Victor Saville, 1896-1979）　261
サスーン，シーグフリード（Siegfried

Sassoon, 1886-1967) 301
サッカー→フットボール
サックヴィル＝ウェスト, ヴィタ (Vita Sackville-West, 1892-1962) 105
雑誌 273
『ヴァニティ・フェア』(*Vanity Fair*) 277
『ヴォーグ』(*Vogue*) 277
『ヴュ』(*Vu*) 273
『隔週評論』(*Fortnightly Review*) 175
『グッド・ハウスキーピング』(*Good Housekeeping*) 113
『グラフィック』(*Graphic*) 276
『新時代』(*New Age*) 48
『スクルーティニー』(*Scrutiny*) 212
『ストランド・マガジン』(*Strand Magazine*) 6, 275
『同時代評論』(*Contemporary Review*) 175
『パンチ』(*Punch*) 204-205, 275
『ピクチャー・ポスト』(*Picture Post*) 272-273, 280-286
『フィジカル・カルチャー』(*Physical Culture*) 172
『フリー・ウーマン』(*Freewoman*) 111
『ベルリナー・イルストリールテ・ツァイトゥング』(*Berliner Illustrierte Zeitung*) 274
『ミュンヒナー・イルストリールテ・プレッセ』(*Münchner Illustrierte Presse*) 274, 281
『ライフ』(*Life*) 273
『ラジオ・タイムズ』(*Radio Times*) 250
『ランセット』(*Lancet*) 145
『レイディズ・ホーム・ジャーナル』(*Ladies' Home Journal*) 277
サッチャー, マーガレット (Margaret Thatcher, 1925-) 68
サディズム, マゾヒズム 128, 224
産業革命 208, 212, 238, 270
三国協商 14, 112
サンドウ, ユージン (Eugene Sandow, 1867-1925) 172-174, 178-183, 186
シェイクスピア, ウィリアム (William Shakespeare, 1564-1616) 205, 246, 260, 268
『ヘンリー5世』 246, 268
『ジェイン・エア』(*Jane Eyre*, 1847) 198-199
ジェニングズ, ハンフリー (Humphrey Jennings, 1907-50) 37, 266
ジェフリー・ミュージアム (Geffrye Museum) 72, 84

シェル・ショック→戦争神経症
ジェンダー 5, 107, 229, 234
ジオンゴ, ングギ・ワ (Ngūgī wa Thiong'o, 1938-) 190
自治領 (ドミニオン) 13, 231, 233
失業 24-25, 35, 45-46, 231, 306
シットウェル, イーディス (Edith Sitwell, 1887-1964) 151
資本主義 10, 18, 26, 40-42, 48, 50, 204, 208, 230, 308, 311
シモンズ, ジョン・アディントン (John Addington Symonds, 1840-93) 94, 97
『ギリシア倫理学の一問題』(*A Problem in Greek Ethics*, 1883) 94
社会主義 (socialism) 7, 10, 17, 35, 40, 91-105, 230-234, 247, 251, 311
社会主義同盟 41
社会ダーウィン主義 223-224
社会帝国主義 221-223
社会民主連盟 41
写真家→フォトジャーナリズム
ジャズ, ジャズ文化 158, 181-185, 217, 250
ジャーナリズム 9, 272-273
シャネル, ココ (Coco Chanel, 1883-1971) 117
シャーロック・ホームズ 5, 70, 240, 242, 276
→ドイル, コナンの項も参照
住宅 146
英雄にふさわしい家 45
住宅不足 146
自由党 (Liberal Party) 5, 41, 224
自由貿易 232
自由放任主義→レッセフェール
手工芸ギルド (Art Worker's Guild) 48
出生率の低下 175
シュライナー, オリーヴ (Olive Schreiner, 1855-1920) 112
『女性と労働』(*Woman and Labour*, 1911) 112
ショー, ジョージ・バーナード (George Barnard Shaw, 1856-1950) 42, 96, 177, 180, 295
『医者のジレンマ』(*The Doctor's Dilemma*, 1906) 180
『人と超人』(*Man and Superman*, 1903) 177
『ピグマリオン』(*Pygmalion*, 1912; 映画版 1938) 265, 295
ジョイス, ジェイムズ (James Joyce, 1882-1941) 172, 180, 238
『フィネガンズ・ウェイク』(*Finnegans*

Wake, 1939）180
　『ユリシーズ』（Ulysses, 1922）172, 177, 180
奨学金　60-64
　――少年　60-62
情報省　266, 292, 297-299, 303
植民省　309
植民地　218, 221, 225, 231-232, 244
ジョージ5世（George V）156, 166, 253
ショスタコーヴィッチ，ドミトリ（Dmitri D. Shostakovich, 1906-1975）70
女性　142
　――運動　7, 147, 244
　――参政権　17, 109, 244
　――社会政治同盟　109-110
　――性（女らしさ）107, 115-117, 196, 242
　――同性愛　93, 98-99, 105
　――の労働力　145, 241
　「余った女」108
　おてんば（トムボーイ）116
　勤労動員登録　146
　主婦　113
　ニュー・ウーマン　108, 224
　未婚の母　143-144, 229
　モダン・ガール　229
所得累進課税　18
シローネ，イグナツィオ（Ignazio Silone, 1900-78）303
人種　229, 233
　――再生　223-224, 231
　――退化　221-224, 227
身体退化　8-9, 160, 175, 186
　『身体退化調査委員会報告書』（Report of the Inter-Departmental Committee on Physical Deterioration, 1904）175
新聞　290
　『イヴニング・スタンダード』（Evening Standard）270-271, 280, 299, 302
　『イラストレイティッド・ロンドン・ニュース』（Illustrated London News）275
　『コモンウィール』（Commonweal）41
　『サンデイ・エクスプレス』（Sunday Express）270
　『サンデイ・クロニクル』（Sunday Chronicle）291
　『タイムズ』（Times）270, 304
　『デイリー・エクスプレス』（Daily Express）228, 270-271, 276, 279
　『デイリー・スケッチ』（Daily Sketch）228
　『デイリー・ミラー』（Daily Mirror）270-271
　『デイリー・メイル』（Daily Mail）270-271, 276, 279
「人民予算」19
スウィフト，ジョナサン（Jonathan Swift, 1667-1745）303
スエズ運河　171
スコット，ウォルター（Walter Scott, 1771-1832）206
スコットランド　168, 209
　連合法（Act of Union, 1707）209
スタイケン，エドワード（Edward Steichen, 1879-1973）277-278
スターリン（Joseph Stalin, 1879-1953）309
スーダン　7
国家主導主義（ステーティズム）10, 308
ステッド，ウィリアム（William Stead, 1849-1912）9
ストーカー，ブラム（Bram Stoker, 1847-1912）7
　『ドラキュラ』（Dracula, 1897）7
ストープス，マリー（Marie Stopes, 1880-1958）97, 99, 114, 119
　『結婚愛』（Married Love, 1916）114
ストール，オズワルド（Oswald Stoll, 1866-1942）253
ストレイチー，ジョン（John Strachey, 1901-63）33, 52
ストレイチー，リットン（Lytton Strachey, 1880-1932）92, 99-101
ストレイチー，レイ（Ray Strachey, 1887-1940）115
スノー，エドガー（Edgar Snow, 1905-1972）
　『中国の赤い星』（Red Star Over China, 1937）52
スノッブ、スノビズム　60
スノードン，フィリップ（Philip Snowden, 1864-1937）47
スパイ　102, 287, 296
　ＭＩ５、ＭＩ６　102, 287
　ＭＩ７　292-293
　――小説　9, 220, 224-226
　『007』9
スペイン内戦（Spanish Civil War, 1936-39）141, 199, 272, 301, 311
　共和派　49, 272, 311
スペンス・レポート（Spence Report, 1938）65
スミス，Ｇ・Ａ（George Albert Smith, 1864-1959）258

『トンネルの中のキス』（The Kiss in the Tunnel, 1899）258
『望遠鏡を通して見えるもの』（As Seen Through A Telescope, 1900）258
スミス，アダム（Adam Smith, 1723-90）209
性（セクシュアリティ）70, 105, 107, 228, 234, 313
　——意識　142
　——科学　91-101, 107
　——的欲望　109
　——の自己決定権　111
　——の二重規範　110
　——本能小説　17
精神分析　16, 107, 115, 122-123, 126-135 → クライン，フロイトの項も参照
　エディプス・コンプレックス　115
　エロス　128
　死の欲動　127-135
　昇華　129, 135-137
　生の欲動　127-135
　心的外傷（トラウマ）127, 240-245, 251
　反動形成　131
　反復強迫　241
　不気味なもの　132
　本能　116
生物学的本質主義　115
セイヤーズ，ドロシー（Dorothy Sayers, 1893-1957）241
世界政府　231
石油　223
セクシュアリティ→性
セクソロジー→性科学
石鹸　179
　アイヴォリー石鹸　278
　救命ブイ石鹸　180
　ペアズ石鹸　180
セツルメント運動　74
ゼネラル・ストライキ（ゼネスト）38, 39, 50, 51, 136, 162, 246-247
全国ギルド連盟　48
全国建築ギルド　48
全国市民平等連盟　115
戦争神経症（shell shock）、戦争トラウマ　44, 118, 127, 141, 148-149, 240-245, 251　精神分析の項も参照
全体主義　36, 70, 220, 232, 269, 271, 282, 301, 309, 311-313
ソヴィエト（ソ連）34, 40, 49, 70, 102, 271, 297, 305-307, 309　ロシアの項も参照

総力戦（Total War）44, 161, 290, 295, 306
ソーシャル・サーヴィス全国協議会　46

た行
第一次世界大戦（1914-18）9, 70, 122, 139, 141, 156, 161, 211, 220, 222, 224, 231, 233, 237, 240, 245, 251, 273, 276
　紙戦争（paper war）293
　救急看護奉仕隊　145
　心理戦（psychological warfare）293
　西部戦線　139
　戦争詩人　301
　ルシタニア号沈没　290
大英帝国　7, 156, 217, 220-221, 224-226, 228, 231-233 → 帝国の項も参照
　大英帝国博覧会（1924）155, 231
大恐慌　24, 46, 52, 169
退屈　218-223, 229-230
大西洋　171, 231, 233
第二次世界大戦（1939-45）52, 169, 231, 250, 267-268, 272, 285-286, 295, 303, 305-306
　怒りのキャンペーン　296
　ガスマスク　142
　空襲　140-141, 270-271
　原爆　306, 309
　ダンケルク　305
　電撃戦　305
　灯火管制　140
　ノルマンディ上陸作戦　268, 271-272
　配給　144, 306
　廃墟　141, 147
　「人びとの戦争」（"People's War"）251
　ブリテンの戦い　306
　防空壕　144
太平洋　229, 231-233
タウンゼンド，C・H（Charles Harrison Townsend, 1851-1928）78
多国籍　228
　——企業　215-217
他者　224, 227-229, 232-233
脱植民地化　171, 244
炭坑　23-26, 218-219, 223, 227
男性性、男らしさ（masculinity）105, 107, 115-118, 239-240
探偵小説（推理小説）239-243
チェコスロバキア　283, 305
チェルムズフォード，フレデリック（Frederic Chelmsford, 1868-1933）165
チェンバレン，ジョーゼフ（Joseph

索引 357

Chamberlain, 1836-1914) 8, 223
チェンバレン，ネヴィル（Arthur Neville Chamberlain, 1869-1940） 246, 283-294, 305
蓄音機 248
チャーチル，ウィンストン（Winston Churchill, 1874-1965） 9, 251-252, 268, 296, 299, 304, 310, 312
チャップリン，チャーリー（Charles Chaplin, 1889-1977） 257, 279, 301, 312
　『独裁者』（*The Great Dictator*, 1940） 301
　『担え銃』（*Shoulder Arms*, 1918） 301
　『モダン・タイムズ』（*Modern Times*, 1936） 312-313
中央郵便局（General Post Office） 25, 266
中国 229, 230
　――移民 232
　――人 228
中東地域 223
朝鮮戦争（1950-53） 310
諜報機関→スパイ
ディオール，クリスチャン（Christian Dior, 1905-57） 121
定期刊行物 275 →雑誌，新聞の項も参照
ディケンズ，チャールズ（Charles Dickens, 1812-70） 148, 261, 275, 279
帝国 5, 54, 217, 225, 229-233
　――移民法（The Empire Settlement Act of 1922） 231
　――会議 161, 230
　――史 230
　――主義 10, 70, 174, 217, 221-224, 226
　――スタジアム（ウェンブリー・スタジアム） 166
　――通商局（The Empire Marketing Board） 167, 231, 265
　――と郊外 234
　――の移動 217
　――の再編 218, 230, 234
　――野外劇 168-169
　大西洋横断的 217, 231
　国家横断的 217, 226
　太平洋横断的 217, 230, 231
　帝国＝コモンウェルス体制 162, 231
　2つの―― 217
ディズレイリ，ベンジャミン（Benjamin Disraeli, 1804-81） 26
　『シビル』（*Sybil*, 1845） 26
テイト・ギャラリー（Tate Gallery） 80-82, 88
ディーネセン，アイザック（Isak [Karen] Dinesen, 1804-81） 191, 193-194
　『アフリカを去る』（*Out of Africa*, 1937） 191-193, 195, 196
　『七つのゴシック物語』（*Seven Gothic Tales*, 1934） 191
ティリー，ヴェスタ（Vesta Tilley, 1864-1952） 253
ティリヤード，E・M・W（E. M. W. Tillyard, 1889-1952） 211
ディーン，バジル（Basil Dean, 1888-1978） 267
テニエル，ジョン（John Tenniel, 1820-1914） 275
電話 248
ドイツ 9, 218, 225-226, 271, 274, 305-306
『ドイツ週間ニュース（Die Deutsche Wochenschau）』 295
ドイル，コナン（Arthur Conan Doyle, 1859-1930） 5, 6, 8, 10-12, 179, 238, 275-276, 291
　『アイルランド自治を支持するようになったわけ』（*Why He is Now in Favour of Home Rule*, 1911） 12
　『恐怖の谷』（*The Valley of Fear*, 1915） 7
　『大ボーア戦争』（*The Great Boer War*, 1900） 8
　『南ア戦争――原因と行動』（*The War in South Africa: Its Cause and Conduct*, 1902） 9
　『バスカヴィル家の犬』（*The Hound of the Baskervilles*, 1901） 6
　『緋色の研究』（*A Study in Scarlet*, 1888） 6
　『緑の旗ほか戦争とスポーツの物語』（*The Green Flag and Other Stories of War and Sport*, 1900） 8, 12
　『4つの署名』（*The Sign of the Four*, 1890） 7
ドイル，リチャード（Richard Doyle, 1824-83） 275
トインビー，アーノルド（Arnold Toynbee, 1852-83） 74
トインビー・ホール（Toynbee Hall） 71
　――美術学生クラブ（Toynbee Art Students' Club） 78, 80-81
同性愛（ホモエロティシズム，ホモセクシュアリティ） 16, 70, 91-105, 220, 224
トゥリー，ハーバート・ビアボーム（Herbert Beerbohm Tree, 1853-1917） 261
『ヘンリー8世』（*Henry VIII*, 1911） 261
ドキュメンタリー映画（運動） 25, 265
独ソ不可侵条約 52
独立労働党（Independent Labour Party） 41

土地関連税　18
トーニー，R・H（R. H. Tawney, 1880-1962）　32, 65, 67
　『平等』（*Equality*, 1931）　32
トマス，J・H（J. H. Thomas, 1874-1949）　47
トマス，ディラン（Dylan Thomas, 1914-53）　151
トムスン，E・P（E. P. Thompson, 1924-93）　49
トランスヴァール共和国　159
トールキン，J・R・R（J. R. R. Tolkien, 1892-1973）　138, 203, 207
　『ホビットの冒険』（*The Hobbit*, 1937）　138
　『指輪物語』（*The Lord of the Rings*, 3 vols., 1954-56）　138, 203-204
トルコ　171
トンプソン，デニス（Denys Thompson, 1907-88）　212

な行

ナショナリズム（民族主義）　11, 196, 231, 233, 266, 286
ナショナル・アイデンティティ　223, 285
ナチス・ドイツ，ナチズム　10, 176, 181, 199, 268, 281-282, 295-296, 305
夏目漱石（1867-1916）　174
ニコルソン，ハロルド（Harold Nicholson, 1886-1968）　151
西インド諸島　171
日英同盟　14, 164
日本　171, 220, 306
ニュージーランド　161
ニューファンドランド　161
ニューボルト，ヘンリー（Henry Newbolt, 1862-1938）　211
ニュー・レフト運動　49
ノーウッド・レポート（1943）　65
ノースクリフ卿（Viscount Northcliffe, 1865-1922）　270, 292
ノルダウ，マックス（Max Nordau, 1849-1923）　175
　『退化』（*Degeneration*, 1895）　175

は行

ハインドマン，H・M（H. M. Hyndman, 1842-1921）　97
パウエル，マイケル（Michael Powell, 1905-90）　299

バーカー，ウィル（William George Barker, 1867-1951）　260
　『イースト・リン』（*East Lynne*, 1913）　261
　『ヴィクトリア女王の在位60年』（*Sixty Years a Queen*, 1913）　261
バーカー，ルイ・ナポレオン（Louis Napoleon Parker, 1852-1944）　168
ハガード，ライダー（Rider Haggard, 1856-1925）　150
　『洞窟の女王』（*She*, 1877）　150
バカン，ジョン（John Buchan, 1875-1940）
　『39階段』（*The Thirty-Nine Steps*, 1915）　220, 224-227, 232　『39階段』（映画）については→ヒッチコック
パキスタン　307
バーク，トマス（Thomas Burke, 1886-1945）　228
　「中国人と子ども」（"The Chink and the Child," 1919）　228
バージェス，ガイ（Guy Burgess, 1911-63）　102
パジェント　168-169, 244-245, 247
パーソンズ，アルフレッド・ウィリアム（Alfred William Parsons, 1847-1920）　80
ハーディ，ケア（Keir Hardie, 1856-1915）　41
ハーディ，トマス（Thomas Hardy, 1840-1928）　291
ハドー・レポート（Hadow Report, 1926）　65-66
バーナム，ジェイムズ（James Burnham, 1905-87）　312
　『管理者革命』（*The Managerial Revolution*, 1941）　312
バーネット，サミュエル・A（Samuel Augustus Barnett, 1844-1913）　74, 81
バーネット，ヘンリエッタ（Henrietta Barnett, 1851-1936）　75
パブリック・スクール（public school）　29, 33, 53-56, 62, 65, 99, 102, 226
バリ，J・M（J. M. Barrie, 1860-1937）　5, 238, 291
　『小さな白い鳥』（*The Little White Bird*, 1902）　14
　『トミーとグリゼル』（*Tommy and Grizel*, 1900）　16
　『ピーター・パン』（*Peter Pan*, 1904初演）　5, 14-16, 70
ハリソン，トム（Tom Harrison, 1911-76）　37
　『野蛮な文明』（*Savage Civilization*, 1937）

37, 52
ハリソン，モリー（Molly Harrison, 1909-2002）85-87
ハル，E・M（E. M. Hull, 1880-1947）108
『シーク』（*The Sheik*, 1919）108, 115-119
バルフォア（Arthur James Balfour, 1848-1930）162
　バルフォア報告書（1926）162, 171, 230
パレスチナ 307
パンクハースト，エメリン（Emmeline Pankhurst, 1858-1928）109
パンクハースト，クリスタベル（Christabel Pankhurst, 1880-1958）109-111
パンクハースト，シルヴィア（Sylvia Pankhurst, 1882-1960）109
犯罪小説 228
反ファシスト，反ファシズム 272
反ユダヤ主義 10-11, 175, 183-185, 226
ピアソン，カール（Karl Pearson, 1857-1936）175
ビーヴァーブルック卿（1st Baron Beaverbrook, William Maxwell Aitken, 1879-1964）270-271, 292
東インド会社 209
ピカソ，パブロ（Pabro Picasso, 1881-1973）
　『ゲルニカ』（*Guernica*, 1937）83, 199-200
ヒース，エドワード（Edward Heath, 1916-2005）68
ビスマルク，オットー・フォン（Otto von Bismarck, 1815-1898）222
ヒッチコック，アルフレッド（Alfred Hitchcock, 1899-1980）227, 255, 261-263, 265, 276
　『下宿人』（*The Lodger*, 1926）263
　『39階段』（*The Thirty-Nine Steps*, 1935）256-257, 266
ヒトラー，アドルフ（Adolf Hitler, 1889-1945）252, 271, 274, 281, 283-284, 293, 296, 305
　『わが闘争』（*Mein Kampf*, 1925-27）293
避妊 114　家族計画の項も参照
非暴力抵抗運動（サティヤーグラハ）165
　→ガンジーの項も参照
ヒューム，デイヴィッド（David Hume, 1711-76）209
表現主義（Expressionism）263
ヒル，オクタヴィア（Octavia Hill, 1838-1912）76, 84
ファシズム 10, 52, 103, 105, 181-182, 185-186, 198, 217, 231-233, 272, 311-312
英国ファシスト連合 182-185, 217
専門家ファシズム 309
ファニュ，レ・シェリダン（Sheridan Le Fanu, 1814-73）148
フィジカル・カルチャー 176, 178, 186, 222
フィズ（"Phiz," 1815-82）275
フィッシャー，ハーバート（Herbert Fisher, 1865-1940）64
フィッシュバーグ，モーリス（Maurice Fishberg, 1872-1934）176
　『ユダヤ人』（*The Jews: A Study of Race and Environment*, 1911）176
フィールズ，グレイシー（Gracie Fields, 1898-1979）249-250, 254, 267
フィルム・ソサエティ 262-263, 266
フェビアン協会（Fabian Society）17, 41, 43, 47, 49, 60, 91-92, 95-96, 112, 175-176, 308-309, 312
フェミニズム 17, 107
　──批評 107
フォースター，E・M（E. M. Forster, 1879-1970）30, 54, 101, 224-225, 303
　『ハワーズ・エンド』（*Howards End*, 1910）30, 225
　『モーリス』（*Maurice*, 1971）101
　『ロンゲスト・ジャーニー』（*The Longest Journey*, 1907）54
フォトジャーナリズム 272-275, 284
　フォト・エディター 274
　フォト・リポーター 274
フォーブズ＝ロバートソン，ジョンストン（Johnston Forbes-Robertson, 1853-1937）261
フォーンビー，ジョージ（George Formby, 1904-61）254, 267
福祉 17, 222, 224, 248, 251, 306, 308
　──国家 169, 216, 305
「2つの国民（Two Nations）」26
フットボール（サッカー）53, 187
　──協会（Football Association）187
フライ，ロジャー（Roger Fry, 1866-1934）129
ブラッケン，ブレンダン（Brendan Bracken, 1901-58）299
フランコ将軍（Francisco Franco, 1892-1975）199, 272, 311
フランス 7, 240, 305
ブラント，アンソニー（Anthony Blunt, 1907-83）102

ブラント，ビル（Bill Brandt, 1905-83） 151
プリーストリー，J・B（J. B. Priestley, 1894-1984） 158, 238, 247-252, 279
　『歩きながら歌おう』（映画脚本 Sing As We Go, 1934） 249
　『顔を上げて笑おう』（映画脚本 Look Up and Laugh, 1935） 249
　『人びとよ、歌声をあげよう』（Let the People Sing, 1939） 250
　『ポストスクリプツ』（ラジオ番組および本、Postscripts, 1940-41） 251
　『良き仲間たち』（The Good Companions, 1929） 248, 265
ブリティッシュ・インターナショナル・ピクチャーズ（British International Pictures） 262
ブリティッシュ・カウンシル（British Council） 294
ブリテン，ベンジャミン（Benjamin Britten, 1913-76） 69-70
　『ピーター・グライムズ』（Peter Grimes, 1945） 70
フリーマン，オースティン（R. Austin Freeman, 1862-1943） 59
「ブリンプ大佐」（Colonel Blimp） 299, 302
プルースト，マルセル（Marcel Proust, 1871-1922） 136
ブルームズベリー・グループ（Bloomsbury Group） 92-93, 100-102
ブレア，トニー（Tony Blair, 1953-） 309
プレスバーガー，エメリック（Emeric Pressburger, 1902-88） 299
フレーベル，F・W・A（F. W. A. Fröbel, 1782-1852） 87
フレミング，イアン（Ian Fleming, 1908-64） 287
フロイト，ジークムント（Sigmund Freud, 1856-1939） 16, 115, 126
　『快感原則の彼岸』（Jenseits des Lustprinzips, 1920） 127
　『性理論3篇』（Drei Abhandlungen zur Sexualtheorie, 1905） 16
プロパガンダ 9, 231, 270, 288-301, 303, 311
　――・ポスター 289, 296
　　敵国――庁（Enemy Propaganda Department） 292
　　ブラック・―― 291
　　ホワイト・―― 292
プロムス（プロムナード・コンサーツ） 69
分割統治政策 194
ヘイ，ウィル（Will Hay, 1888-1949） 254

ベイデン＝パウエル（Robert Baden-Powell, 1857-1941） 9
ベヴァリッジ，W・H（W. H. Beveridge, 1879-1963） 45
　『社会保健と関連サーヴィス』（ベヴァリッジ・プラン、報告書） 45, 146, 251, 305
ベヴァン，アナイリン（Aneurin Bevan, 1897-1960） 310
ベヴィン，アーネスト（Ernest Bevin, 1881-1951） 304, 307, 309
ヘップワース，セシル（Cecil Hepworth, 1874-1953） 259, 261, 268
　『オリヴァー・トゥイスト』（Oliver Twist, 1912） 261
　『デヴィッド・コパーフィールド』（David Copperfield, 1913） 261
　『ハムレット』（Hamlet, 1913） 261
　『ローヴァーに救出されて』（Rescued by Rover, 1905） 259
ベリーズ 213
ベル，ヴァネッサ（Vanessa Bell, 1879-1961） 100
ベルギー 242
ペンギン・ブックス 52, 281
ベンソン，A・C（Arthur Christopher Benson, 1862-1925） 69
ベンソン，フランク（Frank Robert Benson, 1858-1939） 260
　『リチャード3世』（Richard III, 1911） 260
ヘンダーソン，アーサー（Arthur Henderson, 1863-1935） 43
ペンティ，A・J（A. J. Penty, 1875-1937） 48
　『ギルド組織の復興』（Restoration of the Guild System, 1906） 48
ヘンリー，W・E（W. E. Henley, 1849-1903） 169
ボーア戦争（第二次、別称南アフリカ戦争、1899-1902） 7, 14, 18, 109, 159, 164, 218, 229, 232, 245, 289
ボーイスカウト（少年斥候）運動 9
ホイットマン，ウォルト（Walt Whitman, 1819-92） 95
ボウエン，エリザベス（Elizabeth Bowen, 1899-1974） 140-141, 147-151
　「悪魔の恋人」（"The Demon Lover," 1944） 149-150
　「蔦がとらえた階段」（"Ivy Gripped the Steps," 1941） 148
　「幻のコー」（"Mysterious Kôr," 1944） 140,

150-151
放送　237 → ＢＢＣ、ラジオの項も参照
ホガート，リチャード（Richard Hoggart, 1918-）　36, 55
保護貿易　222, 232
保守党（保守主義）　41, 224, 243, 247, 310
ポストコロニアル批評　189, 196, 202
ポスト・レッセフェール時代　10, 70, 226
母性　107, 229 → 女性の項も参照
──主義　112, 119
ホプキンソン，トム（Tom Hopkinson, 1905-90）　286
ホブソン，Ｊ・Ａ（John Atkinson Hobson, 1858-1940）　9, 226
ホブソン，Ｓ・Ｇ（S. G. Hobson）　48
ホブリー，Ｃ・Ｗ（C. W. Hobley, 1867-1947）　193
ボヘミアン　228, 230
ホメロス（Homer）　195-196
　『オデュッセイア』（The Odyssey）　195-196
ホール，ラドクリフ（Radclyffe Hall, 1883-1943）　105
　『孤独の泉』（The Well of Loneliness, 1928）　105
ポール，Ｒ・Ｗ（R. W. Paul, 1869-1943）　258
ボールコン，マイケル（Michael Balcon, 1896-1977）　261-264
ボルシェヴィズム　45, 47
ボールドウィン，スタンリー（Stanley Baldwin, 1867-1947）　39, 158
ホワイト・キューブ（White Cube）　87
ホワイトチャペル・アート・ギャラリー（Whitechapel Art Gallery）　71
ポンド危機　46

ま行

マウマウ（Mau Mau）　196
マクドナルド，ラムジー（Ramsay MacDonald, 1866-1937）　41, 43, 46, 246
マクリーン，ドナルド（Donald MacLean, 1913-83）　102
マクレガー，ウィリアム・ヨーク（William York Macgregor, 1855-1923）　79
マザー・グース（ナーサリ・ライム）　23
マス・オブザーヴェイション　37
マースデン，ドラ（Dora Marsden, 1882-1960）　112
マチュリン，チャールズ・ロバート（Charles Robert Maturin, 1782-1824）　148
『放浪者メルモス』（Melmoth the Wanderer, 1820）　148
マッジ，チャールズ（Charles Madge, 1912-16）　37
マッチャム，フランク（Frank Matcham, 1854-1920）　253
麻薬　228, 230
マルクス，カール（Karl Marx, 1818-83）　26, 41
マルティニック　200-201
マンデラ，ネルソン（Nelson Mandela, 1918-）　190
南アフリカ　7, 156, 159-161, 163-164, 218, 220-221, 309
ミュージック・ホール　227, 253, 256-257, 267
ミュンヘン会談　271, 283-284, 305
民主主義　42, 95, 281-282, 288
民族主義 → ナショナリズム
ムーア，ヘンリー（Henry Moore, 1898-1986）　151, 301
メイ委員会　46
メイスフィールド，ジョン（John Masefield, 1878-1967）　291
メキシコ　232
モス，エドワード（Edward Moss, 1852-1912）　253
モーズリー，オズワルド（Sir Oswald Mosley, 1896-1980）　182, 185, 217
モダニズム　124, 224, 231, 237-238, 262-264, 266, 268
近代化（モダナイゼーション）　219, 230
近代性（モダニティ）　217, 219, 221
モーム，サマセット（Somerset Maugham, 1874-1965）　287
『月と六ペンス』（The Moon and Sixpence, 1919）　287
『人間の絆』（Of Human Bondage, 1915）　287
モーリス，Ｆ・Ｄ（Frederick Denison Maurice, 1805-72）　75
モリス，ウィリアム（William Morris, 1834-96）　41, 48, 73, 75, 77, 84
『ユートピアだより』（News from Nowhere, 1890）　41
モンタギュー，アイヴァー（Ivor Montagu, 1904-84）　261-262
モンタギュー，エドウィン（Edwin Montagu, 1879-1924）　165
モンテッソーリ，マリーア（Maria

Montessori, 1870-1952) 87

や行
野外劇 168-169, 243-245, 247 → パジェントの項も参照
有機体論 10, 204-205, 207, 211-212, 223
優生学、優生思想 64, 99, 105, 109, 119, 176-178, 181-182, 186, 222-224
　　　退化 160, 233
　　　超人 177
幽霊物語 142
宥和政策（Appeasement）246, 305
ユダヤ人 10-11, 175-176, 183-185, 224, 227-228, 273, 281, 306
　　　——金融資本 182, 226
　　　ユナイティッド・フルーツ社（United Fruit Company）214-215
「ゆりかごから墓場まで」45, 307
ヨーロッパ 217, 223-224, 226-228, 232-233
四ヶ国条約（Four-Power Pacific Treaty）164

ら行
ライト、バジル（Basil Wright, 1907-87）266
ラジオ 141, 158, 231, 237, 239, 248, 250-251, 264, 294, 298, 303, 311 → ＢＢＣの項も参照
　　　——小説 248
ラスキ、ハロルド（Harold Laski, 1893-1950）33, 52
ラスキン、ジョン（John Ruskin, 1819-1900）48, 73, 75, 76
　　　『時と潮』（Time and Tide, 1867）76
　　　『フォルス・クラヴィゲラ』（Fors Clavigera, 1871-1884）76
ラスボーン、エリナ（Eleanor Rathbone, 1872-1946）115
ラッセル、バートランド（Bertrand Russell, 1872-1970）44, 175, 178, 230
　　　『社会再建の諸原則』（Principles of Social Reconstruction, 1916）44, 175
　　　『中国の問題』（The Problem of China, 1922）230
ラドクリフ夫人（Mrs. Ann Radcliffe, 1764-1823）148
　　　『ユドルフォの怪』（The Mysteries of Udolpho, 1794）148
リーヴィス、Ｆ・Ｒ（F. R. Leavis, 1895-1978）211
　　　『偉大な伝統』（The Great Tradition, 1948）223

『大衆文明と少数文化』（Mass Civilisation and Minority Culture, 1930）211
『文化と環境』（Culture and Environment, 1933）212
リーヴィス、Ｑ・Ｄ（Q. D. Leavis, 1895-1981）211-215
『小説と読者層』（Fiction and the Reading Public, 1932）22, 212-215
リヴジー、ロジャー（Roger Livesy, 1906-76）299
離婚法 145
リース、ジーン（Jean Rhys, 1890-1979）198-202
『サルガッソーの広い海』（Wide Sargasso Sea, 1966）198
『真夜中よ、おはよう』（Good Morning, Midnight, 1939）198
リース、ジョン（John Reith, 1889-1971）250
リチャーズ、Ｉ・Ａ（I. A. Richards, 1893-1979）129, 211
リベラル・ヒューマニズム 223
リュミエール兄弟（A. M. L. N. Lumière, 1862-1954; Louis Jean Lumière, 1864-1948）258
リーン、デイヴィッド（David Lean, 1980-1981）168, 244, 267 → カワードの項も参照
ルイス、Ｃ・Ｓ（C. S. Lewis, 1898-1963）138-139, 302
『悪魔の手紙』（The Screwtape Letters, 1942）139
『痛みの問題』（The Problems of Pain, 1940）139
『ナルニア国ものがたり』（The Chronicles of Narnia, 7 vols., 1950-56）138-139, 302
ルイス、ウィンダム（Wyndham Lewis, 1882-1957）81, 181
『ヒトラー』（Hitler, 1931）181
ルイス、ウォーレン（Warren Lewis, 1895-1973）138
ルイス、マシュー・グレゴリー（Matthew Gregory Lewis, 1775-1818）148
『修道士マンク』（The Monk, 1795）148
ルガード、フレデリック（Frederick Lugard, 1858-1945）190
ルポルタージュ 273 ドキュメンタリー映画の項も参照
冷戦（The Cold War）231, 287, 301, 306-308,

311
レイン，アレン（Allen Lane, 1902-70） 52
レッセフェール（laissez faire 自由放任主義）
　　10, 42, 46, 56, 70, 176, 208, 210, 232, 260
レディオヘッド（Radiohead） 70
レフト・ブック・クラブ（Left Book Club）
　　25, 33-34, 37, 52
ロイド，マリー（Marie Lloyd, 1870-1922）
　　253
ロイド＝ジョージ，デイヴィッド（David Lloyd George, 1863-1945） 17-19, 44-45, 156, 163, 217, 292
ロイヤル・アルバート・ホール（Royal Albert Hall） 69, 179
ロウ，デイヴィッド（David Low, 1891-1963）
　　271, 299, 302
労働組合 7, 39, 47, 224, 237
　　——会議（Trades Union Congress） 39, 47
労働者
　　——学校（Working Men's College） 75
　　——自主管理 308
　　——代表委員会（Labour Representation Committee） 18, 41
労働党（Labour Party） 5, 17, 41, 45-46, 92, 95, 169, 238, 304-306, 308, 311, 314
『労働党と新社会秩序』（Labour and the New Social Order, 1918） 41
『老兵は死なず』（The Life and Death of Colonel Blimp, 1943） 299-300
老齢年金法（1908） 19, 64
ローサ，ポール（Paul Rotha, 1907-84） 266
ロシア 7, 228
　　——革命 40, 136, 233
ローズ，セシル（Cecil Rhodes, 1853-1902） 174
『ロード・オブ・ザ・リング』（映画，The Lord of the Rings, 2001-3） 203 トールキンの項も参照
ロバーツ最高司令官（Frederick Sleigh Roberts, 1832-1914） 9, 159-160
ローマー，サックス（Sax Rohmer, 1883-1959） 228
　　『麻薬——チャイナタウンと薬物取引の物語』（Dope: A Story of Chinatown and the Drug Traffic, 1919） 228
ローラット法 165
ローラント，ステファン（Stefan Lorant, 1901-97） 273, 281, 284-285
　　「危機と戦争の狭間で」（"Between a Crisis and a War," 1939） 282-283

『私はヒトラーの囚人だった』（I Was Hitler's Prisoner, 1934） 281
ロレンス，D・H（David Herbert Lawrence, 1885-1930） 16, 218-229, 232-233, 240-241
　　『カンガルー』（Kangaroo, 1923） 232-233
　　『恋する女たち』（Women in Love, 1920） 218-229
　　『チャタレー夫人の恋人』（Lady Chatterley's Lover, 1928） 240
　　『むすこ・こいびと』（Sons and Lovers, 1913） 16
ロンダ夫人（Viscountess Rhondda, 1883-1958） 115
ロンドン 140, 220-221, 263
　　イースト・エンド 71-88, 140, 228, 257
　　ウェスト・エンド 71, 257
　　ウェリントン・ハウス 291
　　ウェンブリー 155
　　クルー・ハウス 292
　　ケンジントン・ガーデンズ 14
　　サウス・バンク 169
　　シデナム 168
　　ダウニング街 283
　　ハイド・パーク 168
　　ホワイトチャペル 228
　　ライムハウス 228
　　——市議会 81, 84-85
　　——大空襲（Blitz） 141, 270-271, 296
　　——動物園 52

わ行
ワイルド，オスカー（Oscar Wilde, 1854-1900） 94, 96
ワシントン会議（1921-22） 164, 230
ワット，ハリー（Harry Watt, 1906-87） 266

編者紹介

武藤　浩史（むとう　ひろし：第Ⅳ部編者、序章・第14章・終章、年表、69-70頁コラム）
慶應義塾大学法学部教授。英国ウォリック大学大学院博士課程修了（Ph.D.）。
主要業績：『『ドラキュラ』からブンガク』（慶應義塾大学教養研究センター、2006年）、*D. H. Lawrence: Literature, History, Culture*（共著、国書刊行会、2005年）、『ロレンス文学鑑賞事典』（共編著、彩流社、2002年）。

川端　康雄（かわばた　やすお：第Ⅰ部編者、第1・2章、138-139頁・302-303頁コラム）
日本女子大学文学部教授。明治大学大学院文学研究科博士後期課程単位取得退学。
主要業績：『オーウェルのマザー・グース』（平凡社、1998年）、『「動物農場」ことば・政治・歌』（みすず書房、2005年）、ウィリアム・モリス『ユートピアだより』（翻訳、晶文社、2003年）。

遠藤　不比人（えんどう　ふひと：第Ⅱ部編者、第7章、105頁コラム）
成蹊大学文学部准教授。慶應義塾大学大学院文学研究科博士課程単位取得退学。
主要業績：「サディズム／メランコリーの倫理——メラニー・クラインを読むジュディス・バトラー」（『I. R. S.——ジャック・ラカン研究』第5号、2006年）、「歴史主義の中心で／の「歴史」を叫ぶ——（英）文学的精読がいまできること」（『英語青年』第152巻・第7号）、"Radical Violence Inside Out: Woolf, Klein, and Interwar Politics." *Twentieth Century Literature* 52.2 (2006)。

大田　信良（おおた　のぶよし：第Ⅲ部編者、第13章、217頁コラム）
東京学芸大学教育学部准教授。東北大学大学院文学研究科博士課程単位取得退学。
主要業績：「ウルフとブラウン夫人の表象——リベラル・イングランド再考」（『ヴァージニア・ウルフ研究』第20号、2003年）、『ヘミングウェイを横断する——テクストの変貌』（共著、本の友社、1999年）、『D. H. ロレンスとアメリカ／帝国』（共著、慶應義塾大学出版会、2008年）。

木下　誠（きのした　まこと：第9章、参考文献、地図、171頁コラム）
成城大学文芸学部准教授。筑波大学大学院文芸・言語研究科博士課程単位取得退学。
主要業績：『D. H. ロレンスとアメリカ／帝国』（共著、慶應義塾大学出版会、2008年）、「*Lady Chatterley's Lover* の地政学——〈アラブ〉の目覚めと帝国の表象」（『英語青年』第153巻・第6号）、『運動＋（反）成長——身体医文化論Ⅱ』（共著、慶應義塾大学出版会、2003年）。

執筆者・編集協力者紹介 (執筆順)

茂市　順子（もいち　よりこ：第2章、参考文献）
明治大学商学部専任講師。エディンバラ大学大学院文学研究科修了（Ph.D.）。
主要業績：「現代スコットランド文学における「想像力」への挑戦——アレスダー・グレイの『ラナーク』から」出渕敬子編『読書する女性たち』（彩流社、2006年）、"On the Question of Cultural Identity in the Age of Globalisation: A Case Study of the 'Murakami Haruki Phenomenon.'" *SEAS Electronic Working Papers* (University of Sheffield, 2004)、"The Paradox of George Orwell's *Nineteen Eighty-Four*."（『英米文学研究』第37号、2002年）。

井上　美雪（いのうえ　みゆき：第3章、地図）
慶應義塾大学理工学部非常勤講師。日本女子大学大学院文学研究科博士課程後期単位取得退学。
主要業績：「なぜ奨学金を得たと言わないのか：ウルフの『灯台へ』における教育と奨学金」出渕敬子編『読書する女性たち』（彩流社、2006年）、「E. M. フォースターの『ハワーズ・エンド』における理想の産業」20世紀英文学研究会編『20世紀英文学再評価』（金星堂、2003年）、「『眺めのいい部屋』における「反抗的」な女性の旅行者たち」（『北海道英語英文学』第45号、2000年）。

横山　千晶（よこやま　ちあき：第4章、地図）
慶應義塾大学法学部教授。慶應義塾大学大学院文学研究科博士課程修了。
主要業績：*Japanese Women: Emerging from Subservience, 1869-1945*（共著、Global Oriental、2005年）、『運動＋（反）成長──身体医文化論Ⅱ』（共著、慶應義塾大学出版会、2003年）、『都市論と生活論の祖型──奥井復太郎研究』（共著、慶應義塾大学出版会、1999年）。

村山　敏勝（むらやま　としかつ：第5章）
元成蹊大学文学部助教授。筑波大学大学院人文社会科学研究科博士（文学）。
主要業績：『（見えない）欲望へ向けて──クィア批評との対話』（人文書院、2005年）、『病と文化』（共著、風間書房、2005年）、『からだはどこにある？──ポップカルチャーにおける身体表象』（共編著、彩流社、2004年）。

山口　菜穂子（やまぐち　なほこ：第6章、121頁コラム）
お茶の水女子大学大学院人間文化研究科博士後期課程在学中。
主要業績：「トランスアトランティック"ヴァンプ"──アメリカ映画黎明期における性の地政学」（お茶の水女子大学21世紀ＣＯＥプログラム　ジェンダー研究のフロンティア『Ｆ-ＧＥＮＳジャーナル』第3号、2006年）、"D.H.Lawrence, Tennessee Williams, and the Male Body"（*D. H. Lawrence, Literature, History, Culture*所収、国書刊行会、2005年）、サラ・サリー『ジュディス・バトラー』（共訳、青土社、2005年）。

甘濃　夏実（あまの　なつみ：第8章）
東京藝術大学非常勤講師。東京大学大学院人文社会系研究科博士課程在学中。
主要業績："Memory and the House in the Fiction of Elizabeth Bowen"（*Reading* 第24号、2003年）、"Hallucinations in Elizabeth Bowen's Short Stories"（*Reading* 第26号、2005年）。

中山　徹（なかやま　とおる：第10章）
静岡県立大学短期大学部専任講師。筑波大学大学院文芸・言語研究科博士課程単位取得退学。
主要業績：『文学の文化研究』（共著、研究社、1995年）、「騒音の芸術──『ユリシーズ』、未来派、ファシズム」（『英文學研究』第77巻第2号、2000年）、『運動＋（反）成長──身体医文化論Ⅱ』（共著、慶應義塾大学出版会、2003年）。

中井　亜佐子（なかい　あさこ：第11章）
一橋大学大学院言語社会研究科准教授。オックスフォード大学英文学部博士課程修了（D.Phil）。
主要業績：*The English Book and Its Marginalia*（Rodopi, 2000）、『他者の自伝──ポストコロニアル文学を読む』（研究社、2007年）。

河野　真太郎（こうの　しんたろう：第12章、187頁コラム）
京都ノートルダム女子大学人間文化学部専任講師。東京大学大学院人文社会系研究科博士課程単位取得退学。
主要業績：『現代批評理論のすべて』（共著、新書館、2006年）、「田舎者の英文学——レイモンド・ウィリアムズと都市文化」（『英語青年』第151巻・第12号）、フレドリック・ジェイムスン『カルチュラル・ターン』（共訳、作品社、2006年）。

糸多　郁子（いとだ　いくこ：第14章、年表）
桜美林大学人文学系准教授。津田塾大学大学院文学研究科博士課程後期課程単位取得退学。
主要業績：「喪失と覚醒——19世紀後半から20世紀への英文学」（共著、中央大学人文科学研究所、2001年）、『D. H. ロレンスと新理論』（共著、国書刊行会、1999年）、「ハーディ・ロレンスの小説における女性——身体・セクシュアリティ・母性」（桜美林大学短期大学部『紀要』第42輯、2006年）。

佐藤　元状（さとう　もとのり：第15章、253-254頁コラム）
慶應義塾大学法学部専任講師。東京大学大学院総合文化研究科博士課程満期退学。
主要業績：「精神分析とモダニズム——ヴァージニア・ウルフの場合」（『ヴァージニア・ウルフ研究』第21号）、「欲望という名の物語——『恥辱』の誘惑」田尻芳樹編『J・M・クッツェーの世界——〈フィクション〉と〈共同体〉』（英宝社、2006年）。

福西　由実子（ふくにし　ゆみこ：第16章、参考文献、年表、37頁・52頁コラム）
慶應義塾大学非常勤講師。東京大学大学院総合文化研究科博士課程単位取得退学。
主要業績：*George Orwell: A Centenary Tribute from Japan*（共著、彩流社、2003年）、「『ピクチャー・ポスト』の政治学——1930年代英国のフォトジャーナリズムについて」（『英米文化』第34号、2004年）、「ブラックプールの人類学——マス・オブザヴェーションと1930年代労働者階級レジャーの様相に関する一考察」（『英米文化』第35号、2005年）。

渡辺　愛子（わたなべ　あいこ：第17章、270-271頁・287頁コラム）
早稲田大学文学学術院准教授。東京大学大学院総合文化研究科博士課程単位取得退学。
主要業績：『あらすじで読む英国の歴史』（共著、中経出版、2008年）、"Cultural Drives by the Periphery: Britain's Experiences," *History in Focus* (Institute of Historical Research, University of London, 2006)、「英国文化事情調査」（国際交流基金、2005年）。

太田　昭子（おおた　あきこ：参考文献、年表）
慶應義塾大学法学部教授。東京大学大学院総合文化研究科博士課程修了。
主要業績："The Japanese Encounters with Victorian Britain: the observations and analysis of British society in the 1860s and early 1870s"（『教養論叢』第123号、2005年）、『岩倉使節団の比較文化史的研究』（共著、思文閣出版、2003年）、『近代日本の内と外』（共著、吉川弘文館、1999年）。

愛と戦いのイギリス文化史　1900-1950年

2007年2月26日　初版第1刷発行
2008年6月10日　初版第2刷発行

編　者────武藤浩史・川端康雄・遠藤不比人・大田信良・木下誠
発行者────坂上弘
発行所────慶應義塾大学出版会株式会社
　　　　　　〒108-8346　東京都港区三田2-19-30
　　　　　　TEL〔編集部〕03-3451-0931
　　　　　　　　〔営業部〕03-3451-3584〈ご注文〉
　　　　　　　　　　〃　　03-3451-6926
　　　　　　FAX〔営業部〕03-3451-3122
　　　　　　振替　00190-8-155497
　　　　　　http://www.keio-up.co.jp/
装　丁────廣田清子
印刷・製本──株式会社太平印刷社

© 2007 Hiroshi Muto, Yasuo Kawabata, Fuhito Endo, Nobuyoshi Ota, Makoto Kinoshita, Yoriko Moichi, Miyuki Inoue, Chiaki Yokoyama, Toshikatsu Murayama, Nahoko Yamaguchi, Natsumi Amano, Toru Nakayama, Asako Nakai, Shintaro Kono, Ikuko Itoda, Motonori Sato, Yumiko Fukunishi, Aiko Watanabe, Akiko Ohta

Printed in Japan　ISBN 978-4-7664-1328-1

慶應義塾大学出版会

慶應義塾大学教養研究センター選書3

『ドラキュラ』からブンガク
血、のみならず、口のすべて

武藤浩史 著

『ドラキュラ』の中の興味をそそってやまない謎や矛盾に焦点を当て、大学生や一般読者に物語テキスト読解のコツを伝授する。「口」をキーワードにしたメディア・セクシュアリティ・帝国・大飢饉などの歴史。基礎作業として真理と物語の問題。多彩な要素が絡み合うなかを、領域横断的に読解する面白さとスキルを教える。　●700円

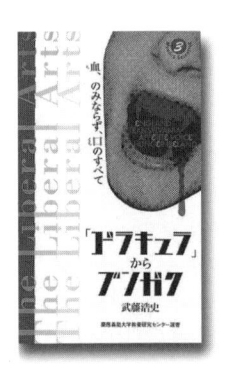

深淵の旅人たち
ワイルドとF・M・フォードを中心に

河内恵子 著

作家たちの「旅」からイギリスを読む。大都市ロンドンがゴシック小説を生んだ。伝統と常識への反発が新しい悲喜劇を作り出した。深い塹壕と泥沼の戦場が、絶望と希望をあわせもつ小説の誕生の場となった。――人々が不安と焦燥感にかられた一九世紀後半から第一次世界大戦までのイギリスを、ブラム・ストーカー、スティーヴンソン、オスカー・ワイルド、フォード・マドックス・フォードなどの作家たちの「旅」から読み解く。　●2800円

表示価格は刊行時の本体価格（税別）です。